Ekbert Hering
Hans-Peter Bürgler

Lotus 1-2-3 Version 3

Eine praxisgerechte, schrittweise Einführung

Aus dem Bereich Computerliteratur

Framework III – Das umfassende Anwenderbuch
von B. Harrison (Ein Ashton Tate/Vieweg-Buch)

Microsoft Project – Einführung in die Anwendung
von H.-D. Lang

Chart 3.0 – Geschäftsgrafiken auf dem PC
von E. Tiemeyer

Lotus 1-2-3
Eine praxisgerechte, schrittweise Einführung
von E. Hering und H.-P. Bürgler

Lotus Symphony Schritt für Schritt
von E. Hering und H.-P. Bürgler

dBASE IV Programmierung für betriebswirtschaftliche Anwendungen
von R. A. Byers (Ein Ashton Tate/Vieweg-Buch)

dBASE IV – Schritt für Schritt zum professionellen Anwender
von R. A. Byers und C. Prague (Ein Ashton Tate/Vieweg-Buch)

Vieweg

EKBERT HERING
HANS-PETER BÜRGLER

Lotus 1-2-3 Version 3

Eine praxisgerechte, schrittweise Einführung

Friedr. Vieweg & Sohn Braunschweig/Wiesbaden

1. Auflage 1987
2., überarbeitete und aktualisierte Auflage 1989

Der Verlag Vieweg ist ein Unternehmen der Verlagsgruppe Bertelsmann International.

Umschlaggestaltung: Schrimpf und Partner, Wiesbaden

ISBN-13: 978-3-528-14531-6 e-ISBN-13: 978-3-322-85878-8
DOI: 10.1007/ 978-3-322-85878-8

Inhaltsverzeichnis

Vorwort

Immer mehr Rechner werden an Arbeitsplätzen in Verwaltung, Wirtschaft und bei Selbstständigen eingesetzt. Wenn auch die Hardwarepreise zum Kauf eines Rechners verlocken, so wird es doch für viele Anwender schwierig, ihre eigenen Probleme zu lösen. Viele stehen vor der Frage, ob sie eine der vielen Programmiersprachen erlernen sollten oder für teures Geld ihre individuellen Probleme programmieren lassen müssen.

Das hier beschriebene Werkzeug Lotus 1-2-3 ist idealerweise dazu geeignet, ohne den Umweg über das Beherrschen einer Programmiersprache die eigenen Aufgaben schnell und effizient lösen zu können. In 1-2-3 werden alle Aufgaben in einem elektronischen Arbeitsblatt, das in Spalten und Zeilen organisiert ist, erfaßt und mit Hilfe der Lotus 1-2-3-Befehle gelöst. Aus diesem Grunde lassen sich alle *Tabellenkalkulationen* bequem durchführen. Wichtig ist dabei die Möglichkeit, sehr schnell Zahlenwerte ändern zu können und per Knopfdruck das neue Ergebnis zu erhalten. Die wichtige Frage: "Was passiert, wenn?" kann in Sekundenschnelle beantwortet werden. In der vorliegenden Version 3 können *dreidimensionale* Tabellen mit bis zu 256 Arbeitsblätter mit je 256 Spalten und 8192 Zeilen bearbeitet und verwaltet werden.

Folgende weitere wichtige Vorteile bietet Lotus 1-2-3:

1. *Grafische Auswertung*

Die Zahlenreihen in den Tabellen können zur besseren Anschauung durch Drücken weniger Tasten in eine gewünschte Linien-, Balken- oder Kreisgrafik umgewandelt werden. In der Version 3 sind noch die Möglichkeiten hinzugekommen, Mischdiagramme (Linien- und Balkengrafiken) sowie Aktienverlaufsdiagramme und Flächendiagramme erstellen zu können. Vor allem mit dem in Version 3 - ohne PrintGraph-Programm - möglichen sofortigen Ausdruck der Grafiken in den gewünschten Schriftarten und als Grafik direkt neben dem Arbeitsblatt kann das Datenmaterial schnell und ansprechend präsentiert werden. Ebenfalls neu ist die Möglichkeit, grafische Auswertungen automatisch, d. h. ohne Eingabe der grafisch auszuwertenden Daten, erstellen zu lassen.

2. *Datenbank*

Die Zahlenwerte in den Tabellen können zu einer Datenbank erweitert werden, in der Datensätze nach bestimmten Eigenschaften ausgewählt, gesucht und sortiert werden können. Neu in Version 3 ist die Möglichkeit, nach bis zu 255 Sortierschlüsseln sortieren zu können, sowie die Suchen- und Ersetz-Funktionen für Formeln und Texte. Ebenfalls verbessert wurde in Version 3 die Möglichkeit, Daten aus externen Datenbanken (z. B. dBASE) direkt ins Arbeitsblatt einzuspielen. Auf diese Weise ist es möglich, bis etwa 2 Millionen Datensätze mit Hunderten von Suchkriterien gleichzeitig bearbeiten zu können.

3. *Mathematische und logische Funktionen*

Eine Vielzahl von mathematischen und logischen Funktionen erlaubt auf elegante Weise Berechnungen, beispielsweise von Winkelfunktionen, der Wurzel, des Logarithmus oder der Summe. Logische Funktionen dienen dem Vergleich zweier Zustände. Je nach Ergebnis können andere Tätigkeiten ablaufen.

4. *Statistik, Finanzmathematik und Investitionsrechnung*

Statistische Kennzahlen, wie der arithmetische Mittelwert, die Standardabweichung und die Varianz sind errechenbar. Weiterhin können Aufgaben aus der Zinseszins- und Investitionsrechnung gelöst werden, beispielsweise die Bestimmung des Barwertes, des internen Zinsfußes oder das Aufstellen von Zins- und Tilgungsplänen. Für große Datenbestände wurden spezielle statistische Datenbankfunktionen entwickelt. Neu hinzugekommen in Version 3 sind die unterschiedlichen Formeln zur Berechnung der Varianz und der Standardabweichung (Methode mit und ohne Berücksichtigung des systemaischen Fehlers) sowie komplexe Datenbankabfragen.

5. *Programmierung*

Ähnlich wie in einer Programmiersprache stellt Lotus 1-2-3 Befehle, sogenannte *Makros*, bereit, mit denen eigene Programme erstellt oder der Aufbau von Tabellen automatisiert werden kann. In Version 3 sind alle bisher erstellten Makros früherer Versionen (auch die /X-Makros der Version 1) lauffähig. Neu sind die sichereren Möglichkeiten, Daten aus anderen Dateien in Arbeitsblätter so zu kopieren, daß automatisch der Platz dazu bereitgestellt wird.

6. Übernahme von Dateien aus anderen Softwareprodukten

Dateien, die mit den sehr weit verbreiteten Softwareprodukten, wie Word, Wordstar, dBASE unterschiedlichster Versionen, Visicalc und Jazz erstellt wurden, können von Lotus 1-2-3 übernommen und dort weiterverarbeitet werden. Selbstverständlich sind die Dateien älterer Versionen von 1-2-3 sowie aus Symphony ohne Umwandlungsprogramm sofort einsetzbar.

7. MS-DOS und OS/2 sowie Netzwerkunterstützung in Version 3

Lotus 1-2-3 läuft in Version 3 bisher unter den Betriebssystemen MS-DOS (Festplattenrechner mit 4,5 MB und einem Arbeitsspeicher von mindestens 1 MB) und OS/2 (mindestens 3MB Hauptspeicher). Ferner ist eine Netzwerksunterstützung gewährleistet.

Sämtliche Lotus 1-2-3-Befehle sind in einer *Ausklapptafel* am Ende des Buches zusammengestellt, wobei die in Version 3 neuen Befehle grau gekennzeichnet sind. Mit dieser Tafel hat der Leser die Möglichkeit, die einzelnen Beispiele durcharbeiten zu können und die neuen Möglichkeiten der Version 3 sofort zu erkennen, ohne im Buch blättern zu müssen.

Das vorliegende Buch wurde sowohl für Einsteiger in Lotus 1-2-3 als auch für diejenigen geschrieben, die mit der neuen Version 3 erstmals arbeiten oder auf diese umgestiegen sind. Das Arbeiten mit Lotus 1-2-3 wird an Hand von Praxisbeispielen Schritt für Schritt erklärt. Der Leser kann, auch ohne EDV-Kenntnisse, unseren Beispielen folgen. Dabei wird er nicht nur die Funktionsweise von Lotus 1-2-3 kennenlernen, sondern auch Ideen und Anregungen zur Lösung seiner eigenen Aufgaben erhalten, sei es in der Kalkulation, zur Kontrolle des Auftragsbestandes, zur Organisation seiner Daten in einer Datenbank, für eine Investitionsrechnung, für eine statistische Analyse oder zur grafischen Aufbereitung zu Präsentationszwecken. Insbesondere werden die Neuerungen in Version 3 ausführlich behandelt und der Leser am Anfang jedes Kapitels darauf hingewiesen, welche Neuerungen im einzelnen vorliegen.

Im vorliegenden Buch werden folgende Anwendungsfälle behandelt:

Im *ersten Kapitel* zeigen wir, wie man Lotus 1-2-3 installiert, startet und wie man damit arbeitet.

Im *zweiten* Kapitel wird ein ganz einfaches Arbeitsblatt, das eines privaten Haushaltsplans, erarbeitet. Damit kann der Leser sich Schritt für Schritt mit dem Umgang mit 1-2-3-Arbeitsblättern vertraut machen und sich in der Erstellung und Auswertung üben.

Im *dritten Kapitel* werden dreidimensionale Arbeitsblätter am Beispiel der Verfolgung des Auftragsbestandes erstellt und ausgewertet. Hierbei liegt ein Schwerpunkt vor allem im Umgang mit mehreren Arbeitsblättern, wie dies in Version 3 möglich ist.

Das *vierte Kapitel* stellt die Möglichkeiten einer statistischen Auswertung am Beispiel von Fertigungsdaten vor.

Kapitel fünf zeigt Lösung finanzmathematischer Probleme am Beispiel der Zins-, Tilgungs- und Rentenrechnung und *Kapitel sechs* die Durchführung einer Investitionsrechnung.

Im *Kapitel sieben* wird die Datenbankbearbeitung am Beispiel einer Lagerverwaltung vorgestellt. Es wird eine Lagerdatenbank aufgebaut, die nach unterschiedlichen Kriterien durchsucht und sortiert wird.

Das *Kapitel acht* zeigt das Vorgehen bei einer statistischen Datenbankanalyse. Fertigungsdaten werden erfaßt und mit statistischen Methoden untersucht.

Kapitel neun ist der grafischen Auswertung von Daten gewidmet. Alle Grafiktypen, auch die in Version 3 neuen Möglichkeiten der Mischgrafik (Linien- und Balkendiagramme) sowie der Aktienverlaufsgrafik werden am Beispiel einer Artikel-Umsatz-Statistik vorgestellt.

In *Kapitel zehn* wird gezeigt, wie 1-2-3 mit Dateien aus anderen Programmpaketen (z. B. Word, WordStar und dBASE) kommunizieren kann. Diese Möglichkeiten wurden in Version 3 wesentlich ausgebaut.

Das *Kapitel elf* zeigt die neuen Möglichkeiten in Version 3, Daten auszugeben bzw. direkt auszudrucken.

Im *zwölften Kapitel* erfolgt eine Einführung in die Makro-Programmierung. Dazu wird zunächst ein ganz einfaches 1-2-3-Programm geschrieben und anschließend am Beispiel einer Zuschlagskalkulation ein komplizierteres Programm vorgestellt.

Alle Kapitel sind nach demselben Muster gegliedert. Zunächst wird das praktische Beispiel geschildert. Daran anschließend stellen wir die Schritte vor, mit denen das Problem mit 1-2-3 gelöst wird. Im Anschluß daran wird die Vorgehensweise im einzelnen beschrieben: Auf der linken Seitenhälfte stehen die Tätigkeiten, die der Leser durchführen muß, z. B. Tastendrücken oder Eingabe von Befehlen, Zahlen, Texten, Formeln oder Funktionen. Alle Tasten, die betätigt werden, sind in < > gesetzt, z. B. <RETURN>, alle sonstigen Eingaben sind fettgedruckt. Auf der rechten Seitenhälfte wird beschrieben, welche Wirkungen die Eingaben haben.

Wer sich nicht der Mühe unterziehen möchte, alle Arbeitsblätter dieses Buches selbst zu erstellen, der wird zur Diskette greifen. Mit ihr kann er die Arbeitsblätter sofort aufrufen und die Daten entsprechend seinen eigenen Wünschen ändern. Er wird die Leistungsfähigkeit von 1-2-3 sofort erleben können, wenn er sieht, wie schnell die Arbeitsblätter mit geänderten Daten neu berrechnet werden.

An dieser Stelle möchten wir an erster Stelle Herrn M. Ibendorf von der Lotus Development GmbH danken, der es uns ermöglichte, mit der Version 3 vorab zu arbeiten. Dank gebührt vor allem Frau H. Gebranzig-Specht und Herrn W. Dumke vom Vieweg-Verlag für die schnell und trotzdem sorgfältige Lektorierung des Manuskriptes. Unseren Familien schulden wir Dank für das große Verständnis bei der Arbeit als Autoren und für die Möglichkeit, intensiv und ungestört an diesem Buchprojekt arbeiten zu können.

Zum Schluß wünschen wir allen Lesern, den Einsteigern in 1-2-3 und den Umsteigern auf die Version 3 viel Spaß und viel Erfolg bei der Einarbeitung in dieses erfolgreiche Software-Werkzeug Lotus 1-2-3. Wir würden uns freuen, möglichst viel, auch kritische Resonanz, zu erfahren.

Ekbert Hering und Hans-Peter Bürgler
Heubach, Ellwangen August 1989

1 Einführung

In dieser Einführung wird das Softwarepaket 1-2-3 in seiner neuesten Version 3 vorgestellt und die wichtigsten Schritte gezeigt, die Sie machen müssen, um mit 1-2-3 arbeiten zu können. Dieses Kapitel sollte deshalb unbedingt vor Inbetriebnahme von 1-2-3 zu Rate gezogen werden. Bei der *Installation* wird 1-2-3 so an Ihre *Systemkonfiguration angepaßt*, daß Sie damit optimal arbeiten können. Insbesondere wird die Hardware, die eingebauten Speichererweiterungen, die Grafikkarten und die Ausgabegeräte (Drucker für Text und Grafik sowie Plotter) berücksichtigt. Für die von Ihnen eingestellte Konfiguration wird ein *Treibersatz* (standardmäßig mit dem Namen 123.DCF) erzeugt und gespeichert. Damit ist eine optimale Anpassung von 1-2-3 an Ihre Rechnerumgebung geschaffen.

Der folgende Abschnitt gliedert sich in folgende Teile:

1. Das Programmpaket 1-2-3
2. Hardwarevoraussetzungen
3. Installation von 1-2-3
4. Bezeichnung der Dateinamen
5. Tastaturbelegung für den IBM-PC
6. Starten von 1-2-3
7. Aufbau eines Arbeitsblattes
8. Arbeiten mit 1-2-3-Menüs
9. Online-Hilfetexte.

1.1. Das Programmpaket 1-2-3

Das Programmpaket 1-2-3 wird auf 5,25"- (1,2 MByte) und 3,5"- (720 kByte)-Disketten geliefert. Folgende Programmteile befinden sich auf den Disketten:

a) Disketten im Format 5,25"

Auf den vier Disketten befinden sich die einzelnen Programmteile von 1-2-3:

1. Systemdiskette

Auf ihr befindet sich das vollständige Programm von 1-2-3 sowohl in der DOS-, als auch in der OS/2-Version.

2. Installations-Diskette

Um mit 1-2-3 optimal arbeiten zu können, müssen Sie 1-2-3 Ihre Hardwareausrüstung mitteilen. Dies geschieht beim Durchlaufen des *Installationsprogrammes*. Hier werden unter anderem die Hardware, die Speichererweiterung, die Grafikkarte sowie die Ausgabegeräte an 1-2-3 angepaßt, d. h. die zugehörigen Treibersätze für Ihre Hardwareumgebung zusammengestellt. Zusätzlich befinden sich noch auf der Diskette folgende Programme:

- *Übersetzungsprogramme für dBASE II/III*

- *Beispiel-Arbeitsblätter.*

3. Treiber-Diskette

Hier finden Sie die sogenannten *Treiberprogramme*. 1-2-3 kopiert während der Installation die zu Ihrer Ausrüstung gehörenden Treiber in eine spezielle Datei (standardmäßig 123.DCF), mit der Sie in 1-2-3 optimal arbeiten können.

4. Font-Diskette

Diese Programme ermöglichen es, verschiedene Schriftarten und Schriftgrößen auszuwählen.

b) Disketten im Format 3,5"

Die Bausteine des 1-2-3-Programmpakets sind auf sieben 3,5"-Disketten folgendermaßen untergebracht:

- *DOS-Systemdiskette*

- *OS/2-Systemdiskette*

- *Setup-Install-Diskette*

- *Translate-Hilfe-Diskette*

- *Treiber-Diskette 1*

- *Treiber-Diskette 2*

- *Font-Diskette.*

1.2 Hardwarevoraussetzungen

Um das Softwarepaket 1-2-3 nutzen zu können, benötigen Sie einen IBM PC/AT (286 oder 386) bzw. dazu kompatible Rechner mit einer Festplatte. Zur Installation von 1-2-3 benötigen Sie etwa 4 MB Speicherplatz auf Ihrer Festplatte.

1-2-3 ist unter den Betriebssystemen MS-DOS und OS/2 lauffähig. Für den Betrieb mit MS-DOS benötigen Sie mindestens 1 MB freien Hauptspeicher, für den Betrieb unter OS/2 mindestens 3 MB, besser aber 4 MB freien Hauptspeicher. Es werden die Speichererweiterungskarten unter DOS extended memory bis 16 MB, mit den LIM-Treibern 3.2 oder 4.0 bis 32 MB ausgenützt, ferner die Arithmetikprozessoren unterstützt.

1.3 Installation von 1-2-3

Um 1-2-3 zu installieren, ist es zweckmäßig, das Programmpaket 1-2-3 und seine Dateien in einem gesondertem Verzeichnis zu führen. Für Besitzer älterer Versionen empfehlen wir das Verzeichnis mit dem Namen **123v3** (1-2-3 der Version 3), das beim Installationsprogramm standardmäßig vorgegeben wird.

Nach dem Einschalten des Rechners wechseln wir in das Festplattenlaufwerk C, so daß auf dem Bildschirm **C>** erscheint.

Danach wird folgendes eingegeben:

md\123v3 <RETURN>	Erstellen eines Unterverzeichnisses mit dem Namen **123v3**.
cd\123v3 <RETURN>	Wechsel in das Unterverzeichnis **123v3**.

Anschließend wird das Installationsprogramm gestartet. Legen Sie dazu die Install-Diskette in das Laufwerk A, schalten Sie auf das Laufwerk A um, indem Sie eingeben:

a: <RETURN>.

Das Installationsprogramm bgeinnt, wenn Sie eingeben:

install <RETURN>.

Nach kurzer Zeit startet das Install-Programm und Sie sehen folgendes Bild:

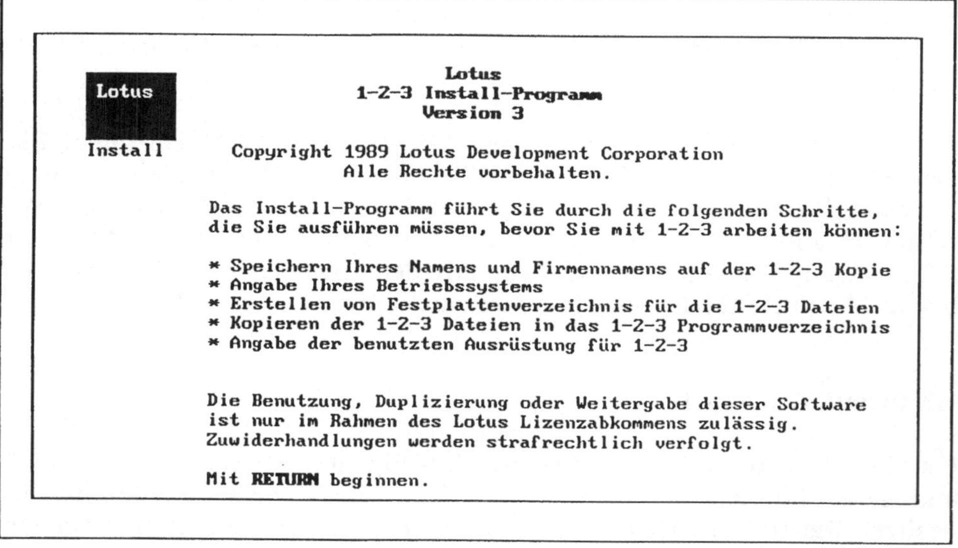

Lotus
Install

Lotus
1-2-3 Install-Programm
Version 3

Copyright 1989 Lotus Development Corporation
Alle Rechte vorbehalten.

Das Install-Programm führt Sie durch die folgenden Schritte, die Sie ausführen müssen, bevor Sie mit 1-2-3 arbeiten können:

* Speichern Ihres Namens und Firmennamens auf der 1-2-3 Kopie
* Angabe Ihres Betriebssystems
* Erstellen von Festplattenverzeichnis für die 1-2-3 Dateien
* Kopieren der 1-2-3 Dateien in das 1-2-3 Programmverzeichnis
* Angabe der benutzten Ausrüstung für 1-2-3

Die Benutzung, Duplizierung oder Weitergabe dieser Software ist nur im Rahmen des Lotus Lizenzabkommens zulässig. Zuwiderhandlungen werden strafrechtlich verfolgt.

Mit **RETURN** beginnen.

Bild 1-1 Vorstellung des Installations-Programms

Im folgenden wird 1-2-3 Schritt für Schritt installiert:

1. Speichern des Namens und des Firmennamens

Wird die <RETURN>-Taste gedrückt, werden Sie aufgefordert, Ihren Namen und Ihren Firmennamen einzugeben. Nachdem Sie die Eingaben vorgenommen haben, sehen Sie folgendes Bild:

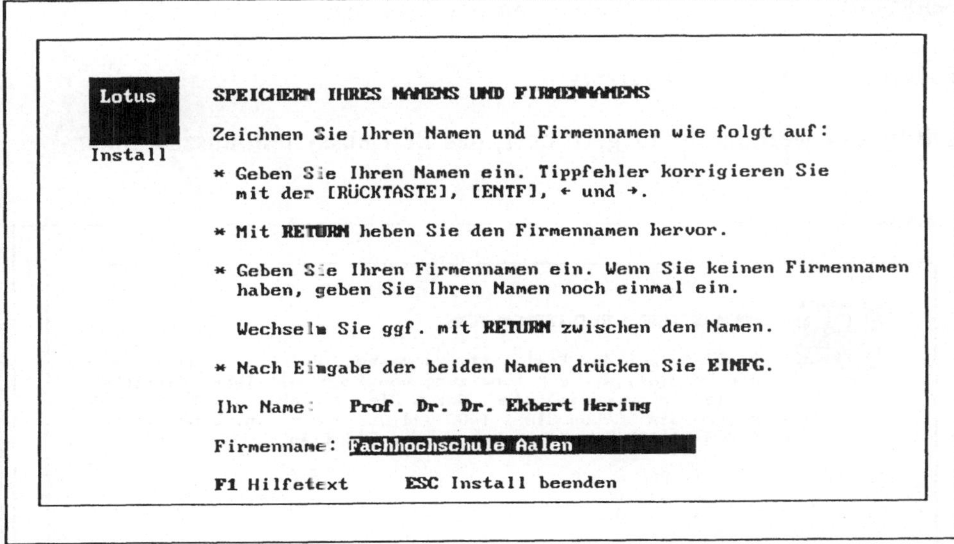

Bild 1-2 Speichern des Namens und des Firmennamens

Durch Drücken der <INS>-Taste wird die Kennung gespeichert. Da diese Kennung endgültig ist, erscheint zuvor noch folgende Sicherheitsabfrage (s. Bild 1-3):

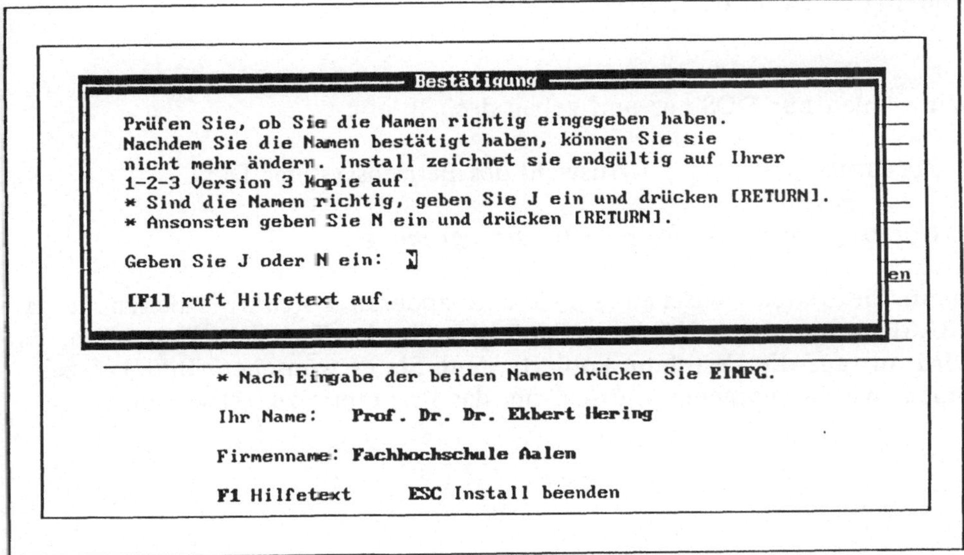

Bild 1-3 Sicherheitsabfrage

j <RETURN> Bestätigen der Eingabe.

2. *Auswahl des Betriebssystems*

In Bild 1-4 werden Sie aufgefordert, das Betriebssystem auszuwählen:

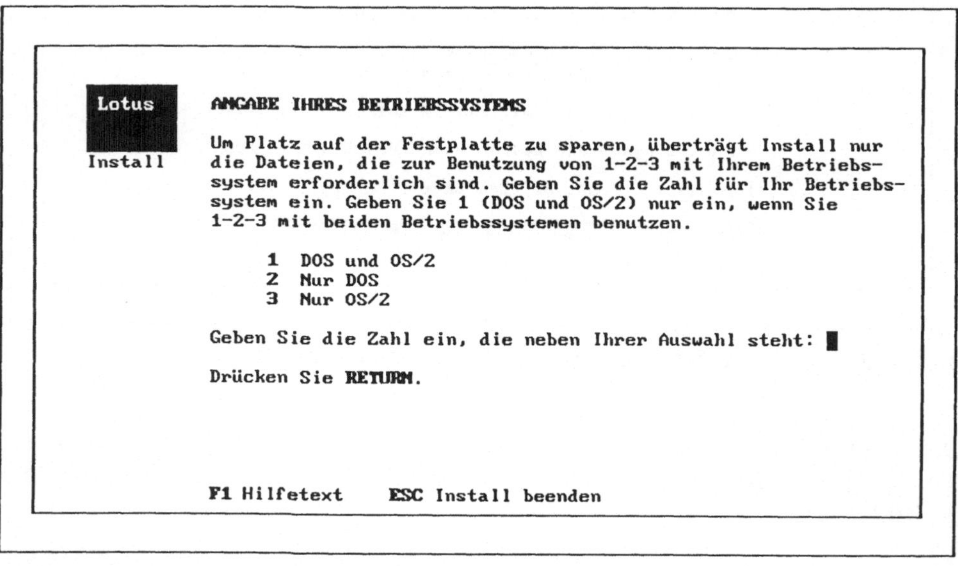

Bild 1-4 Auswahl des Betriebssystems

Wir wählen nur DOS aus und geben deshalb ein:

2 <RETURN> Auswahl des Betriebssystems DOS.

3. *Übertragung des Translate-Dienstprogramms*

Wenn Sie Daten zwischen 1-2-3 und anderen Software-Paketen (z. B. dBASE) austauschen möchten, benötigen Sie das Translate-Programm. Es wird nur auf die Festplatte kopiert, wenn Sie es wünschen. Bild 1-5 zeigt Ihnen, wie Sie vorgehen müssen, um das Programm zu aktivieren.

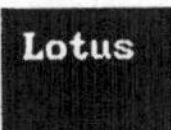


```
ÜBERTRAGUNG DES TRANSLATE-DIENSTPROGRAMMS

Mit dem Translate-Dienstprogramm können Sie Daten zwischen
1-2-3 und anderen Programmen übertragen. Um Platz auf der
Festplatte zu sparen, überträgt Install das Translate
Dienstprogramm nur, wenn Sie dies angeben. Sie können Translate
nur benutzen, wenn Sie es auf die Festplatte kopiert haben.

Soll Install das Translate-Dienstprogramm übertragen,
geben Sie J ein. Ansonsten geben Sie N ein.


Möchten Sie das Translate-Dienstprogramm übertragen? J

Drücken Sie RETURN.


F1 Hilfetext   ESC vorheriger Bildschirm
```

Bild 1-5 Kopieren des Translate-Dienstprogramms

j <RETURN> Kopieren des Translate-Programms.

```
ANGABE DES FESTPLATTENLAUFWERKS

Bevor Install die 1-2-3 Dateien auf die Festplatte übertragen
kann, müssen Sie zwei Schritte ausführen: In diesem Bildschirm
geben Sie den Buchstaben des Festplattenlaufwerks an und im
nächsten Bildschirm den Namen des 1-2-3 Programmverzeichnisses
(des Verzeichnisses, in das Install die 1-2-3 Dateien über-
trägt.)

Buchstabe des Festplattenlaufwerks: C

Drücken Sie RETURN.


F1 Hilfetext  ESC vorheriger Bildschirm
```

Bild 1-6 Angabe des Festplattenlaufwerks

c <RETURN> Auswahl des Festplattenlaufwerks.

Als nächstes wird das Verzeichnis eingegeben, in das die entsprechenden Programmdateien kopiert werden. Es ist das bereits angelegte Verzeichnis **123v3**, so daß mit <RETURN> bestätigt werden kann.

```
Install    ANGABE DES 1-2-3 VERSION 3 PROGRAMMVERZEICHNISSES

           Lotus empfiehlt, daß Sie dem 1-2-3 Programmverzeichnis den
           Namen 123V3 geben. Install erstellt ein Verzeichnis mit dem
           von Ihnen angegebenen Namen, wenn dieses Verzeichnis noch nicht
           auf der Festplatte steht. Selbst wenn Sie von einer früheren
           1-2-3 Version nachrüsten, wird empfohlen, daß Sie ein neues
           Verzeichnis für 1-2-3 Version 3 erstellen.

           Wenn Sie ein bestehendes 1-2-3 Programmverzeichnis benutzen
           möchten, rüsten Sie Ihr 1-2-3 Version 2 Verzeichnis zuerst
           wie unter "Benutzung eines alten 1-2-3 Verzeichnisses" in
           Kapitel 3 der Einführung beschrieben auf.

           Name für Ihr 1-2-3 Programmverzeichnis:

           C:\123V3

           RETURN drücken.

           F1 Hilfetext   ESC vorheriger Bildschirm
```

Bild 1-7 Angabe des Verzeichnisses

<RETURN> Bestätigen des Verzeichnisses 123v3.

Im Anschluß daran werden die notwendigen Dateien kopiert. Den Kopiervorgang können Sie am Bildschirm verfolgen.

4.*Kopieren der 1-2-3 Dateien*

Im Anschluß daran werden die 1-2-3-Dateien kopiert, wie Bild 1-8 zeigt.

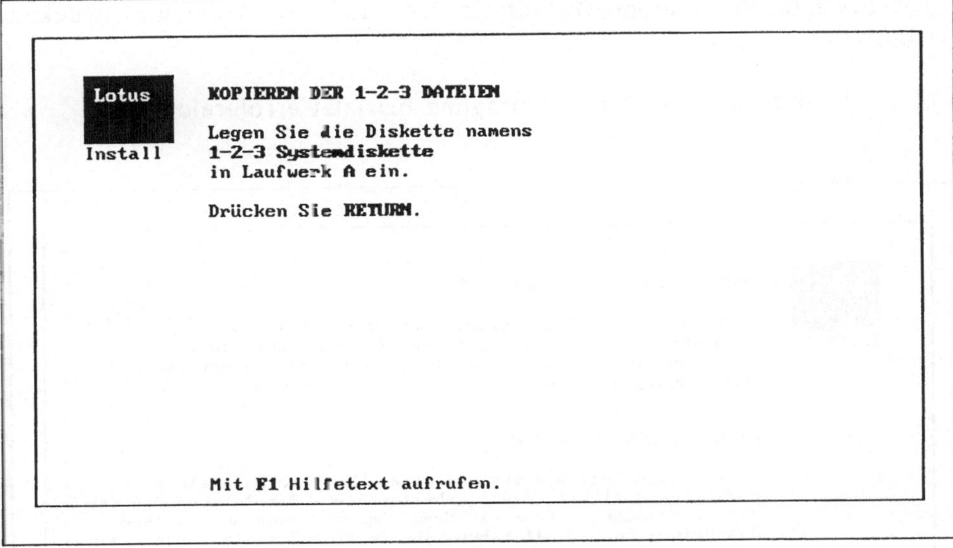

Bild 1-8 Kopieren der 1-2-3-Dateien

Legen Sie die Systemdiskette ein und drücken die <RETURN>-Taste. Es werden die 1-2-3-Dateien kopiert. Den Kopiervorgang können Sie am Bildschirm verfolgen.

5. *Kopieren der Treiber*

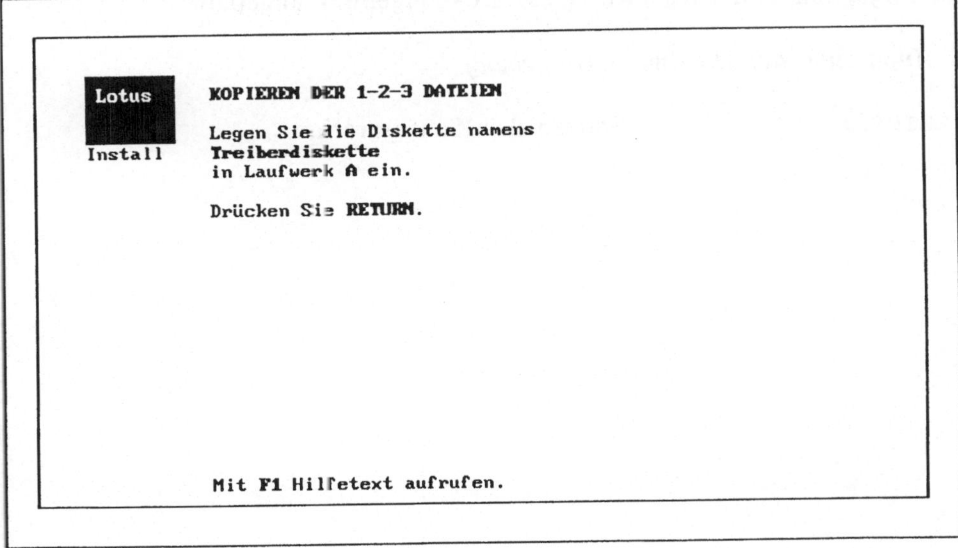

Bild 1-9 Kopieren der Treiber-Diskette

Legen Sie jetzt die Treiber-Diskette in das Laufwerk A ein und drücken die <RETURN>-Taste.

Bild 1-10 zeigt, daß die Dateiübertragung bis jetzt erfolgreich war.

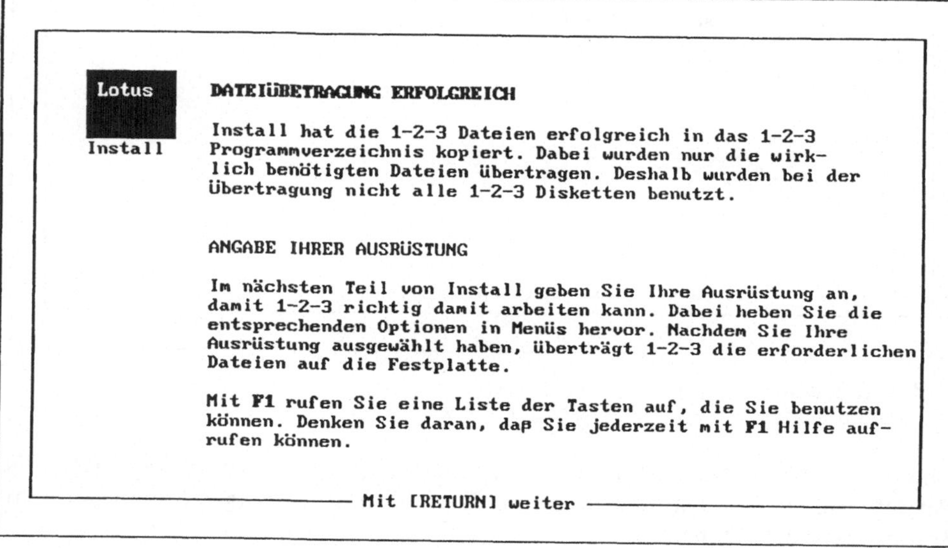

Bild 1-10 Abschluß der Dateiübertragung

Im folgenden Teil wird Ihre Hardware-Umgebung angepaßt.

6. *Anpassung der Hardware-Umgebung*

<RETURN> Starten der Konfiguration.

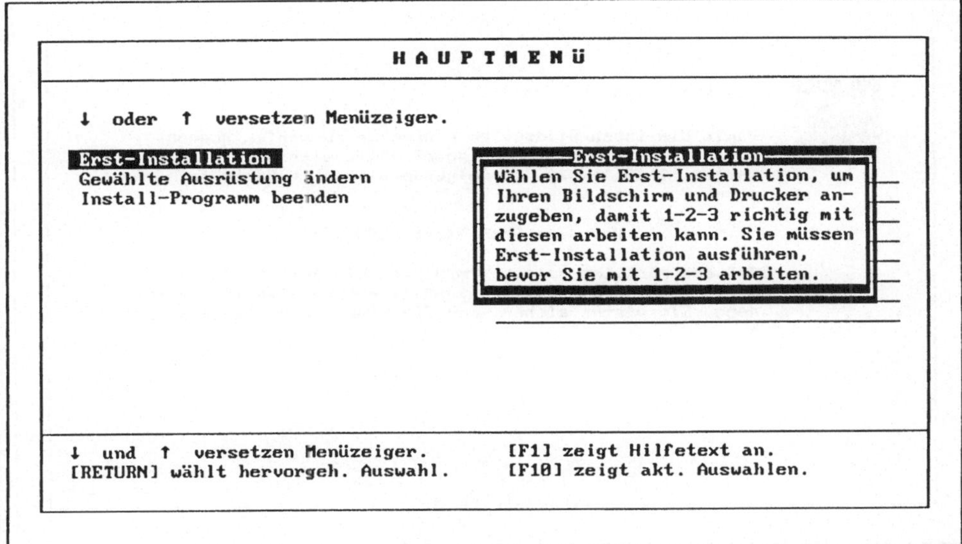
HAUPTMENÜ

↓ oder ↑ versetzen Menüzeiger.

Erst-Installation
Gewählte Ausrüstung ändern
Install-Programm beenden

Erst-Installation
Wählen Sie Erst-Installation, um
Ihren Bildschirm und Drucker an-
zugeben, damit 1-2-3 richtig mit
diesen arbeiten kann. Sie müssen
Erst-Installation ausführen,
bevor Sie mit 1-2-3 arbeiten.

↓ und ↑ versetzen Menüzeiger.
[RETURN] wählt hervorgeh. Auswahl.
[F1] zeigt Hilfetext an.
[F10] zeigt akt. Auswahlen.

Bild 1-11 Möglichkeiten der Hardware-Anpassung

Wie Bild 1-11 zeigt, gibt es folgende drei Möglichkeiten zur Auswahl:

a) Erstinstallation

b) Gewählte Ausrüstung ändern

c) Install-Programm verlassen.

Wir wählen Erstinstallation und werden folgendermaßen durch das Programm geführt:

- *Auswahl der Bildschirmkarte*

Wie Sie in Bild 1-12 sehen, erkennt das Programm die gebräuchlichsten Bildschirmkarten.

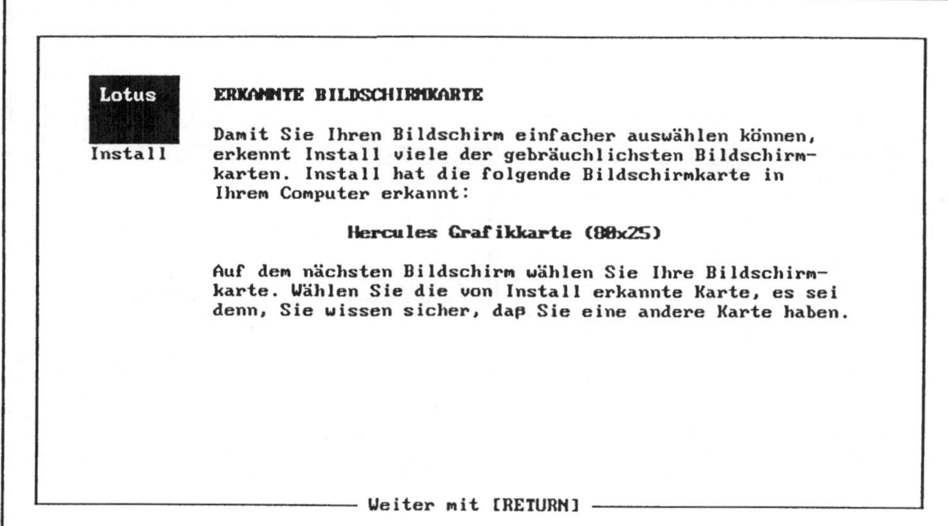

Bild 1-12 Erkannte Bildschirmkarte

Mit <RETURN> wird dies bestätigt und Sie sehen bereits die angezeigte Auswahl (s. Bild 1-13).

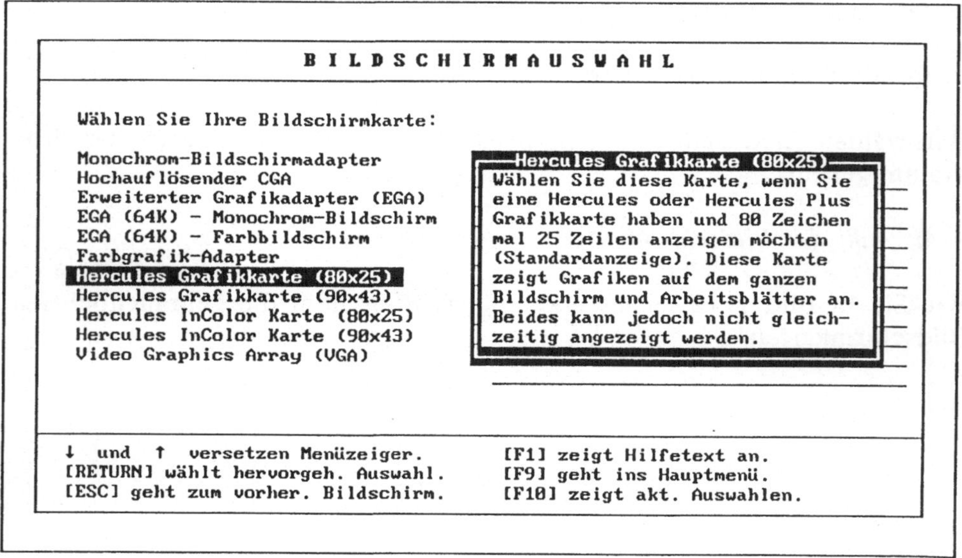

Bild 1-13 Angezeigte Auswahl

Wenn Sie eine andere Karte auswählen möchten, können Sie dies in diesem Menü tun.

<RETURN> Bestätigen der Bildschirmkarte.

- *Auswahl des Druckers*

Bild 1-14 zeigt die Auswahl eines Druckers.

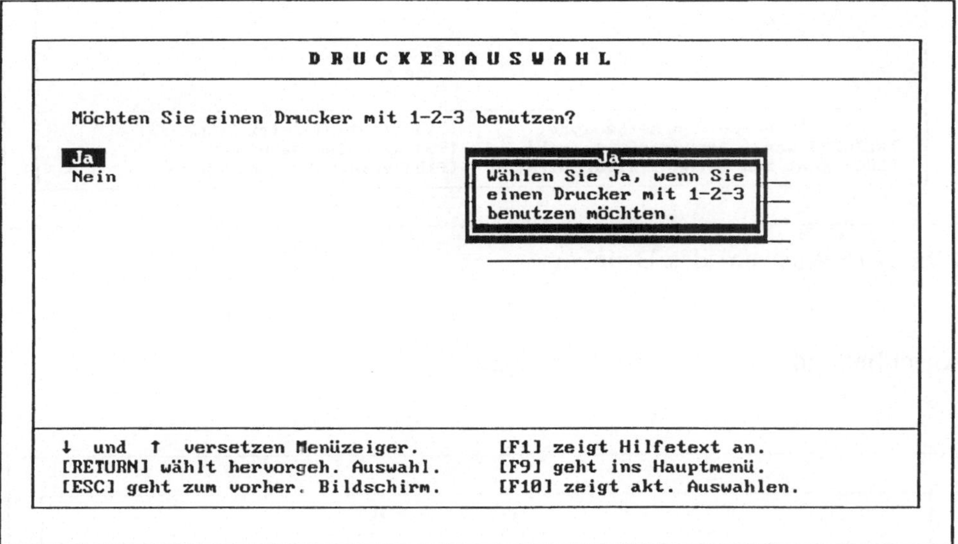

Bild 1-14 Druckerauswahl

<RETURN> Auswahl der Option Ja.

Im folgenden werden die Drucker ausgesucht (s. Bild 1-15). Zunächst wird der Epson-Drucker ausgewählt und mit <RETURN> bestätigt.

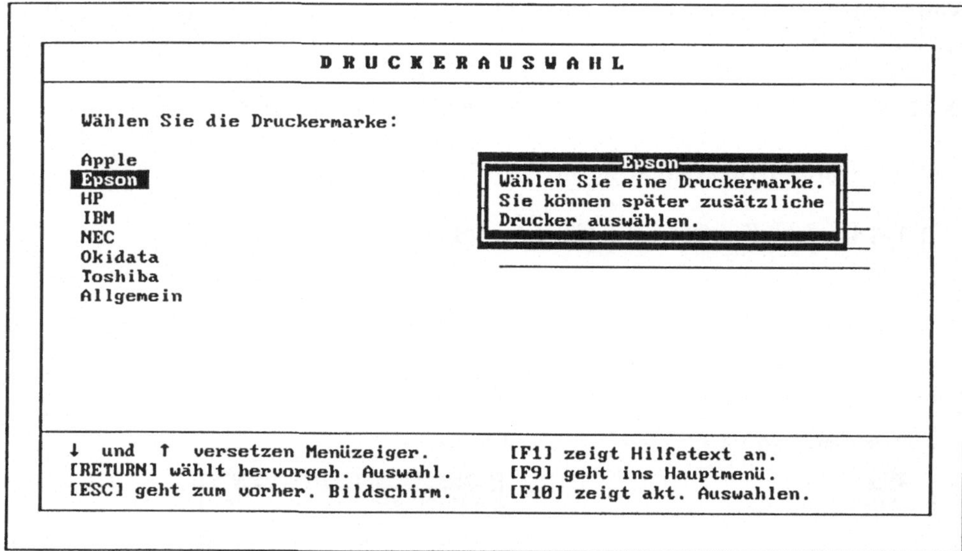

Bild 1-15 Auswahl des Druckers

Anschließend wird das Modell ausgewählt:

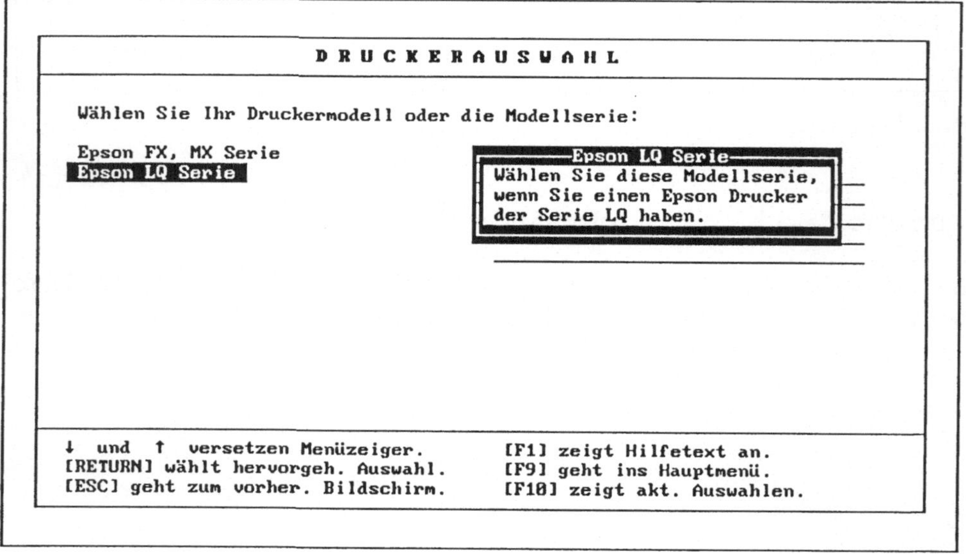

Bild 1-16 Auswahl des Modells

Im nächsten Schritt können Sie noch Angaben zu den Schriftarten machen.

Falls Sie weitere Drucker benützen möchten, müssen Sie diese ebenfalls anmelden (s. Bild 1-17).

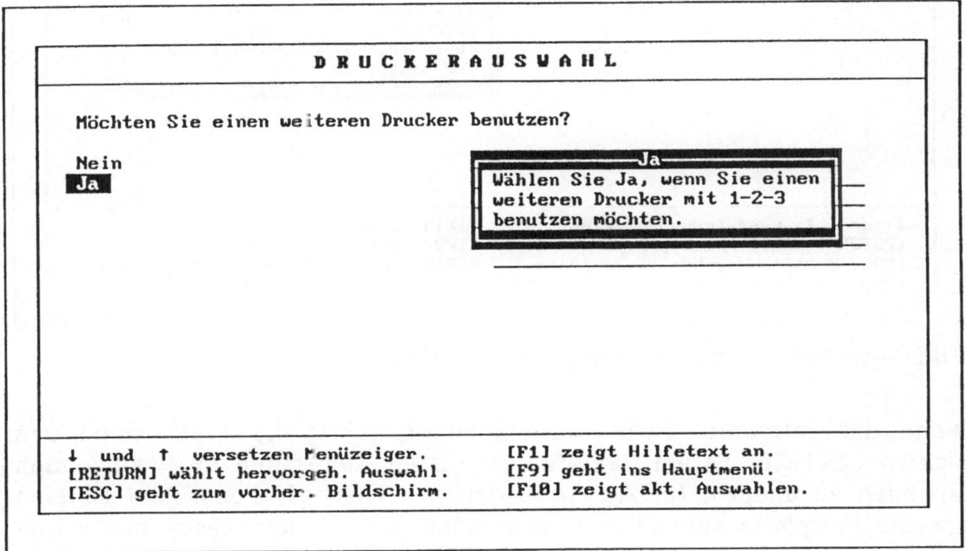

Bild 1-17 Angabe weiterer Drucker

Als nächster Drucker wird der HP-Laserjet II angemeldet. Dazu wählen Sie analog zu vorher die Druckermarke aus (HP), ferner das Druckermodell (HP LaserJet Serie II) mit der Druckerkassette F TmsRmn2. Wenn Sie keinen weiteren Drucker anmelden möchten, wählen Sie Nein (s. Bild 1-17) und drücken die <RETURN>-Taste.

- *Bennenen der Konfigurations-Datei*

Bild 1-18 zeigt die Möglichkeiten.

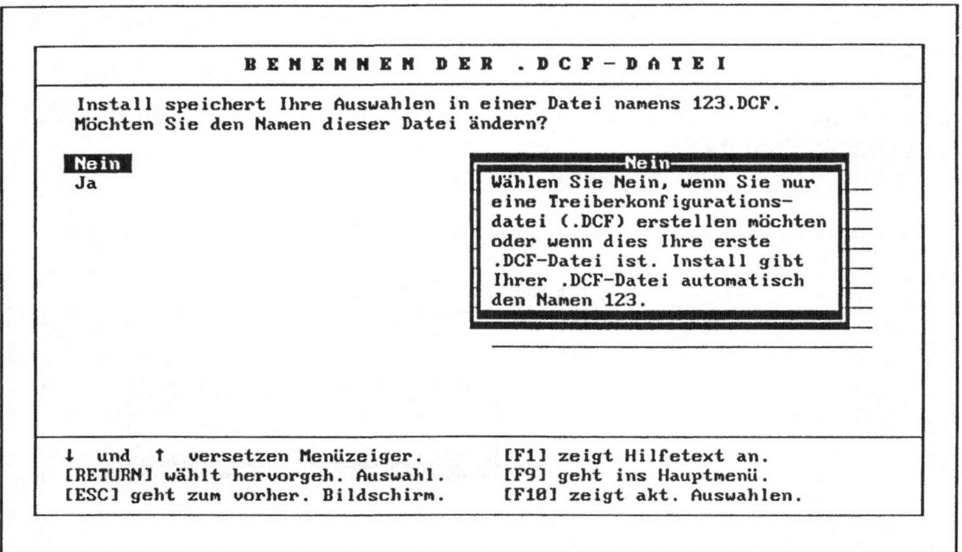

Bild 1-18 Benennen der Konfigurations-Datei

Wenn die <RETURN>-Taste gedrückt wird, erhält die Treiberdatei den Namen 123.DCF. Es wird empfohlen, diesen Namen nur aus zwingenden Gründen zu ändern. Im Anschluß daran werden die benötigten Dateien auf die Festplatte kopiert und Sie können den Kopiervorgang mitverfolgen. Je nach Wahl verschiedener Schriftarten werden Sie aufgefordert, die Font-Diskette einzulegen und die entsprechenden Dateien zu kopieren.

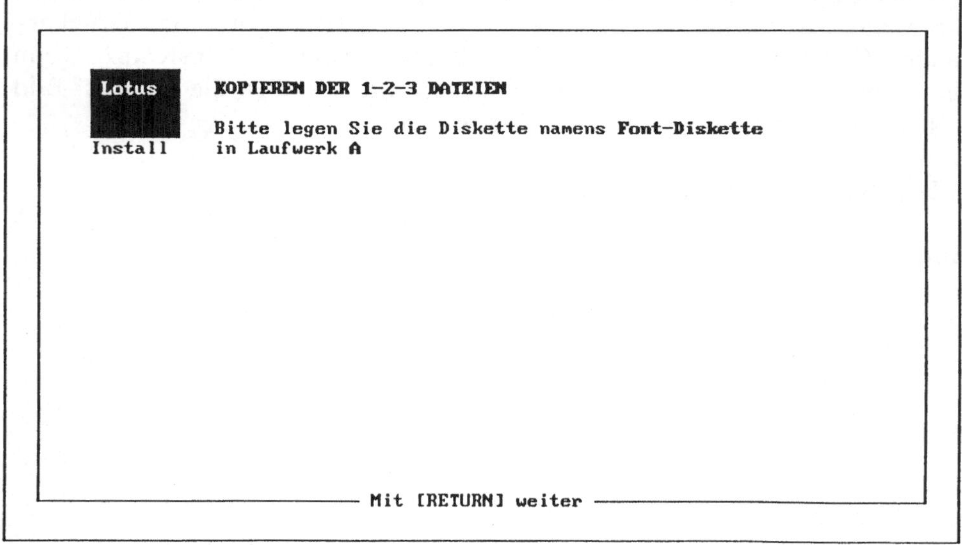

Bild 1-19 Kopieren von der Font-Diskette

Legen Sie in diesem Fall die Font-Diskette ins Laufwerk A und drücken die <RETURN>-Taste.

Nach erfolgreicher Installation sehen Sie folgendes Bild (s. Bild 1-20):

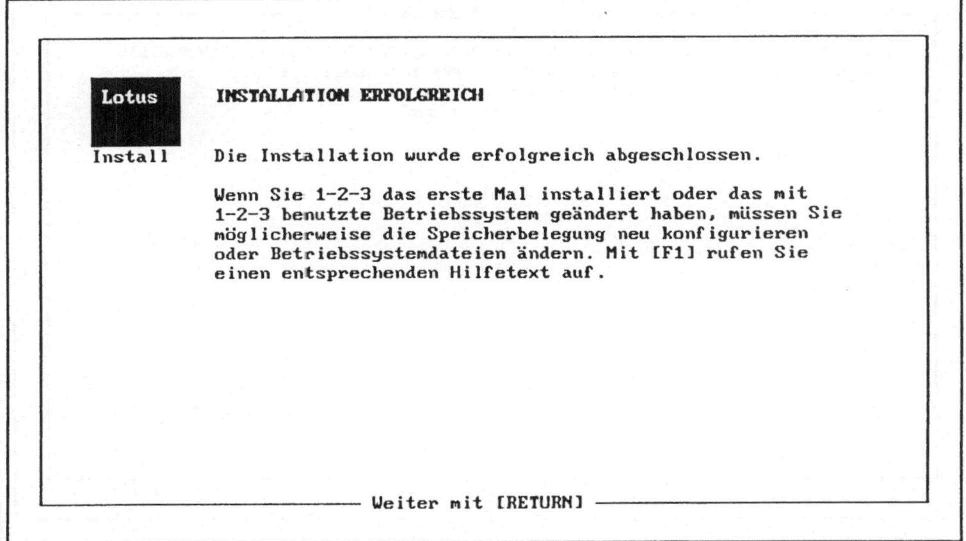

Bild 1-20 Abschluß des Installationsprogramms

Falls Sie vor dem Arbeiten mit 1-2-3 noch Dateien aus dem Betriebssystem ändern müssen, können Sie sich druch Drücken der Taste <F1> Hilfe anfordern (s. Bild 1-21).

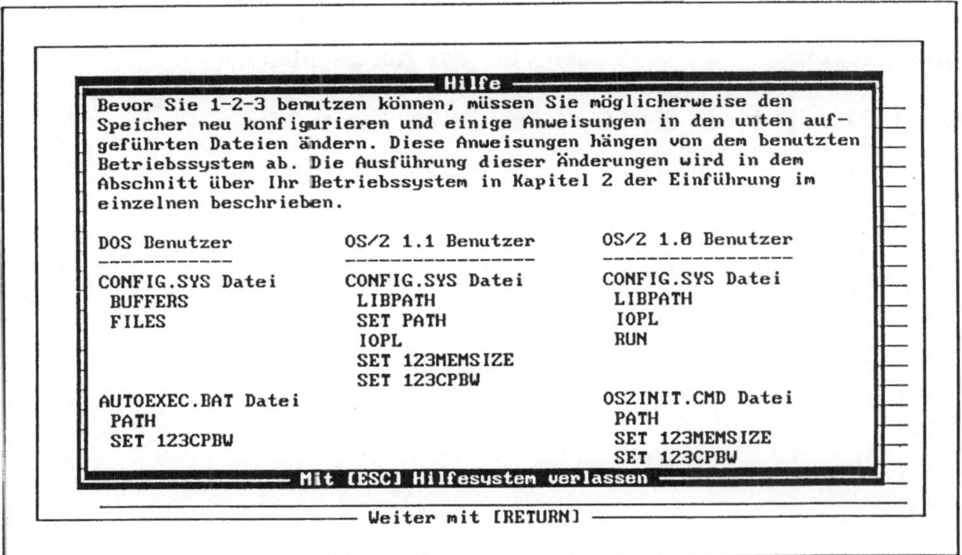

Bild 1-21 Hilfe-Bildschirm zum Ändern von System-Dateien

Durch Drücken der <F10>-Taste können Sie Ihre Einstellungen überprüfen und eventuelle Neuanpassungen vornehmen.

```
Aktuelle Auswahlen in 123

Bildschirm    1   Hercules Grafikkarte (80x25) Vorgabe (720x348)
Drucker       1   Epson LQ Serie 800,1000 Festschritt
              2   HP LaserJet Serie II F TmsRmn2
Land          1   Deutsch Zahlen zuerst

Mit [ESC] weiter
```

Bild 1-22 Eingestellte Parameter

Wollen Sie das Install-Programm verlassen, wählen Sie **Ja** aus und drükken die <RETURN>-Taste. Jetzt befinden Sie sich im Verzeichnis 123v3 und können mit 1-2-3 arbeiten. Wenn Sie 1-2-3 über das Access-Menü laden, geben Sie ein:

lotus <RETUR> Laden über das Access-Menü.

Bild 1-23 zeigt Ihnen die Möglichkeiten im Access-Menü.

```
Lotus Programm zur Integration von Arbeitsblatt, Grafik und Datenbank
1-2-3        Install      Translate      Ende

                              Lotus
                       1-2-3 Access Menü

                           Version 3
            Copyright 1989 Lotus Development Corporation
                   Alle Rechte vorbehalten.

Heben Sie das zu startende Programm mit →, ←, [POS1] oder [ENDE]
hervor und drücken [RETURN] oder geben den Anfangsbuchstaben ein.

Für weitere Angaben drücken Sie F1.
```

Bild 1-23 Access-Menü

Wie Sie 1-2-3 direkt starten, wird in Abschnitt 1.6 erläutert.

1.4 Bezeichnung der Dateinamen

In Tabelle 1-1 sind die Erweiterungen für die Dateinamen und ihre Bedeutung zusammengestellt.

Tabelle 1-1 Bezeichnung der Dateitypen

Erweiterung	Dateityp
.BAK	Sicherungsdatei
.CGM	Grafikdatei (Color Graphic Modes)
.CNF	Konfigurationsdatei
.ENC	Binärdatei
.PIC	Grafikdatei
.PRN	Druckdatei
.TMP	Temporäre Datei
.WK3	Arbeitsblattdatei (mit /Arbeitsblatt Global Vorgabe Zusatz andere Erweiterung angebbar)

1.5 Tastaturbelegung für den IBM-PC

Bild 1-24 zeigt die Tastaturbelegung für den IBM-PC/AT.

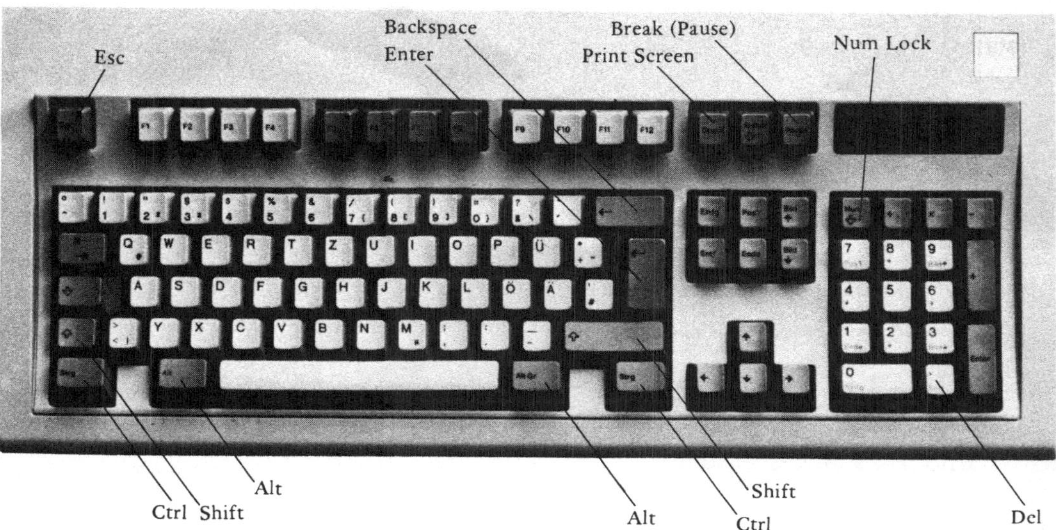

Bild 1-24 Tastatur des IBM-PC/AT

Zur Ausführung *besonderer Operationen* werden die Funktionstasten <F1> bis <F10> herangezogen, die allein oder zusammen mit der <ALT>-Taste verwendet werden können. Tabelle 1-2 zeigt die Operationen der Funktionstasten und Tabelle 1-3 die Möglichkeiten für die Tastenkombinationen <ALT> <FUNKTIONSTASTE >.

Tabelle 1-2 Aufgaben der Funktionstasten

Taste	Funktion	Beschreibung
<F1>	HILFE	Aufruf der Hilfe-Funktion
<F2>	EDIT	Kopieren des Zellinhalts in die zweite Bildschirmzeile
<F3>	NAME	Liste der Namen ausgeben
<F4>	ABS	Änderung der Adreßart: relative, absolute und gemischte Adressen
<F5>	GEHEZU	Sprung zu einer bestimmbaren Adresse
<F6>	FENSTER	Bewegen des Zellzeigers zwischen den Fenstern
<F7>	ABFRAGE	Schalten des FINDEN- bzw. BEREIT-MODUS
<F8>	TABELLE	Wiederholung des letzten /Daten Tabelle Befehls
<F9>	KALK	Neuberechnen der Formeln
<F10>	GRAFIK	Anzeigen der aktuellen Grafik

Tabelle 1-3 Funktion und Wirkung der Tastenkombination <Alt> <FUNKTIONSTASTE>

Tastenkombination	Funktion	Beschreibung
<Alt> <F1>	KOMB	Eingeben spezieller Zeichen im Lotus-Zeichensatz
<Alt> <F2>	SCHRITT	Aufzeichnen von Tastenanschlägen; schrittweises Austesten von Makros
<Alt> <F3>	AUSF	Ausführen eines Makros
<Alt> <F4>	UNDO	Rückgängig machen von Änderungen
<Alt> <F5>		
<Alt> <F6>	ZOOM	Wechseln der Fenstergröße zwischen Originalgröße und Arbeitsblattgröße
<Alt> <F7>	APP1	Anwendung spezieller LDE-Befehle
<Alt> <F8>	APP2	
<Alt> <F9>	APP3	
<Alt> <F10>	ZUSATZ	Menü für LDE-Befehle

1.6 Starten von 1-2-3

Zunächst stellen Sie sicher, daß Sie auf der Betriebssystemebene befinden (z. B. MS-DOS) und C (in der Regel die Festplatte Ihres PC's) Ihr aktuelles Laufwerk ist. Folgende Eingaben sind erforderlich:

1. Umschalten auf das Unterverzeichnis von Lotus 1-2-3:
   cd\123v3.

2. Direktes Aufrufen des Programmpaketes:
   123 <RETURN>.

Sie sehen als erstes die Lizenzinformation.

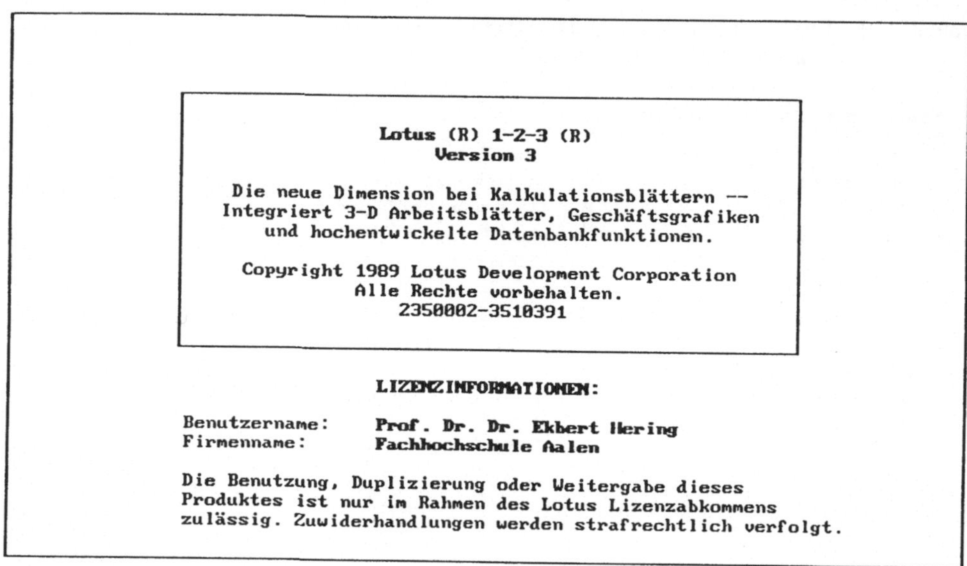

Bild 1-25 Lizenzinformation

Nach einer kurzen Wartezeit erscheint das leere Arbeitsblatt (s. Bild 1-26) und Sie können mit der Arbeit beginnen.

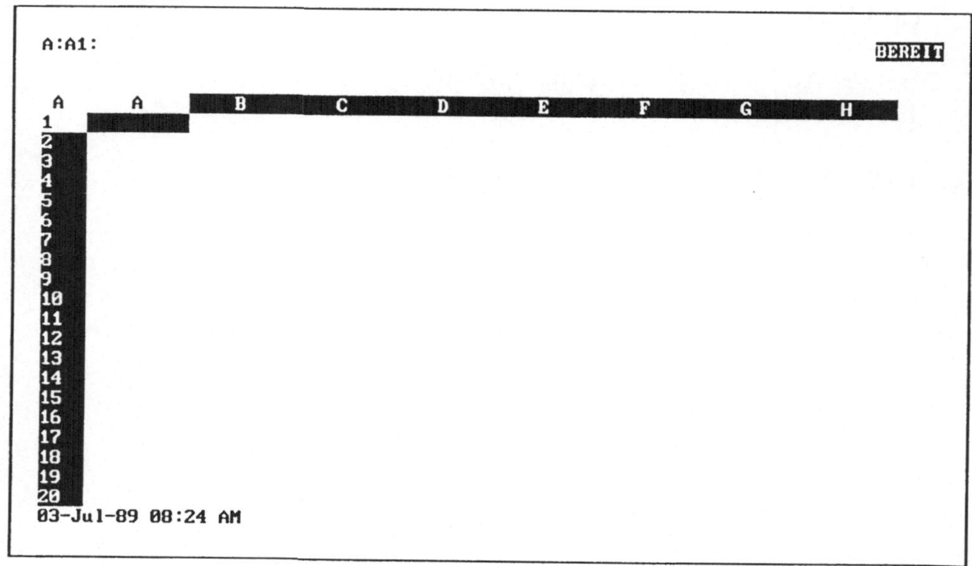

Bild 1-26 Das leere Arbeitsblatt

1.7 Aufbau eines Arbeitsblattes

Hinweis für Umsteiger auf Version 3!
Lesen Sie diesen Abschnitt auf jeden Fall durch! Beachten Sie, daß links oben die Bildschirmanzeige neu ist: Sie gibt als Buchstaben die Ebene des Arbeitsblattes an, d. h. die Lage in der dritten Dimension. Mehrere Arbeitsblätter können gleichzeitig im Arbeitsspeicher auf Abruf bereitstehen (s. Kapitel 3). Das Hin- und Herwechseln zwischen den Arbeitsblättern geschieht durch die Tasten <Ctrl> <PgDn> (nächstes Blatt) und <Ctrl> <PgUp> (vorhergehendes Blatt). Insgesamt ist die Verwaltung von 256 Arbeitsblatt-Ebenen möglich.

In 1-2-3 sind alle Tätigkeiten in *Arbeitsblättern* organisiert. Wie Bild 1-27 zeigt, besteht ein Arbeitsblatt aus folgenden drei Teilen:

- *Bedienfeld (erste drei Zeilen)*
- *Arbeitsblattbereich*
- *Statuszeile (unterste Bildschirmzeile).*

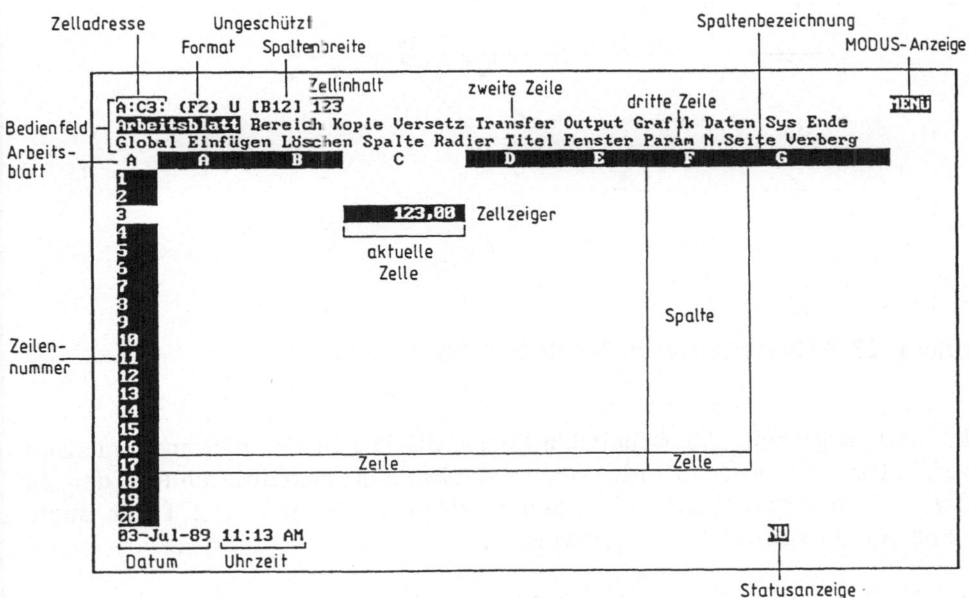

Bild 1-27 Aufbau eines Arbeitsblattes

a) Arbeitsblattbereich

Das Arbeitsblatt ist wie eine *Tabelle* organisiert. Jede Tabelle enthält *256 Spalten* und *8192 Zeilen*. Zur Unterscheidung sind die *Spalten* mit *Buchstaben* (A bis IV) und die *Zeilen* mit *Zahlen* (1 bis 8192) gekennzeichnet. In Version 3 gibt es die Möglichkeit, *mehrere Tabellen* in ihrer *dritten Dimension* zu erstellen (s. Bild 1-x2 und Kapitel 3) und zu speichern. Damit hat ein Anwender auf alle Sichten dieses dreidimensionalen Arbeitsblattes Zugriff.

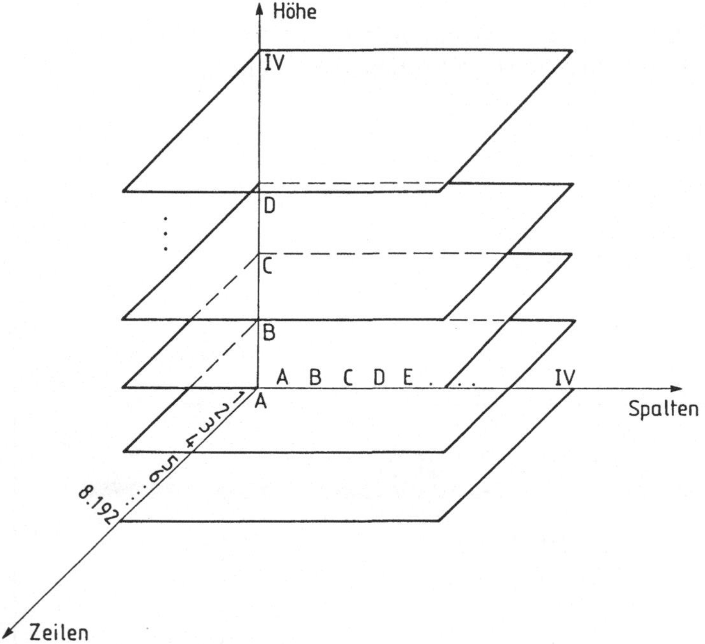

Bild 1-28 Arbeitsblätter in der dritten Dimension

Es sind insgesamt 256 Arbeitsblätter (A bis IV) in der dritten Dimension verfügbar; sie werden mit einem Buchstaben gekennzeichnet, der im *Eckfeld* im Arbeitsblatt links oben zu sehen ist (in Bild 1-271 der Buchstabe A). So bedeutet beispielsweise

A:C3: Arbeitsblatt der Ebene A, Spalte C, Zeile 3.

Das *kleinste Element* in einem Arbeitsblatt ist die *Zelle*, die durch Angabe einer *Spalte* und einer *Zeile* bestimmt ist (Im Beispielfall: C3: Spalte C, Zeile 3). Insgesamt verfügt jedes Arbeitsblatt über 256 mal 8192 Zellen, das sind über 2 Millionen Zellen je Arbeitsblatt. In diesen

Zellen können Informationen (Texte, Zahlen, Formeln, Funktionen) abgelegt oder formelmäßige Verknüpfungen zu anderen Zellen hergestellt werden. Die *aktuelle Zelle* wird durch einen rechteckigen Balken, den *Zellzeiger*, markiert (in Bild 1-27 steht der Zellzeiger in Zelle C3).

Am Bildschirm kann - da das Arbeitsblatt sehr groß ist - immer nur ein kleiner Ausschnitt gezeigt werden. Beim ersten Aufrufen des Arbeitsblattes sind dies 7 Spalten (A bis G) und 20 Zeilen (1 bis 20). Mit den in Tabelle 1-4 angegebenen *Zeigertasten* kann man sich durch das Arbeitsblatt bewegen (Mit der GEHEZU-Taste <F5> kann ebenfalls jede Zelle angesprungen werden).

Tabelle 1-4 Bewegung des Zellzeigers

Taste	Wirkung
<PFEIL RECHTS>	Spalte nach rechts
<PFEIL LINKS>	Spalte nach links
<PFEIL OBEN>	Zeile nach oben
<PFEIL UNTEN>	Zeile nach unten
<CTRL> <PFEIL RECHTS>	Bildschirmseite nach rechts
<CTRL> <PFEIL LINKS>	Bildschirmseite nach links
<PGUP>	Bildschirmseite nach oben
<PGDN>	Bildschirmseite nach unten
<HOME> <PFEIL RECHTS>	Vor nächster belegten Zelle rechts
<HOME> <PFEIL LINKS>	Vor nächster belegten Zelle links
<HOME>	Zu Zelle A1
<END> <HOME>	Untere rechte Ecke des aktiven Bereichs

b) Bedienfeld

Am Bildschirm direkt oberhalb des Arbeitsblattes befindet sich das *Bedienfeld*. Es besteht aus drei Zeilen, die die folgenden Aufgaben erfüllen:

- *Erste Zeile*

Sie stellt folgende Informationen über die aktuelle Zelle (von links nach rechts) dar:

* *Zelladresse* (Arbeitsblatt:Spalte Zeile)
z. B. A:C3: bedeutet: Arbeitsblatt A, Zelle C3 (Spalte C, Zeile 3)

* *Format*
Anzeige des Datenformats (dies gilt nur, wenn es mit dem Befehl Bereich Format (/BF) eingestellt wurde).
z. B. bedeutet (F2): Festformat mit 2 Dezimalstellen.

* *Schutzzustand der Zelle*
Anzeige des Schutzzustandes (S: Schutz; U: Ungeschützt) der Zelle (nur zu sehen, wenn der Schutzzustand mit dem Befehl **A**rbeitsblatt **G**lobal **S**chutz (/AGS) oder mit dem Befehl **B**ereich **U**ngesch (/BU) eingestellt worden ist).
z. B. **U** bedeutet: Ungeschützt.

* *Spaltenbreite*
Anzeige der Spaltenbreite (nur zu sehen, wenn die Spaltenbreite mit dem Befehl **A**rbeitsblatt **S**palte (/AS) eingestellt wurde).
z. B. **[B12]** bedeutet: Spaltenbreite beträgt 12 Zeichen.

* *Zellinhalt*
Zeigt den Inhalt der Zelle an.
z. B. **123** bedeutet: In der Zelle steht der Zahlenwert 123,00.

* *MODUS-Anzeige*
In der ersten Zeile ganz rechts steht die *MODUS-Anzeige.*
z. B. **MENÜ** bedeutet: Anzeige des Befehlsmenüs (s. Tabelle 1-5).

Tabelle 1-5 MODUS-Anzeige und ihre Bedeutung

MODUS	Bedeutung
BEREIT	Bereit für nächste Eingabe oder Befehl
DATEIEN	Liste der Dateinamen wird angezeigt
EDIT	Bearbeiten einer Eingabe
FEHLER	Fehlermeldung <F1> zeigt Hilfetext; Löschen mit <ESC> oder <RETURN>
FINDEN	Befehle/Daten Abfrage Finden wird ausgeführt oder Taste <F7> (ABFRAGE) wurde gedrückt. Gefundener Datensatz wird hervorgehoben
HILFE	HILFE-Taste <F1> wurde gedrückt oder Hilfetext erscheint
LABEL	Eingabe von Text
MENÜ	Anzeige des Befehlsmenüs
NAMEN	Liste von Namen wird angezeigt (z. B. Bereichsnamen, Grafiknamen, Funktionsnamen)
STATUS	Status-Bildschirm wird angeziegt (Befehl/Arbeitsblatt Param oder /Arbeitsblatt Global Vorgabe Parameter)
WARTEN	Warten während einer Bearbeitung
WERT	Eingabe einer Zahl oder einer Formel
ZEIGEN	Zellzeiger zeigt entweder auf eine Zelle oder einen Bereich

\- *Zweite Zeile*

Je nachdem, was Sie gerade bearbeiten, ist eine der folgenden Bildschirmanzeigen zu sehen:

* *Hauptmenü* (MENÜ-MODUS)
(s. Bild 1-27)

* *Eingabe von Daten*

* *Aufforderung für weitere Eingaben*

- *Dritte Zeile*

Hier werden ebenfalls, je nach Tätigkeit, zwei unterschiedliche Angaben angezeigt:

* Liste der Unterbefehle für den Befehl im Hauptmenü
(s. Bild 1-27)

* *Anzeige von Listen mit Namen.*

c) Statuszeile

Die letzte Bildschirmzeile zeigt links das Datum und die Uhrzeit an und rechts eine Reihe von Informationen über den Status (s. Tabelle 1-6).

Tabelle 1-6 Statusangaben

Status	Bedeutung
BEF	Ausführen eines Makros
CAP	<CAPS LOCK>-Taste gedrückt (Großbuchstaben)
DATEI	<Ctrl> <End> wurde gedrückt, um in andere Dateien zu gelangen
END	<End>-Taste gedrückt
GRUPPE	Gruppen-Modus für mehrere Arbeitsblätter
KALK	Formeln sollten mit KALK (<F9>) neu berechnet werden
NL	Nur-Lese-Status
NU	<Num>-Taste gedrückt
PAUSE	Testen eines Makros im SCHRITT-Modus
ROL	<Scroll Lock>-Taste gedrückt
SCHL	Formel mit Endlosschleife (suchen mit /Arbeitsblatt Param)
SCHRITT	<Alt> <F2>-Tastenkombination gedrückt; schrittweise Ausführung eines Makros
SPEICH	Speicherplatz ist bald erschöpft
ÜBR	Überschreib-Modus eingestellt
ZOOM	Aktuelles Fenster auf dem ganzen Bildschirm sichtbar (<Alt> <F6>)

1.8 Arbeiten mit 1-2-3-Menüs

Alle Befehle, mit denen Sie Ihre Aufgaben lösen, beispielsweise Erfassen von Daten, Berechnen von Spaltensummen oder grafische Auswertungen, sind in *Menüs* als *Auswahlmöglichkeiten* zu sehen. In das 1-2-3-Hauptmenü gelangen Sie, wenn die Taste / (Schrägstrich) oder die Taste < (kleiner) gedrückt wird (s. Bild 1-29).

```
A:A1:                                                                      MENÜ
Arbeitsblatt Bereich Kopie Versetz Transfer Output Grafik Daten Sys Ende
Global Einfügen Löschen Spalte Radier Titel Fenster Param N.Seite Verberg
```

Bild 1-29 Das 1-2-3-Hauptmenü

Wie Bild 1-293 zeigt, steht der Menüzeiger (heller Balken) auf der Auswahlmöglichkeit "Arbeitsblatt". In der Zeile darunter sind die unter diesem Menüpunkt auszuwählenden Befehlesmöglichkeiten angezeigt. In Tabelle 1-7 wird gezeigt, mit welchen Tasten man sich im Menü bewegen und wie man die verschiedenen Befehle auswählen kann.

Tabelle 1-7 Tasten zum Bewegen im Menüfeld

Taste	Wirkung
/ oder <	Zeigt im BEREIT-Modus das Hauptmenü an
<PFEIL RECHTS>	Befehl nach rechts
<PFEIL LINKS>	Befehl nach links
<HOME>	Erster Befehl des Menüs
<END>	Letzter Befehl des Menüs
<RETURN>	Auswahl des Befehls
Erster Buchstabe	Auswahl des Befehls mit diesem Anfangsbuchstaben
<ESC>	Rückkehr ins vorhergehende Menü
<CTRL> <BREAK>	Verlassen des Menüs, Rückkehr in das Hauptmenü

Die Auswahl einer Menüoption kann auf folgende zwei Arten erfolgen:

1. Eingabe des *Anfangsbuchstabens* oder

2. Menüpunkt über Cursortasten anwählen und anschließend <RETURN> drücken.

Wird beispielsweise durch Eingabe des Buchstabens A die Option **Arbeitsblatt** ausgewählt, wird folgendes Untermenü sichtbar (s. Bild 1-30):

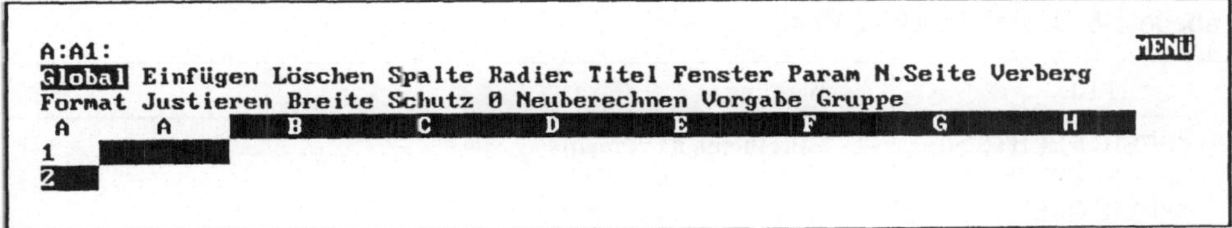

Bild 1-30 Untermenü zum Befehl /Arbeitsblatt **Global**

Durch Drücken der <ESC>-Taste gelangt man immer eine *Menübene zurück.*

1.9 Online-Hilfetexte

Während der Arbeit mit 1-2-3 können Sie von jeder beliebigen Stelle aus *Hilfe* anfordern, wenn Sie die <F1>-Taste drücken. Die Hilfe wird *Online* geboten, weil Sie *direkt* an der Stelle im Programm angeboten wird, an der Sie sich gerade befinden, d.h., dort, wo die Hilfe gebraucht wird. Befindet man sich beispielsweise im Hauptmenü beim Befehl **Arbeitsblatt** und drückt die HILFE-Taste <F1>, wird Bild 1-31 sichtbar:

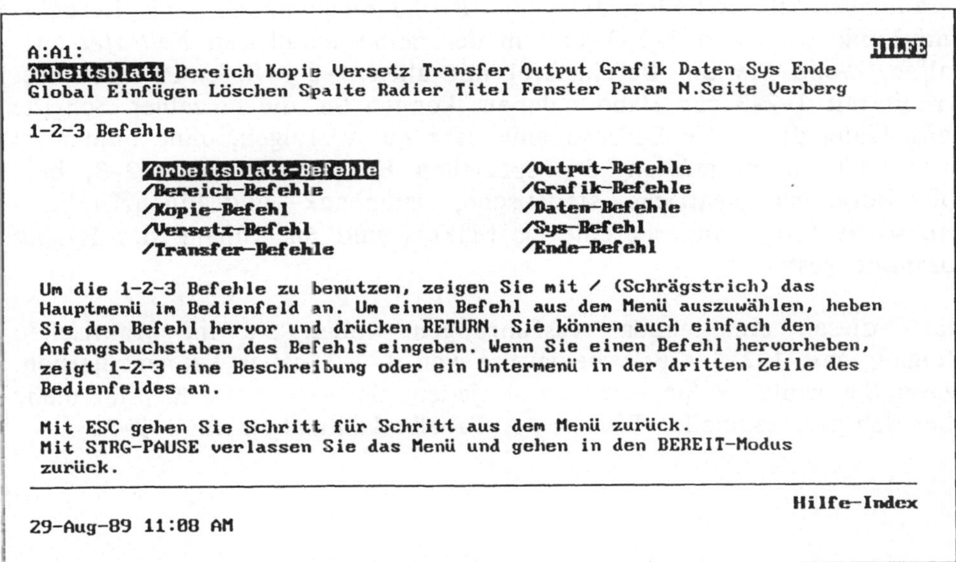

Bild 1-31 Hilfebildschirm für das Hauptmenü

In Tabelle 1-8 sind die Tasten aufgeführt, mit denen eine Bewegung durch die Hilfebildschirme möglich ist.

Tabelle 1-8 Tasten im Hilfe-Menü

Taste	Wirkung
<PFEIL RECHTS>	Hilfethema nach rechts
<PFEIL LINKS>	Hilfethema nach links
<PFEIL OBEN>	Hilfethema nach oben
<PFEIL UNTEN>	Hilfethema nach unten
<HOME>	Erstes Hilfethema im aktuellen Hilfebildschirm
<END>	Letztes Hilfethema im aktuellen Hilfebildschirm
<F1>	Anzeige des ersten Hilfetextes
<RETURN>	Anzeige des Hilfetextes für aktuelles Hilfethema
<BACKSPACE>	Vorhergehender Hilfebildschirm
<ESC>	Verlassen des Hilfebildschirms

Hinweis! Wollen Sie alle Funktionen, die 1-2-3 für die Arbeitsblattberechnung vorsieht, sehen, geben Sie in das Arbeitsblatt das Funktionszeichen @ ein und drücken die <F1>-Taste.

Alle Makros können Sie sich anschauen, wenn Sie in das Arbeitsblatt das Zeichen { eingeben und anschließend die HILFE-Taste <F1> drücken.

Nun haben Sie bereits Ihre ersten Erfahrungen im Umgang mit 1-2-3 gesammelt. Alle Arbeitsabläufe und Rechenmöglichkeiten mit Befehlen und Funktionen von 1-2-3 sind in der herausnehmbaren *Falttafel* enthalten. Wenn Sie die Befehlstafel mit allen 1-2-3-Befehlen bei Ihrer Arbeit mit 1-2-3 zur Hand nehmen, können Sie die einzelnen Schritte beim Gang durch die Befehlsmenüs sehr gut verfolgen, ohne immer im Buch blättern zu müssen. Die speziellen Funktionen von 1-2-3, beispielsweise mathematische, statistische, Datenbank- und Finanzfunktionen sowie Programmierbefehle als Makros sind im Anhang des Buches zusammengestellt.

Nach diesen einleitenden Ausführungen wollen Sie im praktischen Umgang mit 1-2-3 die Arbeitsweise von 1-2-3 näher kennenzulernen. Lesen Sie weiter - Sie erfahren in jedem der folgenden Kapitel mehr über den professionellen Einsatz der Tabellenkalkulation mit 1-2-3.

2 Erstellen und Bearbeiten eines Arbeitsblattes am Beispiel des privaten Haushaltsplans – Der erste Schritt

Ein einfaches Beipiel - das ist die Aufstellung eines privaten Haushaltsplans - wird Ihnen die ersten Schritte beim Arbeiten mit 1-2-3 erläutern.

Im privaten Haushaltsplan werden die monatlichen Ausgaben für Auto, Bücher, Telefon, Miete, Kleidung, Nahrung, Hygiene und Versicherung erfaßt. Beschränken werden wir uns im Rahmen des einführenden Beispiels auf das Eingeben und Ändern der Texte und Zahlen. Es werden nur bescheidene Berechnungen der Gesamtausgaben sowie der prozentualen Anteile der Einzelposten an den Gesamtausgaben vorgenommen. Ferner wird gezeigt, wie ein Arbeitsblatt auf Diskette gesichert wird, wie es im Arbeitssüeicher gelöscht werden kann und wie man eine 1-2-3-Sitzung verläßt. Bild 2-1 zeigt - das Ergebnis für Sie im voraus - den vollständigen Haushaltsplan.

```
A:D20:                                                     BEREIT

A    A        B        C         D        E       F       G       H
1  Haushaltsplan für Juni 1989
2  ==========================
3
4  Ausgaben               DM         %
5
6  Auto                  150        12
7  Bücher                 50         4
8  Telefon               100         8
9  Miete                 400        32
10 Kleidung              250        20
11 Nahrung               150        12
12 Hygiene                50         4
13 Versicherung          100         8
14 ====================================
15 Summe                1250       100
16
17
18
19
20
KAP2.WK3
```

Bild 2-1 Haushaltsplan

Der Haushaltsplan wird in folgenden Schritten erstellt und bearbeitet:

1. Eingabe der Texte

2. Korrektur der Texte

3. Eingabe der Zahlen

4. Eingabe der Formeln

5. Sichern des Arbeitsblattes

6. Löschen des Arbeitsblattes

7. Beenden einer 1-2-3-Sitzung.

2.1 Eingabe der Texte

Grundsätzlich können in Zellen *zwei* Datentypen eingegeben werden: WERTE und LABELS. *Werte* sind Zahlen oder Formeln; *Labels* sind alle in 1-2-3 möglichen Zeichen, meist jedoch Text. Am *ersten* eingegebenen Zeichen pro Zelle erkennt 1-2-3, ob es sich um einen WERT (1. Zeichen der Eingabe ist eine Zahl) oder um ein LABEL handelt (1. Zeichen ist keine Zahl). Dies wird in der MODUS-Anzeige im Bildschirm rechts oben angezeigt.

Um einen Text in eine Zelle zu schreiben, wird der Zellzeiger mit den in Tabelle 1-4 zusammengestellten Tasten in die gewünschte Zelle bewegt und der Text eingegeben. Wir befinden uns im Arbeitsblatt A und nehmen nur hier Eingaben vor. Als erstes soll in die Zelle A1 das Wort "Haushaltsplan" eingegeben werden. Durch Drücken der <HOME>-Taste wird der Zellzeiger in die linke obere Ecke (A1) gebracht:

<HOME>	Bewegen zur Zelle A1.
Haushaltsplan	Eintippen des Wortes "Haushaltsplan".

Beachten Sie, was in den ersten beiden Zeilen des Arbeitsblattes (*Bedienfeld*) angezeigt wird:

In der *ersten* Bildschirmzeile sagt uns die Anzeige **A:A1:**, daß sich der Zellzeiger im Arbeitsblatt A in der Zelle A1 befindet.

Während der Eingabe erscheint jedes eingegebene Zeichen in der *zweiten* Zeile des Bedienfeldes (*Eingabezeile*). Wird als erstes Zeichen ein *Buch-*

staben eingegeben, wechselt die MODUS-Anzeige in der rechten oberen Ecke vom WERT- zum LABEL-Modus.

<RETURN> Abschließen der Eingabe durch Drücken der <RETURN>-Taste.

Der Text verchwindet in der Eingabezeile des Bedienfeldes und erscheint sowohl in der Zelle A1 des Arbeitsblattes, als auch in der ersten Zeile des Bedienfeldes direkt hinter der Zelladresse. Das Zeichen *Apostroph* (') zeigt an, daß es sich bei der Eingabe um einen Text handelt.

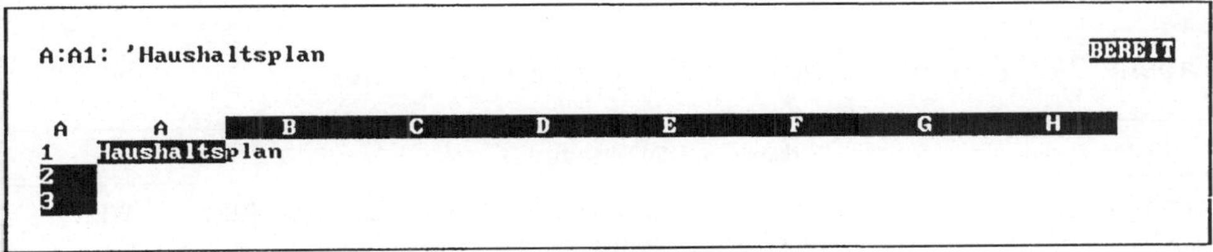

Bild 2-2 Arbeitsblatt nach erfolgter Texteingabe

Hinweis: Durch Voranstellen eines Apostrophs können Sie auch einen Zahlenwert als LABEL festlegen. Sind die Eingaben länger als die Zelle am Bildschirm darstellen kann, dann werden die überlangen Labels ausgedruckt, wenn in der Zelle rechts daneben noch Platz ist. Ist die Nachbarzelle jedoch belegt, dann sind die überzähligen Zeichen nicht mehr sichtbar, werden aber trotzdem in der Eingabezelle gespeichert.

Tabelle 2-1 zeigt, welche Zeichen eine *Justierung* des Textes in der Zelle bewirken. So bewirkt beispielsweise das Apostroph, daß der Text *linksbündig* in die Zelle geschrieben wird.

Tabelle 2-1 Justierungszeichen

Justierungszeichen	Wirkung	Beispielanzeige
'	linksbündig	A
"	rechtsbündig	A
^	zentriert	A
\	Wiederholt das Zeichen, bis die Zelle vor ist	A A A A A A A A
|	Nur Bildschirmanzeige, nicht ausgedruckt	

2.2 Korrektur der Texte

Bevor die <RETURN>-Taste gedrückt wird, können Eingabefehler mit den Tasten <DEL> (Löschen des Zeichens unter dem Cursor) oder <BACKSPACE> (Löschen des Zeichens links vom Cursor) korrigiert werden; dann können Sie mit der Texteingabe fortfahren.

Oft kommt es vor, daß bereits in Zellen befindliche Inhalte geändert werden müssen. 1-2-3 bietet die elegante Möglichkeit, mit der EDIT-Taste <F2> den *Zellinhalt* in die zweite Bildschirmzeile zu *kopieren*, wo er dann mit den in Tabelle 2-2 aufgeführten Tasten verändert werden kann.

Tabelle 2-2 Tasten und ihre Wirkung im EDIT-Modus

Taste	Wirkung im EDIT-Modus
<F2>	Schaltet zwischen dem EDIT-Modus und dem BEREIT-, WERT- oder LABEL-Modus um
<RETURN>	Die Eingabe wird beendet
<RÜCKTASTE>	Löscht das Zeichen links vom Cursor
<ESC>	Löscht die gesamte zu editierende Zeile und beendet den EDIT-Modus
<INS>	Schalter zwischen Einfüge- und Überschreib-Modus um
<DEL>	Löscht Zeichen über dem Cursor
	Gestattet Einfügen (bestehender Text wird nach rechts verschoben) und Überschreiben bestehender Texte
<HOME>	Bewegt den Cursor zum ersten Zeichen der Eingabe
<END>	Bewegt den Cursor zum letzten Zeichen der Eingabe
<PFEIL RECHTS>	Bewegt den Cursor um ein Zeichen nach rechts
<PFEIL LINKS>	Bewegt den Cursor um ein Zeichen nach links
<PFEIL OBEN>	Beendet die Eingabe, geht eine Zeile nach oben
<PFEIL UNTEN>	Beendet die Eingabe, geht eine Zeile nach unten
<TAB>	Geht fünf Zeichen nach rechts
<SHIFT> <TAB>	Geht fünf Zeichen nach links
<PGUP>	Beendet die Eingabe, geht eine Bildschirmseite nach oben
<PGDN>	Beendet die Eingabe, geht eine Bildschirmseite nach unten
<CTRL> <PGUP>	Beendet die Eingabe, geht ein Arbeitsblatt vor
<CTRL> <PGDN>	Beendet die Eingabe, geht ein Arbeitsblatt zurück

Im folgenden soll der Text in Zelle A1 erweitert werden und lauten: **Haushaltsplan für Juni 1989**. Dazu gehen Sie wie folgt vor.

Bewegen Sie den Zellzeiger in Zelle A1 (z. B. durch Drücken der Taste <HOME>).

<F2> Umschalten in den EDIT-Modus und kopieren des Zellinhaltes in die zweite Bildschirmzeile.

Bild 2-3 zeigt das Ergebnis.

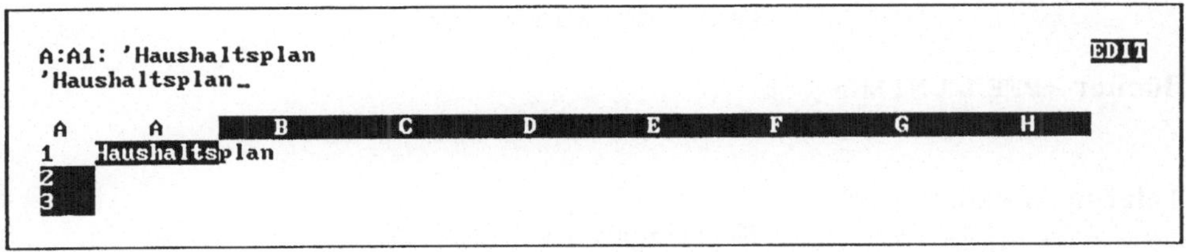

Bild 2-3

Der Cursor steht am Ende der Editierzeile. Nach dem Drücken der Leertaste wird der Zusatz eingegeben:

für Juni 1989	Texteingabe.
<RETURN>	Abschließen der Texteingabe.

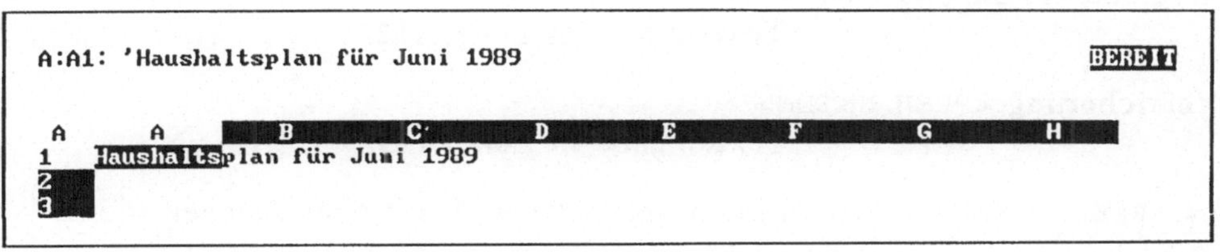

Bild 2-4

Wie Bild 2-4 zeigt, ist die Texteingabe *vollständig* zu sehen, weil in den Spalten rechts daneben (Spalten B, C und D) noch Platz war, da noch nichts weiteres eingegeben wurde.

Anschließend werden die restlichen Texte eingegeben:

<PFEIL UNTEN>	Bewegen zu Zelle A2.
\= <RETURN>	Zelle A2 wird mit dem Zeichen = ausgefüllt.
2 MAL <PFEIL UNTEN>	Bewegen des Zellzeigers in Zelle A4.
Ausgaben	Eintippen des Textes Ausgaben.
<PFEIL UNTEN>	Speichern des Textes in Zelle A4 und Bewegen des Zellzeigers nach unten.
<PFEIL UNTEN>	Bewegen des Zellzeigers nach Zelle A6.

Die restlichen Eingaben geben Sie folgendermaßen ein:

Auto <PFEIL UNTEN>
Texteingabe in Zelle A6.

Bücher <PFEIL UNTEN>
Texteingabe in Zelle A7.

Telefon <PFEIL UNTEN>
Texteingabe in Zelle A8.

Miete <PFEIL UNTEN>
Texteingabe in Zelle A9.

Kleidung <PFEIL UNTEN>
Texteingabe in Zelle A10.

Nahrung <PFEIL UNTEN>
Texteingabe in Zelle A11.

Hygiene <PFEIL UNTEN>
Texteingabe in Zelle A12.

Versicherung <PFEIL UNTEN>
Texteingabe in Zelle A13.

\= <PFEIL UNTEN> Füllen der Zelle A14 mit dem Zeichen =.

Summe <RETURN> Texteingabe in Zelle A15.

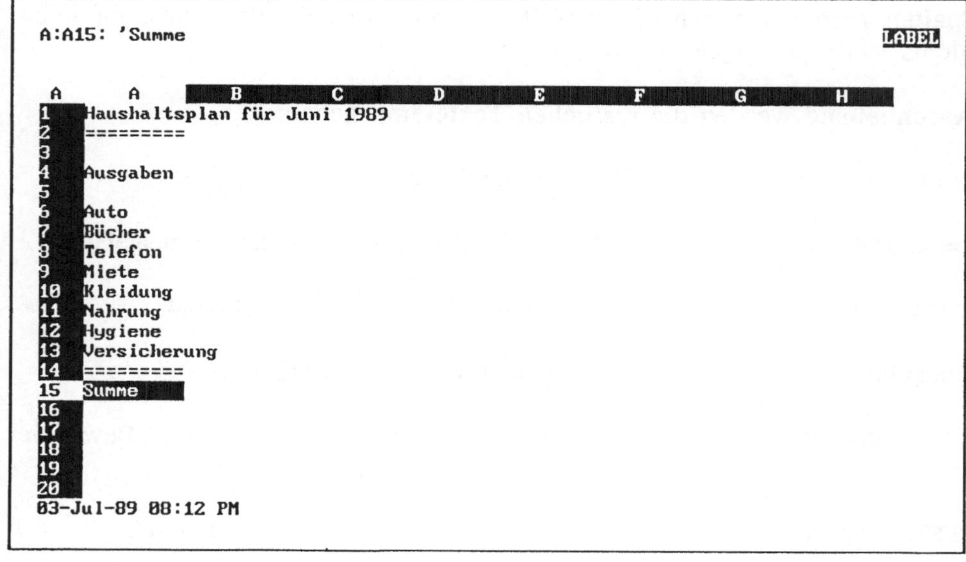

Bild 2-5

Hinweis! Wenn Sie die Zelleinträge anders justiert haben möchten, dann geben Sie vor dem Eintrag die entsprechenden Justierungszeichen ein. Diese Zeichen finden Sie in Tabelle 2-1.

In die Zelle C4 wird die Überschrift **DM**, in Zelle D4 die Angabe **%** eingetragen. Um in diese Zellen von ihrer jetzigen Position im Arbeitsblatt *direkt* von zu gelangen, wird die GEHEZU-Taste <F5> gedrückt. Folgendes Bild wird sichtbar:

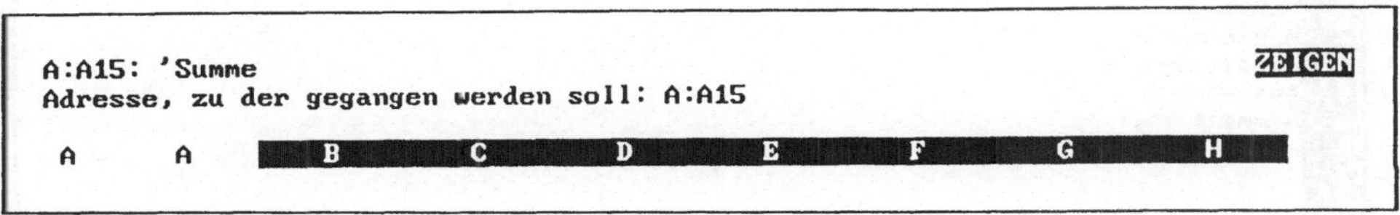

Bild 2-6

Als Sprungadresse wird zunächst die Position angegeben, in der sich der Zellzeiger befindet. Wir geben einfach ein:

c4 <RETURN> — Zellzeiger springt in die Zelle C4.

^DM
<RETURN> — Eingabe von <ZIRKUMFLEX> DM.
DM erscheint *zentriert*.

"DM
<RETURN> — Eingabe von <ANFÜHRUNGSZEICHEN> DM.
DM wird *rechtsbündig* in die Zelle plaziert.

<PFEIL RECHTS> — Bewegen des Zellzeigers nach D4.

"%
<RETURN> — Eingabe von <ANFÜHRUNGSZEICHEN> %.
% wird ebenfalls rechtsbündig plaziert.

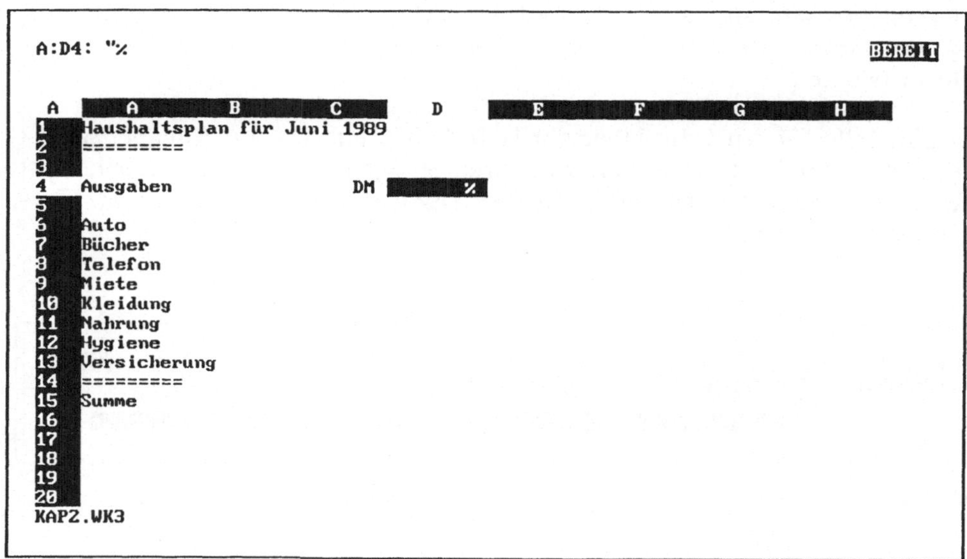

Bild 2-7

Die Überschrift "Haushaltsplan für Juni 1989" wird durchgehend unterstrichen. Dazu wird das Zeichen "=" in Zeile 2 in die Zellen B2 und C2 eingegeben. Beachten Sie, daß der vorangestellte *rückwärtsgerichtete Schrägstrich* (Backslash: ASCII-Zeichen Nr. 92) bewirkt, daß die *ganze Zelle* mit dem Zeichen gefüllt wird.

<F5> b2 <RETURN>	GEHEZU Zelle B2.
\= <PFEIL RECHTS>	Zelle B2 wird mit dem Zeichen "=" gefüllt. Der Zellzeiger geht zu Zelle C2.
\= <RETURN>	Zelle C2 wird mit dem Zeichen "=" gefüllt.

Auch in Zeile 14, d. h. in den Zellen B14 bis D14, sollen die Unterstreichungszeichen stehen. Gehen Sie dazu in derselben Weise wie gerade geschildert vor. Am Ende Ihrer Eingaben sollte Ihr Bildschirm wie in Bild 2-8 dargestellt aussehen:

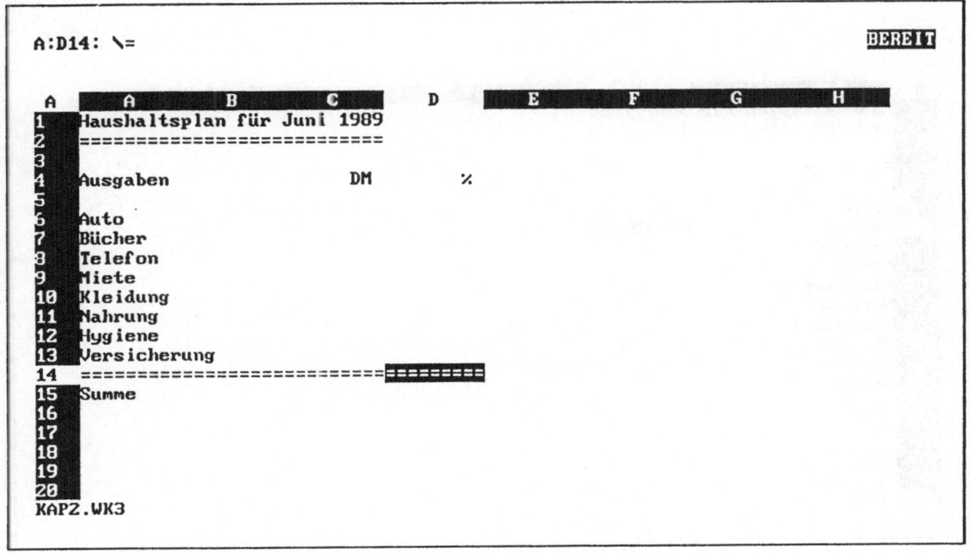

Bild 2-8 Bildschirm nach Eingabe der Textüberschriften

2.3 Eingabe der Zahlen

Die Zahleneingaben erfolgen so, wie sie in Bild 2-1 dargestellt sind. Dazu fahren Sie mit dem Zellzeiger in die für eine Zahleneingabe vorgesehene Zelle (oder springen mit der GEHEZU-Taste <F5> direkt in die gewünschte Zelle) und geben den entsprechenden Zahlenwert ein. Bei der Eingabe der ersten Ziffer wechselt die MODUS-Anzeige rechts oben am Bildschirm von BEREIT zu WERT. Sobald die Zahleneingabe beendet ist, wechselt die Modusanzeige von WERT wieder zu BEREIT. Die *Zahlen* erscheinen *immer rechtsbündig.*

Um die Ausgaben einzutippen, wird in Zelle C6 gesprungen.

<F5> c6 <RETURN>	Sprung nach Zelle C6.
150 <PFEIL UNTEN>	Werteingabe in Zelle C6.

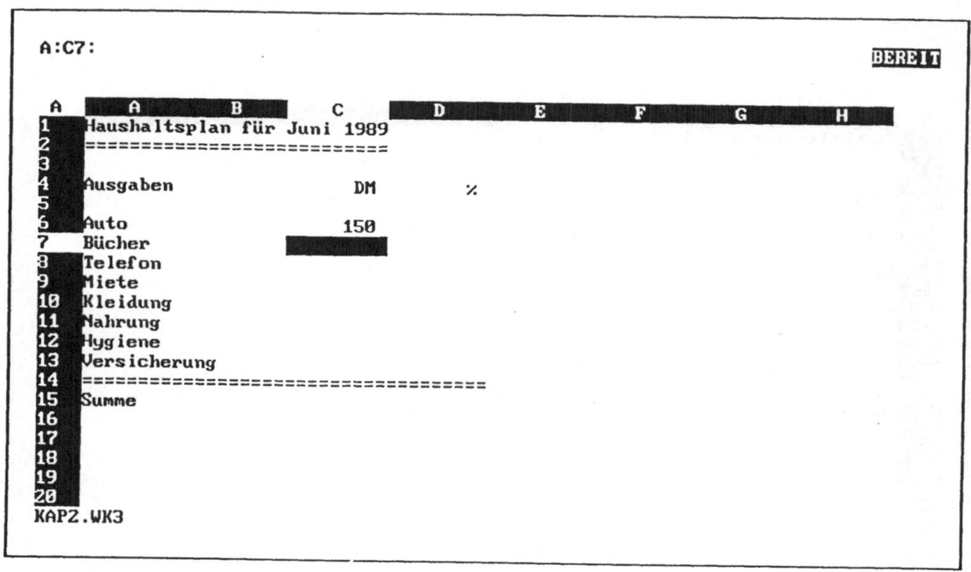

Bild 2-9

50 <PFEIL UNTEN> Zahleneingabe in Zelle C7.

100 <PFEIL UNTEN> Zahleneingabe in Zelle C8.

Nehmen Sie die restlichen Eintragungen in das Arbeitsblatt bis zur Zelle C13 zur Übung selbst vor. Der Bildschirm sieht dann folgendermaßen aus:

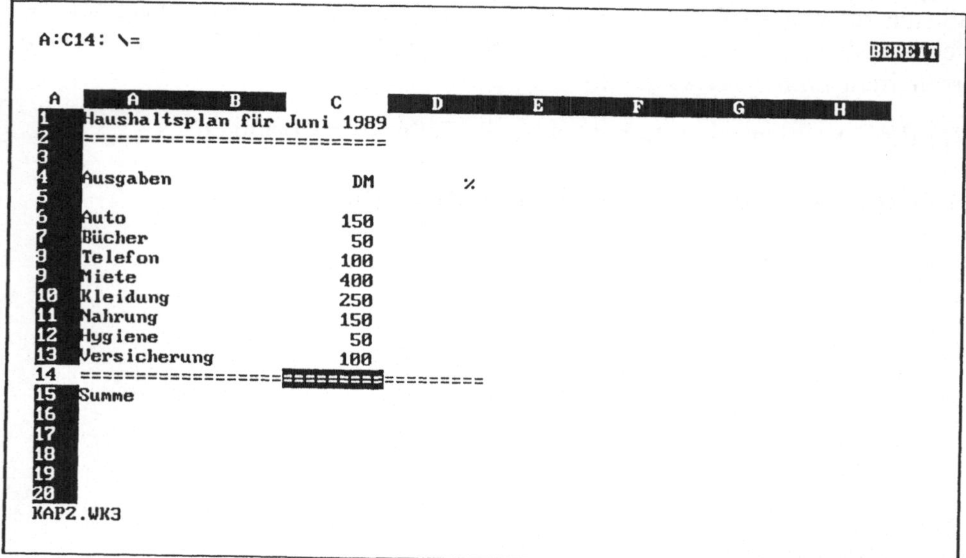

Bild 2-10 Bildschirm nach erfolgter Zahleneingabe

Hinweis! Die eingegebenen Zahlenwerte können Sie mit einem Hinweis für den Benutzer versehen. Dazu setzen Sie unmittelbar hinter dem Zahlenwert einen Strichpunkt und geben den Hinweis ein. Zwischen Strichpunkt und Hinweis darf keine Leerstelle sein!

Einen solchen Hinweis fügen wir hinter dem Zahlenwert für die Versicherung in Zelle C13 ein: **Krankenversicherung.**

<PFEIL OBEN> Zellzeiger wird in Zelle C13 bewegt.

<F2> Kopieren des Zellinhalts in die Eingabezeile.

Der Cursor steht in der Eingabezeile (zweite Bildschirmzeile) hinter dem Zahlenwert 100. Es wird jetzt der Hinweis eingegeben:

;Krankenversicherung <RETURN>
Eingabe des Hinweistextes.

```
A:C13: 100;Krankenversicherung                                  BEREIT

A     A         B        C        D        E        F        G        H
1  Haushaltsplan für Juni 1989
2  =========================
3
4  Ausgaben              DM        %
5
6  Auto                 150
7  Bücher                50
8  Telefon              100
9  Miete                400
10 Kleidung             250
11 Nahrung              150
12 Hygiene               50
13 Versicherung         100
14 ===================================
15 Summe
16
17
18
19
20
KAP2.WK3
```

Bild 2-11

Wie Bild 2-11 zeigt, ist der Hinweis im Arbeitsblatt nicht sichtbar. Er erscheint aber in der ersten Bildschirmzeile, wenn der Zellzeiger auf diese Zelle zeigt.

2.4 Eingabe von Formeln

2.4.1 Eintippen der Zelladressen

Nach der Eingabe von Texten und Zahlen soll nun auch eine *einfache Berechnung* durchgeführt werden. Die Zahlen in den Zellen C6, C7, C8, C9, C10, C11, C12 und C13 sollen *addiert* und die Summe in Zelle C15 geschrieben werden.

Dazu wird in die Zelle C15, in der die Summe stehen soll, gegangen und die Formel zur Summenbildung eingegeben (das Anfangszeichen "+" zeigt 1-2-3, daß eine Formeleingabe erfolgt):

+c6+c7+c8+c9+c10+c11+c12+c13 <RETURN>
Eingabe der Formel für die Summenbildung.

```
A:C15: +C6+C7+C8+C9+C10+C11+C12+C13                          BEREIT

A   A        B          C       D      E      F      G      H
1   Haushaltsplan für Juni 1989
2   ==========================
3
4   Ausgaben            DM      %
5
6   Auto               150
7   Bücher              50
8   Telefon            100
9   Miete              400
10  Kleidung           250
11  Nahrung            150
12  Hygiene             50
13  Versicherung       100
14  ==================================
15  Summe             1250
16
17
18
19
20
KAP2.WK3
```

Bild 2-12

Hinweis! Auch für Formeln können Sie Hinweise angeben, indem Sie hinter die Formel einen Strichpunkt setzen und den Hinweis eingeben (aber kein Leerzeichen zwischen Strichpunkt und erstem Hinweiszeichen setzen!).

Der große Vorteil einer Formeleingabe in einer Zelle besteht darin, daß bei *Änderung der Werte* die Formel sofort das *neue Ergebnis* errechnet.

Damit kann die wichtige Frage: "Was passiert, wenn" in kürzester Zeit beantwortet werden.

Um dies zu demonstrieren, wird in die Zelle C6 für Auto der Betrag von 680 eingegeben:

<F5> c6 <RETURN>	Sprung in Zelle C6.
680 <RETURN>	Eingabe des Wertes 680.

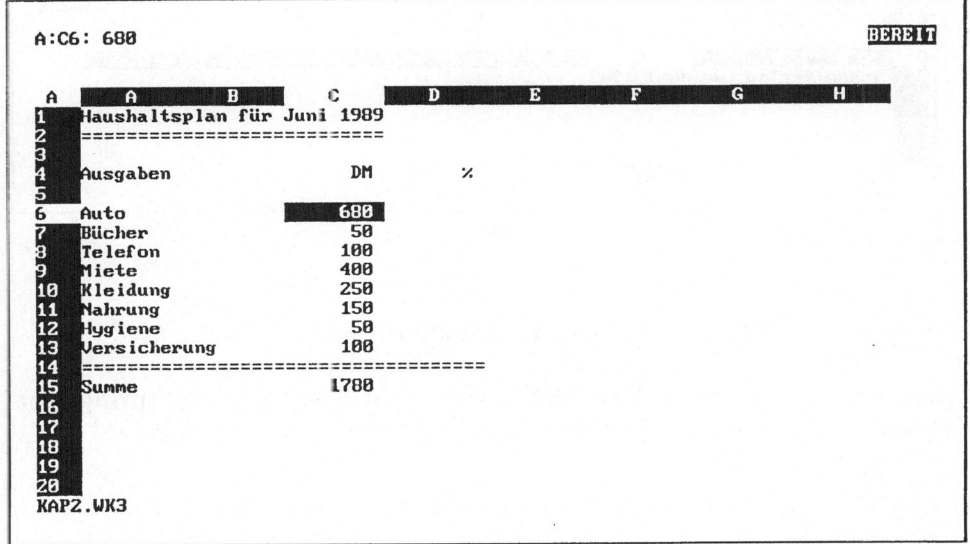

```
A:C6: 680                                                     BEREIT

A    A        B        C        D     E     F     G     H
1  Haushaltsplan für Juni 1989
2  =========================
3
4  Ausgaben              DM        %
5
6  Auto                 680
7  Bücher                50
8  Telefon              100
9  Miete                400
10 Kleidung             250
11 Nahrung              150
12 Hygiene               50
13 Versicherung         100
14 ==================================
15 Summe               1780
16
17
18
19
20
KAP2.WK3
```

Sie sehen in Bild 2-13, wie schnell die neue Summe gebildet wurde.

Anschließend wird der alte Wert **150** eingegeben und die frühere Summe wird wieder angezeigt (s. Bild 2-12).

2.4.2 Formeleingabe durch Zeigen

Eine andere Möglichkeit Formeln einzugeben, besteht darin, auf die Zellen zu *zeigen*, die an den Formeln beteiligt sind. Dies wird bei einer Formeleingabe zur Prozentrechnung gezeigt. Um den prozentualen Anteil der Ausgaben zu errechnen, der für auf das Auto entfällt (Formel in Zelle D6: C6/C15*100), wird folgendermaßen vorgegangen:

Als erstes wird der Zellzeiger auf die Zelle D6 bewegt, in der die Formel stehen soll und ein *Pluszeichen* (+) eingegeben (bei einer Subtraktion von

Zahlen kann vor die zu subtrahierende Zahl auch ein negatives Vorzeichen eingegeben werden).

+	Eine Formel wird eingegeben.

Anschließend wird auf die zu verarbeitenden Zellen gezeigt:

<PFEIL LINKS>	Zeigen auf Zelle C6.

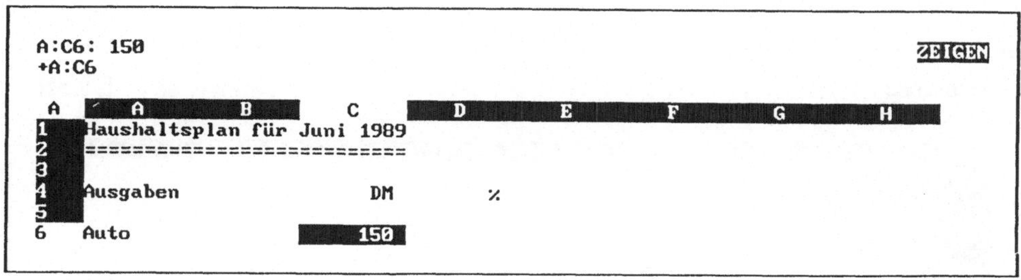

Bild 2-14

/	Eingabe: "Dividiert durch".

Sobald Sie das Zeichen "/" für die Division eingegeben haben, springt der Zellzeiger in das Ausgangsfeld D6 zurück, wie dies Bild 2-15 zeigt.

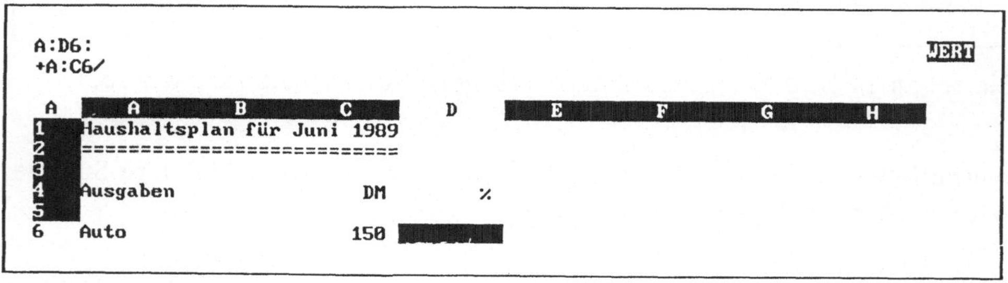

Bild 2-15

Da durch die Summe in Zelle C15 geteilt werden soll, wird der Zellzeiger dorthin bewegt.

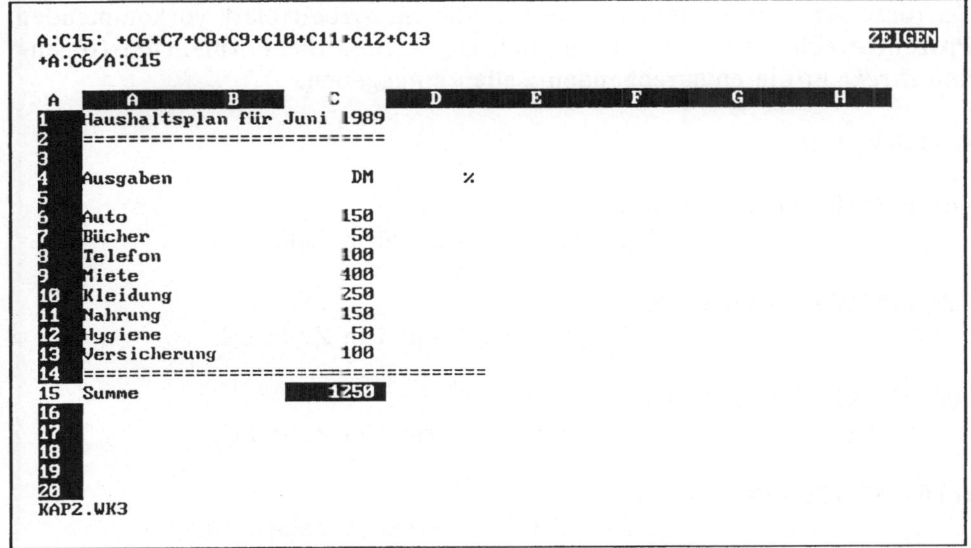

Bild 2-16

Sie sollen das Ergebnis mit 100 multiplizieren; Eingabe:

*100 <RETURN> Eingabe der restlichen Berechnung.

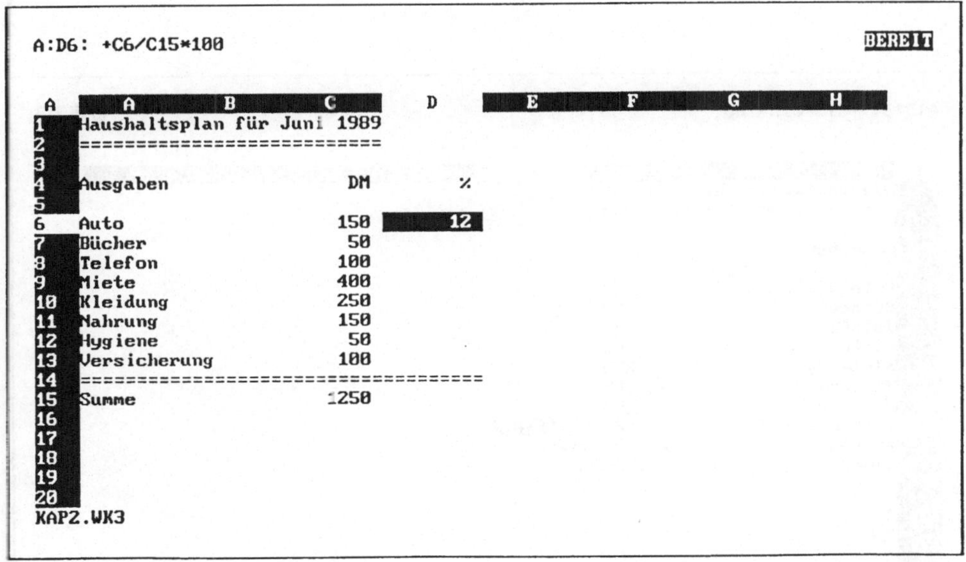

Bild 2-17

Da diese Art der Formeleingabe für alle im Arbeitsblatt vorkommenden Prozentberechnungen zu umständlich ist, werden die Formeln im folgenden *direkt* in die entsprechenden Zellen eingegeben.

<PFEIL UNTEN> Gehezu Zelle D7.

+c7/c15*100 <PFEIL UNTEN>
Eingabe der Formel in Zelle D7.

+c8/c15*100 <PFEIL UNTEN>
Eingabe der Formel in Zelle D8.

+c9/c15*100 <PFEIL UNTEN>
Eingabe der Formel in Zelle D9.

+c10/c15*100 <PFEIL UNTEN>
Eingabe der Formel in Zelle D10.

+c11/c15*100 <PFEIL UNTEN>
Eingabe der Formel in Zelle D11.

+c12/c15*100 <PFEIL UNTEN>
Eingabe der Formel in Zelle D12.

+c13/c15*100 <PFEIL UNTEN>
Eingabe der Formel in Zelle D13.

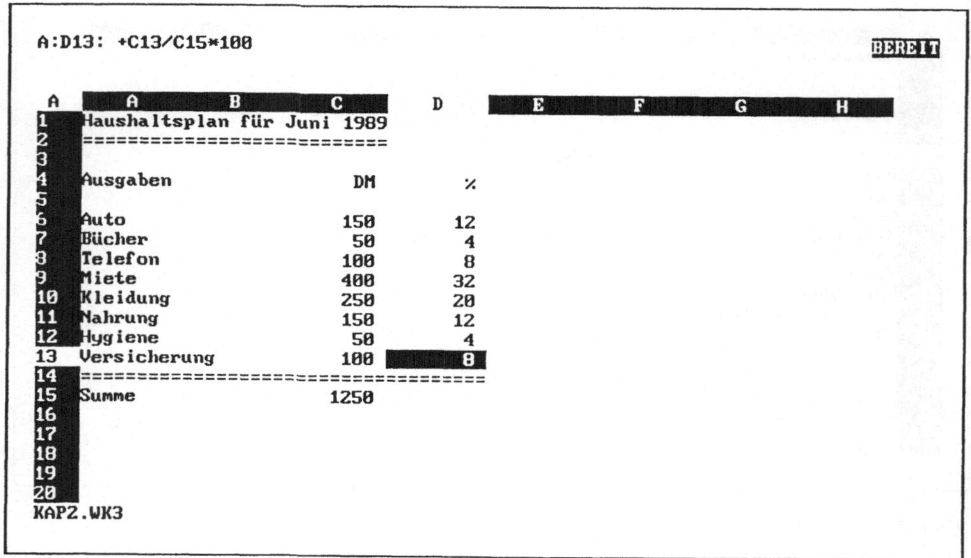

A:D13: +C13/C15*100 BEREIT

A	A	B	C	D	E	F	G	H
1	Haushaltsplan für Juni 1989							
2	==========================							
3								
4	Ausgaben		DM	%				
5								
6	Auto		150	12				
7	Bücher		50	4				
8	Telefon		100	8				
9	Miete		400	32				
10	Kleidung		250	20				
11	Nahrung		150	12				
12	Hygiene		50	4				
13	Versicherung		100	8				
14	==================================							
15	Summe		1250					
16								
17								
18								
19								
20								

KAP2.WK3

Bild 2-18

Die Formel zur Summenbildung wird ganz zum Schluß noch in Zelle D15 eingegeben.

2 MAL <PFEIL UNTEN> Sprung zu Zelle D15.

+d6+d7+d8+d9+d10+d11+d12+d13 <RETURN>
Eingabe der Formel.

Bild 2-19 zeigt die Berechnungen.

```
A:D15: +D6+D7+D8+D9+D10+D11+D12+D13                              BEREIT

A    A       B       C         D         E       F       G       H
1  Haushaltsplan für Juni 1989
2  ==========================
3
4  Ausgaben             DM         %
5
6  Auto                150        12
7  Bücher               50         4
8  Telefon             100         8
9  Miete               400        32
10 Kleidung            250        20
11 Nahrung             150        12
12 Hygiene              50         4
13 Versicherung        100         8
14 ==================================
15 Summe              1250       100
16
17
18
19
20
KAP2.WK3
```

Bild 2-19

Sie haben Ihr erstes 1-2-3-Arbeitsblatt erstellt und können sich von der Leistungsfähigkeit des Programmpaketes 1-2-3 überzeugen. Für eine Demonstration der vollständigen Leistungsfähigkeit müssen Ihre Arbeitsblätter und Formeln noch umfangreicher werden. Dies hier ist der erste vorsichtige Schritt bei Ihrer Arbeit. Wenn Sie in das Arbeitsblatt andere Werte eingeben, dann werden sofort die neue Summe und die prozentualen Verteilungen errechnet. Geben Sie beispielsweise in Zelle **C6** für Auto **350** und in Zelle **C11** für Nahrung **460** ein. Sie sehen dann das veränderte Ergebnis nach Bild 2-20.

```
A:C11: 460                                                        BEREIT

A    A        B        C         D      E      F      G      H
1  Haushaltsplan für Juni 1989
2  ==========================
3
4  Ausgaben                 DM         %
5
6  Auto                    350  19,88636
7  Bücher                   50  2,840909
8  Telefon                 100  5,681818
9  Miete                   400  22,72727
10 Kleidung                250  14,20455
11 Nahrung                 460  26,13636
12 Hygiene                  50  2,840909
13 Versicherung            100  5,681818
14 ==================================
15 Summe                  1760       100
16
17
18
19
20
KAP2.WK3
```

Bild 2-20 Arbeitsblatt mit veränderten Werten

Stören Sie sich nicht an den vielen Dezimalstellen in der Zahlendarstellung. Im nächsten Kapitel wird gezeigt, wie die Anzahl der Dezimalstellen festgelegt werden kann. Ändern Sie ruhig einige Zahlen und sehen Sie, wie schnell 1-2-3 die neuen Ergebnisse berechnet. In Spalte D stehen *Berechnungsformeln*, mit denen Werte *errechnet* werden. Hier sollten Sie nichts ändern; wenn Sie in diesen Zellen eine Zahl eingeben, wird die Formel durch die eingegebene Zahl überschrieben und durch den Zahlenwert ersetzt. Nachdem Sie das Arbeitsblatt getestet haben, kehren Sie wieder in den Ausgangszustand (s. Bild 2-19) zurück.

2.4.3 Arten der Formeln

Tabelle 2-3 zeigt, in welcher Weise in 1-2-3 Formeln eingegeben werden können.

Tabelle 2-3 Arithmetische und logische Operatoren sowie Zeichenfolge-Operator und Priorität

Operator	Wirkung	Beispiel	Priorität
Arithmetische Operatoren			
∧	Potenzierung	B1^2	1
+ –	Angabe eines positiven oder negativen Werts	+ B1, – C3	2
*	Multiplikation	C2 * C3	3
/	Division	C3/C4	3
+	Addition	A1 + A2	4
–	Subtraktion	B2–B3	4
Logische Operatoren			
=	gleich	A2 = 50	5
< >	ungleich	B1 < > 10	5
<	kleiner	C1 < 15	5
< =	kleiner gleich	D2 < = 80	5
>	größer	B3 > 0	5
> =	größer gleich	D1 > = 50	5
#NICHT#	Logisches NICHT	#NICHT# B1 < 10	6
#UND#	Logisches UND	A3 > 50 #UND# A3 < 100	7
#ODER#	Logisches ODER	B1 < 80 #ODER# B1 > 100	7
Zeichenfolge-Operator			
&	Verkettung von Zeichenfolgen	+ "Ekbert"&" "&"Hering"	7

Insgesamt können Sie folgende *vier* Arten der Formeln eingeben:

* *Arithmetische Rechenformeln*

Hiermit werden *numerische* Werte errechnet. Dazu werden die in Tabelle 2-3 aufgeführten *arithmetischen Operatoren* verwendet.

* *Logische Formeln*

Hierunter werden alle Anweisungen verstanden, die als Ergebnis entweder *wahr* (1) oder *falsch* (0) sind.

* *Formeln für Zeichenfolgen*

Mit dem Zeichen & können Zellinhalte miteinander verkettet werden.

* *@Funktionen*

Für bestimmte Berechnungen können auch *spezielle 1-2-3-Funktionen* verwendet werden, die durch das Voranstellen des Zeichens @ kenntlich gemacht werden.

Es handelt sich dabei um

- Mathematische Funktionen
- Statistische Funktionen
- Datenbankfunktionen
- Finanzfunktionen
- Logische Funktionen
- Sonderfunktionen
- Zeichenfolgefunktionen
- Datum- und Zeitfunktionen.

So errechnet man mit der Formel @SUMME(C6..C13) die Summe der Zellen C6 bis C13 (wirkt wie die in Zelle C15 im Arbeitsblatt in Bild 2-19 eingegebene Summierungsformel). Alle Funktionen, die 1-2-3 zum Benutzen bietet, sind im Anhang nochmals vollständig zusammengestellt. In den folgenden Kapiteln wird ihre Verwendung gezeigt.

Hinweis! Eine Formel darf maximal 512 Zeichen umfassen und darf keine Leerzeichen aufweisen (Ausnahme: Text).

2.5 Sichern des Arbeitsblattes

Mit dem Menü-Befehl Transfer Speich (**TS**) wird das Arbeitsblatt auf Festplatte (bzw. Diskette) gesichert.

In das Hauptbefehlsmenü gelangen Sie, wenn Sie im BEREIT-Modus die Taste / (oder <) drücken. Geben Sie dann ein:

/ts Auswahl des Befehls Transfer Speich.

Sie sehen in der *zweiten Bildschirmzeile* die Angabe für das aktuelle Laufwerk und das entsprechende Verzeichnis (s. Bild 2-21: Laufwerk C,

```
A:C11: 150                                                    EDIT
Name der zu speichernden Datei: C:\123V3\
```

Pfad \123V3). Geben Sie jetzt den Namen des zu speichernden Arbeitsblattes ein:

kap2 <RETURN>	Speichern des Arbeitsblatts unter dem Namen kap2.

Wenn eine Datei mit diesem Namen bereits angelegt - d. h. gespeichert ist, erscheint folgende Sicherheitsabfrage (s. Bild 2-22):

```
A:C11: 150                                                    MENÜ
Nein  Ja  Sicherungskopie
Befehl abbrechen; läßt Datei auf der Platte unverändert
```

Bild 2-22 Sicherheitsabfrage

Sie haben nun folgende drei Möglichkeiten:

1. **Nein** (der Befehl wird nicht ausgeführt und die Datei bleibt unverändert);
2. **Ja** (die Datei wird aktualisiert);
3. **Sicherungskopie** (Speichern mit der Dateierweiterung .BAK).

Im vorliegenden Falle sollen Sie **Ja** auswählen, weil die Datei - wenn Sie bereits existiert - aktualisiert werden soll.

Hinweis! Falls Sie die Datei auf Diskette speichern möchten, drücken Sie solange die <ESC>-Taste, bis keine Laufwerksangabe mehr zu sehen ist. Geben Sie für eine Speicherung auf Laufwerk A ein: a:\ und anschließend den Dateinamen kap2.

2.6 Löschen des Arbeitsblattes

Um ein Arbeitsblatt aus dem Hauptspeicher zu löschen, sollten Sie den Befehl Arbeitsblatt **R**adier (**/AR**) einsetzen. Wird bei der Sicherheitsabfrage mit **Ja (J)** geantwortet, dann werden alle Arbeitsblätter und Dateien im Arbeitsspeicher gelöscht und der Bildschirm zeigt ein *leeres* Arbeitsblatt (s. Bild 1-26).

Hinweis! Vor dem Löschen des Arbeitsblattes aus dem Speicher sollten Sie unbedingt die Datei oder das Arbeitsblatt auf einem externen Speicher (Festplatte oder Diskette) gesichert haben!

2.7 Beenden einer 1-2-3-Sitzung

Mit dem Hauptmenü-Befehl Ende (/E) können Sie die 1-2-3-Sitzung beenden. Wählen Sie dazu Ja und drücken Sie die <RETURN>-Taste.

```
A:A1:                                                    MENÜ
Nein  Ja
1-2-3 beenden
```

Bild 2-23

Wählen Sie Nein, dann wird die Sitzung nicht beendet und Sie kehren in den BEREIT-Modus zurück. Ihre Arbeit mit 1-2-3 und der Aufbereitung eines neuen Arbeitsblattes kann sofort weitergehen.

3 Dreidimensionale Arbeitsblätter erstellen und auswerten am Beispiel der Entwicklung des Auftragsbestandes

Eine Maschinenfabrik möchte ihren Auftragsbestand für die Produktsparten Drehbänke, Fräsmaschinen, Bohrautomaten und Schleifmaschinen quartalsweise kontrollieren. Zu diesem Zweck wird der Auftragsbestand für die Monate Januar, Februar und März in einem Arbeitsblatt zusammengestellt und ausgewertet. In weiteren drei Arbeitsblättern werden die restlichen drei Quartale des Jahres erfaßt. Die Werte in diesen Arbeitsblätter können verglichen werden. Um Veränderungen bezüglich der Auftragsbestände der Vorjahre feststellen zu können, ist es möglich, hinter dem aktuellen Arbeitsblatt das Arbeitsblatt des Quartals des Vorjahres einzublenden.

In folgenden Schritten wird dabei vorgegangen:

1. Eingabe der Zeilen- und Spaltenbezeichnungen (Text)
2. Ändern der Spaltenbreite
3. Justieren des Textes
4. Kopieren von Zellinhalten
5. Bereiche
6. Zahleneingabe
7. Rechnen mit der @SUMME-Funktion
8. Formeln kopieren
9. Relative, absolute und gemischte Zelladressierung
10. Zahlen formatieren
11. Einfügen und Löschen von Zeilen und Spalten
12. Erstellen zusätzlicher Arbeitsblätter
13. Gleiches Format für alle Arbeitsblätter

14. Kopieren zwischen den Arbeitsblättern

15. Konsolidierung der Arbeitsblätter

16. Erstellen eines zusammenfassenden Arbeitsblattes

17. Erstellen eines Begleittextes

18. Ausdrucken der gesamten Arbeitsblätter und Teilen daraus

19. Speichern der Arbeitsblätter.

Bild 3-1 zeigt die ersten drei Arbeitsblätter für den Auftragsbestand dreier Quartale in perspektivischer Darstellung.

```
A:A1: [B18] 'Auftragsbestand                                              BEREIT

     C      A                  B            C            D                E
     1 Auftragsbestand      Juli 89    August 89  September 89          Gesamt
     2
     3 Drehbänke          243221,38    189437,20    239482,33    672.140,91 DM
     4 Fräsmaschinen      138448,39     35379,44    146883,92    320.711,75 DM
     5 Bohrautomaten      232492,83    128333,44    235498,62    596.324,89 DM
     6 Hobelmaschinen     338448,93    229334,44    372448,28    940.231,65 DM
   B        A                  B            C            D                E
   1 Auftragsbestand      April 89       Mai 89      Juni 89           Gesamt
   2
   3 Drehbänke          242893,10    253965,48    238342,00    735.200,58 DM
   4 Fräsmaschinen      156384,50    166483,10    343883,46    666.751,14 DM
   5 Bohrautomaten      233884,73    248492,88    141438,52    623.816,13 DM
   6 Hobelmaschinen     333844,66    342384,56    354837,82  1.031.067,04 DM
 A          A                  B            C            D                E
 1 Auftragsbestand      Januar 89   Februar 89     März 89           Gesamt
 2
 3 Drehbänke           48743,00    143543,00    265987,90    458.273,90 DM
 4 Fräsmaschinen       82654,40    122345,98    150912,07    355.912,45 DM
 5 Bohrautomaten       64343,65    328987,30    234872,30    628.203,25 DM
 6 Hobelmaschinen      35228,50     75840,60    112433,00    223.502,10 DM
16-Jul-89 11:28 AM               GRUPPE
```

Bild 3-1 Arbeitsblätter zur Entwicklung des Auftragsbestandes

3.1 Eingabe der Zeilen- und Spaltenbezeichnungen (Text)

Wir gehen davon aus, daß Sie sich in einem leeren Arbeitsblatt befinden. Als erstes werden die verschiedenen Produktsparten eingegeben. Es wird wie folgt vorgegangen:

<HOME> Bewegen des Zellzeigers zur Zelle A1.

Im folgenden wird der Text für die Zeilen eingegeben:

Auftragsbestand 2MAL <PFEIL UNTEN>

Drehbänke <PFEIL UNTEN>

Fräsmaschinen <PFEIL UNTEN>

Bohrautomaten <PFEIL UNTEN>

Schleifautomaten 2 MAL <PFEIL UNTEN>

Gesamt <PFEIL UNTEN>

Prozent <RETURN>.

Nach der Eingabe der Zeilenbezeichnungen sollte Ihr Bildschirm Bild 3-2 entsprechen.

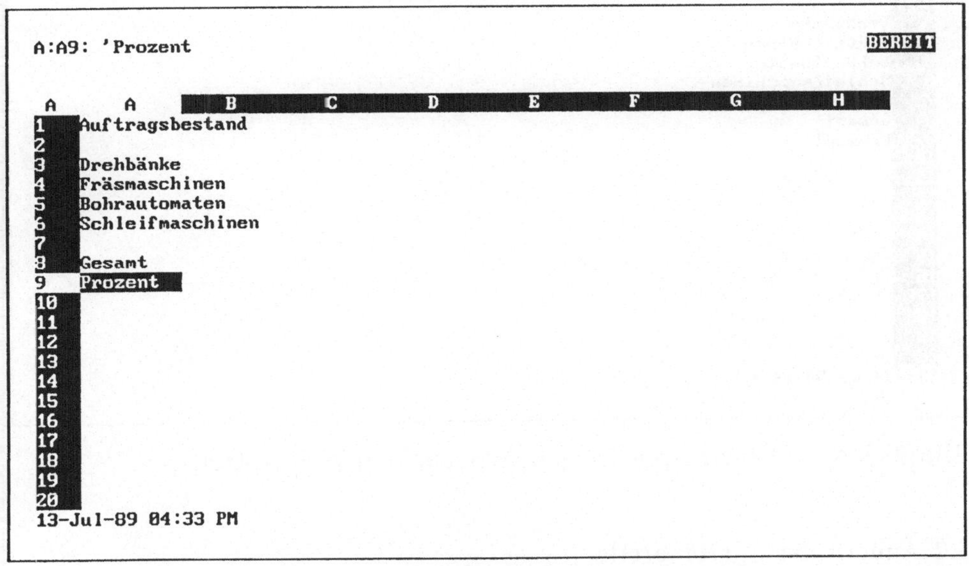

Bild 3-2 Arbeitsblatt nach der Eingabe der Zeilentexte

Nun werden die Monatsnamen für das 1. Quartal 1988 eingegeben. Bewegen Sie dazu den Zeiger nach Zelle B1.

<F5> **b1** <RETURN> GEHEZU Zelle B1.

Januar 89 <PFEIL RECHTS> Eingabe des Monats Januar in Zelle B1.

Achtung! Der in Zelle A1 stehende Text erscheint jetzt nicht mehr vollständig, da er in die Zelle B1 hineinragte. Trotzdem ist er in Zelle A1 vollständig gespeichert.

Februar 89 <PFEIL RECHTS>
Eingabe des Monats Februar in Zelle C1.

März 89 <PFEIL RECHTS> Eingabe des Monats März in Zelle D1.

Gesamt <RETURN> Texteingabe in Zelle E1.

Der Bildschirm sollte nun Bild 3-3 entsprechen.

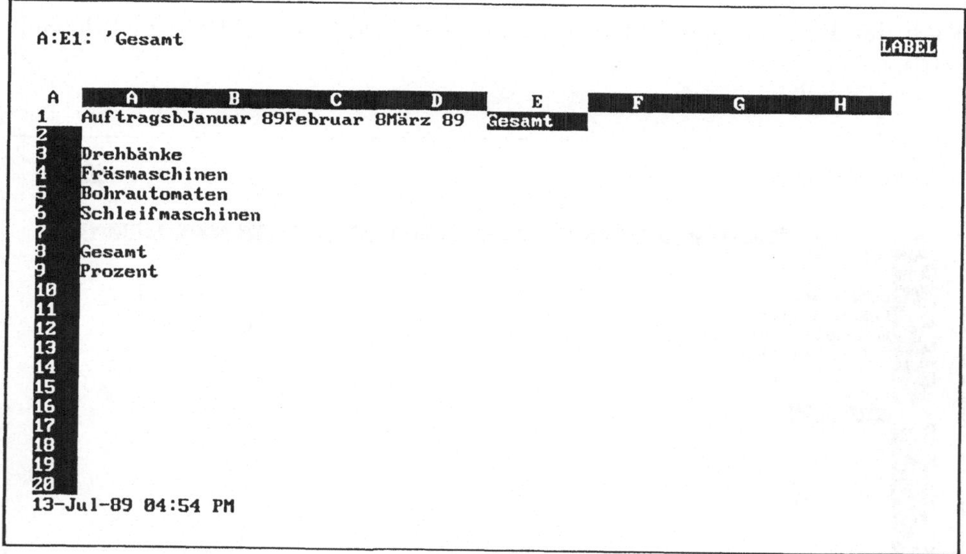

Bild 3-3 Arbeitsblatt nach Eingabe der Spaltenüberschriften

3.2 Ändern der Spaltenbreite

Die Breite einer Spalte kann auf zwei Arten eingestellt werden:

a) Für das ganze Arbeitsblatt

Dazu dient der Befehl Arbeitsblatt Global Breite (/**AGB**).

b) Für eine ausgewählte Spalte

Dazu wird der Zellzeiger in die zu verbreiternde Spalte bewegt und der Befehl Arbeitsblatt Spalte Bestimmen (/ASB) verwendet.

3.2.1 Ändern der Spaltenbreite für eine Spalte

Wir verbreitern die Spalte A mit dem Befehl Arbeitsblatt Spalte Bestimmen (/ASB). Dazu bewegen wir zunächst den Zellzeiger in die Zelle A1.

<HOME>	Bewegen des Zellzeigers in Zelle A1.
/asb	Auswahl des Befehls Arbeitsblatt Spalte Bestimmen.

Es erscheint folgendes Bild:

```
A:A1: 'Auftragsbestand                                         ZEIGEN
Spaltenbreite (1..240): 9
```

Bild 3-4 Standardeinstellung der Spaltenbreite

Die Voreinstellung der Spaltenbreite beträgt 9 Zeichen. Sie ist zwischen 1 und 240 Zeichen einstellbar.

Auf zweierelei Art kann die Spaltenbreite verändert werden:

1. Durch Betätigen der <PFEIL LINKS>-Taste (Verkleinern der Spalte) oder durch Drücken der <PFEIL RECHTS>-Taste (Vergrößern der Spalte).
2. Durch Eingabe der Gewünschten Anzahl Zeichen bei der Meldung: **Spaltenbreite (1..240):9** in der zweiten Bildschirmzeile.

Die Einstellung mit den <PFEIL>-Tasten hat den Vorteil, daß Sie die Auswirkung der Einstellung auf dem Bildschirm mitverfolgen können.

In unserem Beispiel soll die Spaltenbreite 18 Zeichen sein.

18 <RETURN>	Einstellen der Spaltenbreite für Spalte A auf 18 Zeichen.

Bild 3-5 zeigt das Ergebnis, wobei in der ersten Bildschirmzeile die veränderte Spaltenbreite durch die Angabe von [18] zu sehen ist.

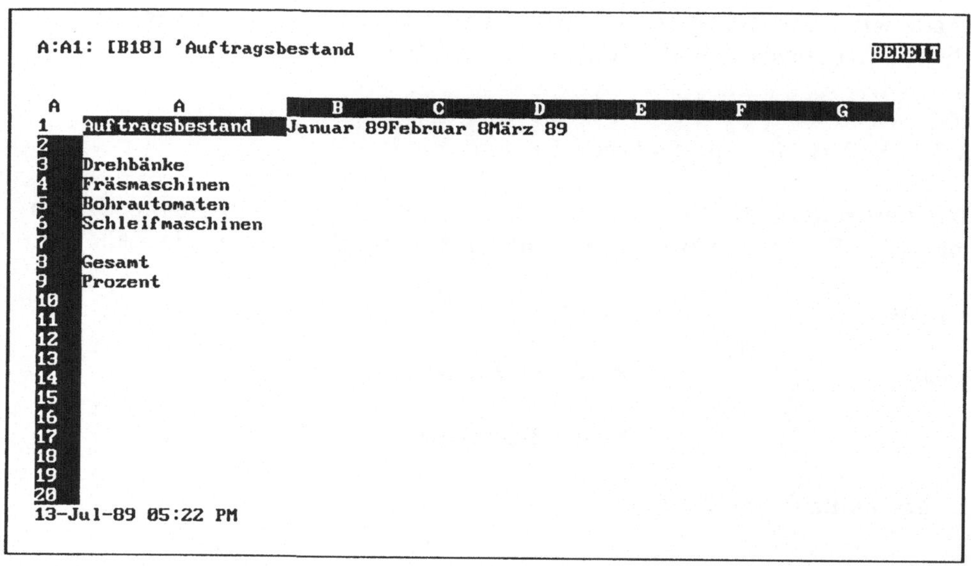

Bild 3-5 Arbeitsblatt nach Verbreiterung der Spalte A.

3.2.2 Spaltenbreite generell einstellen

Mit dem Befehl Arbeitsblatt **G**lobal **B**reite (/**AGB**) wird eine Verbreiterung aller Spalten eines Arbeitsblattes erreicht. Er wirkt auf alle Spalten, die nicht mit dem Befehl Arbeitsblatt **S**palte **B**estimmen (/**ASB**) voreingestellt wurden.

Alle Spalten rechts von A sollen 12 Zeichen breit werden. Dazu wird der Zellzeiger in die Spalte B bewegt und Sie geben ein:

/agb Auswahl des Befehls Arbeitsblatt **G**lobal **B**reite.

1-2-3 fragt jetzt nach der gewünschten Spaltenbreite (Standardeinstellung: 9 Zeichen). Bitte geben Sie ein:

12 <RETURN> Eintippen der neuen Spaltenbreite.

Ab Spalte B wurden die Spalten auf 12 Zeichen verbreitert (s. Bild 3-6).

Hinweis! Auch bei diesem Befehl können Sie mit den Cursortasten die Spaltenbreite verändern.

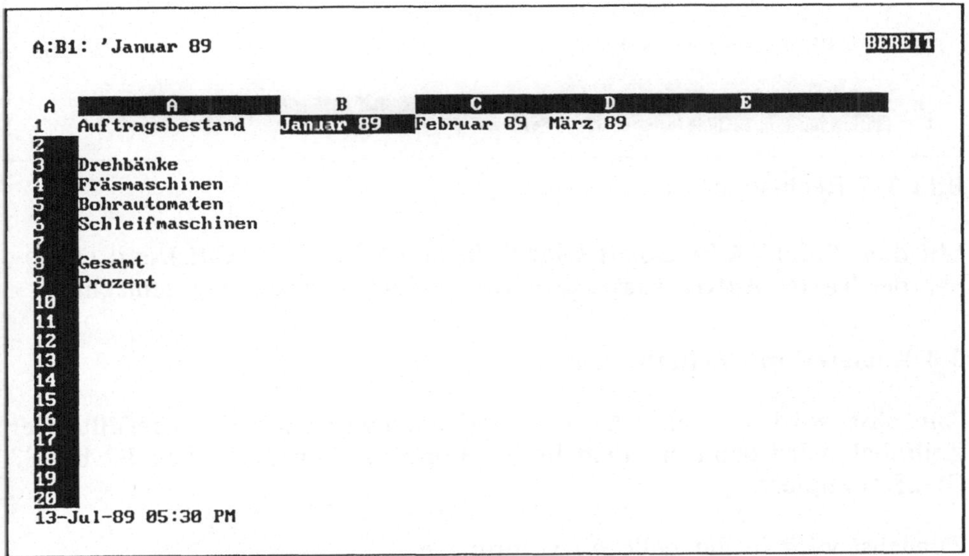
```
A:B1: 'Januar 89                                              BEREIT

A        A                  B            C           D          E
1  Auftragsbestand     Januar 89   Februar 89  März 89
2
3  Drehbänke
4  Fräsmaschinen
5  Bohrautomaten
6  Schleifmaschinen
7
8  Gesamt
9  Prozent
10
11
12
13
14
15
16
17
18
19
20
13-Jul-89 05:30 PM
```

Bild 3-6 Arbeitsblatt nach Verbreiterung der restlichen Spalten

3.3 Justieren des Textes

Wenn Sie Texte in das Arbeitsblatt eingeben, werden diese normalerweise linksbündig justiert, es sei denn, es wurde bereits mit einem Justierungszeichen (s. Tabelle 2-1) eine Justierung vorgenommen.

Mit dem Befehl Arbeitsblatt **G**lobal **J**ustieren (/**AGJ**) können Texte im ganzen Arbeitsblatt *linksbündig*, *rechtsbündig* und *zentriert* justiert werden. Es wird eingegeben:

<HOME>	Sprung zur Zelle A1.
/agjr <RETURN>	Eingabe des Befehls Arbeitsblatt Global Justieren Rechts.

Hinweis! Die Justierung wird erst sichtbar, wenn Sie einen Text eingeben. Bereits eingegebene und justierte Texte werden nicht verändert. Ist der Texteintrag länger als die Spalte, findet prinzipiell eine linksbündige Justierung statt.

Es wird **Auftragsbestand** eingegeben und Sie sehen am Justierungszeichen ("), daß der Text rechtsbündig justiert wurde (s. Bild 3-7).

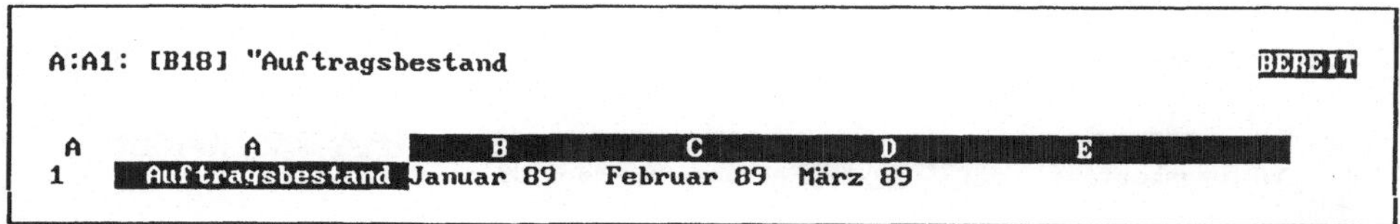

Bild 3-7 Rechtsbündige Justierung

Mit dem Befehl Arbeitsblatt Global Justieren Links (**/AGJL**) und eintippen des Textes **Auftragsbestand** wird der Befehl rückgängig gemacht.

3.4 Kopieren von Zellinhalten

Zunächst wird in Zelle A7 das Gleichheitszeichen (=) eingefüllt. Der Zellinhalt wird dann mit dem Befehl **Kopie** (/K) in die Zellen B7 bis E7 (B7..E7) kopiert.

Zunächst wird in die Zelle A7 gesprungen.

<F5> **a7** <RETURN> Sprung in die Zelle A7.

Mit dem *rückwärtsgerichteten Querstrich* (\) wird das nachfolgende Zeichen solange *wiederholt*, bis die Zelle gefüllt ist (s. Justierungszeichen in Tabelle 2-1).

\= <RETURN> Die Zelle A7 wird mit dem Zeichen "=" ausgefüllt.

Diese Zeichen werden mit dem Befehl **Kopie** (**/K**) in die Zellen B7 bis E7 kopiert:

/**k** Auswahl des Befehls Kopie.

Es erscheint:

```
A:A7: [B18] \=                                              ZEIGEN
Bereich, aus dem kopiert werden soll: A:A7..A:A7
```

Bild 3-8 Bereich, aus dem kopiert wird

Sie sehen den Bereich angezeigt, aus dem kopiert werden soll. Es ist der Bereich im Arbeitsblatt A von A7 bis A7, d. h. die Zelle A7 im Arbeitsblatt A. Durch Drücken der <RETURN>-Taste bestätigen Sie, daß der Zellinhalt der Zelle A7 kopiert werden soll.Daraufhin wird folgendes Bild sichtbar:

```
A:A7: [B18] \=                                              ZEIGEN
Bereich, in den kopiert werden soll: A:A7
```

Bild 3-9 Bereich, in den kopiert wird

1-2-3 fragt jetzt nach dem Bereich, in den kopiert werden soll. In unserem Beispiel ist dies der Bereich von **B7** bis **E7**.

Der Zielbereich kann folgendermaßen eingegeben werden:

a) Eintippen des Bereiches

Sie können den richtigen Bereich einfach eintippen (B7..E7).

b) Bewegen des Zellzeigers

Der Zellzeiger wird in die *erste* Zelle des Zielbereichs gefahren (*Ankerzelle*). Durch Eingeben des *Punktes* (.) wird diese Zelle *verankert*. Anschließend wird mit den Cursortasten bis zur letzten Zelle des Bereiches gefahren und die Kopieraktion durch Drücken der <RETURN>-Taste ausgelöst.

<PFEIL RECHTS>	Bewegen des Zellzeigers auf die Zelle B7.
.	Eintippen des **Punktes**. Er steht stellvertretend für **von..bis** und verankert den hellen Balken.
3 MAL <PFEIL RECHTS>	Der Zellzeiger wird bis zur Zelle E7 geführt.

Bild 3-10 zeigt den *Zielbereich* als markierten Balken.

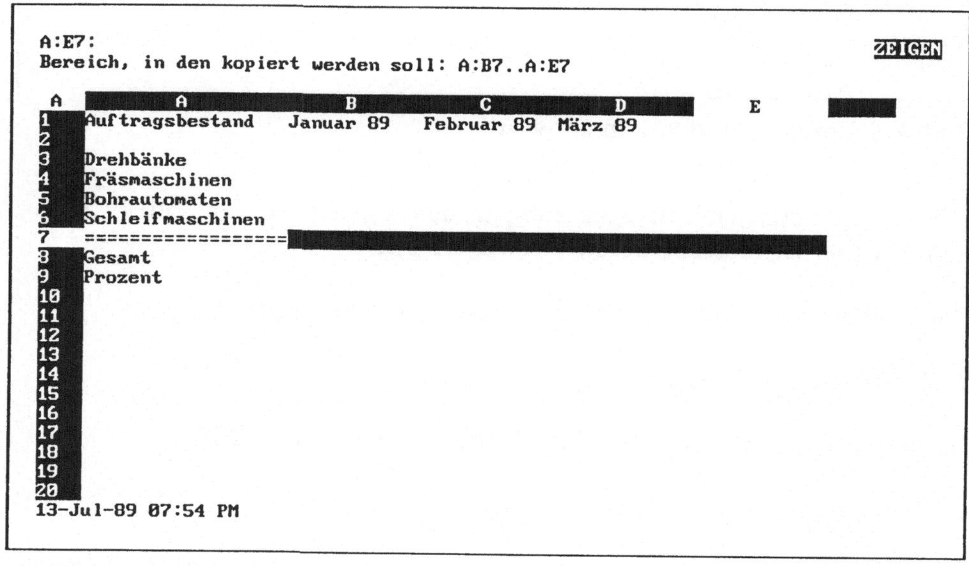

Bild 3-10 Markierter Zielbereich

<RETURN> Ausführen des Kopie-Befehls.

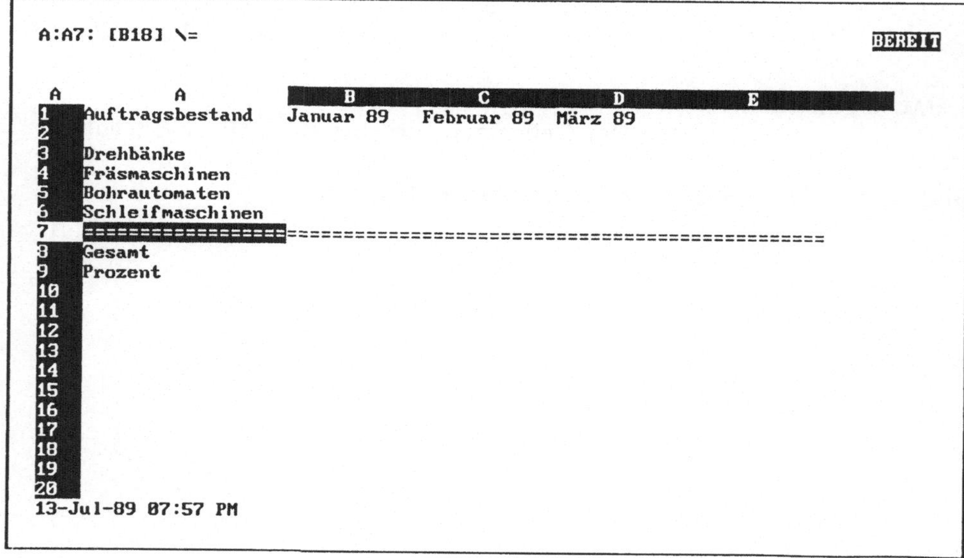

Bild 3-11 Arbeitsblatt nach Ausführen des Kopie-Befehls

Hinweis! Mit der <ESC>-Taste können Sie die Verankerung lösen.

3.5 Bereiche

Bereiche können, wie Bild 3-12 zeigt, bestehen aus

- einer *einzelnen* Zelle,
- aus einem *Rechteck*, bestehend aus mehreren Zeilen und Spalten,
- aus einem *dreidimensionalen* Bereich, der sich über mehrere Arbeitsblätter ertreckt.

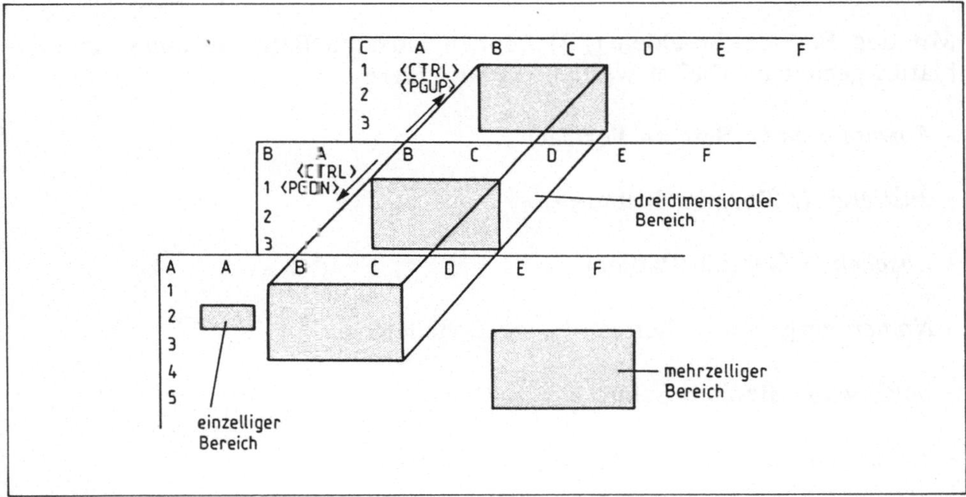

Bild 3-12 Bereiche in 1-2-3

In Tabelle 3-1 ist zusammengestellt, wie Bereiche markiert werden und wie man die Verankerung wieder löst.

Tabelle 3-1 Wirkung der Tasten im ZEIGEN-Modus

Taste	Wirkung Bereich nicht verankert	Wirkung Bereich verankert
. (Punkt)	Aktuelle Zelle wird verankert	Versetzen der Ankerzelle in die nächste Ecke des Bereichs (im Uhrzeigersinn)
: (Doppelpunkt)	Aktuelle Zelle wird verankert	Im dreidimensionalen Arbeitsblatt. Setzen der Ankerzelle in das letzte oder das erste Arbeitsblatt
<BACKSPACE>	Rücksetzen des Zellzeigers	Rücksetzen des Zellzeigers und Lösen der Verankerung
<ESC>	Rückkehr in vorheriges Menü; Rückkehr zur vorherigen Eingabeaufforderung	Lösen der Verankerung

Mit den Bereich-Befehlen (/**B**) können einzelne Bereiche eines Arbeitsblattes gezielt bearbeitet werden, insbesondere

- *Formatieren* (/ **B**ereich **F**ormat)

- *Justieren* (/ **B**ereich **J**ustieren)

- *Löschen* (/ **B**ereich **R**adier)

- *Namen* vergeben (/ **B**ereich **N**ame **E**rstellen)

- *Schützen* (/ **B**ereich **S**chutz)

- *Suchen und Ersetzen* (/ **B**ereich **D**urchsuch).

3.6 Zahleneingabe

Mit den bis jetzt ausgeführten Schritten liegt das Arbeitsblatt so vor, daß mit der Eingabe der Zahlenwerte und Formeln begonnen werden kann. Um die Auftragswerte für Januar einzugeben, bewegen Sie den Zellzeiger in Zelle B3 und nehmen folgende Eingaben vor:

48743 <PFEIL UNTEN> Zahleneingabe in Zelle B3.

82654,40 <PFEIL UNTEN> Zahleneingabe in Zelle B4.

64343,65 <PFEIL UNTEN> Zahleneingabe in Zelle B5.

54748 <RETURN> Zahleneingabe in Zelle B6.

Nun folgen die Auftragswerte für den Februar. Bewegen Sie dazu den Zellzeiger in Zelle C3.

143543 <PFEIL UNTEN> Zahleneingabe in Zelle C3.

122345,98 <PFEIL UNTEN> Zahleneingabe in Zelle C4.

328987,30 <PFEIL UNTEN> Zahleneingabe in Zelle C5.

100765,54 <RETURN> Zahleneingabe in Zelle C6.

Zur Eingabe der Zahlen für März, wird der Zellzeiger in Zelle D3 bewegt.

265987,9 <PFEIL UNTEN> Zahleneingabe in Zelle D3.

150912,07 <PFEIL UNTEN> Zahleneingabe in Zelle D4.

234872,3 <PFEIL UNTEN> Zahleneingabe in Zelle D5.

150908,8 <RETURN> Zahleneingabe in Zelle D6.

Ihr Bildschirm sollte nun Bild 3-13 entsprechen.

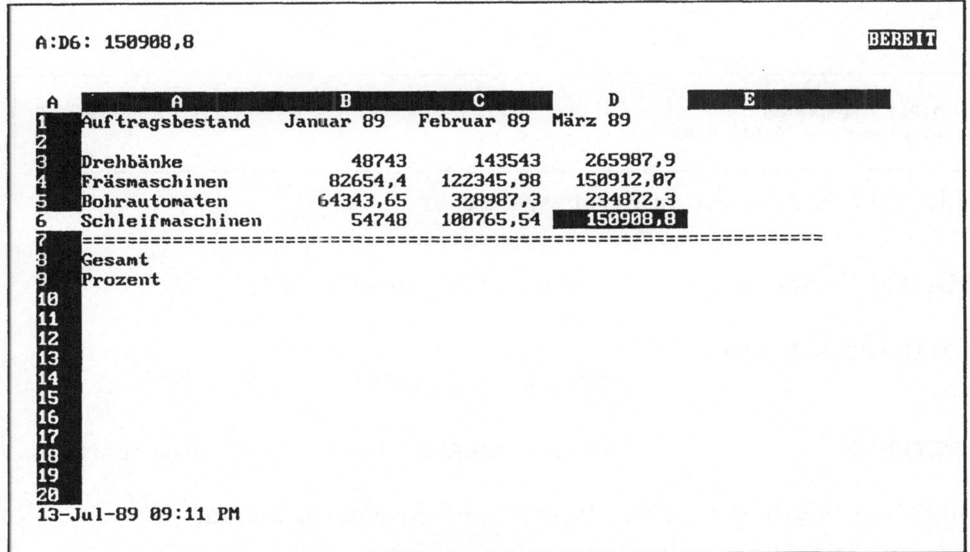

A:D6: 150908,8 BEREIT

A	A	B	C	D	E
1	Auftragsbestand	Januar 89	Februar 89	März 89	
2					
3	Drehbänke	48743	143543	265987,9	
4	Fräsmaschinen	82654,4	122345,98	150912,07	
5	Bohrautomaten	64343,65	328987,3	234872,3	
6	Schleifmaschinen	54748	100765,54	150908,8	
7	============================				
8	Gesamt				
9	Prozent				
10					
11					
12					
13					
14					
15					
16					
17					
18					
19					
20					

13-Jul-89 09:11 PM

Bild 3-13 Arbeitsblatt nach Eingabe der Zahlen

3.7 Rechnen mit der @SUMME-Funktion

Vor der Durchführung der Berechnungen im Arbeitsblatt werden noch folgende Vorbereitungen getroffen:

a) Spalte Gesamt

In Spalte E werden die Werte für die *Zeilen- und Spaltensummen* angegeben. Dazu erhält diese Spalte in Zelle E1 die Überschrift **Gesamt**. Gehen Sie in die Zelle E1 (z. B. mit der GEHEZU-Taste <F5>), geben Sie dort den Text **Gesamt** ein und bestätigen Sie die Eingabe mit <RETURN>.

<F5> e1 <RETURN>	Sprung zur Zelle E1.
Gesamt <RETURN>	Eingabe der Spaltenüberschrift **Gesamt**.

b) Spaltenüberschriften rechtsbündig

Die Überschriften von Spalte B1 bis E1 werden mit dem Befehl **B**ereich **J**ustieren **R**echts (/**BJ**) rechtsbündig justiert. Dazu wird der Zellzeiger in die Zelle B1 bewegt und Sie geben ein:

/bjr	Eingabe des Befehles **B**ereich **J**ustieren **R**echts.

Es erscheint die Aufforderung, den Labelbereich anzugeben (s. Bild 3-14).

```
A:B1: 'Januar 89                                              ZEIGEN
Labelbereich: A:B1..A:B1
```

Bild 3-14 Angabe des Justierungsbereiches

Mit den Cursortasten bewegt man sich bis zur Zelle E1:

3 MAL <PFEIL RECHTS>	Bewegen zur Zelle E1.
<RETURN>	Die Justierung nach rechts wird ausgeführt.

Bild 3-15 zeigt das Ergebnis Ihrer letzten Arbeitsschritte an.

A:B1: "Januar 89 BEREIT

A	A	B	C	D	E
1	Auftragsbestand	Januar 89	Februar 89	März 89	Gesamt
2					
3	Drehbänke	48743	143543	265987,9	
4	Fräsmaschinen	32654,4	122345,98	150912,07	
5	Bohrautomaten	64343,65	328987,3	234872,3	
6	Schleifmaschinen	54748	100765,54	150908,8	
7	====================	============	============	============	============
8	Gesamt				
9	Prozent				
10					
11					
12					
13					
14					
15					
16					
17					
18					
19					
20					

13-Jul-89 09:31 PM

Bild 3-15 Justierung der Spaltenüberschriften

Jetzt wird mit der Eingabe der Berechnungsformeln bzw. -funktionen begonnen.

1-2-3 bietet insgesamt 103 Funktionen (s. Anhang) in acht Kategorien (s. Abschn. 2.4.3) an. Alle Funktionen beginnen mit dem @-Zeichen (Klammeraffe), durch den der WERT-Modus aufgerufen wird. Mit der Tastenkombination <ALT> 0 erscheint dieses Zeichen auf dem Bildschirm. Im Anschluß daran folgt die *Funktionsbezeichnung* bzw. der Funktionsname. Daraus folgen *Argumente*, die in Klammern stehen. Die Argumente einer Funktion können aus Werten oder aus Zellbezügen bestehen. Bei der Funktion **@SUMME(B3..B6)** werden Zellbezüge im Argument verwendet. Bei der Eingabe eines Bereiches wird die Anfangsadresse von der Endadresse mit einem oder zwei Punkten getrennt (von..bis). Bei der Funktion **@MITTELWERT(4;10;14)** enthält das Argument nur Werte; denn es wurden nur Zahlen eingegeben.

1-2-3 macht es auch möglich, *Bereichsnamen* als Argument in einer Funktion zu verwenden. Wird z. B. dem Bereich B3..B6 mit dem Befehl Bereich Name Erstellen (/BNE) der Name JANUAR zugewiesen, dann kann die Summenfunktion auch folgendermaßen aussehen: @SUMME(JANUAR).

Im folgenden wird allgemein die *Eingabe* einer Funktion beschrieben:

@summe(	Eingabe der Funktion bis zum ersten Argument (nach Klammer auf).

Werden *Bereiche* als Argumente eingegeben werden, kann dies auf folgende drei Arten geschehen:

1. Die Zelladressen werden direkt angewählt, indem die Anfangsadresse eingegeben wird, gefolgt von der Eingabe eines oder zweier Punkte. Nach Eingabe der Punkte wird die Endadresse eingegeben.

2. Es wird der Bereichsname eingegeben. Dieser muß vorher mit dem Befehl **B**ereich **N**ame **E**rstellen (/**BNE**) festgelegt worden sein.

3. Zeigen des Bereiches mit dem Zellzeiger. es wird dabei folgendermaßen vorgegangen:

Der Zellzeiger wird zur Anfangszelle des Bereiches bewegt.

Durch Drücken der <PUNKT>-Taste (.) wird diese Zelle als *Eck-* oder *Ankerzelle* verankert. Die Zelladresse erscheint in der Eingabezeile (zweite Bildschirmzeile).

Anschließend wird der Cursor zur Endadresse des Bereiches bewegt. Der Bereich von der Anfangsadresse bis zur Endadresse erscheint dabei aufgehellt.

Nun wird mit der Eingabe der Argumente fortgefahren.

)	Beenden der Funktion.
<RETURN>	Abschließen der Funktionseingabe.

Im folgenden wird unser Beispiel weiterbearbeitet.

Die Auftragswerte werden einerseits für jeden Monat (spaltenweise) und andererseits für jede Produktsparte (zeilenweise) aufsummiert sowie der Gesamtauftragswert pro Quartal ermittelt. Eine Möglichkeit, die Auftragswerte für den Monat Januar zu erhalten, ist die Eingabe der Formel **+B3+B4+B5+B6** in Zelle B8. Diese Berechnung kann mit der Summenfunktion @SUMME abgekürzt werden. Dabei wird folgendermaßen vorgegangen:

Bewegen Sie den Zellzeiger in die Zelle B8 und geben die folgende Funktion ein (das @-Zeichen geben Sie mit der Tastenkombination <ALT> 0 ein):

@summe(b3..b6)	Die Zelladressen werden direkt eingegeben.
<RETURN>	Die Funktion wird berechnet.

Das Ergebnis zeigt Bild 3-16.

```
A:B8: @SUMME(B3..B6)                                              BEREIT

A   A                    B            C            D           E
1   Auftragsbestand      Januar 89    Februar 89   März 89     Gesamt
2
3   Drehbänke            48743        143543       265987,9
4   Fräsmaschinen        82654,4      122345,98    150912,07
5   Bohrautomaten        64343,65     328987,3     234872,3
6   Schleifmaschinen     54748        100765,54    150908,8
7   =================================================================
8   Gesamt               250489,05
9   Prozent
10
11
12
13
14
15
16
17
18
19
20
13-Jul-89 10:12 PM
```

Bild 3-16 Berechnung der Auftragssumme für Januar

Die Zeilensummen müssen ebenfalls ermittelt werden. Bewegen Sie dazu den Zellzeiger in Zelle E3 und geben Sie ein:

@summe(	Eingabe der Funktion bis zum Zeichen "Klammer auf", das vor der Bereichsangabe erscheint.
3 MAL <PFEIL LINKS>	Bewegen des Zellzeigers zu Zelle D3.
.	Verankerung der Zelle B3.

2 MAL <PFEIL RECHTS>

Bewegen des Zellzeigers in Zelle D3.

) Die Funktion wird beendet. Der Zellzeiger springt in die Ausgangszelle E3 zurück.

<RETURN> Die Summenbildung des Bereiches B3 bis D3 wird ausgeführt (s. Bild 3-17).

```
A:E3: @SUMME(B3..D3)                                                       BEREIT

A   A                       B            C             D              E
1   Auftragsbestand         Januar 89    Februar 89    März 89        Gesamt
2
3   Drehbänke                  48743       143543      265987,9       458273,9
4   Fräsmaschinen            82654,4    122345,98     150912,07
5   Bohrautomaten           64343,65     328987,3      234872,3
6   Schleifmaschinen           54748    100765,54      150908,8
7   ======================================================================
8   Gesamt                 250489,05
9   Prozent
10
11
12
13
14
15
16
17
18
19
20
13-Jul-89 10:21 PM
```

Bild 3-17 Bilden einer Zeilensumme

3.8 Formeln kopieren

Die Summenformel in Zelle B8 soll in die Zellen C8, D8 und E8 kopiert werden. Es wird folgendermaßen vorgegangen:

<F5> **b8** <RETURN> Bewegen des Zellzeigers in Zelle B8.

/k Auswahl des Befehls Kopie.

Es erscheint der Bereich, aus dem kopiert werden soll, das ist: **A:B8..A:B8** (d. h. in Arbeitsblatt A die Zelle B8). Da die Formel, die sich in dieser Zelle befindet, kopiert werden soll, wird der Kopiervorgang durch Drücken der <RETURN>-Taste bestätigt. Anschließend wird der Bereich festgelegt, in den kopiert werden soll. In unserem Fall ist es der Bereich von C8 bis E8.

<PFEIL RECHTS>	Der Zellzeiger wird nach Zelle C8 bewegt.
.	Die Zelle C8 wird als Eckzelle verankert.
2 MAL <PFEIL RECHTS>	Bewegen des Zellzeigers nach Zelle E8.
<RETURN>	Die @SUMME-Funktion wird in die Zellen C8, D8 und E8 kopiert und die Summierung ausgeführt.

Ihr Bildschirm sollte nun Bild 3-18 entsprechen.

A:B8: @SUMME(B3..B6) BEREIT

A	A	B	C	D	E
1	Auftragsbestand	Januar 89	Februar 89	März 89	Gesamt
2					
3	Drehbänke	48743	143543	265987,9	458273,9
4	Fräsmaschinen	82654,4	122345,98	150912,07	
5	Bohrautomaten	64343,65	328987,3	234872,3	
6	Schleifmaschinen	54748	100765,54	150908,8	
7	====================	====================	====================	====================	====================
8	Gesamt	250489,05	695641,82	802681,07	458273,9
9	Prozent				
10					

Bild 3-18 Arbeitsblatt nach Summierung der Spalten

In den Zeile 4, 5 und 6, in denen die Auftragswerte für Fräsmaschinen, Bohrautomaten und Schleifmaschinen stehen, müssen die entsprechenden Werte in derselben Weise summiert werden wie in Zeile 3. Dies geschieht, wie für die Spalten bereits beschrieben, mit dem Befehl Kopie (/K).

<F5> e3 <RETURN>	Bewegen des Zellzeigers nach Zelle E3.
/k	Auswahl des Befehls Kopie.
<RETURN>	Die Zelle E3 wird als Kopierbereich bestätigt.
e4..e6 <RETURN>	Eingabe des Zielbereiches. Die Summen werden ermittelt.

Hinweis! Natürlich können Sie den Bereich, in den kopiert werden soll, auch durch Zeigen mit den <PFEIL>-Tasten festlegen.

Bild 3-19 zeigt das Ergebnis.

A:E3: @SUMME(B3..D3) BEREIT

A	A	B	C	D	E
1	Auftragsbestand	Januar 89	Februar 89	März 89	Gesamt
2					
3	Drehbänke	48743	143543	265987,9	458273,9
4	Fräsmaschinen	82654,4	122345,98	150912,07	355912,45
5	Bohrautomaten	64343,65	328987,3	234872,3	628203,25
6	Schleifmaschinen	54748	100765,54	150908,8	306422,34
7	==========	==========	==========	==========	==========
8	Gesamt	250489,05	695641,82	802681,07	1748811,94
9	Prozent				
10					

Bild 3-19 Arbeitsblatt nach Summierung von Zeilen und Spalten

3.9 Relative, absolute und gemischte Zelladressierung

3.9.1 Relative Adressierung

Beim Kopieren der Formel von Zelle B8 in die Zellen C8, D8 und E8 (bzw. von Zelle E3 in die Zellen E4, E5 und E6) bleiben die Formeln - relativ gesehen - gleich. In der Formel @SUMME(B3..B6) sind die

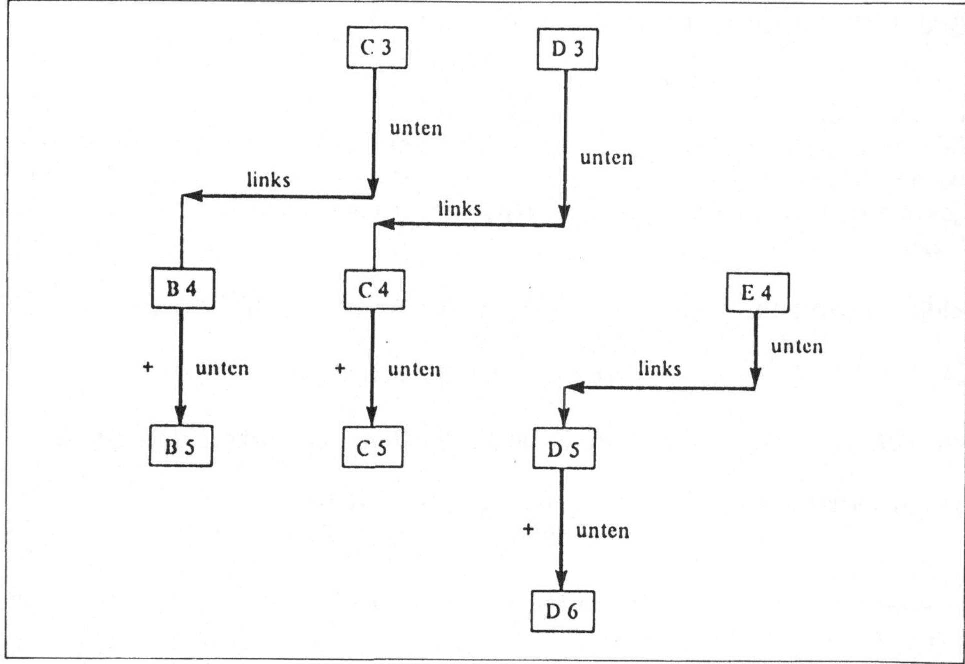

Bild 3-20 Kopieren relativer Adressen

Bezüge auf die Zellen B3 und B6 *relative* Adressen. Relative Adressen werden beim Kopieren so verändert, daß der *Bezug der Zellen untereinander* erhalten bleibt. Bild 3-20 zeigt dies am Beispiel, daß von einer Zelle C3 in die Zellen B4 und B5 kopiert wird. Beim Kopieren dieser Formel nach D3 oder E4 werden die entsprechenden relativen Adressen kopiert.

Für das Beispiel bedeutet dies:

Die Summenformel in Zelle B8: @SUMME(B3..B6) addiert die vier über der Formel liegenden Zellen. Beim Kopieren der Formel wird die daraus sich ergebende Formel wieder die vier direkt über der Funktion liegenden Zellen addieren. Also ergibt sich folgender Inhalt in den anderen Zellen:

C8: @SUMME(C3..C6)
D8: @SUMME(D3..D6)
E8: @SUMME(E3..E6)

Obwohl alle Formeln verschieden sind, addiert jede Formel immer die vier Zellen über der Zelle, die die Formel enthält. Diese Formeln beziehen sich - relativ gesehen - immer auf die gleichen Zellen.

3.9.2 Absolute Adressierung

Ursprüngliche Adressen werden beim Kopieren *beibehalten*, wenn es *absolute* Adressen sind. Solche Adressen werden durch ein Dollarzeichen ($) gekennzeichnet. Je nachdem, ob die Spalte oder die Zeile gleich bleibt, wird davor das Dollarzeichen gesetzt. So ist beispielsweise die Funktion **@SUMME($BS3..$B$6)** in Zelle B8 genau die gleiche Funktion wie die Formel @SUMME(B3..B6). Würde man diesen absoluten Zellbezug @SUMME($B$3..$B$6) in die Zellen C8, D8 und E8 kopieren, dann würde in jeder Zelle dasselbe Ergebnis stehen. Dies zeigt Bild 3-21.

A:B8: @SUMME($B$3..$B$6) BEREIT

A	A	B	C	D	E
1	Auftragsbestand	Januar 89	Februar 89	März 89	Gesamt
2					
3	Drehbänke	48743	143543	265987,9	458273,9
4	Fräsmaschinen	82654,4	122345,98	150912,07	355912,45
5	Bohrautomaten	64343,65	328987,3	234872,3	628203,25
6	Schleifmaschinen	54748	100765,54	150908,8	306422,34
7	====================	============	============	============	============
8	Gesamt	250489,05	250489,05	250489,05	250489,05
9	Prozent				
10					

Bild 3-21 Kopieren einer Formel mit absoluten Adressen

Solche Kopien sind natürlich in diesem Fall sinnlos, so daß man den großen Vorteil des Kopierens relativer Adressen leicht erkennen kann.

3.9.3 Gemischte Adressierung

Gemischte Adressierung ist eine *Kombination* aus relativer und absoluter Adressierung. Da jede Zelle durch eine Festlegung der Zeile und der Spalte besteht, kann ein Teil (z. B. die Zeile) absolut (fix) adressiert werden, während der andere Teil (z. B. die Spalte) relativ adressiert wird. Dies soll an unserem Beispiel gezeigt werden.

Es wird der *prozentuale Anteil* der jeweiligen Monatsumsätze am Quartalsumsatz errechnet und in die Zeile "Prozent" (Zeile 9) eingetragen. Dabei wird so vorgegangen, daß der jeweilige Zellinhalt für die *Monatsumsätze* (*relative* Zelle) immer durch denselben *Gesamtumsatz* (*absolute* Zelle E8) dividiert wird.

Bewegen Sie den Zellzeiger zu Zelle B9.

+	1-2-3 erwartet eine Formel und befindet sich im WERT-Modus.
<PFEIL OBEN>	Bewegen Sie den Zellzeiger zur Zelle B8.
/	Eingabe des Zeichens: "Dividiert durch".

Der Zellzeiger springt danach zurück in die Ausgangszelle B9.

<PFEIL OBEN> 3 MAL <PFEIL RECHTS>
Bewegen des Zellzeigers in Zelle E8.

<RETURN>	Der Prozentsatz wird berechnet und erscheint in Zelle B9.

A:B9: +B8/E8 BEREIT

A	A	B	C	D	E
1	Auftragsbestand	Januar 89	Februar 89	März 89	Gesamt
2					
3	Drehbänke	48743	143543	265987,9	458273,9
4	Fräsmaschinen	82654,4	122345,98	150912,07	355912,45
5	Bohrautomaten	64343,65	328987,3	234872,3	628203,25
6	Schleifmaschinen	54748	100765,54	150908,8	306422,34
7	================	==========	==========	==========	==========
8	Gesamt	250489,05	695641,82	802681,07	1748811,94
9	Prozent	0,14323384			
10					

Bild 3-22 Berechnung des Prozentanteils für Januar

Dieselbe Rechnung muß für die Spalten Februar, März und Gesamt durchgeführt werden. Hierbei ist zu beachten, daß die *Spalte* immer *um eins nach rechts verschoben* wird, die Bezugszelle E8 jedoch gleichbleibt (Gesamtumsatz = 1748811,94). Deshalb ist *E8* eine *absolute* Zelladresse. Dies wird durch Voranstellen des $-Zeichens für die Spalte ($E) und die Zeile ($8) markiert. Die Formel muß folgendermaßen geändert werden:

+B8/$E$8

Hinweis! Sie müssen nicht das $-Zeichen eingeben. Um eine absolute Zelle zu markieren, können Sie auch die ABS-Taste <F4> verwenden.

Im folgenden wird dies ausgeführt, indem zunächst der Zelleninhalt in die zweite Bildschirmzeile gebracht wird (EDIT-Taste <F2>) und dort entsprechend verändert wird (mit der ABS-Taste <F4>).

<F2> Drücken der EDIT-Taste <F2>.

Durch Drücken dieser Taste befinden Sie sich im EDIT-Modus und in der zweiten Bildschirmzeile erscheint die Formel: +B8/E8, die Sie nun verändern können.

<F4> Drücken der ABS-Taste <F4>.

Sie sehen, wie die Zelle E8 durch Voranstellen des $-Zeichens in eine absolute verwandelt worden ist (s. Bild 3-23).

```
A:B9: +B8/E8                                              EDIT
+B8/$A:$E$8
```

Bild 3-23 Gemischte Zelladressierung in Zelle B9.

<RETURN> Die geänderte Formel wird in Zelle B9 abgespeichert.

Da dieselbe Berechnung in den Zellen C9, D9 und E9 durchgeführt werden muß, wird die Formel aus Zelle B9 in die entsprechenden Zellen kopiert. Dazu rufen wir einfach wieder den Befehl **Kopie** (/K) auf. Als Bereich, *aus* dem kopiert werden soll, geben wir die Zelle **B9** an und als Bereich, *in* den kopiert werden soll, wird der Bereich **C9..E9** eingegeben. Nachdem die Kopie erstellt wurde, sollte Ihr Arbeitsblatt Bild 3-24 entsprechen.

```
A:B9: +B8/$A:$E$8                                                    BEREIT

A   A                        B            C            D            E
1   Auftragsbestand          Januar 89    Februar 89   März 89      Gesamt
2
3   Drehbänke                    48743       143543     265987,9     458273,9
4   Fräsmaschinen              82654,4    122345,98    150912,07    355912,45
5   Bohrautomaten             64343,65     328987,3     234872,3    628203,25
6   Schleifmaschinen             54748    100765,54     150908,8    306422,34
7   ==================================================================
8   Gesamt                   250489,05    695641,82    802681,07   1748811,94
9   Prozent                 0,14323384  0,397779661  0,458986499            1
10
```

Bild 3-24 Arbeitsblatt nach Kopieren der Formel

Hinweis! Falls Sie einen Bereich falsch markiert haben, können Sie die Markierung lösen, wenn Sie die <ESC>-Taste drücken.

Tabelle 3-2 zeigt den Zusammenhang zwischen relativer, absoluter und gemischter Adressierung.

Tabelle 3-2 Gegenüberstellung von relativer, absoluter und gemischter Adressierung

	ZELLADRESSIERUNG relativ	absolut	gemischt
Ausgangszelle: Formel	B9 : + B8/E8	B9 : + $B$8/$E$8	B9 : + B8/$E$8
Zelle: Rechenvorgang	B9 : + B8/E8 C9 : + C8/F8 D9 : + D8/G8	B9 : + B8/E8 C9 : + B8/E8 D9 : + B8/E8	B9 : + B8/E8 C9 : + C8/E8 D9 : + D8/E8

3.10 Zahlen formatieren

Neu in Version 3!
Bei den Befehlen für Format ist die Möglichkeit Optionen hinzugekommen. Damit können Sie

- Automatisch das Format festlegen, d. h. der erste Eintrag in einer Zelle bestimmt das Format der künftigen Zelleinträge (s. Abschn. 3.10.4);

- Farbe für negative Zahlen;

- Label als Format für alle Eingaben;

- Klammern setzt Zahlenwerte in Klammern.

Bei Zahlen wird häufig gewünscht, sie in bestimmten Formaten auszugeben, z. B. als Dezimalzahlen mit zwei Nachkommastellen oder als Prozentangaben.

Hinweis! Durch die Formatierung wird nur die Ausgabe oder die Anzeige der Werte geändert. Die Daten selbst bleiben unverändert, d. h. es wird mit den genauen Werten gerechnet.

In 1-2-3 bestehen folgende zwei Möglichkeiten der Formatierung:

1.) Formatieren des gesamten Arbeitsblattes

Diese Festlegung betrifft das ganze Arbeitsblatt (und im GRUPPE-Modus auch alle verbundenen Arbeitsblätter). Dazu dient der Befehl Arbeitsblatt **G**lobal **F**ormat (/AGF).

2.) Formatieren einzelner Bereiche

Beim Formatieren einzelner Bereich wird der Befehl **B**ereich **F**ormat (/BF) verwendet. Eine *globale Formatierung* hat auf die mit diesem Befehl formatierten Bereiche *keinen* Einfluß.

Im vorliegenden Beispiel geben wir die Formate für das gesamte Arbeitsblatt vor.

3.10.1 Das Format Fest

Für das ganze Arbeitsblatt wird ein festes Zahlenformat vorgegeben. Dies geschieht mit dem Befehl Arbeitsblatt **G**lobal **F**ormat **F**est (AGFF).

/agff Wahl des Formats Fest.

1-2-3 hat als Vorgabe 2 Dezimalstellen vorgesehen. So sollen in unserem Arbeitsblatt die Zahlen dargestellt werden. Deshalb bestätigen Sie mit der <RETURN>-Taste und sehen daraufhin folgendes Bild:

```
A:B9: +B8/$A:$E$8                                                    BEREIT

A   A                          B             C            D            E
1   Auftragsbestand            Januar 89     Februar 89   März 89      Gesamt
2
3   Drehbänke                  48743,00      143543,00    265987,90    458273,90
4   Fräsmaschinen              82654,40      122345,98    150912,07    355912,45
5   Bohrautomaten              64343,65      328987,30    234872,30    628203,25
6   Schleifmaschinen           54748,00      100765,54    150908,80    306422,34
7   ===========================================================================
8   Gesamt                     250489,05     695641,82    802681,07    1748811,94
9   Prozent                    0,14          0,40         0,46         1,00
10
```

Bild 3-25 Arbeitsblatt nach Formatieren auf 2 Dezimalstellen

3.10.2 Das Prozentformat

In Zeile 9 sollen die Anteile der Monatsumsätze am Gesamtumsatz als Prozentwerte ausgegeben werden. Da sich das Prozent-Format *nicht* auf das *ganze Arbeitsblatt* bezieht, wird der Befehl **B**ereich **F**ormat **P**rozent (**/BFP**) herangezogen. Bei der Berechnung der Prozentwerte ist eine Multiplikation mit 100 nicht nötig. Diese wird automatisch durchgeführt (aus 0,14 wird beispielsweise 14%).

Bewegen Sie den Zellzeiger in Zelle B9, und geben Sie ein:

/bfp Auswahl des Befehls **B**ereich **F**ormat **P**rozent.

Die Anzahl der Dezimalstellen muß eingegeben werden (Standardvorgabe: 2 Nachkommastellen).

<RETURN> Bestätigen der zwei Nachkommastellen.

In der zweiten Bildschirmzeile sehen Sie die Aufforderung, den zu formatierenden Bereich einzugeben:

```
A:B9: +B8/$A:$E$8                                                    ZEIGEN
Zu formatierender Bereich: A:B9..A:B9
```

Bild 3-26 Eingabe des zu formatierenden Bereiches

b9..e9 <RETURN> Eingabe des Bereiches für die Formatierung.

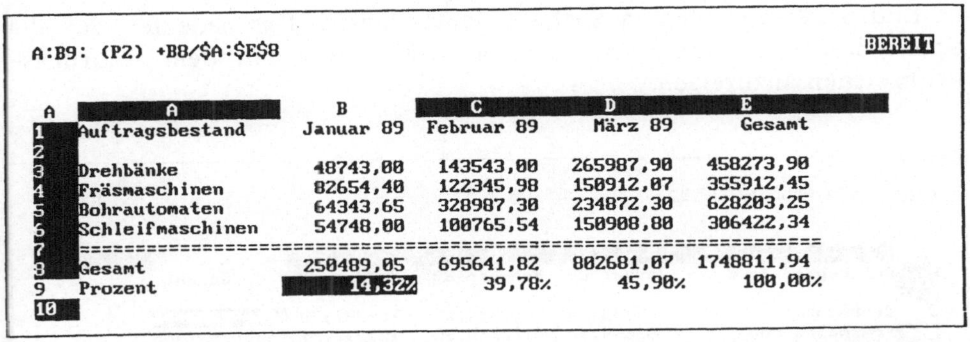

```
A:B9: (P2) +B8/$A:$E$8                                                    BEREIT

A          A                  B            C             D            E
1  Auftragsbestand       Januar 89    Februar 89      März 89       Gesamt
2
3  Drehbänke              48743,00     143543,00     265987,90    458273,90
4  Fräsmaschinen          82654,40     122345,98     150912,07    355912,45
5  Bohrautomaten          64343,65     328987,30     234872,30    628203,25
6  Schleifmaschinen       54748,00     100765,54     150908,80    306422,34
7  =======================================================================
8  Gesamt                250489,05     695641,82     802681,07   1748811,94
9  Prozent                  14,32%        39,78%        45,90%      100,00%
10
```

Bild 3-27 Arbeitsblatt nach Formatierung der Prozentwerte in Zeile 9

Hinweis! Sie können den Bereich auch durch Markieren mit dem Zellzeiger festlegen.

Zur Erinnerung!
Mit den <PFEIL>-Tasten können Sie in die gewünschten Zellen fahren.
Mit der <PUNKT>-Taste (.) verankern Sie eine Zelle.
Mit der <ESC>-Taste lösen Sie die Verankerung.

3.10.3 Das Format Währung

Mit dieser Formatangabe können Währungssymbole eingestellt werden (Standardvorgabe: x.xxx,xx DM). Dies wollen wir in der Spalte "Gesamt" (Spalte E) anwenden. Dazu wird der Befehl **Bereich Format Währung** aufgerufen, die Dezimalstellen eingegeben (Vorgabe: 2) und der zu formatierende Bereich festgelegt. Deshalb fahren Sie den Zellzeiger in Zelle E3 und geben ein:

/bfw	Auswahl des Befehls **Bereich Format Währung**.
<RETURN>	Bestätigen von 2 Nachkommastellen.

Jetzt wird der zu formatierende Bereich festgelegt:

.	Zelle E3 wird verankert durch die Punkteingabe.
5 MAL <PFEIL UNTEN>	Bereich E3 bis E8 wird festgelegt.
<RETURN>	Formatierung wird ausgeführt.

In Bild 3-28 sehen Sie in Spalte E lauter Sterne. Das bedeutet, daß die *Spaltenbreite nicht ausreicht*, um die Zahlenwerte mit dem Währungskennzeichen anzuzeigen.

```
A:E3: (W2) @SUMME(B3..D3)                                                BEREIT

A    A                  B            C             D               E
1  Auftragsbestand      Januar 89    Februar 89    März 89         Gesamt
2
3  Drehbänke             48743,00    143543,00     265987,90     ************
4  Fräsmaschinen         82654,40    122345,98     150912,07     ************
5  Bohrautomaten         64343,65    328987,30     234872,30     ************
6  Schleifmaschinen      54748,00    100765,54     150908,80     ************
7  ==========================================================================
8  Gesamt               250489,05    695641,82     802681,07     ************
9  Prozent                 14,32%       39,78%        45,90%          100,00%
10
```

Bild 3-28 Spaltenbreite für Ausgabe zu gering

Deshalb müssen Sie die Spalte E verbreitern (Zellzeiger muß in Spalte E stehen). Dazu dient der Befehl Arbeitsblatt Spalte **B**estimmen (/ASB).

/asb Verbreitern der Spalte E.

Mit den <PFEIL RECHTS>-Tasten verbreitern Sie die Spalte E Zeichen um Zeichen so lange, bis alle Zahlenwerte und die Währung sichtbar wird. Dies ist erst bei einer Spaltenbreite von 16 Zeichen der Fall.

```
A:E3: (W2) [B16] @SUMME(B3..D3)                                          ZEIGEN
Spaltenbreite (1..240): 16

A    A                  B            C             D                  E
1  Auftragsbestand      Januar 89    Februar 89    März 89                Gesamt
2
3  Drehbänke             48743,00    143543,00     265987,90     458.273,90 DM
4  Fräsmaschinen         82654,40    122345,98     150912,07     355.912,45 DM
5  Bohrautomaten         64343,65    328987,30     234872,30     628.203,25 DM
6  Schleifmaschinen      54748,00    100765,54     150908,80     306.422,34 DM
7  ============================================================================
8  Gesamt               250489,05    695641,82     802681,07  1.748.811,94 DM
9  Prozent                 14,32%       39,78%        45,90%          100,00%
10
```

Bild 3-29 Arbeitsblatt nach Verbreiterung der Spalte E

3.10.4 Das Format Optionen

Mit diesem in Version 3 neu hinzugekommenen Befehl haben Sie die am Anfang des Abschnitts erwähnten Möglichkeiten. In diesem Abschnitt zeigen wir die Option Automatisch.

Mit dem Befehl Arbeitsblatt **G**lobal (oder **B**ereich) **F**ormat **O**ptionen **A**utomatisch (/**AGFOA** bzw. /**BFOA**) bestimmt die *erstmalige* Eingabe in eine Zelle das zukünftige Format dieser Zelle. Es wird in der *Informationszeile* (1. Bildschirmzeile) in Klammern ausgegeben.

Im folgenden wird der Befehl **B**ereich **F**ormat **O**pt **A**utomatisch (/**BFOA**) ausgewählt und die Wirkung an folgenden vier Eingabeformaten in Zeile 11 gezeigt:

1.) Eingabe als Prozentwert mit einer Dezimalstelle (P1)

Bewegen Sie den Zellzeiger in die Zelle B11.

/bfoa	Auswahl des Befehls **B**ereich **F**ormat **O**pt **A**utomatisch.
<RETURN>	Bestätigung des angezeigten Bereiches B11.
43,5% <RETURN>	Eingabe des Wertes **43,5%**.

Bild 3-30 zeigt die Eingabe und in der ersten Bildschirmzeile in Klammern die Formatangabe **(P1)**, d. h. ein **P**rozentformat mit **1** (einer) Dezimalstelle. Die Zahl selbst wird als Dezimalzahl **0,435** abgespeichert.

```
A:B11: (P1) 0,435                                                     BEREIT

A   A                  B            C             D            E
1   Auftragsbestand    Januar 89    Februar 89    März 89              Gesamt
2
3   Drehbänke           48743,00    143543,00    265987,90    458.273,90 DM
4   Fräsmaschinen       82654,40    122345,98    150912,07    355.912,45 DM
5   Bohrautomaten       64343,65    328987,30    234872,30    628.203,25 DM
6   Schleifmaschinen    54748,00    100765,54    150908,80    306.422,34 DM
7   ===========================================================================
8   Gesamt             250489,05    695641,82    802681,07  1.748.811,94 DM
9   Prozent               14,32%       39,78%       45,90%          100,00%
10
11                         43,5%
12
```

Bild 3-30 Eingabe eines Prozentwertes

2.) Eingabe als Zahlenwert mit 3 Dezimalstellen (F3)

Der Zellzeiger wird in die Zelle C11 bewegt und Sie geben ein:

/bfoa <RETURN>	Auswahl des Befehls **B**ereich **F**ormat **O**pt **A**utomatisch.
9,543 <RETURN>	Eingabe des Zahlenwertes **9,543**.

Bild 3-31 zeigt die Eingabe und die Formatanzeige **(F3)** in der ersten Bildschirmzeile (d. h. Festformat mit 3 Nachkommastellen).

```
A:C11: (F3) 9,543                                                      LABEL

A   A                    B           C             D              E
1   Auftragsbestand      Januar 89   Februar 89    März 89           Gesamt
2
3   Drehbänke            48743,00    143543,00     265987,90      458.273,90 DM
4   Fräsmaschinen        82654,40    122345,98     150912,07      355.912,45 DM
5   Bohrautomaten        64343,65    328987,30     234872,30      628.203,25 DM
6   Schleifmaschinen     54748,00    100765,54     150908,80      306.422,34 DM
7   ========================================================================
8   Gesamt               250489,05   695641,82     802681,07 1.748.811,94 DM
9   Prozent                 14,32%      39,78%        45,90%          100,00%
10
11                          43,5%       9,543
12
```

Bild 3-31 Eingabe eines Wertes mit 3 Nachkommastellen

3.) Eingabe eines Datums (D1)

Der Zellzeiger wird in die Zelle D11 bewegt und das Datum: 13-Jul-89 eingegeben:

/bfoa <RETURN>	Auswahl des Befehls **B**ereich **F**ormat **O**pt **A**utomatisch.
13-Jul-89 <RETURN>	Eingabe des Datums: 13. Juli 1989.

In der Zelle D11 erscheint das korrekte Datum, das, wie Bild 3-32 zeigt, als *Datumseriennummer* **32702** im Dateiformat **(D1)** abgespeichert wird.

```
A:D11: (D1) 32702                                                        BEREIT

A        A                  B           C            D            E
1  Auftragsbestand      Januar 89   Februar 89     März 89          Gesamt
2
3  Drehbänke             48743,00   143543,00    265987,90   458.273,90 DM
4  Fräsmaschinen         82654,40   122345,98    150912,07   355.912,45 DM
5  Bohrautomaten         64343,65   328987,30    234872,30   628.203,25 DM
6  Schleifmaschinen      54748,00   100765,54    150908,80   306.422,34 DM
7  ==========================================================================
8  Gesamt               250489,05   695641,82    802681,07 1.748.811,94 DM
9  Prozent                 14,32%      39,78%       45,90%        100,00%
10
11                          43,5%       9,543    13-Jul-89
12
```

Bild 3-32 Eingabe eines Datum-Formates

4.) Eingabe eines Labels (L)

Dazu wird der Zellzeiger in die Zelle E11 bewegt. Geben Sie folgendes ein:

/bfoa <RETURN> Auswahl des Befehls **B**ereich **F**ormat **O**pt **A**utomatisch.

7072 Heubach <RETURN> Eingabe eines Textes.

Werden Zahlen gemischt mit Text (oder durch Leerstellen getrennt) eingegeben, dann wird das Justierungszeichen (') vorangestellt und der Eintrag als Label gekennzeichnet **(L)** (s. Bild 3-33).

```
A:E11: (L) [B16] '7072 Heubach                                           BEREIT

A        A                  B           C            D            E
1  Auftragsbestand      Januar 89   Februar 89     März 89          Gesamt
2
3  Drehbänke             48743,00   143543,00    265987,90   458.273,90 DM
4  Fräsmaschinen         82654,40   122345,98    150912,07   355.912,45 DM
5  Bohrautomaten         64343,65   328987,30    234872,30   628.203,25 DM
6  Schleifmaschinen      54748,00   100765,54    150908,80   306.422,34 DM
7  ==========================================================================
8  Gesamt               250489,05   695641,82    802681,07 1.748.811,94 DM
9  Prozent                 14,32%      39,78%       45,90%        100,00%
10
11                          43,5%       9,543    13-Jul-89 7072 Heubach
12
```

Bild 3-33 Eingabe eines Labels

Nun können Sie sehen, daß diese *zellgebundenen Formatierungen* erhalten bleiben, wenn Sie die Werte löschen und Neueingaben vornehmen.

Zum Löschen der Eingaben in Zeile 11 wird der Befehl **B**ereich **R**adier (/**BR**) verwendet, der zu radierende Bereich eingegeben und der Löschvorgang mit der <RETURN>-Taste bestätigt.

/**br**	Eingabe des Befehls **B**ereich **R**adier.

In der zweiten Bildschirmzeile sehen Sie: *Zu radierender Bereich: A:E11..A:E11*, d. h. der Zellzeiger steht in Zelle E11 des Arbeitsblattes A. Diese Zelle wird mit dem <PUNKT> verankert und der Wertbereich bis zur Zelle B11 ausgedehnt. Nach Drücken der <RETURN>-Taste wird der Befehl ausgelöst und die Zellen sind nach Befehlsauslösung leer.

.	Verankerung der Zelle E11.
4 MAL <PFEIL LINKS>	Festlegen des Bereiches E11..B11.
<RETURN>	Ausführen des Radier-Befehles.

Bild 3-34 zeigt, daß die Eintragungen gelöscht sind.

A:E11: (L) [B16] BEREIT

A	A	B	C	D	E
1	Auftragsbestand	Januar 89	Februar 89	März 89	Gesamt
2					
3	Drehbänke	48743,00	143543,00	265987,90	458.273,90 DM
4	Fräsmaschinen	82654,40	122345,98	150912,07	355.912,45 DM
5	Bohrautomaten	64343,65	328987,30	234872,30	628.203,25 DM
6	Schleifmaschinen	54748,00	100765,54	150908,80	306.422,34 DM
7	====================	============	============	============	================
8	Gesamt	250489,05	695641,82	802681,07	1.748.811,94 DM
9	Prozent	14,32%	39,78%	45,90%	100,00%
10					
11					
12					

Bild 3-34 Löschen der Einträge

Wenn Sie den Zellzeiger in die Zellen D11 bis B11 führen, sehen Sie die jeweilige Formatierung in der ersten Bildschirmzeile. Bei einer Neueingabe wird diese Formatierung direkt gewählt. Dies soll für eine Datumsangabe in Zelle D11 gezeigt werden.

Bewegen Sie den Zellzeiger in Zelle D11, und geben Sie ein:

8.8.89 <RETURN>	Eingabe des Datums: **8.8.89**.

Sie sehen in Zelle D11 angezeigt: **08-Aug-89**, also so, wie Sie das Datum zuerst formatiert hatten. Das Datum wird in der Zelle als *Datumseriennummer* **32728** abgespeichert (s. Bild 3-35).

A:D11: (D1) 32728 BEREIT

A	A	B	C	D	E
1	Auftragsbestand	Januar 89	Februar 89	März 89	Gesamt
2					
3	Drehbänke	48743,00	143543,00	265987,90	458.273,90 DM
4	Fräsmaschinen	82654,40	122345,98	150912,07	355.912,45 DM
5	Bohrautomaten	64343,65	328987,30	234872,30	628.203,25 DM
6	Schleifmaschinen	54748,00	100765,54	150908,80	306.422,34 DM
7	====================	==========	==========	==========	==============
8	Gesamt	250489,05	695641,82	802681,07	1.748.811,94 DM
9	Prozent	14,32%	39,78%	45,90%	100,00%
10					
11				08-Aug-89	
12					

Bild 3-35 Neueingabe eines Datums

Für alle weiteren Ausführungen löschen Sie wieder die Eintragungen dieses Feldes mit dem Befehl **B**ereich **R**adier und Drücken die <RETURN>-Taste.

3.11 Einfügen und Löschen von Zeilen und Spalten

Häufig kann es erforderlich sein, zusätzliche Zeilen oder Spalten einzufügen. Dazu dient der Befehl **A**rbeitsblatt **E**infügen (/**AE**). Eingefügt werden können:

- Spalten,

- Zeilen,

- Blätter.

3.11.1 Einfügen von Zeilen

In unserem Beispiel sollen in einer weiteren Zeile die monatlichen Aufträge der zusätzlichen Sparte Hobelmaschinen aufgenommen werden. Dazu wird der Zellzeiger in die Zelle A6 bewegt und es wird eingegeben:

/aez <RETURN> Auswahl des Befehls **A**rbeitsblatt **E**infügen **Z**eile.

In der 2. Bildschirmzeile können Sie den Bereich eingeben, in den Sie die Zellen einfügen möchten. Da sich der Zellzeiger in unserem Beispiel bereits in Position A6 befindet, wird der angezeigte Bereich A:A6..A:A6 mit <RETURN> bestätigt und Sie sehen folgendes Bild:

```
A:A6: [B18]                                                          BEREIT

A      A                B             C             D               E
1  Auftragsbestand    Januar 89    Februar 89     März 89          Gesamt
2
3  Drehbänke           48743,00     143543,00     265987,90     458.273,90 DM
4  Fräsmaschinen       82654,40     122345,98     150912,07     355.912,45 DM
5  Bohrautomaten       64343,65     328987,30     234872,30     628.203,25 DM
6
7  Schleifmaschinen    54748,00     100765,54     150908,80     306.422,34 DM
8  ===========================================================================
9  Gesamt             250489,05     695641,82     802681,07 1.748.811,94 DM
10 Prozent               14,32%        39,78%        45,90%         100,00%
11
12
```

Bild 3-36 Arbeitsblatt nach Einfügen einer Zeile

In die leere Zeile 6 geben Sie bitte ein:

Hobelmaschinen <PFEIL RECHTS>
Texteingabe in Zelle A6.

35228,5 <PFEIL RECHTS>
Zahleneingabe in Zelle B6.

75840,6 <PFEIL RECHTS>
Zahleneingabe in Zelle C6.

112433 <RETURN> Zahleneingabe in Zelle D6.

Die *Summierung* in den *Spalten* Januar, Februar und März wurde *automatisch* vorgenommen, da die Werte der neuen Zeile innerhalb des Gültigkeitsbereiches der Funktion @SUMME() liegen.

Die *Summenformel* für die neu eingefügte *Zeile* muß dagegen *zusätzlich* eingefügt werden, weil sie sich außerhalb des Gültigkeitsbereiches befindet. Ihre Eingabe erfolgt durch Kopieren der Summenformel aus einer Zelle der Spalte E. Mit der GEHEZU-Taste <F5> bewegen wir den Zellzeiger in diese Zelle.

<F5> e5 <RETURN> — Sprung in Zelle E5.

/k <RETURN> — Aufruf des Befehls Kopie und Bestätigen des Bereiches, aus dem kopiert werden soll.

Als Bereich, *in* den *kopiert* werden soll, geben Sie ein:

e6 <RETURN> — Formel wird in Zelle E6 kopiert.

Bild 3-37 zeigt, daß im Arbeitsblatt die restlichen Summenbildungen und die Prozentwerte aktualisiert worden sind.

```
A:E5: (W2) [B16] @SUMME(E5..D5)                                        BEREIT

A          A                B             C             D            E
1  Auftragsbestand       Januar 89    Februar 89     März 89          Gesamt
2
3  Drehbänke              48743,00     143543,00    265987,90    458.273,90 DM
4  Fräsmaschinen          82654,40     122345,98    150912,07    355.912,45 DM
5  Bohrautomaten          64343,65     328987,30    234872,30    628.203,25 DM
6  Hobelmaschinen         35228,50      75840,60    112433,00    223.502,10 DM
7  Schleifmaschinen       54748,00     100765,54    150908,80    306.422,34 DM
8  ==========================================================================
9  Gesamt                285717,55     771482,42    915114,07  1.972.314,04 DM
10 Prozent                  14,49%        39,12%       46,40%         100,00%
11
12
```

Bild 3-37 Aktualisiertes Arbeitsblatt

3.11.2 Löschen von Bereichen

Beim Löschen wird zwischen folgenden Fällen unterschieden:

a) Löschen von Arbeitsblättern

Hierbei werden die aktuellen Inhalte der Arbeitsblätter gelöscht. Dies geschieht mit dem Befehl **A**rbeitsblatt **R**adier.

b) Löschen von Werten innerhalb der Arbeitsblätter

Dazu dient der Befehl **B**ereich **R**adier. Anschließend wird der Bereich eingegeben und mit <RETURN> bestätigt. Dieser Befehl ist vorteilhaft, wenn Sie in einer oder mehreren Zellen *neue Eingaben* vornehmen wollen (z. B. wegen einer Falscheingabe).

c) Löschen

Mit dem Befehl Arbeitsblatt Löschen (/AL) können Sie folgende Löschvorgänge in Gang setzen:

- Spalte (eine oder mehrere)

- Zeile (eine oder mehrere)

- Blatt (eine oder mehrere Arbeitsblätter)

- Datei (aktive Datei).

Um Ihr bis jetzt erstelltes Arbeitsblatt später weiterverwenden zu können, wird es mit dem Befehl Transfer Speich (/TS) unter dem Namen **Auftrag** gespeichert.

3.12 Erstellen zusätzlicher Arbeitsblätter

Bis jetzt haben wir in einem einzigen Arbeitsblatt gearbeitet (Arbeitsblatt A). Eine Arbeitsblattdatei kann jedoch, wie in Abschnitt 1.7 ausführlich besprochen, 256 verschiedene Arbeitsblätter enthalten. Anschaulich können Sie sich diese Arbeitsblätter wie Blätter in einem Notizblock vorstellen. Im folgenden wird gezeigt, wie *drei* zusätzliche Arbeitsblätter für die restlichen 3 Quartale des Jahres 1989 *hinter* das bestehende Arbeitsblatt eingefügt werden.

Zunächst wird die Datei geladen. Dazu dient der Befehl Transfer Laden (/TL).

/tl Eingabe des Befehls Transfer Laden.

In der dritten Bildschirmzeile sehen Sie eine Liste der vorhandenen Dateien in alphabetischer Reihenfolge. Mit den Cursortasten fahren Sie die Listeneinträge so lange entlang, bis Sie auf die Datei mit dem Namen AUFTRAG.WK3 stoßen.

```
A:A1:                                                              DATEIEN
Name der zu ladenden Datei: C:\123V3\*.WK*
ABR9B.WK3          ABRMAK.WK3          AUFTRAG.WK3          AUSGABEN.WK1
```

Bild 3-38 Auswahl der Datei AUFTRAG.WK3

Nach Drücken der <RETURN>-Taste wird die Datei ausgewählt. Sie sehen die Datei auf dem Bildschirm angezeigt (s. Bild 3-39). Der Name AUFTRAG.WK3 ist im unteren linken Bildschirmrand im Feld für die Datums- und Uhrzeit zu sehen.

```
A:E5: (W2) [B16] @SUMME(B5..D5)                                    BEREIT

A            A                 B           C            D              E
1  Auftragsbestand       Januar 89   Februar 89     März 89         Gesamt
2
3  Drehbänke              48743,00    143543,00    265987,90   458.273,90 DM
4  Fräsmaschinen          82654,40    122345,98    150912,07   355.912,45 DM
5  Bohrautomaten          64343,65    328987,30    234872,30   628.203,25 DM
6  Hobelmaschinen         35228,50     75840,60    112433,00   223.502,10 DM
7  Schleifmaschinen       54748,00    100765,54    150908,80   306.422,34 DM
8  =========================================================================
9  Gesamt                285717,55    771482,42    915114,07 1.972.314,04 DM
10 Prozent                  14,49%       39,12%       46,40%        100,00%
11
12
13
14
15
16
17
18
19
20
AUFTRAG.WK3
```

Bild 3-39 Geladene Datei AUFTRAG.WK3

Wenn Sie in der unteren rechten Ecke wieder die Uhrzeit anzeigen wollen, wählen Sie den Befehl Arbeitsblatt **G**lobal **V**orgabe **O**ptionen **U**hr (**/AGVOU**).

/agvou	Auswahl des Befehls Arbeitsblatt Global Vorgabe Optionen Uhr.

Mit der Wahl von Standard wird in der unteren Ecke wieder die aktuelle Uhrzeit angezeigt (Datum-Format: TT-MMM-JJ; Zeit-Format: HH:MM AM/PM).

s	Auswahl der Standard-Anzeige für die Uhrzeit.

```
A:E5: (W2) [B16] @SUMME(B5..D5)                                        MENÜ
Drucker Index Parameter Aktual Optionen Grafik Temporär Zusatz Makro Ende
International Hilfe Uhr Widerrufen Akustiksignal
A          A                  B           C           D            E
1  Auftragsbestand        Januar 89   Februar 89    März 89         Gesamt
2
3  Drehbänke               48743,00   143543,00   265987,90   458.273,90 DM
4  Fräsmaschinen           82654,40   122345,98   150912,07   355.912,45 DM
5  Bohrautomaten           64343,65   328987,30   234872,30   628.203,25 DM
6  Hobelmaschinen          35228,50    75840,60   112433,00   223.502,10 DM
7  Schleifmaschinen        54748,00   100765,54   150908,80   306.422,34 DM
8  ======================================================================
9  Gesamt                 285717,55   771482,42   915114,07 1.972.314,04 DM
10 Prozent                   14,49%      39,12%      46,40%      100,00%
11
12
13
14
15
16
17
18
19
20
15-Jul-89 08:25 PM
```

Bild 3-40 Anzeige der Uhrzeit

Mit dem Befehl Arbeitsblatt **E**infügen **B**latt **H**inter (/**AEBH**) werden hinter dem aktuellen Arbeitsblatt neue Arbeitsblätter eingefügt.

/aebh	Auswahl des Befehls Arbeitsblatt **E**infügen **B**latt **H**inter.

Anschließend geben Sie bei der Aufforderung: *Anzahl einzufügender Arbeitsblätter:* die Zahl **3** ein (s. Bild 3-41).

```
B:A1:                                                                  EDIT
Anzahl einzufügender Arbeitsblätter: 3
```

Bild 3-41 Eingabe der Anzahl der einzufügenden Arbeitsblätter

3 <RETURN>	Einfügen von **3** Arbeitsblättern hinter das aktuelle.

Sie sehen daraufhin das folgende Bild (s. Bild 3-42).

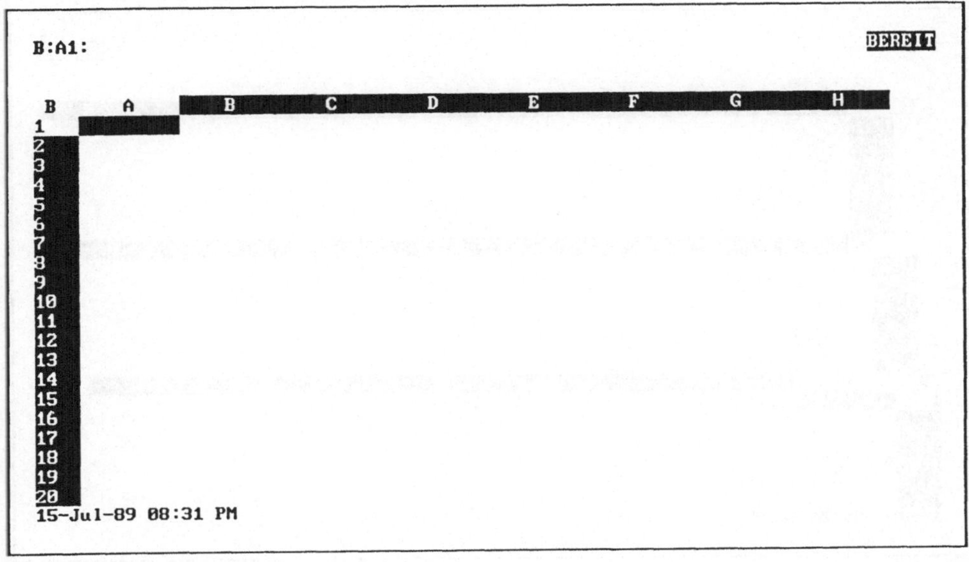

Bild 3-42 Eingefügtes Arbeitsblatt B

Es können bis zu *drei* Arbeitsblätter gleichzeitig am Bildschirm angezeigt werden. Dazu verwenden Sie den Befehl Arbeitsblatt Fenster Perspektive (**/AFP**).

/afp	Anzeige von drei Fesntern in der Perspektive.

Bild 3-43 zeigt die Fenster B, C und D in der Perspektive. Da die hinzugefügten Arbeitsblätter leer sind, sehen Sie keine Datenangaben in den Zellen.

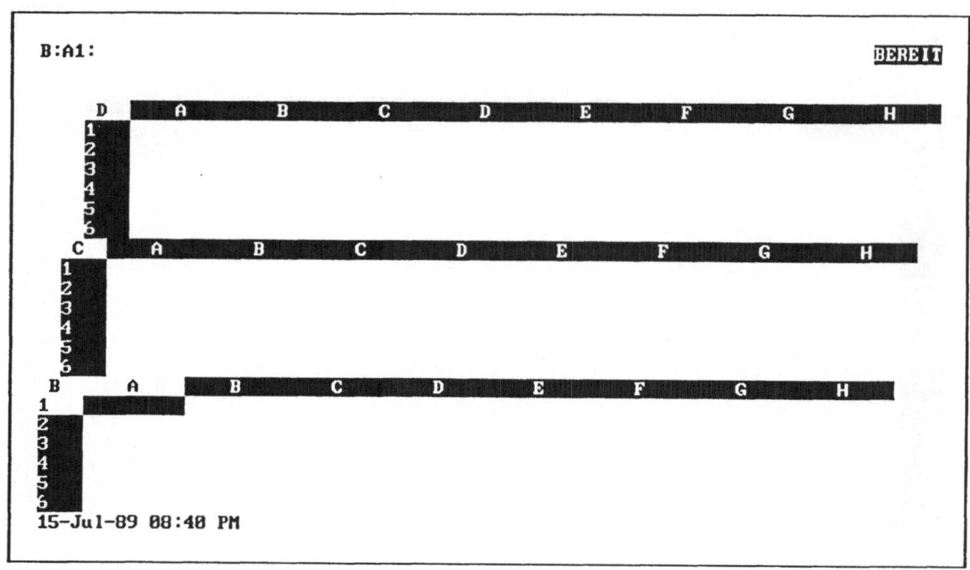

Bild 3-43 Drei Fenster in perspektivischer Ansicht

In Tabelle 3-3 sind die Anzeigemöglichkeiten der Arbeitsblätter mit dem Befehl Arbeitsblatt Fenster (/AF) zusammengestellt.

Tabelle 3-3 Anzeigenmöglichkeit der Arbeitsblätter mit /Arbeitsblatt Fenster

Auswahl	Wirkung
Horiz	Bildschirmteilung horizontal bei aktueller Zelle
Vertik	Bildschirmteilung vertikal bei aktueller Zelle
Synch	Fenster rollen synchron (Standard)
UnSynch	Fenster rollen nicht synchron
Löschen	Ganzer Bildschirm, keine Fenster
Komprimieren	Komprimierte Anzeige ein- und ausschalten. Kompromiert: # Zahl " Label + Formel
Perspektive	Drei Fenster hintereinander
Grafik	Anzeige der Grafik im Grafikfenster
Treiber	Auswahl eines bestimmten Treibers

Zwischen den Arbeitsblättern *wechseln* Sie mit folgenden Tasten:

- Nächstes Arbeitsblatt: <CTRL> <PGUP>,
- Vorheriges Arbeitsblatt: <CTRL> <PGDN>.

Wie Sie den Zellzeiger in den Arbeitsblättern hin- und herbewegen können, zeigt Tabelle 3-4.

Tabelle 3-4 Bewegen des Zellzeigers in Dateien mit mehreren Arbeitsblättern

Tastenfolge	Wirkung
<END> <CTRL> <PGUP>	Nächstes Arbeitsblatt, das Daten enthält (stoppt beim letzten Arbeitsblatt)
<END> <CTRL> <PGDN>	Vorhergehendes Arbeitsblatt, das Daten enthält (stoppt beim ersten Arbeitsblatt)
<CTRL> <HOME>	Sprung in Zelle A1 der ersten Datei (oft A: A1)
<END> <CTRL> <HOME>	Sprung in rechte untere Ecke der belegten Datei (auch über mehrere Arbeitsblätter hinweg)
<CTRL> <PGUP>	Nächstes Arbeitsblatt
<CTRL> <PGDN>	Voriges Arbeitsblatt

Mit <CTRL> <PGDN> wird das Arbeitsblatt A sichtbar, während das Arbeitsblatt D verschwindet (s. Bild 3-44).

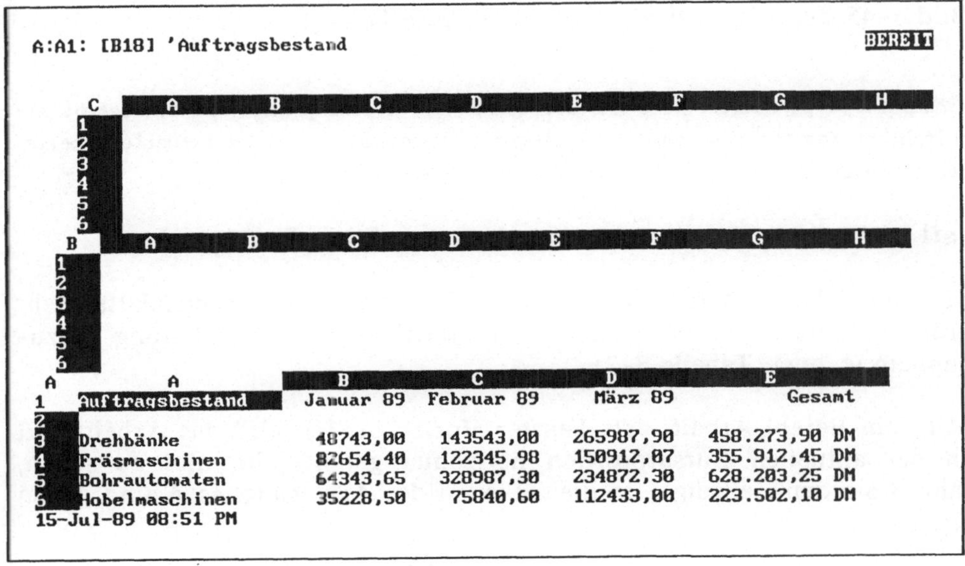

Bild 3-44 Arbeitsblätter A bis C in perspektivischer Ansicht

Mit der GEHEZU-Taste <F5> können Sie die Zellen in den einzelnen Arbeitsblättern anwählen. Wenn Sie beispielsweise in Arbeitsblatt A zu Zelle E6 (A:E6) springen wollen, geben Sie ein:

<F5> a:e6 <RETURN> Gehezu Arbeitsblatt A, Zelle E6.

Bild 3-45 zeigt das Ergebnis.

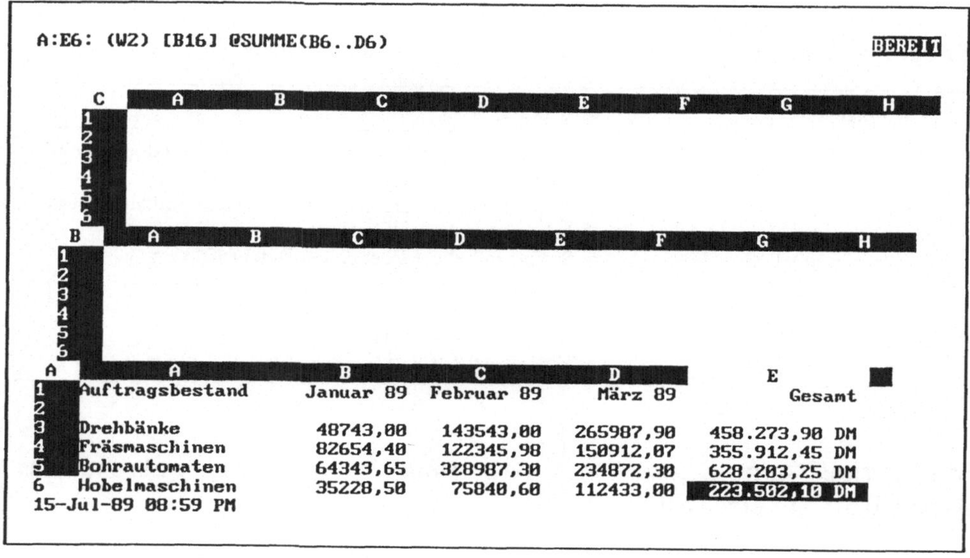

Bild 3-45 Zellzeiger wurde nach Zelle A:E6 bewegt

Hinweis! Die perspektivische Ansicht können Sie löschen, wenn Sie den Befehl Arbeitsblatt Fenster Löschen (/AFL) eingeben. Dann sehen Sie das aktuelle Arbeitsblatt wieder in voller Größe am Bildschirm abgebildet.

/afl Löschen der perspektivischen Ansicht.

Manchmal kann es ratsam sein, vor allem wenn die Arbeitsblätter sehr groß sind, noch eine *horizontale* bzw. *vertikale* Bildschirmteilung vorzunehmen (s. auch Tabelle 3-3).

Mit dem Befehl Arbeitsblatt Fenster Horiz (/AFH) wird das Arbeitsblatt an der aktuellen Cursorposition horizontal geteilt. Um dies zu sehen, fahren Sie den Zellzeiger in die Zelle C5 des Arbeitsblattes A und geben ein:

/afh Arbeitsblatt horizontal teilen.

```
A:C4: 122345,98                                                    LABEL

A          A                   B            C             D              E
1  Auftragsbestand      Januar 89   Februar 89      März 89           Gesamt
2
3  Drehbänke                 2,00    143543,00    265987,90    409.532,90 DM
4  Fräsmaschinen         82654,40    122345,98    150912,07    355.912,45 DM
A          A                   B            C             D              E
5  Bohrautomaten         64343,65    328987,30    234872,30    628.203,25 DM
6  Hobelmaschinen        35228,50     75840,60    112433,00    223.502,10 DM
7  Schleifmaschinen      54748,00    100765,54    150908,80    306.422,34 DM
8  =======================================================================
9  Gesamt               236976,55    771482,42    915114,07 1.923.573,04 DM
10 Prozent                 12,32%       40,11%       47,57%          100,00%
11
12
13
14
15
16
17
18
19
15-Jul-89 09:13 PM
```

Bild 3-46 Horizontale Teilung des Arbeitsblattes

Mit dem Befehl Arbeitsblatt Fenster Löschen (/AFL) wird der Befehl zur Bildschirmteilung wieder aufgehoben.

Geben Sie in ein ungeteiltes Arbeitsblatt den Befehl Arbeitsblatt Fenster Vertik (/AFV) ein, dann wird das Fenster an der aktuellen Cursorposition vertikal geteilt.

Fahren Sie den Zellzeiger in Arbeitsblatt A in die Zelle C4, und geben Sie ein:

/afv Arbeitsblatt vertikal teilen.

```
A:B4: 82654,4                                                        BEREIT

A             A                   B        A      C              D                 E
1  Auftragsbestand          Januar 89     1  Februar 89      März 89            Gesamt
2                                         2
3  Drehbänke                     2,00     3   143543,00    265987,90    409.532,90 DM
4  Fräsmaschinen             82654,40     4   122345,98    150912,07    355.912,45 DM
5  Bohrautomaten             64343,65     5   328987,30    234872,30    628.203,25 DM
6  Hobelmaschinen            35228,50     6    75840,60    112433,00    223.502,10 DM
7  Schleifmaschinen          54748,00     7   100765,54    150908,80    306.422,34 DM
8  ===================================    8  =========================================
9  Gesamt                   236976,55     9   771482,42    915114,07  1.923.573,04 DM
10 Prozent                     12,32%    10      40,11%       47,57%          100,00%
11                                       11
12                                       12
13                                       13
14                                       14
15                                       15
16                                       16
17                                       17
18                                       18
19                                       19
20                                       20
15-Jul-89 09:17 PM
```

Bild 3-47 Vertikale Teilung des Arbeitsblattes

3.13 Gleiches Format für alle Arbeitsblätter

Arbeitsblätter, für die dasselbe Format gelten soll, bilden eine **Gruppe.** Der GRUPPEN-Modus kann mit dem Befehl Arbeitsblatt Global Gruppe Ja (/AGGJ) für alle Arbeitsblätter eingestellt werden. Dann sind für alle Arbeitsblätter die Festlegungen im aktuellen Arbeitsblatt maßgebend.

In unserem Fall sollen die drei zusätzlichen Arbeitsblätter B, C und D *dieselbe Formatierung* aufweisen wie das Arbeitsblatt A. Deshalb wählen wir zunächst Arbeitsblatt A als aktuelles Arbeitsblatt. Mit der Tastenfolge <CTRL> <HOME> gelangen wir von einer beliebigen Stelle irgendeines Arbeitsblattes in die oberste Ecke des ersten Arbeitsblattes (Zelle A:A1).

<CTRL> <HOME> Sprung zu Arbeitsblatt A, Zelle A1 (A:A1).

Im folgenden wird der Gruppenmodus eingeschaltet:

/aggj Einschalten des Gruppen-Modus.

Sie sehen das Einschalten des Gruppenmodus in der unteren Bildschirmzeile in der Mitte als Ausgabe: GRUPPE (s. Bild 3-48).

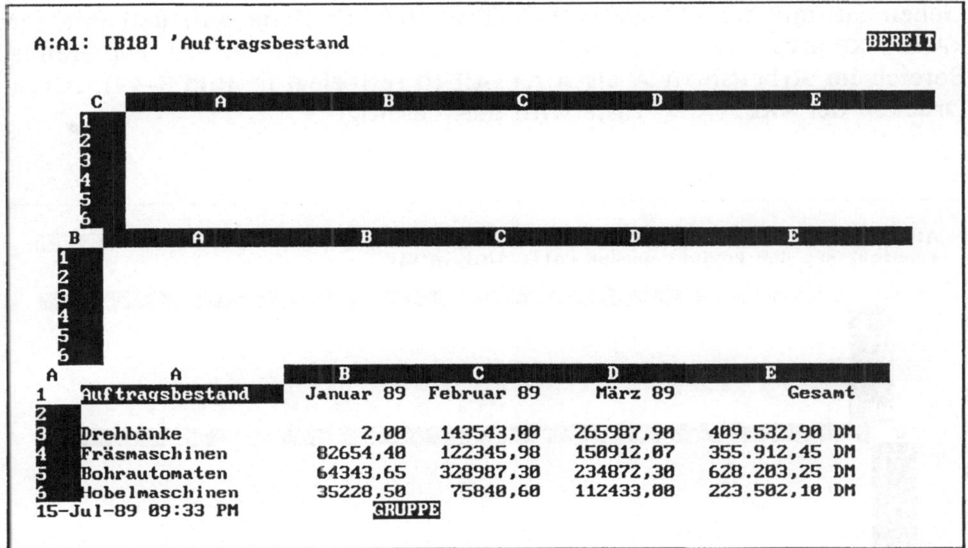

Bild 3-48 GRUPPE-Modus für Arbeitsblätter

Hinweis! Wenn Sie nicht für alle Arbeitsblätter die gleichen Formate wünschen, müssen Sie den GRUPPE-Modus ausschalten. Dazu verwenden Sie den Befehl Arbeitsblatt Global Gruppe Nein (/AGGN).

3.14 Kopieren zwischen den Arbeitsblättern

Die Auftragsbestände sollen quartalsweise erfaßt werden. Die Arbeitsblätter B (für zweites Quartal), C (drittes Quartal) und D (viertes Quartal) müssen denselben Aufbau haben. Deshalb wird das *Urbild* des Arbeitsblattes A als *Kopierschablone* für die Arbeitsblätter B, C und D verwendet. Um die Struktur zu kopieren, wählen Sie den Befehl Kopie (/K) und gehen folgendermaßen vor:

Als erstes wird die zu kopierende Struktur des Arbeitsblattes festgelegt:

/k	Auswahl des Befehls Kopie.
.	Eingabe des <PUNKTES>, um die Zelle A1 des ersten Arbeitsblattes zu verankern.

Gehen Sie mit der <PFEIL UNTEN>-Taste bis zur Zelle A10 und mit der <PFEIL RECHTS>-Taste bis zur Zelle E10. Dann ist der zu kopierende Bereich im Arbeitsblatt A als A:A1..A:E10 festgelegt (s. Bild 3-49), durch Drücken der <RETURN>-Taste wird dies bestätigt.

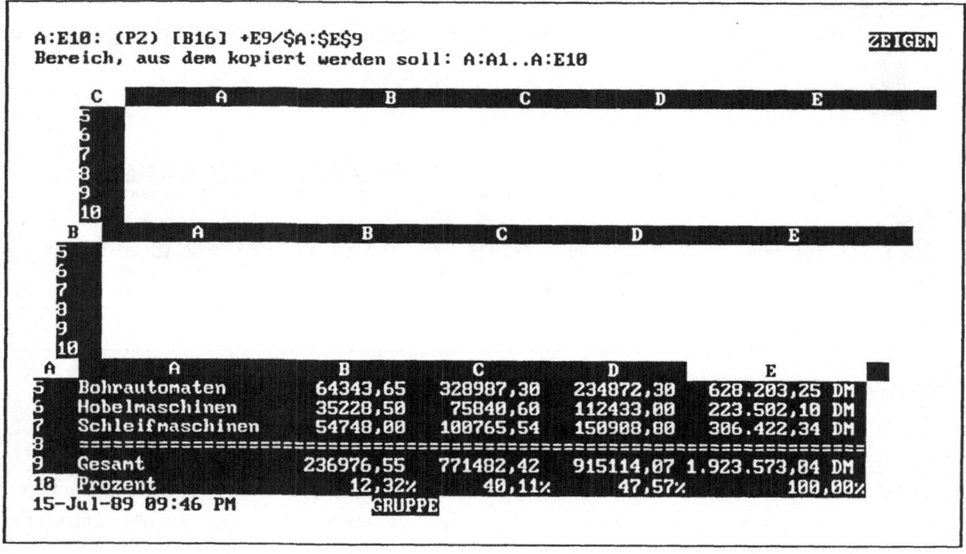

Bild 3-49 Festlegen des zu kopierenden Bereiches

Da der Aufbau von Arbeitsblatt A in die Arbeitsblätter B, C und D kopiert werden soll, wird mit <CTRL> <PGUP> das Arbeitsblatt B angewählt, mit dem <PUNKT> verankert und mit <CTRL> <PGUP> die anderen Arbeitsblätter zu einem *dreidimensionalen Bereich* (s. auch Bild 3-12) verbunden.

<CTRL> <PGUP> Wechseln zu Arbeitsblatt B.

Eingabe des <PUNKTES>. Verankerung des Arbeitsblattes B.

2 MAL <CTRL> <PGUP> Festlegen des dreidimensionalen Bereichs, in den kopiert werden soll (B:A1..D:A1) (s. Bild 3-50).

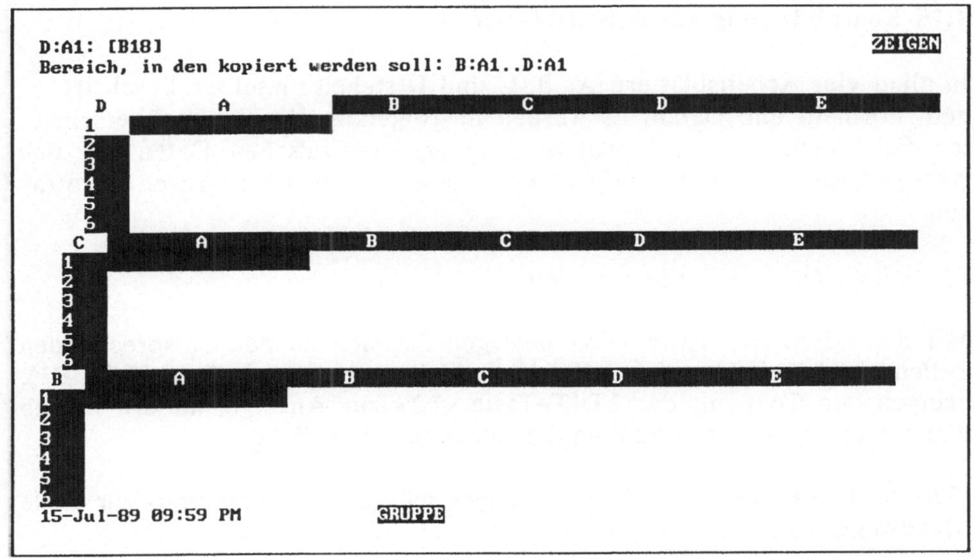

Bild 3-50 Festlegen des Bereiches, in den kopiert werden soll

<RETURN> Ausführen des Kopier-Befehls.

Sie sehen eine Bildschirmabbildung entsprechend Bild 3-51.

```
A:A1: [B18] 'Auftragsbestand                                              BEREIT

C  A                  B            C             D            E
1  Auftragsbestand    Januar 89    Februar 89    März 89      Gesamt
2
3  Drehbänke               2,00    143543,00     265987,90    409.532,90 DM
4  Fräsmaschinen       82654,40    122345,98     150912,07    355.912,45 DM
5  Bohrautomaten       64343,65    328987,30     234872,30    628.203,25 DM
6  Hobelmaschinen      35228,50     75840,60     112433,00    223.502,10 DM
B  A                  B            C             D            E
1  Auftragsbestand    Januar 89    Februar 89    März 89      Gesamt
2
3  Drehbänke               2,00    143543,00     265987,90    409.532,90 DM
4  Fräsmaschinen       82654,40    122345,98     150912,07    355.912,45 DM
5  Bohrautomaten       64343,65    328987,30     234872,30    628.203,25 DM
6  Hobelmaschinen      35228,50     75840,60     112433,00    223.502,10 DM
A  A                  B            C             D            E
1  Auftragsbestand    Januar 89    Februar 89    März 89      Gesamt
2
3  Drehbänke               2,00    143543,00     265987,90    409.532,90 DM
4  Fräsmaschinen       82654,40    122345,98     150912,07    355.912,45 DM
5  Bohrautomaten       64343,65    328987,30     234872,30    628.203,25 DM
6  Hobelmaschinen      35228,50     75840,60     112433,00    223.502,10 DM
15-Jul-89 10:01 PM               GRUPPE
```

Bild 3-51 Arbeitsblätter nach Ausführung des Kopier-Befehls

3.15 Konsolidierung der Arbeitsblätter

In allen vier Arbeitsblättern A, B, C und D stehen dieselben Beschriftungen, Formeln und Daten. Es werden im folgenden die Spaltenüberschriften (entsprechend den Monaten) geändert, die falschen Daten aus den Arbeitsblättern B bis D entfernt und die entsprechenden Werte eingetragen.

a) Ändern der Spaltenüberschriften

Mit der GEHEZU-Taste <F5> bewegen Sie sich zu den entsprechenden Zellen im Arbeitsblatt (z. B. B:B1, d. h. in Arbeitsblatt B zu Zelle B1), bringen den Text mit der EDIT-Taste <F2> zur Anzeige, ändern ihn ab und speichern die neue Spaltenüberschrift in diese Zelle.

<F5> b:b1 <RETURN> Der Zellzeiger wird in Arbeitsblatt B zur Zelle B1 bewegt.

<F2> Text wird zur Veränderung in die 2. Bildschirmzeile gebracht.

Dort verändern Sie den Text so, daß man lesen kann:

"April 89 <RETURN> Neue Spaltenüberschrift in Zelle B:B1.

```
B:B1: "April 89                                                  BEREIT

    C  A                  B            C             D            E
    1  Auftragsbestand    Januar 89    Februar 89    März 89          Gesamt
    2
    3  Drehbänke               2,00    143543,00    265987,90    409.532,90 DM
    4  Fräsmaschinen       82654,40    122345,98    150912,07    355.912,45 DM
    5  Bohrautomaten       64343,65    328987,30    234872,30    628.203,25 DM
    6  Hobelmaschinen      35228,50     75840,60    112433,00    223.502,10 DM
  B    A                  B            C             D            E
  1  Auftragsbestand      April 89     Februar 89    März 89          Gesamt
  2
  3  Drehbänke                 2,00    143543,00    265987,90    409.532,90 DM
  4  Fräsmaschinen         82654,40    122345,98    150912,07    355.912,45 DM
  5  Bohrautomaten         64343,65    328987,30    234872,30    628.203,25 DM
  6  Hobelmaschinen        35228,50     75840,60    112433,00    223.502,10 DM
A      A                  B            C             D            E
1  Auftragsbestand        Januar 89    Februar 89    März 89          Gesamt
2
3  Drehbänke                   2,00    143543,00    265987,90    409.532,90 DM
4  Fräsmaschinen           82654,40    122345,98    150912,07    355.912,45 DM
5  Bohrautomaten           64343,65    328987,30    234872,30    628.203,25 DM
6  Hobelmaschinen          35228,50     75840,60    112433,00    223.502,10 DM
16-Jul-89 09:46 AM               GRUPPE
```

Bild 3-52 Eingabe einer neuen Spaltenüberschrift

In der beschriebenen Weise werden die restlichen Spaltenüberschriften ebenfalls entsprechend geändert, so daß Sie folgende Bildschirmdarstellung sehen:

```
D:D1: "Dezember 89                                                    BEREIT

   D       A                     B            C           D              E
   1  Auftragsbestand      Oktober 89  November 89  Dezember 89         Gesamt
   2
   3  Drehbänke                  2,00   143543,00   265987,90   409.532,90 DM
   4  Fräsmaschinen          82654,40   122345,98   150912,07   355.912,45 DM
   5  Bohrautomaten          64343,65   328987,30   234872,30   628.203,25 DM
   6  Hobelmaschinen         35228,50    75840,60   112433,00   223.502,10 DM
  C       A                     B            C           D              E
  1  Auftragsbestand         Juli 89   August 89 September 89       Gesamt
  2
  3  Drehbänke                  2,00   143543,00   265987,90   409.532,90 DM
  4  Fräsmaschinen          82654,40   122345,98   150912,07   355.912,45 DM
  5  Bohrautomaten          64343,65   328987,30   234872,30   628.203,25 DM
  6  Hobelmaschinen         35228,50    75840,60   112433,00   223.502,10 DM
 B       A                     B            C           D              E
 1  Auftragsbestand        April 89      Mai 89     Juni 89           Gesamt
 2
 3  Drehbänke                  2,00   143543,00   265987,90   409.532,90 DM
 4  Fräsmaschinen          82654,40   122345,98   150912,07   355.912,45 DM
 5  Bohrautomaten          64343,65   328987,30   234872,30   628.203,25 DM
 6  Hobelmaschinen         35228,50    75840,60   112433,00   223.502,10 DM
16-Jul-89 09:53 AM             GRUPPE
```

Bild 3-53 Arbeitsblätter nach geänderter Spaltenüberschrift

b) Löschen der Daten aus den Arbeitsblättern B bis D

In den Arbeitsblättern B, C und D stehen im Bereich von B3 bis E7 die Daten des ersten Quartals. Sie werden gelöscht. Dazu verwendet man den Befehl **Bereich Radier** (**/BR**). Um den Bereich anzugeben, bringt man den Zellzeiger im Arbeitsblatt B in die Zelle B3 und markiert den dreidimensionalen Bereich von Arbeitsblatt B bis Arbeitsblatt D (B:B3..D:E7). Nach Drücken der <RETURN>-Taste werden die Daten aus dem markierten Bereich entfernt.

<F5> b:b3 <RETURN>	Bewegen des Zellzeigers in Arbeitsblatt B zu Zelle B3.
/br	Auswahl des Befehls **Bereich Radier**.
.	Verankern der Zelle B:B3.

Mit den Cursortasten bewegen Sie sich zunächst zu Zelle B7, dann zu Zelle D7. Anschließend markieren Sie dieselben Felder in den Arbeitsblättern C und D, indem Sie die <CTRL> <PGUP>-Taste drücken.

4 MAL <PFEIL UNTEN> Markieren der Felder B3 bis B7.

2 MAL <PFEIL RECHTS> Markieren des Bereichs B3 bis E7.

2 MAL <CTRL> <PGUP> Markieren des dreidimensionalen Bereichs B:B3..D:E7.

Bild 3-54 zeigt den markierten Bereich.

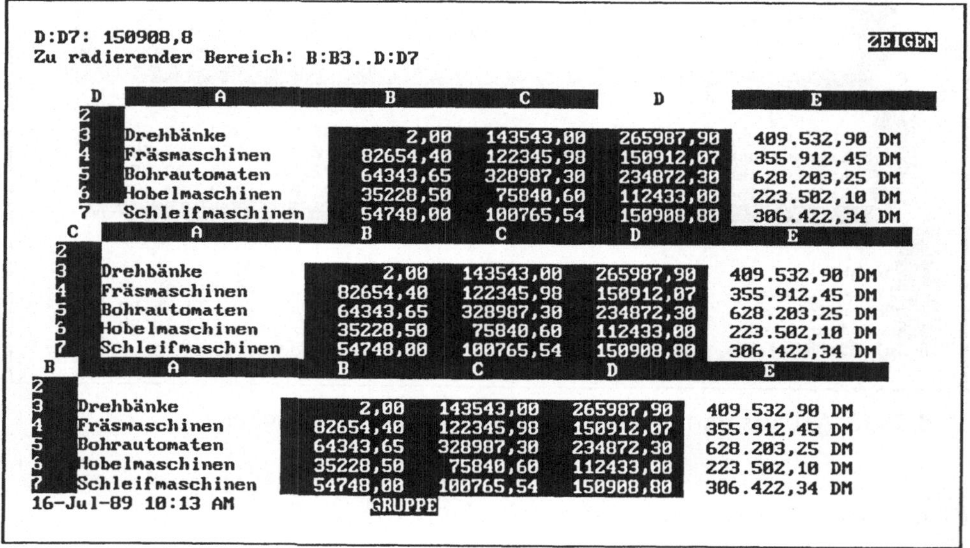

Bild 3-54 Markierter dreidimensionaler Bereich

<RETURN> Ausführen des Befehls.

Sie sehen in Bild 3-55, daß die Bereiche leer geworden sind, d. h. keine Daten in den Zellen stehen.

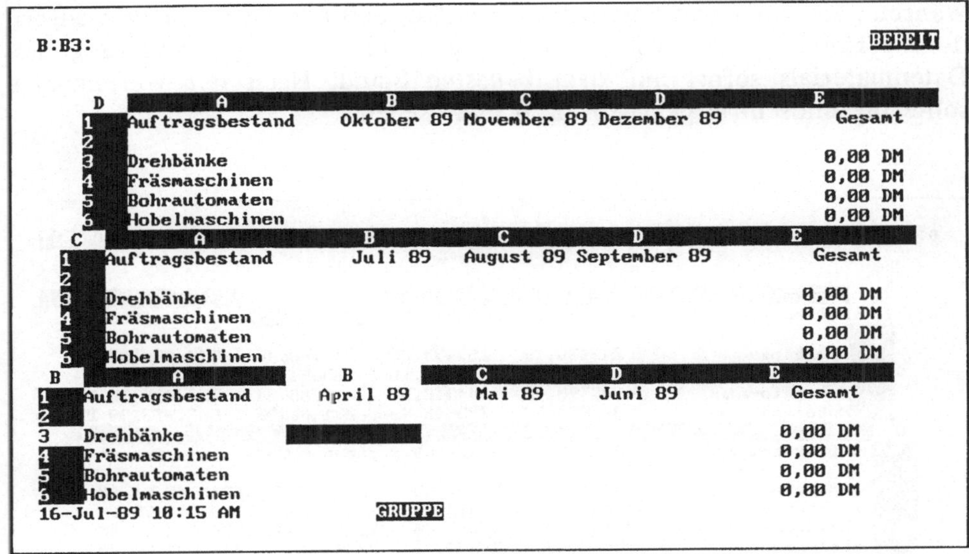

Bild 3-55 Löschen der Datenbereiche

c) Eintragen der neuen Werte

Nun können Sie die entsprechenden Werte für die einzelnen Monate der drei Quartale eintragen. Dies führen Sie bitte selbständig - ohne schriftliche Anleitung - aus (zur Bewegung des Zellzeigers, s. Tabelle 3-4). In Tabelle 3-5 sind unsere Beispielzahlen zusammengestellt.

Tabelle 3-5 Auftragseingänge in den einzelnen Monaten

Spalte / Monat	Drehbänke	Fräsmaschinen	Bohrautomaten	Hobelmaschinen	Schleifmaschinen
2. Quartal (Arbeitsblatt B)					
April 89	242 893,1	156 384,5	233 884,73	333 844, 66	153 883,73
Mai 89	253 965,48	166 483,18	248 492,88	342 384,56	175 388,40
Juni 89	238 342,–	343 883,46	141 438,52	354 837,82	188 498,44
3. Quartal (Arbeitsblatt C)					
Juli 89	243 221,38	138 448,39	232 492,83	338 448,93	184 586,55
August 89	189 437,2	35 379,44	128 333,44	229 334,44	153 687,38
September 89	239 482,33	146 883,92	235 498,62	332 448,28	155 793,84
4. Quartal (Arbeitsblatt D)					
Oktober 89	242 438,19	254 945,70	338 598,43	335 884,63	163 486,98
November 89	253 483,30	252 432,66	344 348,59	228 942,43	158 397,44
Dezember 89	244 768,48	135 894,55	239 488,34	231 486,93	135 366,88

Während Sie die Werte eintragen, sehen Sie, daß alle Berechnungen sofort durchgeführt werden. Die Summierungen sind bei jeder Änderung des Datenmaterials sofort auf dem neuesten Stand. Nach der Werteingabe sollte Ihr Bildschirm gemäß Bild 3-56 aussehen:

```
D:D1: "Dezember 89                                                    BEREIT

      D        A                B            C           D            E
      1 Auftragsbestand     Oktober 89 November 89 Dezember 89        Gesamt
      2
      3 Drehbänke            242438,19   253483,30   244768,48   740.689,97 DM
      4 Fräsmaschinen        254945,70   252432,66   135894,55   643.272,91 DM
      5 Bohrautomaten        338598,43   344348,59   239488,34   922.435,36 DM
      6 Hobelmaschinen       335884,63   238942,43   231486,93   806.313,99 DM
    C          A                B            C           D            E
    1 Auftragsbestand        Juli 89    August 89 September 89        Gesamt
    2
    3 Drehbänke            243221,38   189437,20   239482,33   672.140,91 DM
    4 Fräsmaschinen        138448,39    35379,44   146883,92   320.711,75 DM
    5 Bohrautomaten        232492,83   128333,44   235498,62   596.324,89 DM
    6 Hobelmaschinen       338448,93   229334,44   372448,28   940.231,65 DM
  B          A                B            C           D            E
  1 Auftragsbestand       April 89      Mai 89     Juni 89        Gesamt
  2
  3 Drehbänke            242893,10   253965,48   238342,00   735.200,58 DM
  4 Fräsmaschinen        156384,50   166483,18   343883,46   666.751,14 DM
  5 Bohrautomaten        233884,73   248492,88   141438,52   623.816,13 DM
  6 Hobelmaschinen       333844,66   342384,56   354837,82 1.031.067,04 DM
  16-Jul-89 11:15 AM          GRUPPE
```

Bild 3-56 Arbeitsblätter nach Eingabe der Werte

3.16 Erstellen eines zusammenfassenden Arbeitsblattes

In Arbeitsblatt E soll eine Zusammenfassung der Auftragsentwicklung für die einzelnen Produktsparten erstellt werden. Dazu wird zunächst ein weiteres Arbeitsblatt hinter Arbeitsblatt D hinzugefügt, die Beschriftungen vorgenommen und die entsprechenden Datenfelder der verschiedenen Arbeitsblätter ausgewertet.

a) Hinzufügen des Arbeitsblattes E

Der Zellzeiger wird in Arbeitsblatt D bewegt (mit den Tasten <CTRL> <PGUP> bzw. <CTRL> <PGDNP> und dort in Zelle A1 gebracht (mit <HOME>). Eingefügt wird ein zusätzliches Arbeitsblatt hinter dem Arbeitsblatt D mit dem Befehl Arbeitsblatt **E**infügen **B**latt **H**inter (**/AEBH**).

/aebh	Einfügen eines Arbeitsblattes hinter dem aktuellen.

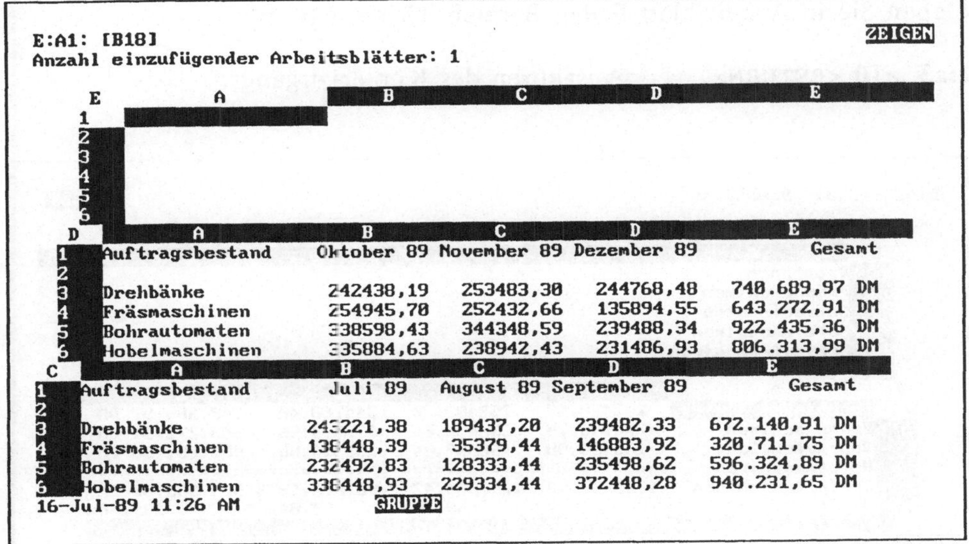

Bild 3-57 Einfügen eines zusätzlichen Arbeitsblattes

<RETURN> Ausführen des Befehls.

b) Beschriftung des Arbeitsblattes E

In Zelle A1 wird eingegeben:

Auftragsbestand 89 <RETURN>.

Die Zeilenbeschriftung wird aus Arbeitsblatt D von A3 bis A10 kopiert. Dazu wird mit der Taste <PGUP> der Zellzeiger in das Arbeitsblatt D bewegt und dort in Zelle A3 positioniert. Anschließend wird mit dem Befehl Kopie (/K) der Bereich A3 bis A10 in das Arbeitsblatt E kopiert.

Wenn der Zellzeiger sich in Arbeitsblatt D in Zelle A3 (D:A3) befindet, geben Sie bitte ein:

/k Auswahl des Befehls Kopie.

. Eingabe des <PUNKTES>; die Zelle A3 wird verankert.

7 MAL <PFEIL UNTEN> <RETURN>
Eingabe des Bereiches, aus dem kopiert werden soll (D:A3..D:A10).

Geben Sie in Arbeitsblatt **E** den Bereich **A3** bis **A10** ein:

e:a3..a10 <RETURN> Ausführen des Kopiervorgangs.

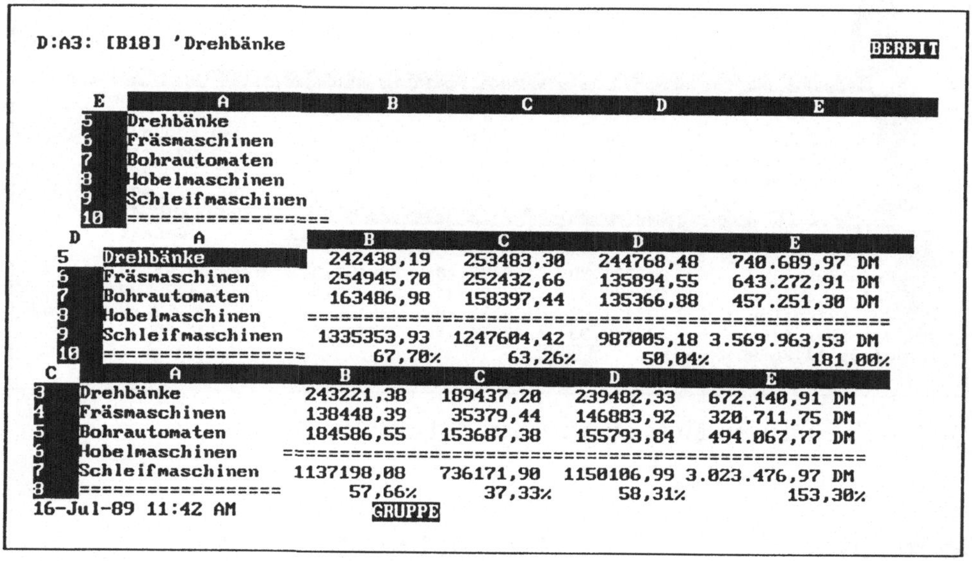

```
D:A3: [B18] 'Drehbänke                                                   BEREIT

     E          A               B            C            D            E
     5   Drehbänke
     6   Fräsmaschinen
     7   Bohrautomaten
     8   Hobelmaschinen
     9   Schleifmaschinen
     10  =================
   D         A              B            C            D            E
   5   Drehbänke        242438,19    253483,30    244768,48    740.689,97 DM
   6   Fräsmaschinen    254945,70    252432,66    135894,55    643.272,91 DM
   7   Bohrautomaten    163486,98    158397,44    135366,88    457.251,30 DM
   8   Hobelmaschinen   ================================================
   9   Schleifmaschinen 1335353,93   1247604,42   987005,18 3.569.963,53 DM
   10  =================     67,70%       63,26%       50,04%       181,00%
 C           A              B            C            D            E
 3   Drehbänke         243221,38    189437,20    239482,33    672.140,91 DM
 4   Fräsmaschinen     130448,39     35379,44    146883,92    320.711,75 DM
 5   Bohrautomaten     184586,55    153687,30    155793,84    494.067,77 DM
 6   Hobelmaschinen   ================================================
 7   Schleifmaschinen 1137198,08    736171,90   1150106,99 3.023.476,97 DM
 8   =================     57,66%       37,33%       58,31%       153,30%
16-Jul-89 11:42 AM          GRUPPE
```

Bild 3-58 Kopieren der Zeilenbeschriftung

c) Eintrag der Formeln

Es werden folgende Formeln benötigt:

Berechnung der gesamten Auftragsbestände für jede Produktsparte getrennt, d. h. für Drehbänke, Fräsmaschinen, Bohrautomaten, Hobelmaschinen und Schleifmaschinen. Die zugehörigen Daten stehen in Spalte E der Arbeitsblätter.

Für die Summe der Auftragsbestände der Drehbänke muß der Inhalt von Zelle E3 in den Arbeitsblättern A, B, C und D summiert werden. Dazu gehen Sie wie folgt vor:

Bewegen Sie zunächst den Zellzeiger in Blatt E in die Zelle B3.

<F5> e:b3 <RETURN> Zellzeiger befindet sich in Zelle E:B3.

Geben Sie jetzt die Summenfunktion @SUMME ein:

@summe(Eingabe der Funktion @SUMME.

Der zu summierende Bereich der Arbeitsblätter A, B, C und D befindet sich in Zelle E3. Sie können den Bereich markieren, oder aber eingeben:

a:e3..d:e3) <RETURN>	Ausführen der Summenbildung für die Produktsparte Drehbänke.

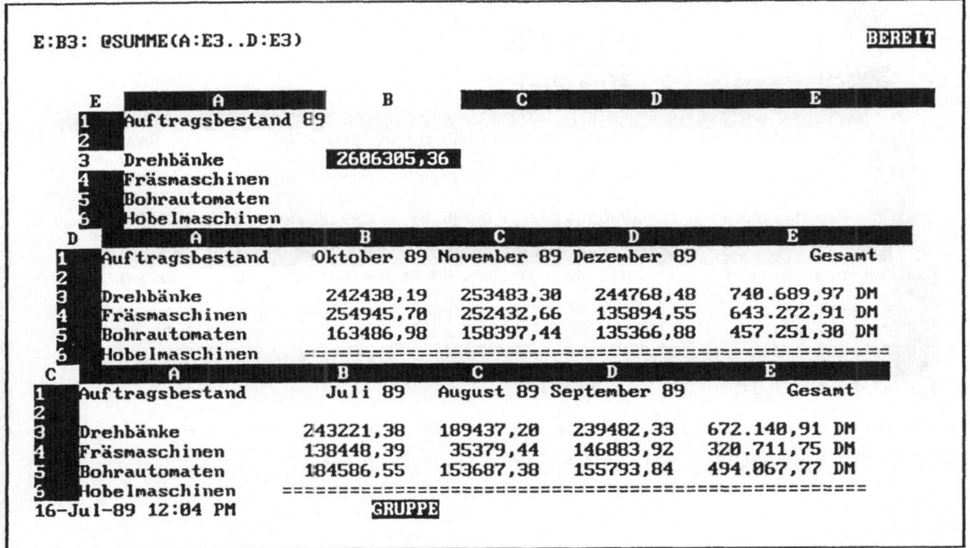

Bild 3-59 Arbeitsblattübergreifende Formel

d) Kopieren der Formel

Mit dem Befehl Kopie (/K) wird diese Formel aus Zelle B3 in den Bereich B4 bis B7 kopiert.

/k	Auswahl des Befehls Kopie.
<RETURN>	Bestätigen des Kopierbereiches E:B3.

Der Bereich, in den kopiert werden soll, wird durch Zeigen eingegeben:

<PFEIL UNTEN>	Bewege den Zellzeiger in die Zelle B4.
.	Verankerung der Zelle durch Eingabe des <PUNKTES>.
3 MAL <PFEIL UNTEN>	Festlegen des Bereiches B4 bis B7.
<RETURN>	Ausführen des Befehles.

Bild 3-60 zeigt das Ergebnis.

```
E:B3: @SUMME(A:E3..D:E3)                                                BEREIT

      E  A                     B              C             D              E
      1  Auftragsbestand 89
      2
      3  Drehbänke           2606305,36
      4  Fräsmaschinen       1986648,25
      5  Bohrautomaten       2770779,63
      6  Hobelmaschinen      3001114,78
    D    A                     B              C             D              E
    1  Auftragsbestand       Oktober 89  November 89  Dezember 89          Gesamt
    2
    3  Drehbänke             242438,19    253483,30    244768,48    740.689,97 DM
    4  Fräsmaschinen         254945,70    252432,66    135894,55    643.272,91 DM
    5  Bohrautomaten         338598,43    344348,59    239488,34    922.435,36 DM
    6  Hobelmaschinen        335884,63    238942,43    231486,93    806.313,99 DM
  C    A                       B              C             D              E
  1  Auftragsbestand         Juli 89     August 89  September 89           Gesamt
  2
  3  Drehbänke             243221,38    189437,20    239482,33    672.140,91 DM
  4  Fräsmaschinen         130448,39     35379,44    146883,92    320.711,75 DM
  5  Bohrautomaten         232492,83    128333,44    235498,62    596.324,89 DM
  6  Hobelmaschinen        330448,93    229334,44    372448,20    940.231,65 DM
16-Jul-89 12:16 PM           GRUPPE
```

Bild 3-60 Arbeitsblatt nach Kopieren der Formeln

Da die Zelladressen *relative* Adressen waren, wurden die jeweiligen Bereiche kopiert, so daß die Berechnungsformeln stimmen. Sie können sich davon überzeugen, wenn Sie sich mit den <PFEIL UNTEN>-Tasten die einzelnen Zellen ansehen (z. B. B4).

e) Einrichten des Arbeitsblattes E

Achtung! Wenn Sie nur ein Arbeitsblatt ändern wollen, müssen Sie den GRUPPE-Modus ausschalten!

Da nur das Arbeitsblatt E umgestaltet werden soll, schalten wir den GRUPPE-Modus aus. Dies geschieht mit dem Befehl Arbeitsblatt Global Gruppe Nein (/AGGN).

/aggn Ausschalten des GRUPPE-Modus.

Um das Arbeitsblatt E einrichten zu können, wird dieses Arbeitsblatt in voller Größe auf den Bildschirm angezeigt. Dies geschieht mit dem Befehl Arbeitsblatt Fenster Löschen (/AFL).

Wenn der Zellzeiger sich im Arbeitsblatt E befindet, wird eingegeben:

/afl Eingabe des Befehls Arbeitsblatt **F**enster **L**öschen.

Es erscheint Bild 3-61.

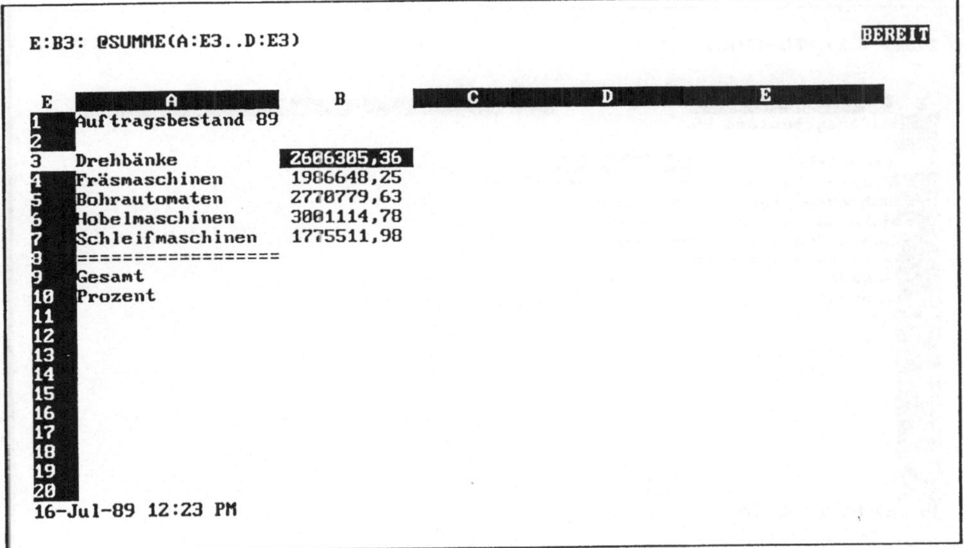

Bild 3-61 Arbeitsblatt E

Folgende Veränderungen werden vorgenommen:

- *Formatieren und Verbreitern der Spalte B*

Mit dem Befehl **Bereich Format Punkt (/BFP)** wird die Spalte B so formatiert, daß die Zahlenwerte je Tausender einen Punkt erhalten und damit besser zu erkennen sind.

/bfp Eingabe des Formatierbefehls.

<RETURN> Bestätigen von zwei Dezimalstellen.

Folgender zu formatierende Bereich wird festgelegt:

Eingabe des <PUNKTES> zur Verankerung der Zelle B3.

5 MAL <PFEIL UNTEN> Festlegen des Bereiches B3..B9.

<RETURN> Ausführen des Formatbefehles.

Da die Spaltenbreite nicht ausreicht, sehen Sie in Bild 3-62 statt der Zahlenwerte nur Sterne (***).

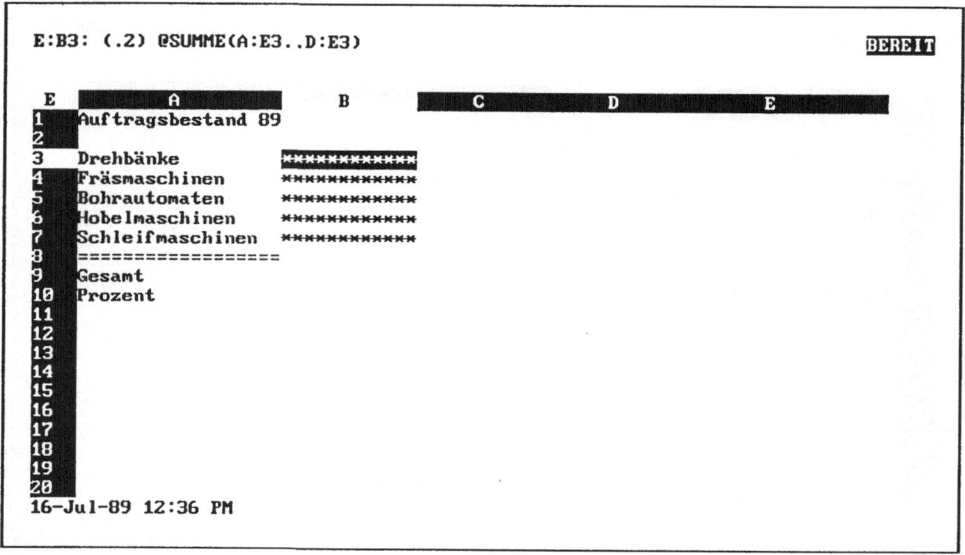

Bild 3-62 Formatierter Bereich mit zu kleiner Spaltenbreite

- *Verbreitern der Spalte B*

Wenn der Zellzeiger in der Spalte B steht, verwenden Sie den Befehl Arbeitsblatt Spalte **B**estimmen (/ASB). Bewegen Sie die <PFEIL RECHTS>-Taste solange, bis Sie die Zahlenwerte sehen können.

/asb Bestimmen der Spaltenbreite.

2 MAL <PFEIL RECHTS> Die Spalte B wird auf 14 Zeichen verbreitert.

<RETURN> Speichern der neuen Spaltenbreite.

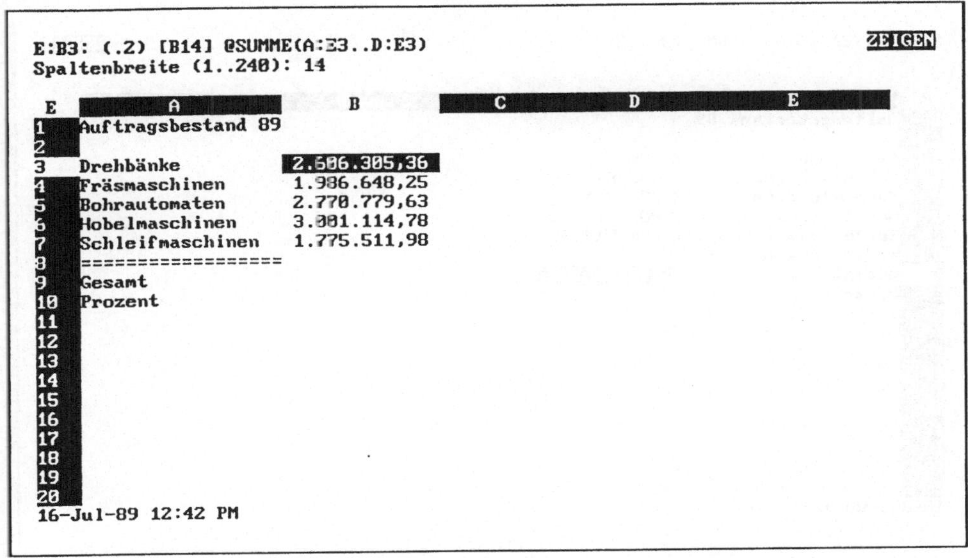

Bild 3-63 Verbreitern der Spaltenbreite

- *Berechnen des Gesamt-Auftragswertes*

In Zelle B9 sollen die Inhalte der Zellen B3 bis B7 summiert werden. Bewegen Sie den Zellzeiger in die Zelle B9, und verwenden Sie zur Summenbildung die Funktion @SUMME(). Die Eingabe in Zelle B9 lautet:

@summe(b3..b7) <RETURN> Bilden des Gesamt-Auftragswertes.

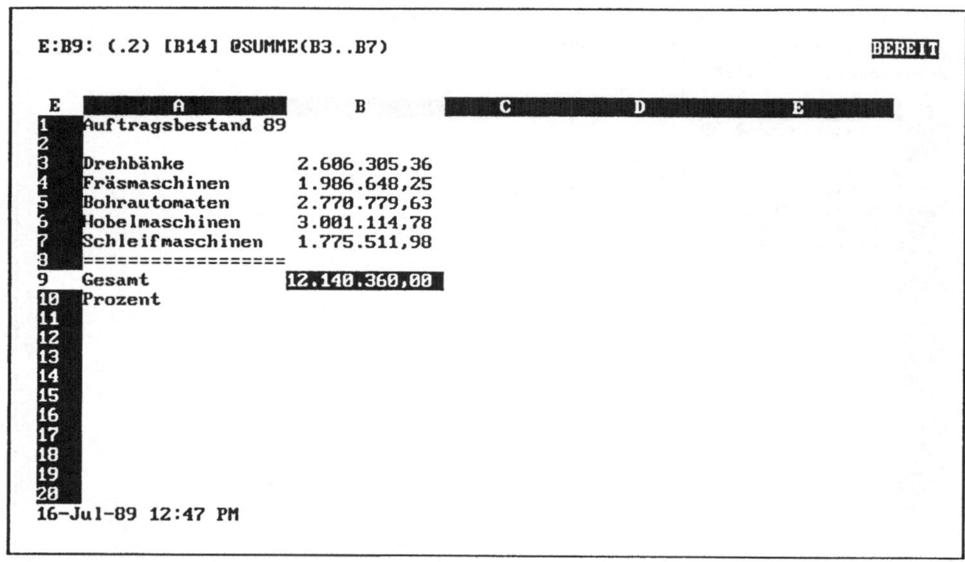

Bild 3-64 Gesamter Auftragswert

- *Löschen der Zeile 10*

Da die Prozentangaben an dieser Stelle keinen Sinn mehr haben, wird Zeile 10 gelöscht. Fahren Sie dazu in die Zeile 10 (z. B. B10) und geben Sie den Befehl Arbeitsblatt **L**öschen **Z**eile (/**ALZ**) ein, und bestätigen Sie den Befehl durch Drücken der <RETURN>-Taste.

- *Prozentualer Anteil der Produktsparten*

Fügen Sie zunächst in Zelle D2 die Überschrift Prozent rechtsbündig ein.

<F5> d2 <RETURN>	Zellzeiger ist in Zelle D2.
"Prozent <RETURN>	Eingabe der Spaltenüberschrift **Prozent** (rechtsbündig).

Sie sehen das Ergebnis in Bild 3-65.

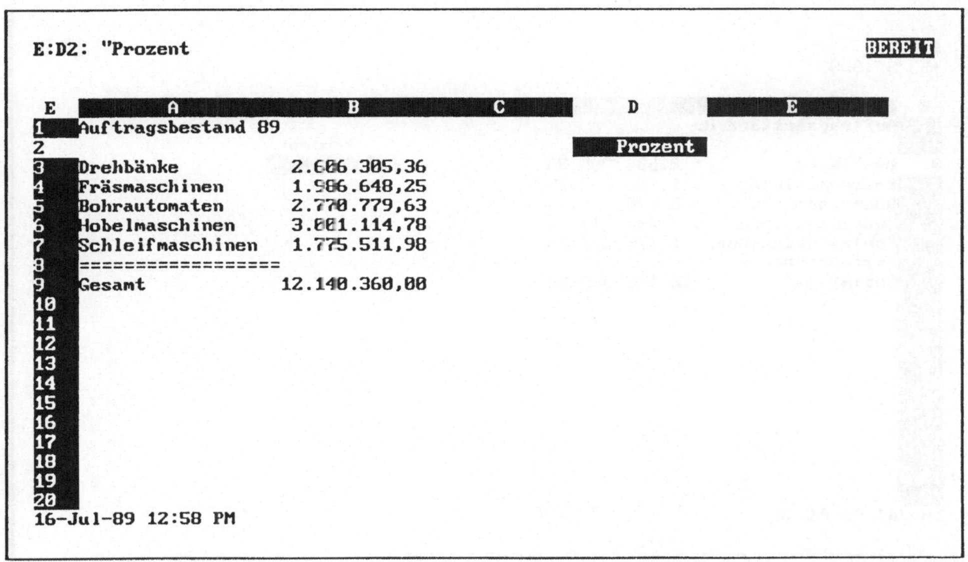

Bild 3-65 Arbeitsblatt E nach dem Löschvorgang und der Einfügung

Bewegen Sie sich zunächst nach Zelle B3, und geben Sie folgende Berechnungsformel ein:

+b3/b9	Eingabe der Berechnungsformel: Dividiere den Inhalt der Zelle B3 durch den Inhalt der Zelle B9.
<F4>	Drücken der ABS-Taste.

Damit wird die Bezugszelle B9 zur *absoluten Zelle*, da *immer* durch diese dividiert wird.

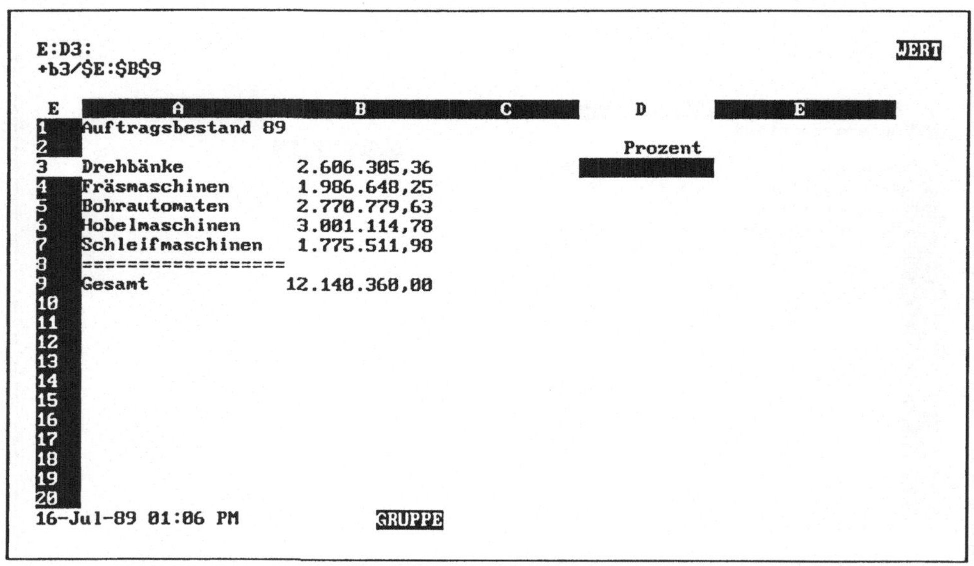

Bild 3-66 Eingabe einer Formel mit relativen und absoluten Zellen

<RETURN>	Ausführen des Befehls.

Die Formel wird mit dem Befehl Kopie (/K) in die Zellen D4 bis D7 kopiert.

/k <RETURN>	Auswahl des Befehls Kopie und bestätigen der Kopierzelle (D3).
<PFEIL UNTEN> .	Bewegen des Zellzeigers in Zelle D4 und anschließend Verankern der Zelle.
4 MAL <PFEIL UNTEN>	Markieren des Bereiches D4..D7.
<RETURN>	Ausführen des Befehls.

Bewegen Sie den Zellzeiger zu Zelle D9, und kopieren Sie obige Formel ebenfalls. Danach sollte Ihr Bildschirm Bild 3-67 entsprechen.

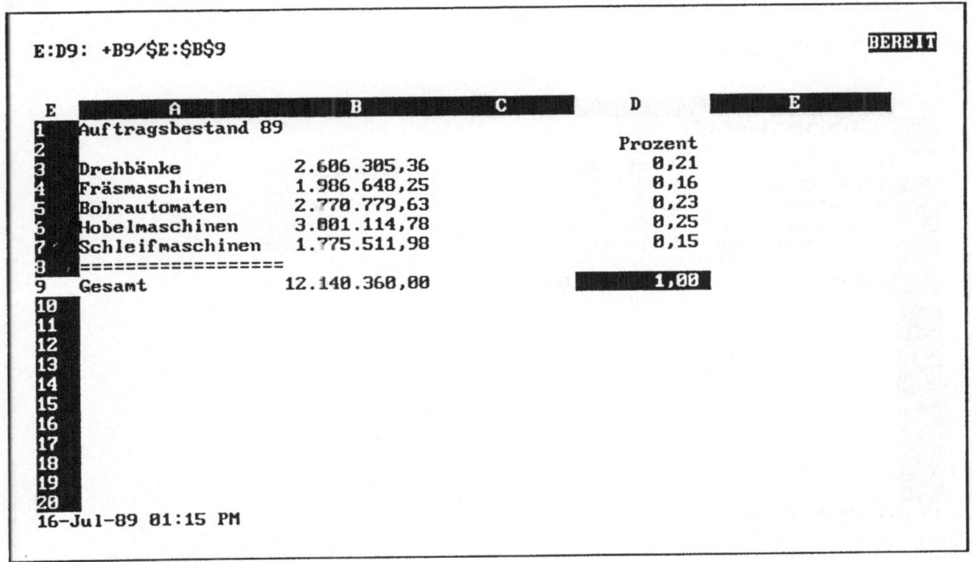

Bild 3-67 Arbeitsblatt nach Kopieren der Formeln

Anschließend wird die Spalte D noch im Format **Prozent** ausgegeben. Dazu setzen Sie den Befehl **B**ereich **F**ormat **P**rozent ein. Bewegen Sie den Zellzeiger in Zelle D9, und geben Sie ein:

/bfp	Auswahl des Prozentformates.
<RETURN>	Bestätigen von zwei Dezimalstellen.
<RETURN>	Bestätigen der zu formatierenden Zelle.

Führen Sie die Formatierung für den Bereich D3 bis D7 selbständig ohne schriftliche Anleitung durch. Ihr Bildschirm sollte danach folgendermaßen aussehen:

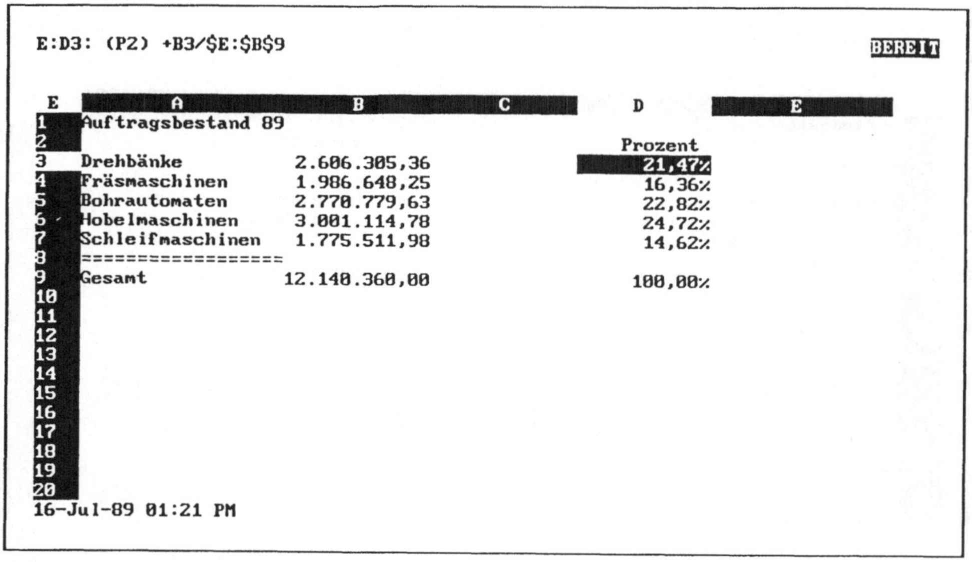

```
E:D3: (P2) +B3/$E:$B$9                                          BEREIT

E      A                 B              C        D            E
1  Auftragsbestand 89
2                                               Prozent
3  Drehbänke            2.606.305,36             21,47%
4  Fräsmaschinen        1.986.648,25             16,36%
5  Bohrautomaten        2.770.779,63             22,82%
6  Hobelmaschinen       3.001.114,78             24,72%
7  Schleifmaschinen     1.775.511,98             14,62%
8  =================
9  Gesamt              12.140.360,00            100,00%
10
11
12
13
14
15
16
17
18
19
20
16-Jul-89 01:21 PM
```

Bild 3-68 Arbeitsblatt nach Formatierung mit Prozent

- *Einfügen der Unterstreichungszeichen (=)*

In die Zellen B8, C8 und D8 werden die Unterstreichungszeichen aus Zelle A8 kopiert. Bewegen Sie dazu den Zellzeiger nach Zelle A8, und geben Sie ein:

/k <RETURN>	Auswahl des Befehls Kopie und bestätigen des Kopierbereiches.
<PFEIL RECHTS> . 2 MAL <PFEIL RECHTS>	Markieren des Bereiches B8 bis D8.
<RETURN>	Ausführen des Kopierbefehls.

Das Ergebnis zeigt Bild 3-69.

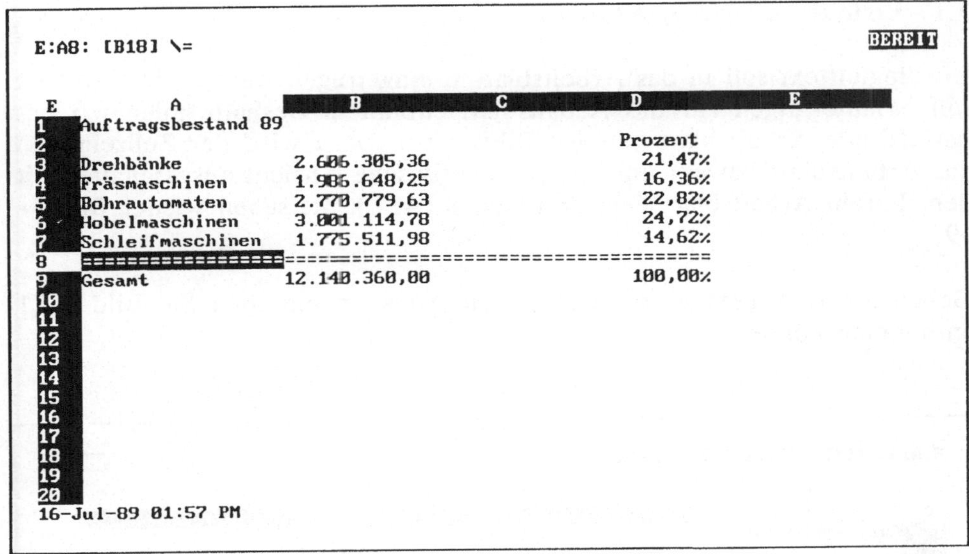

```
E:A8: [B18] \=                                                    BEREIT

E     A                    B              C           D           E
1  Auftragsbestand 89
2                                                  Prozent
3  Drehbänke          2.606.305,36                  21,47%
4  Fräsmaschinen      1.986.648,25                  16,36%
5  Bohrautomaten      2.770.779,63                  22,82%
6  Hobelmaschinen     3.001.114,78                  24,72%
7  Schleifmaschinen   1.775.511,98                  14,62%
8  =======================================================
9  Gesamt            12.140.360,00                 100,00%
10
11
12
13
14
15
16
17
18
19
20
16-Jul-89 01:57 PM
```

Bild 3-69 Arbeitsblatt E fertiggestellt

Am Schluß sehen wir uns die erstellten Arbeitsblätter wieder in der perspektivischen Ansicht an. Dazu geben Sie ein:

/afp	Eingabe des Befehls Arbeitsblatt Fenster Perspektive.

```
E:B9: (.2) [B14] @SUMME(B3..B7)                                      BEREIT

    E  A                  B               C            D               E
    4  Fräsmaschinen      1.986.648,25                 16,36%
    5  Bohrautomaten      2.770.779,63                 22,82%
    6  Hobelmaschinen     3.001.114,78                 24,72%
    7  Schleifmaschinen   1.775.511,98                 14,62%
    8  ===================================================
    9  Gesamt            12.140.360,00                100,00%
  D    A                  B            C            D            E
  4  Fräsmaschinen      254945,70    252432,66    135894,55    643.272,91 DM
  5  Bohrautomaten      338598,43    344348,59    239488,34    922.435,36 DM
  6  Hobelmaschinen     335884,63    238942,43    231486,93    806.313,99 DM
  7  Schleifmaschinen   163486,98    158397,44    135366,88    457.251,30 DM
  8  ========================================================================
  9  Gesamt            1335353,93   1247604,42    987005,18  3.569.963,53 DM
C    A                  B            C            D            E
4  Fräsmaschinen      138448,39     35379,44    146883,92    320.711,75 DM
5  Bohrautomaten      232492,83    128333,44    235498,62    596.324,89 DM
6  Hobelmaschinen     338448,93    229334,44    372448,28    940.231,65 DM
7  Schleifmaschinen   184586,55    153687,38    155793,84    494.067,77 DM
8  ========================================================================
9  Gesamt            1137198,08    736171,90   1150106,99  3.023.476,97 DM
16-Jul-89 02:56 PM
```

Bild 3-70 Arbeitsblätter in perspektivischer Ansicht

3.17 Erstellen eines Begleittextes

Ein Begleittext soll in das Arbeitsblatt E eingetragen werden. Dieser Text soll Erläuterungen für das Arbeitsblatt enthalten. Deshalb holen wir das betreffende Arbeitsblatt auf den Bildschirm. Dazu wird der Zellzeiger in das Arbeitsblatt bewegt und die perspektivische Ansicht ausgeschaltet mit dem Befehl **A**rbeitsblatt **F**enster **L**öschen (**AFL**). Sie sehen wieder Bild 3-69.

Geben Sie den Text entsprechend den Angaben ein, den Sie Bild 3-71 entnehmen können.

```
E:A18: [B18] 'Fred Schäuffele                                          BEREIT

E          A                 B              C              D              E
1  Auftragsbestand 89
2                                                      Prozent
3  Drehbänke           2.606.305,36                     21,47%
4  Fräsmaschinen       1.986.648,25                     16,36%
5  Bohrautomaten       2.770.779,63                     22,82%
6  Hobelmaschinen      3.001.114,70                     24,72%
7  Schleifmaschinen    1.775.511,98                     14,62%
8  ===================================================================
9  Gesamt             12.140.360,00                    100,00%
10
11 Sehr geehrter Herr Festing,
12
13 wie Sie sehen, haben wir unser Umsatzziel von 12 Mio erreicht.
14 Steigerungsraten sind noch bei den Fräsmaschinen und
15 den Schleifmaschinen zu erwarten.
16
17 Mit freundlichen Grüßen
18 Fred Schäuffele
19
20
16-Jul-89 03:11 PM
```

Bild 3-71 Arbeitsblatt mit Texteingabe

Sie sehen, daß der Text länger als die Zellenbreite ist. Da aber in den Nebenzellen genügend Platz vorhanden ist, sehen Sie den ganzen Text. Er wird vollständig in den Zellen A11 bis A18 abgespeichert.

3.18 Ausdrucken der gesamten Arbeitsblätter und Teilen daraus

Der für das Drucken notwendige Befehl heißt **O**utput **D**rucker. Hier haben Sie eine Reihe von Einstellmöglichkeiten, von denen wir nur einige besprechen können. Grundlage der Darstellung im weiteren Verlauf ist die Verwendung der beiden Drucker Epson LQ800 (Nummer 1) und HP Laserjet+ (Nummer 2). Nur diese beiden Drucker sind beispielhaft zum Einsatz gekommen. Um den Ausdruck vorzunehmen, gehen Sie folgendermaßen vor:

/od Auswahl des Ausgabebefehls **O**utput **D**rucker.

Als nächstes wird der *Bereich* eingestellt.

b Einstellen des Druckbereiches.

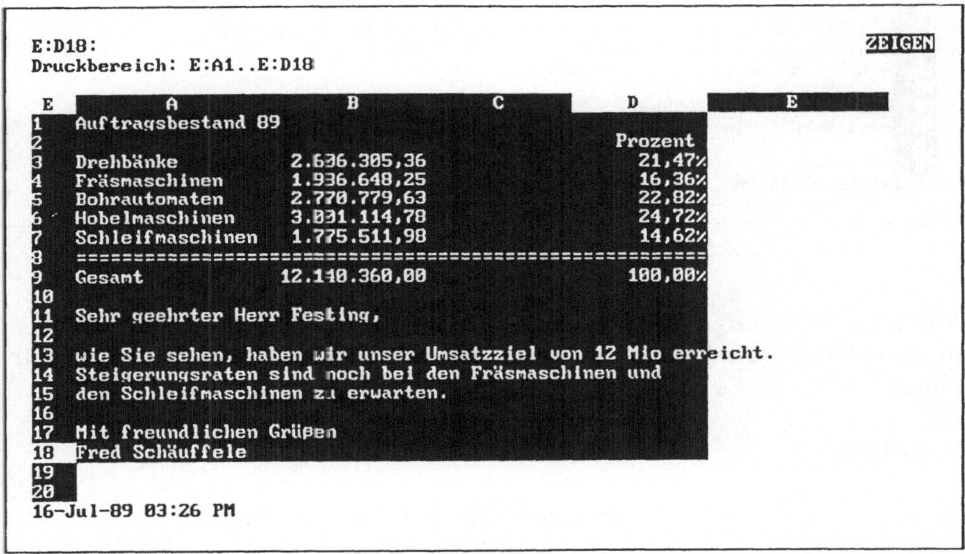

Bild 3-72 Druckbereich

Nach der Einstellung bestätigen Sie mit der <RETURN>-Taste.

Den Drucker wählen Sie über den Befehl **O**pt **P**arameter **D**rucker **N**ame.

opdn Auswahl des angesteuerten Druckers.

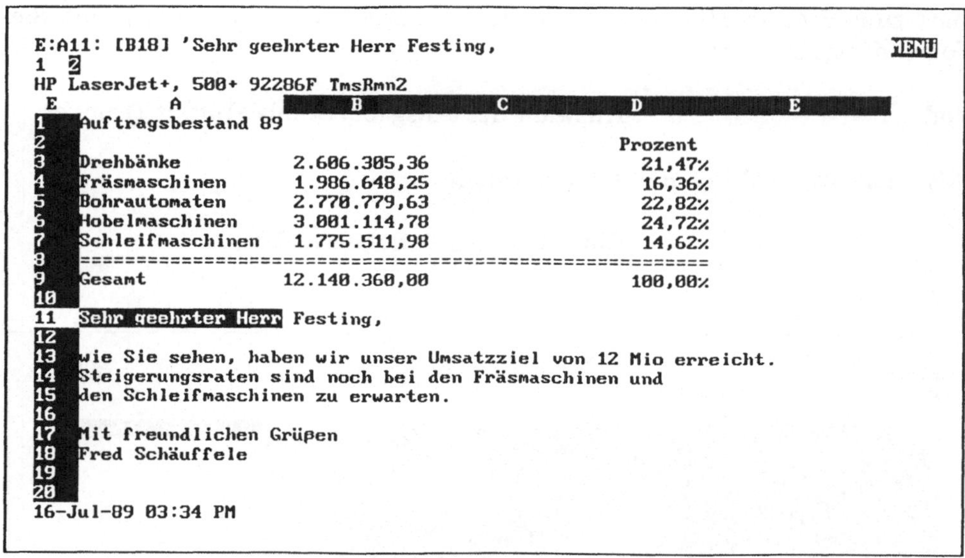

Wie Bild 3-73 zeigt, wurden beim Installieren von 1-2-3 *zwei Drucker* angemeldet: Epson LQ (Nummer 1) und HP Laserjet+ mit dem Font für Times Roman 2. Es wird der Laserjet ausgewählt; dafür geben Sie ein:

2 <RETURN>	Auswahl des Druckers mit der Nummer 2.
zz	Zweimal zurück ins Druck-Menü.
j	Eingabe des Blattanfangs.
d	Ausdruck des Textes.

Bild 7-74 zeigt den Ausdruck auf dem Laserjet.

```
Auftragsbestand 89
                                                      Prozent
Drehbänke             2.606.3C5,36                    21,47%
Fräsmaschinen         1.986.648,25                    16,36%
Bohrautomaten         2.770.779,63                    22,82%
Hobelmaschinen        3.001.114,78                    24,72%
Schleifmaschinen      1.775.511,98                    14,62%
================ =========== =======================
Gesamt               12.140.360,00                   100,00%

Sehr geehrter Herr Festing,

wie Sie sehen, haben wir unser Umsatzziel von 12 Mio erreicht.
Steigerungsraten sind noch bei den Fräsmaschinen und
den Schleifmaschinen zu erwarten.

Mit freundlichen Grüßen
Fred Schäuffele
```

Bild 7-74 Ausdruck mit dem Laserdrucker

3.19 Speichern der Arbeitsblätter

Mit dem Befehl Transfer Speich (/TS) wird die Datei mit den Arbeitsblättern gespeichert.

ts — Aufrufen des Befehls Transfer Speich.

Geben Sie den Namen für die Datei ein:

auftrag <RETURN> — Eingabe des Dateinamens.

Wurde der Name schon einmal vergeben, so sehen Sie die Aufforderung nach Bild 3-75.

```
E:A11: [B18] 'Sehr geehrter Herr Festing,                    MENU
Nein  Ja  Sicherungskopie
Aktualisiert Datei auf der Platte mit aktueller Datei
```

Bild 3-75 Angaben für bereits vorhandene Datei

Wenn wir die Datei aktualisieren möchten, weil wir beispielsweise an ihr gearbeitet haben, geben wir Ja ein. Wurde versehentlich ein bereits vergebener Dateiname verwendet, dann wird Nein eingetippt. Wir können auch eine Sicherungskopie mit dem Dateizusatz .BAK erstellen. Dann wird Sicherungskopie eingegeben.

j — Die bereits vorhandene Datei soll aktualisiert werden.

4 Statistische Auswertung von Fertigungsdaten

Zur statistischen Auswertung stehen in 1-2-3 spezielle Funktionen zur Verfügung (s. statistische Funktionen im Anhang). Sie *beginnen*, wie alle Funktionen, mit dem *Zeichen* @, daran anschließend folgt die Funktionsbezeichnung und in Klammern steht der Bereich, auf den sich die Auswertung bezieht. Im einzelnen werden in diesem Kapitel folgende statistische Funktionen verwendet:

@ANZAHL()	Gibt die *Anzahl* der Werte an.
@MAX()	Bestimmt den *Maximalwert.*
@MIN	Bestimmt den *Minimalwert.*
@MITTELWERT	Berechnet den *Mittelwert.*
@STDABWP()	Berechnet die *Standardabweichung.*
@SUMME()	Berechnet die *Summe.*
@VARP()	Bestimmt die *Varianz.*

Neu in Version 3!
Für die Berechnung der Standardabweichung und der Varianz gibt es zwei unterschiedliche Formeln (mit und ohne Berücksichtigung des systematischen Fehlers). Die Formeln für die Berechnungen in Stichproben (ohne systematischen Fehler) sind am Zusatz P erkennbar. So gilt:

@STDABW()	Standardabweichung mit systematischem Fehler (Methode n).
@STDABWP()	Standardabweichung ohne systematischen Fehler für Stichproben (Methode n-1).
@VAR()	Varianz mit systematischem Fehler (Methode n).
@VARP()	Varianz ohne systematischen Fehler für Stichproben (Methode n-1).

In der Fertigungsstelle Dreherei wurden im ersten Halbjahr 1989 vergleichweise hoher Ausschuß (in Stück) produziert. Nach Vermutungen der Werksleitung könnte ein Zusammenhang zwischen den Maschinentypen oder den Wochentagen bestehen. Aus diesem Grund wurden die durchschnittlichen, wochentagsbezogenen Ausschußzahlen von 12 Maschinen für das erste Halbjahr 1989 zusammengestellt. Bild 4-1 zeigt die erfaßten Daten:

A:A20: BEREIT

A	A	B	C	D	E	F	G	H
1	Durchschnittlicher Ausschuß pro Wochentag (Dreherei 1. Halbjahr 1989)							
2	================================							
3	Maschine			Ausschuß pro Tag				
4		Montag	Dienstag	Mittwoch	Donner.	Freitag	Durchschnitt	
5	1	20	18	15	18	20		
6	2	14	16	18	16	16		
7	3	18	16	14	16	19		
8	4	8	9	10	6	5		
9	5	12	12	13	11	10		
10	6	16	15	14	15	13		
11	7	22	24	18	19	20		
12	8	17	15	19	20	17		
13	9	15	13	12	15	15		
14	10	11	12	13	12	10		
15	11	20	22	23	21	19		
16	12	18	16	16	17	18		
17	Durchschnitt							
18								
19								
20								

21-Jul-89 02:28 PM

Bild 4-1 Durchschnittliche wöchentliche Ausschußraten der Maschinen in der Fertigungsstelle Dreherei

Das geschilderte Beispiel wird folgendermaßen ausgewertet:

1. Bestimmung des durchschnittlichen Ausschusses.

2. Bestimmung des minimalen und maximalen Ausschusses.

3. Berechnung der statistischen Kenngrößen Standardabweichung und Varianz.

4.1 Bestimmung des durchschnittlichen Ausschusses mit der Funktion @MITTELWERT()

Der durchschnittliche Ausschuß wird sowohl für die einzelnen Wochentage, als auch für die Maschinentypen berechnet. Dabei ist der durchschnittliche Ausschuß pro Wochentag der Mittelwert der Spaltenwerte und der durchschnittliche Ausschuß pro Maschinentyp der Mittelwert der Werte in den Zeilen des Arbeitsblattes (s. Bild 4-1).

a) Durchschnittlicher Ausschuß pro Wochentag

Um den Ausschuß im Durchschnitt zu ermitteln, muß der Mittelwert der den Tagen zugeordneten Spalten gebildet werden. Dazu wird in die entsprechende Zelle gesprungen, die Funktion @MITTELWERT und in Klammern der Bereich eingegeben.

<F5> b17 <RETURN> Sprung zur Zelle B17.

@MITTELWERT(b5..b16) <RETURN>
Berechnung des Mittelwertes der Ausschußrate für Montag (Zelle B5 bis B16).

Das ergibt für Montag den Mittelwert von 15,91667 Stück Ausschuß (s. Bild 4-2).

```
A:B17: @MITTELWERT(B5..B16)                                              BEREIT

A    A         B        C         D         E         F        G         H
1  Durchschnittlicher Ausschuß pro Wochentag (Dreherei 1. Halbjahr 1989)
2  =====================================================================
3  Maschine                      Ausschuß pro Tag
4              Montag Dienstag Mittwoch  Donner.  Freitag Durchschnitt
5           1      20       18       15       18       20
6           2      14       16       18       16       16
7           3      18       16       14       16       19
8           4       8        9       10        6        5
9           5      12       12       13       11       10
10          6      16       15       14       15       13
11          7      22       24       18       19       20
12          8      17       15       19       20       17
13          9      15       13       12       15       15
14         10      11       12       13       12       10
15         11      20       22       23       21       19
16         12      18       16       16       17       18
17 Durchschn15,91667
18
19
20
21-Jul-89 03:03 PM
```

Bild 4-2 Berechneter Mittelwert des Ausschusses für Montag

Da diese Berechnung für die anderen Wochentage ebenfalls durchgeführt werden soll, wird die Funktion @MITTELWERT in die entsprechenden Zellen kopiert. Dazu dient der Befehl Kopie (/K).

/k	Wahl des Befehls Kopie.
<RETURN>	Aus dem Bereich B17 wird kopiert.
c17..f17 <RETURN>	Der Bereich, in den kopiert wird, ist C17 bis F17.

Die Funktion @MITTELWERT() verwendet beim Kopieren automatisch die entsprechenden Zellen (z. B. für Dienstag den Bereich C5..C16). Dies ist der Vorteil der *relativen* Adressierung (zur relativen Adressierung, s. Abschnitt 3.9). In der ersten Bildschirmzeile ist der neue Bereich zu sehen, wenn Sie mit dem Cursor in die Zelle C17 gehen (s. Bild 4-3):

```
A:C17: @MITTELWERT(C5..C16)                                          BEREIT

A       A        B         C        D        E         F        G        H
1  Durchschnittlicher Ausschuß pro Wochentag (Dreherei 1. Halbjahr 1989)
2  =======================================================================
3  Maschine                       Ausschuß pro Tag
4              Montag Dienstag Mittwoch  Donner.   Freitag Durchschnitt
5          1       20       18       15       18       20
6          2       14       16       18       16       16
7          3       18       16       14       16       19
8          4        8        9       10        6        5
9          5       12       12       13       11       10
10         6       16       15       14       15       13
11         7       22       24       18       19       20
12         8       17       15       19       20       17
13         9       15       13       12       15       15
14        10       11       12       13       12       10
15        11       20       22       23       21       19
16        12       18       16       16       17       18
17 Durchschn15,91667 15,66667 15,41667     15,5 15,16667
18
19
20
21-Jul-89 03:10 PM
```

Bild 4-3 Kopie der Funktion MITTELWERT()

Wie Bild 4-3 zeigt, sind die durchschnittlichen Ausschußstückzahlen am Montag am höchsten und am Freitag am niedrigsten. Um einen wirklichen Einfluß der Wochentage auf die Ausschußrate feststellen zu können, müssen aber zusätzliche statistische Kennzahlen herangezogen werden, beispielsweise die *Standardabweichung* (s. Abschn. 4.3).

b) Durchschnittlicher Ausschuß pro Maschine

Um den maschinenbezogenen Mittelwert zu errechnen, werden die Mittelwerte für die Werte in den Zeilen bestimmt.

<F5> g5 <RETURN>	Gehen Sie zur Zelle **G5** (GEHEZU-Taste <F5>).

Danach steht der Cursor in der Zelle G5 und es erfolgt die Eingabe der Funktion @MITTELWERT:

@MITTELWERT(b5..f5) <RETURN>

Bilden des Mittelwertes der Werte in Zeile 5 (des Bereiches B5 bis F5).

Das Ergebnis zeigt den Mittelwert von 18,2 Stück Ausschuß der Maschine 1 (s. Bild 4-4).

```
A:G5: @MITTELWERT(B5..F5)                                            BEREIT

A      A         B         C         D         E         F          G          H
1  Durchschnittlicher Ausschuß pro Wochentag (Dreherei 1. Halbjahr 1989)
2  ============================================================================
3  Maschine                      Ausschuß pro Tag
4              Montag  Dienstag  Mittwoch   Donner.   Freitag  Durchschnitt
5          1       20        18        15        18        20      18,2
6          2       14        16        18        16        16
7          3       18        16        14        16        19
8          4        8         9        10         6         5
9          5       12        12        13        11        10
10         6       16        15        14        15        13
11         7       22        24        18        19        20
12         8       17        15        19        20        17
13         9       15        13        12        15        15
14        10       11        12        13        12        10
15        11       20        22        23        21        19
16        12       18        16        16        17        18
17 Durchschn15,91667  15,66667  15,41667      15,5  15,16667
18
19
20
21-Jul-89 03:16 PM
```

Bild 4-4 Durchschnittlicher Ausschuß der Maschine 1

Für die anderen Maschinen wird diese Funktion mit dem Befehl Kopie (/K) in die entsprechenden Zellen kopiert (Zellbereich G6 bis G16):

/k <RETURN>	Es wird aus der Zelle G5 kopiert.
g6..g16 <RETURN>	Der Bereich, in den kopiert werden soll, reicht von Zelle G6 bis G16.

(Der Bereich, in den kopiert werden soll, kann auch *gezeigt* werden. Dazu wird in die erste Zelle G6 gesprungen, diese Zelle mit einem *Punkt verankert*, der Bereich mit den <PFEIL UNTEN>-Tasten bis zur Zelle G16 markiert und der Befehl mit der <RETURN>-Taste ausgeführt).

Bild 4-5 zeigt die Mittelwerte für die Wochentage und die Maschinentypen.

A:G5: @MITTELWERT(B5..F5) BEREIT

A	A	B	C	D	E	F	G	H
1	Durchschnittlicher Ausschuß pro Wochentag (Dreherei 1. Halbjahr 1989)							
2	========							
3	Maschine			Ausschuß pro Tag				
4		Montag	Dienstag	Mittwoch	Donner.	Freitag	Durchschnitt	
5	1	20	18	15	18	20	18,2	
6	2	14	16	18	16	16	16	
7	3	18	16	14	16	19	16,6	
8	4	8	9	10	6	5	7,6	
9	5	12	12	13	11	10	11,6	
10	6	16	15	14	15	13	14,6	
11	7	22	24	18	19	20	20,6	
12	8	17	15	19	20	17	17,6	
13	9	15	13	12	15	15	14	
14	10	11	12	13	12	10	11,6	
15	11	20	22	23	21	19	21	
16	12	18	16	16	17	18	17	
17	Durchschn	15,91667	15,66667	15,41667	15,5	15,16667		
18								
19								
20								

21-Jul-89 03:23 PM

Bild 4-5 Wochentag- und maschinentypbezogene Mittelwerte

Aus Bild 4-5 ist zu erkennen, daß die Maschine 4 den geringsten (7,6 Stück) und die Maschine 15 (21 Stück) sowie die Maschine 11 (20,6 Stück) den höchsten Ausschuß produziert.

4.2 Bestimmung des minimalen und maximalen Ausschusses mit den Funktionen @MIN bzw. @MAX

Oft ist es wichtig zu wissen, welches die niedrigsten und welches die höchsten Werte sind. Um aus einer Zahlengruppe den minimalen Wert herauszufinden, benutzt man die statistische Funktion @MIN(); für den maximalen Wert wird die Funktion @MAX() verwendet. Mit diesen Funktionen wird am Beispiel Minimal- und der Maximalwert der Ausschußrate ermittelt.

Zunächst wird in die Zellen A19 bzw. A20 die Bezeichnung **Minimum** bzw. **Maximum** geschrieben. Anschließend werden für den Bereich von Zelle B5 bis F16 das Minimum bzw. das Maximum errechnet und das Ergebnis in Zelle B19 bzw. B20 abgelegt:

<F5> a19 <RETURN> Sprung zur Zelle A19.

Minimum <PFEIL UNTEN> Eingabe von **Minimum** in Zelle A19 und Sprung in Zelle A20.

Maximum <PFEIL RECHTS> <PFEIL OBEN>
Eingabe von **Maximum** in Zelle A20 und Sprung in Zelle B19.

@MIN(b5..f16) Bestimmung des Minimums im Bereich der Zellen B5 bis F16.

<RETURN> Ausführen des Befehls.

Bild 4-6 zeigt den Minimalwert im angegebenen Bereich von B5 bis F16.

A:B19: @MIN(B5..F16) BEREIT

A	A	B	C	D	E	F	G	H
1	Durchschnittlicher Ausschuß pro Wochentag (Dreherei 1. Halbjahr 1989)							
2	=========================							
3	Maschine			Ausschuß pro Tag				
4		Montag	Dienstag	Mittwoch	Donner.	Freitag	Durchschnitt	
5	1	20	18	15	18	20	18,2	
6	2	14	16	18	16	16	16	
7	3	18	16	14	16	19	16,6	
8	4	8	9	10	6	5	7,6	
9	5	12	12	13	11	10	11,6	
10	6	16	15	14	15	13	14,6	
11	7	22	24	18	19	20	20,6	
12	8	17	15	19	20	17	17,6	
13	9	15	13	12	15	15	14	
14	10	11	12	13	12	10	11,6	
15	11	20	22	23	21	19	21	
16	12	18	16	16	17	18	17	
17	Durchschn	15,91667	15,66667	15,41667	15,5	15,16667		
18								
19	Minimum	5						
20	Maximum							

21-Jul-89 03:32 PM

Bild 4-6 Minimalwert im angegebenen Bereich

Entsprechend wird die Funktion zur Errechnung des Maximalwertes in Zelle B20 geschrieben:

<PFEIL UNTEN> Sprung zur Zelle B20.

@MAX(b5..f16) <RETURN>

Bestimmung des Maximums im Bereich von B5 bis F16.

```
A:B20: @MAX(B5..F1)                                                    BEREIT

A      A         B        C         D         E         F         G        H
1  Durchschnittlicher Ausschuß pro Wochentag (Dreherei 1. Halbjahr 1989)
2  ======================================================================
3  Maschine                      Ausschuß pro Tag
4               Montag Dienstag Mittwoch  Donner.  Freitag Durchschnitt
5          1      20       18       15       18       20      18,2
6          2      14       16       18       16       16        16
7          3      18       16       14       16       19      16,6
8          4       8        9       10        6        5       7,6
9          5      12       12       13       11       10      11,6
10         6      16       15       14       15       13      14,6
11         7      22       24       18       19       20      20,6
12         8      17       15       19       20       17      17,6
13         9      15       13       12       15       15        14
14        10      11       12       13       12       10      11,6
15        11      20       22       23       21       19        21
16        12      18       16       16       17       18        17
17 Durchschn15,91667 15,66667 15,41667    15,5 15,16667
18
19 Minimum         5
20 Maximum        20
21-Jul-89 03:34 PM
```

Bild 4-7 Maximaler Wert im angegebenen Bereich

Wie Bild 4-7 zeigt, wird als minimaler Ausschuß der Wert 5 und als maximaler Ausschuß der Wert 24 gefunden. Diese großen Schwankungen müssen daraufhin untersucht werden, ob es sich um *Ausreißer* handelt, denen keine statistische Bedeutung zukommt, oder ob die Schwankungen wirklich so stark sind.

4.3 Berechnung der statistischen Kenngrößen Standardabweichung und Varianz

Liegen viele Daten vor, so kann aus ihnen der durchschnittliche Wert mit der Funktion @MITTELWERT() errechnet werden. Er gibt den *wahrscheinlichsten Wert* an, der deshalb auch die größte Häufigkeit H aufweist. Um diesen Wert herum befinden sich alle anderen Werte, deren Häufigkeiten sich wie eine *Glockenkurve* darstellen lassen. Eine solche Häufigkeitsverteilung, wie sie normalerweise zu finden ist, wird auch *Gaußsche Normalverteilung* genannt. Sie ist in Bild 4-8 dargestellt.

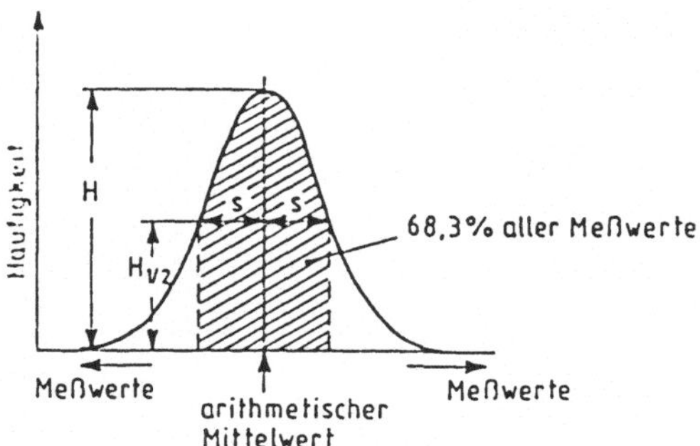

Bild 4-8 Gaußsche Normalverteilung und die statistischen Kenngrößen

Die *Breite* dieser Glockenkurve ist ein Maß für die *Genauigkeit* der vorgenommenen Messungen. Üblicherweise wird die sogenannte *Halbwertsbreite* der Kurve bestimmt, das heißt die Breite der Glockenkurve in halber Höhe des wahrscheinlichsten Werts (arithmetischer Mittelwert). Die *Halbwertsbreite* ist die *Standardabweichung s*, die in 1-2-3 mit der Funktion @STDABW() bzw. @STDABWP() bestimmt wird. Der Zusatz "P" sagt, daß die Formel für eine *Stichprobe* verwendet wurde (ohne Berücksichtigung des systematischen Fehlers). Wird der Fehler mitberücksichtigt, dann wird die Funktion @STDABW() verwendet.

Die Standardabweichung läßt im Beispielfall statistisch gesehen folgende Aussage zu: *68,3%* aller Werte in einem Bereich, der um die Standardabweichung s vom arithmetischen Mittelwert entfernt ist. Die Zahlenwerte sind umso genauer, je geringer die Halbwertsbreite, d.h. je kleiner die Standardabweichung ist.

Die *Varianz* ist das *Quadrat* der Standardabweichung und wird in 1-2-3 mit der Funktion @VAR() bzw. @VARP() errechnet. Der Zusatz "P" gibt wieder an, daß die Formel für eine Stichprobe (ohne Berücksichtigung des systematischen Fehlers) verwendet wird. Ohne diesen Zusatz (d. h. VAR()) wird der systematische Fehler berücksichtigt.

Für unser Zahlenbeispiel werden in Zelle D19 bzw. D20 die Beschriftungen **Standardabw** bzw. **Varianz** vorgenommen und in den Zellen E19 bzw. E20 die entsprechenden Formeln zur Berechnung der Standardabweichung bzw. der Varianz eingegeben.

<F5> d19 <RETURN>	Sprung zur Zelle **D19**.
Standard <PFEIL UNTEN>	Eingabe der Bezeichnung **Standard** und Sprung in die Zelle D20.

Varianz <PFEIL RECHTS> <PFEIL OBEN>

Eingabe von **Varianz** und Bewegen des Cursors nach Zelle E19.

@STDABWP(b5..f16)	Bestimmung der **Standardabweichung** der Zahlen im Bereich **B5** bis **F16**.
<PFEIL UNTEN>	Berechnung der Standardabweichung und Bewegen des Cursors in die Zelle E20.

@VAR(b5..f16) <RETURN>

Berechnung der **Varianz** im Bereich **B5** bis **F16**.

```
A:E20: @VAR(B5..F16)                                               BEREIT

A     A        B        C        D        E        F        G        H
1  Durchschnittlicher Ausschuß pro Wochentag (Dreherei 1. Halbjahr 1989)
2  ======================================================================
3  Maschine                   Ausschuß pro Tag
4             Montag Dienstag Mittwoch   Donner.  Freitag Durchschnitt
5          1       20       18       15       18       20      18,2
6          2       14       16       18       16       16        16
7          3       18       16       14       16       19      16,6
8          4        8        9       10        6        5       7,6
9          5       12       12       13       11       10      11,6
10         6       16       15       14       15       13      14,6
11         7       22       24       18       19       20      20,6
12         8       17       15       19       20       17      17,6
13         9       15       13       12       15       15        14
14        10       11       12       13       12       10      11,6
15        11       20       22       23       21       19        21
16        12       18       16       16       17       18        17
17 Durchschn15,91667 15,66667 15,41667     15,5 15,16667
18
19 Minimum          5          Standard 4,056661
20 Maximum         20          Varianz  16,18222
21-Jul-89 03:47 PM
```

Bild 4-9 Berechnung der Standardabweichung und der Varianz

Um diese Ergebnisse sinnvoll interpretieren zu können, muß noch der Mittelwert aller Zahlen (im Bereich der Zellen B5 bis F16) gebildet werden. Dazu schreiben wir in die Zelle F19 die Bezeichnung **Mittelw** und geben die Funktion @MITTELWERT() für den Bereich B5 bis F16 in Zelle G19 ein.

<F5> f19 <RETURN>	Sprung zur Zelle F19.
Mittelw <PFEIL RECHTS>	Eingabe der Bezeichnung **Mittelw** und Bewegen des Cursors zur Zelle G19.
@MITTELWERT(b5..f16)	Berechnung des Mittelwertes im Bereich B5 bis F16.
<RETURN>	Ausführen der Mittelwertberechnung.

A:G19: @MITTELWERT(B5..F16) BEREIT

A	A	B	C	D	E	F	G	H
1	Durchschnittlicher Ausschuß pro Wochentag (Dreherei 1. Halbjahr 1989)							
2	==							
3	Maschine			Ausschuß pro Tag				
4		Montag	Dienstag	Mittwoch	Donner.	Freitag	Durchschnitt	
5	1	20	18	15	18	20	18,2	
6	2	14	16	18	16	16	16	
7	3	18	16	14	16	19	16,6	
8	4	8	9	10	6	5	7,6	
9	5	12	12	13	11	10	11,6	
10	6	16	15	14	15	13	14,6	
11	7	22	24	18	19	20	20,6	
12	8	17	15	19	20	17	17,6	
13	9	15	13	12	15	15	14	
14	10	11	12	13	12	10	11,6	
15	11	20	22	23	21	19	21	
16	12	18	16	16	17	18	17	
17	Durchschn	15,91667	15,66667	15,41667	15,5	15,16667		
18								
19	Minimum	5		Standard	4,056661	Mittelw	15,53333	
20	Maximum	20		Varianz	16,18222			

21-Jul-89 03:52 PM

Bild 4-10 Statistische Auswertung des wochentagsbezogenen Ausschusses

Wie Bild 4-10 zeigt, liegt der wahrscheinlichste Wert, d.h. der Mittelwert der Ausschußrate, gemittelt über alle Wochentage und Maschinen, bei 15,53333 Stück Ausschuß pro Tag. Die Standardabweichung beträgt s = 4. Das bedeutet, daß 68,3% des gesamten Ausschusses bei Ausschußraten zwischen 11,53 (15,53-4) und 19,53 (15,53 + 4) liegen. Der minimale Wert von 5 und der maximale Wert von 24 können als Ausnahmen angesehen werden.

Was die Vermutung angeht, die Ausschußraten seien wochentagsbezogen unterschiedlich, so kann dies statistisch nicht bestätigt werden. Der gesamte Mittelwert beträgt 15,53 und die durchschnittlichen, wochentagsbezogenen Mittelwerte liegen alle um den Wert 15. Aus diesem

Grunde ist die Abweichung so minimal, daß kein statistisch sinnvoller Zusammenhang zwischen Ausschußrate und Wochentag hergestellt werden kann.

Anders ist es bei den maschinenbezogenen Ausschußraten. Ihre Mittelwerte schwanken von 7,6 (Maschine 8) bis 21 (Maschine 15). Das bedeutet, daß eher der Maschinentyp als der Wochentag für die Schwankungen der Ausschußraten verantwortlich sind. Vor allem die Maschinentypen 8 bzw. 15 sind in ihrem fertigungstechnischen Ablauf zu untersuchen, da sie außergewöhnlich hohe Ausschußraten verursachen.

Wie in diesem Abschnitt gezeigt werden konnte, können mit diesen wenigen statistischen Funktionen wichtige Aussagen über statistische Zusammenhänge von Zahlenwerten (z.B. Messung der Ausschußraten von Maschinen) gewonnen werden.

5 Zins-, Tilgungs- und Rentenrechnung mit Finanzfunktionen

Mit Finanzfunktionen (s. Anhang) können Aufgaben aus den Gebieten der Zins-, Tilgungs- und Rentenrechnung gelöst werden.

5.1 Zinsrechnung

In der Zinsrechnung werden u. a. periodisch erfolgende *Einzahlungen* (*Raten*) für eine bestimmte *Laufzeit* mit einem *Zinsfuß* verzinst. Es ergibt sich am Ende der Laufzeit der *Zukunftswert* des Kapitals, der sich aus den Einzahlungen und den angefallenen Zinsen zusammensetzt. Je nach Fragestellung können in 1-2-3 folgende Größen berechnet werden:

a) Aktueller Wert einer Ratenzahlung.

Nehmen wir an, wir würden 7 Jahre lang am Ende eines Jahres auf ein Konto 2300 DM einzahlen, der jährliche Zinssatz sei konstant und betrage 7,5%. Berechnet werden soll der aktuelle Wert dieser Ratenzahlung.

Dazu stellt 1-2-3 folgende Funktion zur Verfügung:

@AKTWERT(Rate;Zinssatz;Perioden).

Im vorliegenden Fall beträgt die Rate 2300, der Zinssatz 7,5% und es sind 7 Perioden. Deshalb schreiben wir (z.B. in Zelle A1):

@AKTWERT(2300;7,5%;7) <RETURN>.

Als Ergebnis erscheint in Zelle A1 der Wert 12182,18 DM (s. Bild 5-1).

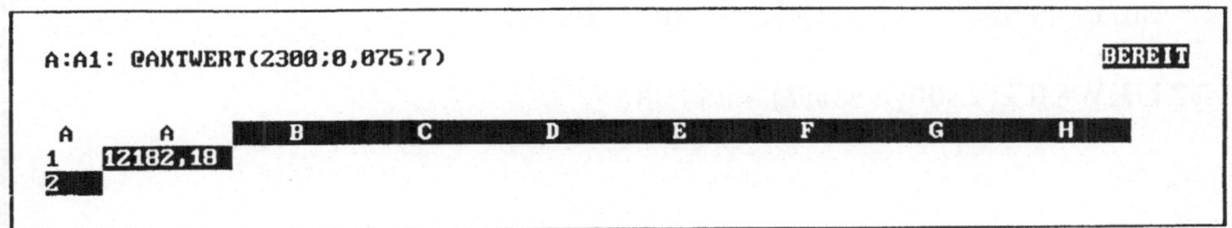

Bild 5-1 Aktueller Wert einer Ratenzahlung

Hinweis! Der Zinssatz wird entweder als Dezimalzahl (z. B. 0,075) oder als Prozentzahl (z. B. 7,5%) eingegeben. In der Anzeige erscheint immer die dezimale Schreibweise.

Wird das vorliegende Beispiel dahingehend verändert, daß monatlich 230 DM eingezahlt werden und die Zinsverrechnung ebenfalls monatlich erfolgt (7,5%/12), wobei es für sieben Jahre 7*12 Monate sind,dann lautet die zugehörige Funktion, die in Zelle A2 eingegeben wird:

<PFEIL UNTEN> Sprung zur Zelle A2.

@AKTWERT(230;7,5%/12;7*12) <RETURN>.

Wie Bild 5-2 zeigt, beträgt der aktuelle Wert des Kapitals bei monatlicher Einzahlung von 230 DM und monatlicher Zinsverrechnung bei einem jährlichen Zinsfuß von 7,5% nach 7 Jahren nun 14995,16 DM.

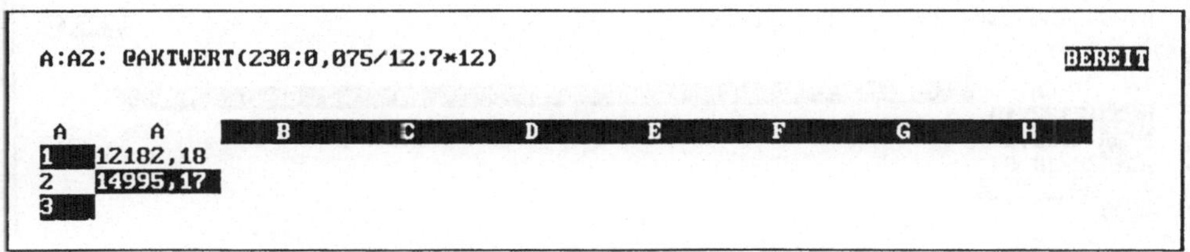

Bild 5-2 Aktueller Wert einer monatlichen Ratenzahlung

b) Zukünftiger Wert einer Ratenzahlung

Mit der Funktion *@ZUKWERT(Rate;Zinssatz;Perioden)* wird der zukünftige Wert einer Ratenzahlung ermittelt.

Wir verwenden wieder unser Beispiel: Jährlich wird ein Geldbetrag von 2300 DM zum Jahresende einbezahlt und zu einem Zinssatz von 7,5% verzinst. Wie groß ist das Kapital nach 7 Jahren?

<PFEIL UNTEN> Gehe zu Zelle A3.

@ZUKWERT(2300;7,5%;7) <RETURN>.

Wie Bild 5-3 zeigt, beträgt der Zukunftswert 20210,84 DM.

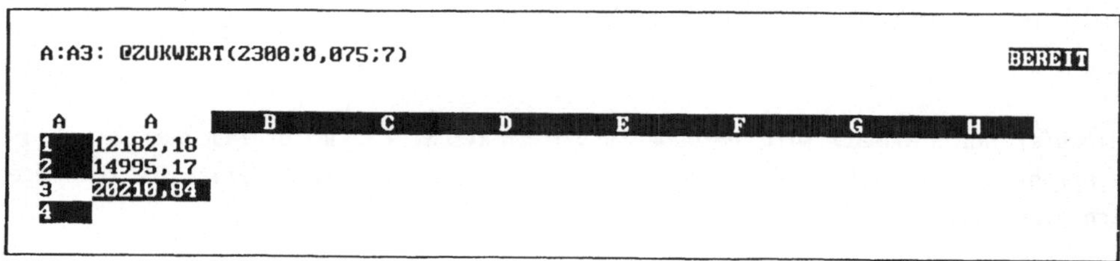

Bild 5-3 Zukunftswert bei jährlichen Ratenzahlungen

Wird monatlich ein Betrag von 230 DM einbezahlt und erfolgt die Verrechnung der Zinsen ebenfalls monatlich, dann lautet die Funktion:

<PFEIL UNTEN> Der Cursor wird zur Zelle A4 bewegt.

@ZUKWERT(230;7,5%/12;7*12) <RETURN>.

Bild 5-4 zeigt in Zelle A4 den Zukunftsbetrag von 25307,33 DM.

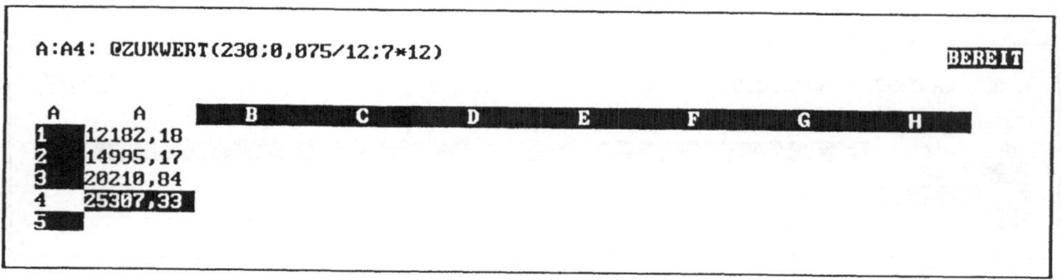

Bild 5-4 Zukunftswert bei monatlichen Einzahlungen

c) Laufzeit einer Zahlung

Sind der Zinssatz, der aktuelle Wert und der Zukunftswert einer Zahlung bekannt, dann läßt sich daraus die Laufzeit errechnen. Dazu dient folgende Funktion:

@LAUF(Zinssatz;Zukwert;Aktwert).

Wir überprüfen die Gültigkeit der oberen Berechnungen, indem wir aus dem jährlichen Zinssatz von 7,5%, dem Zukunftswert von 20210,84 DM (Zelle A3) und dem aktuellen Wert von 12182,18 DM (Zelle A1) die Anzahl der Jahre ermitteln:

<PFEIL UNTEN> Der Cursor wird in die Zelle A5 bewegt.

@LAUF(7,5%;20210,84;12182,18) <RETURN>.

Wie Bild 5-5 zeigt, wird eine Laufzeit von 7 Jahren errechnet.

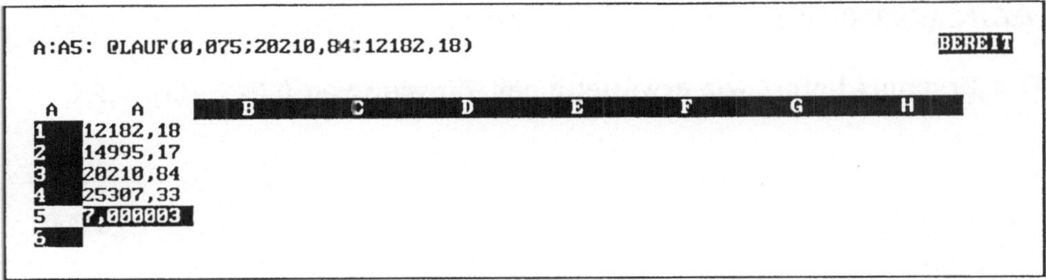

Bild 5-5 Errechnung der Laufzeit

Wird die Laufzeit in Monaten gesucht, dann muß der jährliche Zinssatz durch 12 dividiert werden. Mit den Angaben für den Zukunftswert in Höhe von 25307,33 (Zelle A4) und den aktuellen Wert von 14995,16 DM (Zelle A2) errechnet sich die monatliche Laufzeit wie folgt:

<PFEIL UNTEN> Der Cursor steht in Zelle A6.

@LAUF(7,5%/12;25307,33;14995,16) <RETURN>.

Bild 5-6 zeigt die Laufzeit von 84 Monaten, das sind 7 Jahre.

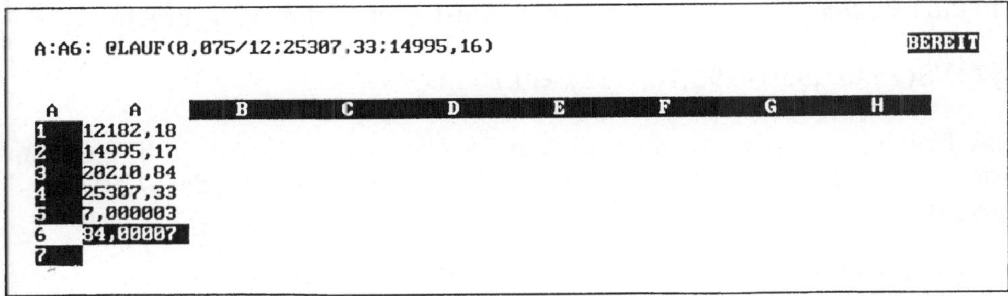

Bild 5-6 Errechnung der Laufzeit in Monaten

d) Zinssatz

Aus der Angabe des Zukunftswertes, des aktuellen Wertes und der Anzahl der Perioden kann der periodenbezogene Zinssatz berechnet werden. Dazu dient die Funktion:

@ZINS(Zukwert;Aktwert;Periode).

Anhand der bekannten Zahlenwerte von 20210,84 DM für den Zukunftswert, 12182,18 DM für den Anfangswert und einer Periode von 7 Jahren lautet die Funktion:

<PFEIL UNTEN> Bewegen des Cursors nach Zelle A7.

@ZINS(20210,84;12182,18;7) <RETURN>.

Das Ergebnis liefert wie erwartet einen Zinssatz von 0,075, d.h. 7,5%.

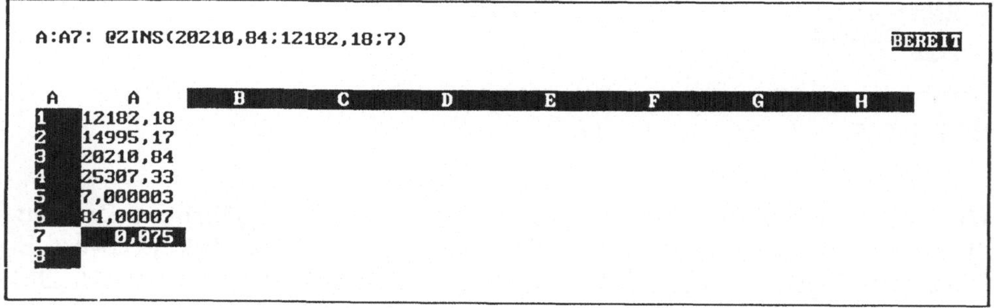

Bild 5-7 Errechnung eines jährlichen Zinssatzes

Wird mit den Zahlen für den Zukunftswert aus Zelle A4 (25307,33) und dem aktuellen Wert aus Zelle A2 (14995,16) und den monatlichen Perioden von 7*12 = 84 Monaten der monatliche Zinssatz errechnet, so lautet die Funktion:

<PFEIL UNTEN> Der Cursor wird nach Zelle A8 gebracht.

@ZINS(25307,33;14995,16;7*12) <RETURN>.

Das Ergebnis zeigt einen monatlichen Zinssatz von 0,006250, d.h. 0,625%, was einem jährlichen Zinssatz von 12*0,006250 = 0,075 oder 7,5% entspricht.

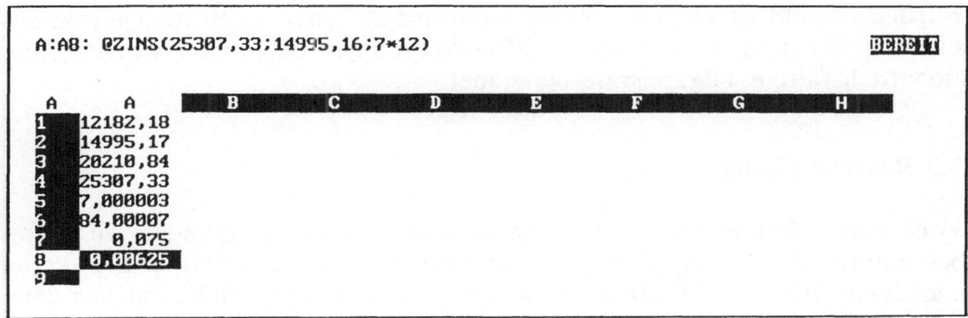

Bild 5-8 Berechnung eines monatlichen Zinssatzes

5.2 Tilgungsrechnung

In der Tilgungsrechnung werden in 1-2-3 die *Tilgungsraten* für ein bestimmtes Darlehen errechnet.

Die Höhe der Tilgungsrate, die aus dem zu tilgenden Geldbetrag und den Zinsen besteht, wird mit folgender Funktion ermittelt:

@RATE(Kapital;Zinssatz;Perioden).

Als Beispiel wird angenommen, ein Kredit in Höhe von 80 000 DM solle in 10 Jahren zurückbezahlt werden, wobei ein Zinssatz von 6,5% zugrundegelegt wurde.

<PFEIL UNTEN> Der Cursor wird in die Zelle A9 bewegt.

@RATE(80000;6,5%;10) <RETURN>.

Dies entspricht einer jährlichen Rate von 11 128,38 DM.

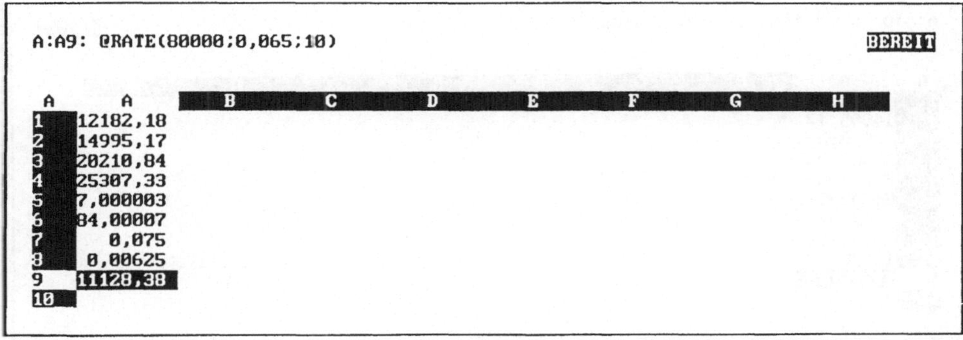

Bild 5-9 Berechnung der jährlichen Tilgungsrate

Würden in entsprechender Weise ein monatlicher Zinssatz (jährlicher Zinssatz/12) und als Perioden Monate eingegeben, dann würde eine monatlich fällige Tilgungsrate berechnet.

5.3 Rentenrechung

Von einer Rente wird dann gesprochen, wenn Zahlungen in vorbestimmter Höhe regelmäßig wiederkehrend anfallen. Mit 1-2-3 kann man leicht die Anzahl der Zahlungsperioden ermitteln, und zwar aus dem regelmäßigen Zahlungsbetrag, aus dem Zinssatz und dem Zukunftswert des Kapitals. Dabei kann der Fall der *nachschüssigen* und der *vorschüssigen Rente* berücksichtigt werden.

a) Anzahl der Zahlungsperioden für eine nachschüssige Rente

Von einer *nachschüssigen* Rente wird gesprochen, wenn die Rentenzahlungen am Ende einer Periode erfolgen. Die Funktion zur Ermittlung der Zahlungsperioden lautet:

@ANN(Zahlung;Zinssatz;Zukwert).

Nehmen wir an, wir würden jährlich 14 000 DM zu einem Zinssatz von 7,5% einbezahlen, um ein Vermögen von 250 000 DM zu ersparen. Nach wieviel Jahren dies erreicht sein wird, errechnet sich mit folgender Funktionseingabe:

<PFEIL UNTEN> Der Cursor wird in Zelle A10 bewegt.

@ANN(14000;7,5%;250000) <RETURN>.

Wie aus Bild 5-10 zu sehen ist, ist dies nach fast 12 Jahren der Fall.

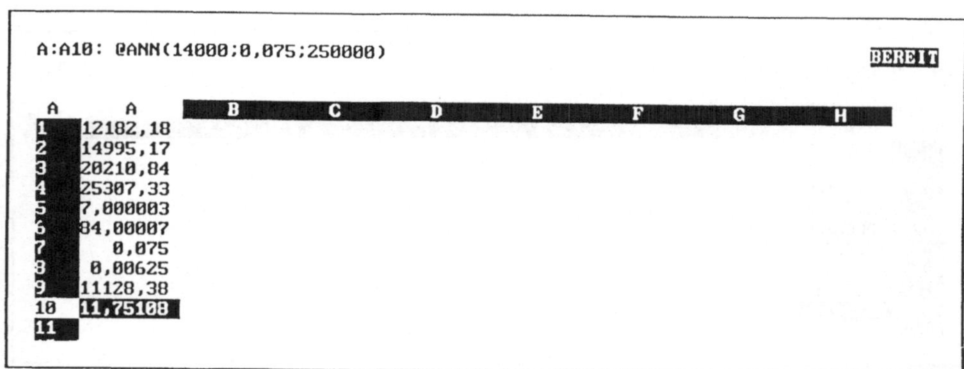

Bild 5-10 Anzahl der Rentenperioden bei einer nachschüssigen Rente

b) Anzahl der Zahlungsperioden für eine vorschüssige Rente

Finden die regelmäßigen Zahlungen am Beginn einer Periode statt, wird von *vorschüssigen* Renten gesprochen.

Dazu wird die Funktion eingesetzt:

@ANN(Zahlung;Zinssatz;Zukwert/(1+Zinssatz)).

Wird wiederum dasselbe Beispiel verwendet, ergibt sich:

<PFEIL UNTEN> Bewegen des Cursors in die Zelle A11.

@ANN(14000;7,5%;250000/(1+7,5%)) <RETURN>.

Nach Bild 5-11 ist der Zukunftswert von 250 000 DM bereits nach etwas über 11 Jahren erreicht.

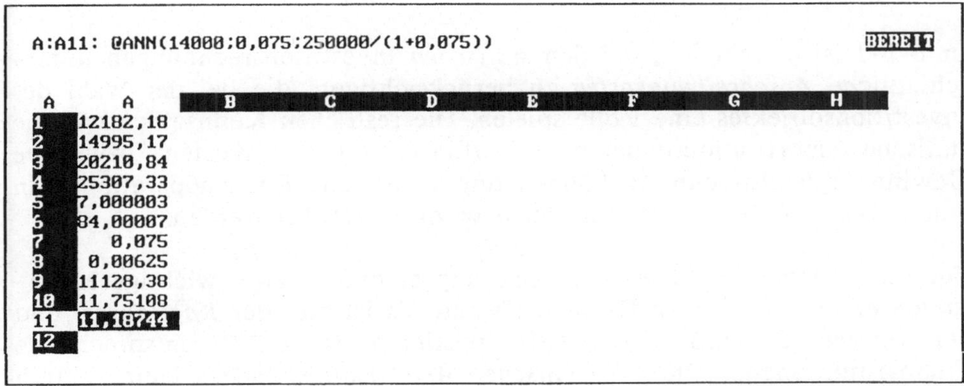

Bild 5-11 Anzahl der Rentenperioden bei einer vorschüssigen Rente

6 Investitionsrechnung mit Finanzfunktionen

Die Investitionsrechnung bietet die Möglichkeit, aus verschiedenen Investitionsalternativen die vorteilhafteste auszuwählen. Dazu bietet 1-2-3 spezielle Finanzfunktionen an (s. Anhang).

Üblicherweise wird zwischen *statischer* und *dynamischer* Investitionsrechnung unterschieden. Während bei der *statischen* Investitionsrechnung der zeitliche Verlauf von Einnahmen und Ausgaben keine Rolle spielt, wird er bei der *dynamischen* Investitionsrechnung berücksichtigt. Die Kapitalströme werden entsprechend ihres zeitlichen Anfalls verzinst. Mit den dynamischen Verfahren können Investitionsvorhaben wesentlich besser beurteilt werden; der Rechenaufwand ist allerdings entsprechend höher.

In 1-2-3 ist es möglich, bei den *statischen* Investitionsrechnungen unterschiedliche *Abschreibungsarten* zu berücksichtigen, die bei der Wahl des Investitionsobjektes eine Rolle spielen. Die restlichen Kennzahlen wie die statische Amortisationsdauer oder Verfahren wie eine Kosten- bzw. eine Gewinnvergleichsrechnung können durch einfache Rechenoperationen in einem 1-2-3-Arbeitsblatt ermittelt bzw. durchgeführt werden.

Für die dynamische Investitionsrechnung erfordern zwei wichtige Kennzahlen einen erheblichen Rechenaufwand. Es ist dies der *Kapitalwert* und der *interne Zinsfuß*. Für beide existieren in 1-2-3 entsprechende Finanzfunktionen. Die *dynamische Amortisationsdauer* kann durch Tabellenverweisfunktionen (diese prüfen nach, wann bestimmte Werte überschritten werden und verweisen dann auf diese Stelle) ermittelt werden.

Folgende Kennzahlen aus der Investitionsrechnung werden behandelt:

1. Abschreibungsarten

2. Kapitalwert, interner Zinsfuß und Amortisationsdauer als Kennzahlen der dynamischen Investitionsrechnung.

6.1 Abschreibungsarten

Unter *Abschreibung* versteht man die in Geld ausgedrückte *Wertminderung* von Produktionsmitteln durch technischen Verschleiß oder Überalterung in technischer oder auch in wirtschaftlicher Hinsicht. Nach den gesetzlichen Vorschriften und nach dem angenommenen Verlauf der Wertminderung sind folgende drei Abschreibungsarten gebräuchlich:

a) Lineare Abschreibung

Bei der linearen Abschreibung wird davon ausgegangen, daß der Wert des Wirtschaftsgutes jährlich um einen *gleichbleibenden* Abschreibungsbetrag abnimmt. Die Berechnung ist sehr einfach. Es wird der Abschreibungsbetrag ermittelt, der sich aus der Differenz zwischen Anschaffungskosten und Restwert ergibt. Dieser wird durch die Anzahl der Betriebsjahre dividiert. Das Ergebnis ist der jährlich gleichbleibende Abschreibungsbetrag. In 1-2-3 lautet die zugehörige Finanzfunktion:

@AFALIN(Kosten;Restwert;Lebensdauer).

b) Degressive Abschreibung

Bei der degressiven Abschreibung wird davon ausgegangen, daß die Wertminderung nicht in konstanten Beträgen abnimmt, sondern in jährlich fallenden Beiträgen. Die Wertminderung heißt in diesem Fall *degressiv*, weil der Abschreibungsbetrag zunächst groß ist und mit zunehmender Nutzungsdauer des Betriebsmittels abnimmt. Um den Abschreibungsbetrag für die jeweilige Periode zu ermitteln, bietet 1-2-3 die entsprechende Finanz-Funktion:

@AFADEG(Kosten;Restwert;Lebensdauer;Periode).

Es kann - vor allem bei kleinen Restwerten des Anlagegutes - vorkommen, daß die Anlage finanzmathematisch nicht ganz abgeschrieben werden kann (Restwert = 0). Um dies zu gewährleisten, gibt es *in Version 3* die *neue Finanzfunktion @AFADEGV( ).*

@AFADEGV(Kosten;Restwert;Lebensdauer;Beginn;Ende;[Abschreibung];[Wechsel])

Bei dieser Formel reicht der Nutzungszeitraum von Beginn bis Ende. Werden keine wahlweisen Argumente (sie stehen in Klammern []) angegeben, dann wird eine *variable* degressive Abschreibung vorgenommen mit einer Abschreibungsrate von 200% gegenüber der linearen Abschreibung). Mit dem Argument *[Abschreibung]* kann ein anderer Abschreibungsprozentsatz (z. B. 250%) eingegeben werden. Mit dem Argument *[Wechsel]* können Sie wählen, ob zu der linearen Abschreibung gewechselt werden soll, wenn die linearen Abschreibungsbeträge größer als die degressiven werden.

c) Digitale Abschreibung

Die digitale Abschreibung ist eine Variante der degressiven Abschreibung. Dabei ändern sich die Abschreibungen jährlich um einen konstanten Prozentsatz, der sich aus dem Kehrwert der Nutzungsjahre errechnet. In 1-2-3 lautet die zugehörige Finanzfunktion:

@AFADIG(Kosten;Restwert;Lebensdauer;Periode).

Im folgenden Beispiel wurde eine Maschine für 250 000 DM gekauft. Sie soll 5 Jahre lang im Betrieb eingesetzt und anschließend für 25 000 DM wieder verkauft werden. Es sollen die linearen, ferner die degressiven und die digitalen Abschreibungsbeträge für die 5 Nutzungsperioden ermittelt werden.

Dazu wird zunächst ein leeres Arbeitsblatt erstellt, wie es Bild 6-1 zeigt:

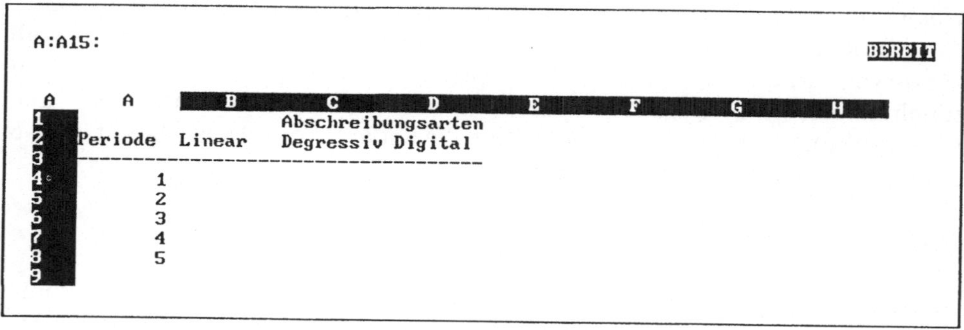

Bild 6-1 Gerüst des Arbeitsblattes zum Vergleich der Abschreibungsformen

Zunächst wird zur Zelle B4 gesprungen und die Funktion für die lineare Abschreibung eingegeben:

<F5> b4 <RETURN> Sprung zur Zelle B4.

@AFALIN(250000;25000;5) <RETURN>
Errechnen des linearen Abschreibungsbetrages.

Da diese Abschreibungsbeträge für alle folgenden Perioden gleich groß sind, kann die Formel in die Zellen B5 bis B8 kopiert werden. Dazu dient der Befehl Kopie (/K).

/k <RETURN> — Auswahl aus dem Menü die Funktion Kopie und Bestätigen des Kopierbereiches B4..B4.

b5..b8 <RETURN> — Die Formel aus Zelle B4 wird in den Bereich B5 bis B8 kopiert und ausgeführt.

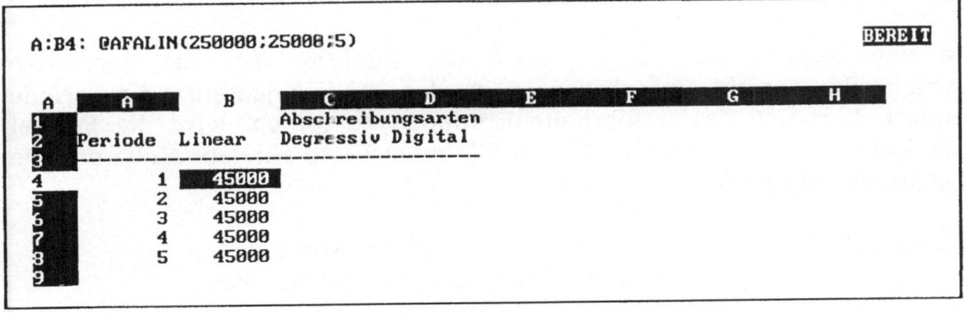

```
A:B4: @AFALIN(250000;25000;5)                                   BEREIT

A      A        B       C        D       E       F       G       H
1                       Abschreibungsarten
2  Periode   Linear     Degressiv Digital
3  ------------------------------------------
4         1    45000
5         2    45000
6         3    45000
7         4    45000
8         5    45000
9
```

Bild 6-2 Berechnung der linearen Abschreibungsbeträge

In Zelle C4 wird die Formel für die degressive Abschreibung eingegeben:

<PFEIL RECHTS> — Sprung zur Zelle C4.

@AFADEGV(250000;25000;5;1) <RETURN>
Berechnung des degressiven Abschreibungsbetrages für das erste Jahr (Abschreibung bis zum Ende).

Der errechnete degressive Abschreibungsbetrag liegt bei 100 000 DM für das erste Jahr und ist damit mehr als doppelt so hoch wie der entsprechende lineare Abschreibungsbetrag.

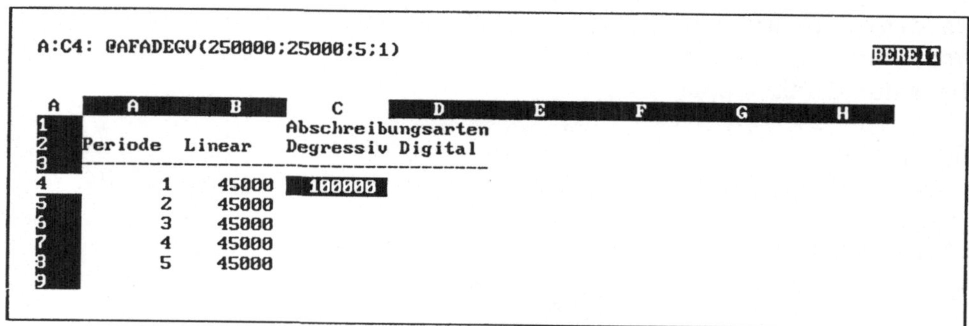

Bild 6-3 Degressiver Abschreibungsbetrag für die erste Periode

In den Bereich C5 bis C8 kann die Funktion für die degressive Abschreibung nicht einfach kopiert werden, da sich jedesmal die Periode ändert. Um sich das wiederholte Eintippen zu sparen, wird die Formel aus Zelle C4 in den Bereich C5 bis C8 kopiert und für jede Zelle nur die entsprechende Periode korrigiert.

/k <RETURN>	Auswahl des Befehls Kopie und Bestätigung des Kopierbereiches.
c5..c8 <RETURN>	Angabe des Zielbereichs C5 bis C8.

Zur Korrektur der jeweiligen Periode in der Formel wird die Formel, die in die einzelnen Zellen kopiert wurde, mit der Funktionstaste <F2> in die Arbeitszeile gebracht und dort korrigiert.

<PFEIL UNTEN> **<F2>**	Sprung zur Zelle C5 und Schreiben der Formel in die Arbeitszeile.
2 MAL <PFEIL LINKS>	Bewegen des Cursors unter die Periode.
<DEL> **2** <PFEIL UNTEN>	Löschen der alten Periode und Eingabe der neuen Periode (2) und Vorrücken zur nächsten Zelle (C6).
<F2> 2 MAL <PFEIL LINKS>	Schreiben der Formel in die Arbeitszelle und Setzen des Cursors unter die Periode.
<DEL> **3** <PFEIL UNTEN>	Löschen der alten Periode und Eingabe der neuen (3) sowie Vorrücken zur nächsten Zelle.

Entsprechend wird mit den beiden letzten Zellen (C7 und C8) und den jeweiligen Werten verfahren.

<F2> 2 MAL <PFEIL LINKS> <DEL> **4** <PFEIL UNTEN>.

<F2> 2 MAL <PFEIL LINKS> <DEL> **5** <PFEIL UNTEN>.

```
A:C9:                                                        BEREIT

A    A          B          C          D       E      F      G      H
1                        Abschreibungsarten
2  Periode    Linear    Degressiv Digital
3  ---------------------------------------
4         1    45000     100000
5         2    45000      60000
6         3    45000      36000
7         4    45000      21600
8         5    45000       7400
9
10
```

Bild 6-4 Degressive Abschreibungsbeträge

Die periodenspezifischen Beträge bei der digitalen Abschreibung werden analog zur degressiven Abschreibung ermittelt. Zunächst wird in die Zelle D4 gesprungen (unter Benutzung der GEHEZU-Taste <F5>) und die Funktion für die digitale Abschreibung eingegeben:

<F5> d4 <RETURN> Sprung zur Zelle D4.

@AFADIG(250000;25000;5;1) <RETURN>
Berechnen des digitalen Abschreibungsbetrages für die erste Periode.

Bild 6-5 zeigt den digitalen Abschreibungsbetrag der ersten Periode in Höhe von 75 000 DM.

```
A:D4: @AFADIG(250000;25000;5;1)                              BEREIT

A    A          B          C          D       E      F      G      H
1                        Abschreibungsarten
2  Periode    Linear    Degressiv Digital
3  ---------------------------------------
4         1    45000     100000     75000
5         2    45000      60000
6         3    45000      36000
7         4    45000      21600
8         5    45000       7400
9
```

Bild 6-5 Digitale Abschreibung der ersten Periode

Im Anschluß daran wird die Funktion für die anderen Perioden in den Bereich D5 bis D8 kopiert und die Perioden entsprechend korrigiert.

/k <RETURN>	Auswahl der {Menü}-Funktion Kopie und Bestätigen des Kopierbereichs.
d5..d8 <RETURN>	Kopie der Funktion in die Zellen D5 bis D8.
<PFEIL UNTEN>	Vorrücken zur Zelle D5.

Für die 2. bis 5. Periode wird die kopierte Funktion folgendermaßen verbessert:

<F2> 2 MAL <PFEIL LINKS> <DEL> **2** <PFEIL UNTEN>
Funktion für die 2. Periode.

<F2> 2 MAL <PFEIL LINKS> <DEL> **3** <PFEIL UNTEN>
Funktion für die 3. Periode.

<F2> 2 MAL <PFEIL LINKS> <DEL> **4** <PFEIL UNTEN>
Funktion für die 4. Periode.

<F2> 2 MAL <PFEIL LINKS> <DEL> **5** <PFEIL UNTEN>
Funktion für die 5. Periode.

Bild 6-6 zeigt das Ergebnis.

A:D9: BEREIT

A	A	B	C	D	E	F	G	H
1			Abschreibungsarten					
2	Periode	Linear	Degressiv	Digital				
3	----------	----------	----------	----------				
4	1	45000	100000	75000				
5	2	45000	60000	60000				
6	3	45000	36000	45000				
7	4	45000	21600	30000				
8	5	45000	7400	15000				
9								

Bild 6-6 Abschreibungsbeträge für die unterschiedlichen Abschreibungsarten

6.2 Kapitalwert, interner Zinsfuß und Amortisationsdauer als Kennzahlen der dynamischen Investitionsrechnung

Für eine Investitionsentscheidung sind in der dynamischen Investitionsrechnung besonders die Kennzahlen *Kapitalwert, interner Zinsfuß* und *Amortisationsdauer* von Bedeutung.

Der *Kapitalwert* wird folgendermaßen ermittelt: Die periodenbezogenen Differenzen von Einnahmen und Ausgaben (*Rückfluß*) werden je nach zeitlichem Anfall verzinst und der jeweilige *Barwert* errechnet. Die Summe aller Barwerte ist der Kapitalwert einer Investition. Bei einem *positiven* Kapitalwert werden nicht nur die Kosten der Investition samt Verzinsung erwirtschaftet, sondern auch noch ein Gewinn. Eine solche Investition ist *vorteilhaft*. Bei einem *negativen* Kapitalwert entsteht ein Verlust durch diese Investition; eine solche Investition ist *nicht vorteilhaft*.

Die zugehörige Finanzfunktion lautet in 1-2-3:

@NETAKTWERT(Zinssatz;Rückflußbereich).

Der *interne Zinsfuß* gibt die Verzinsung der Kapitalströme des Investitionsobjektes an. Eine Investition ist dann vorteilhaft, wenn der *interne Zinsfuß* der Investition *größer* ist als ein vergleichbarer *Kalkulationszinsfuß* für eine alternative Geldanlage. In 1-2-3 wird der interne Zinsfuß durch folgende Finanzfunktion ermittelt:

@INTZINS(Startzinsfuß;Rückflußbereich).

Die *Amortisationsdauer* gibt an, innerhalb welcher Zeit das investierte Kapital wieder zurückgeflossen ist. Je geringer die Amortisationsdauer, desto schneller ist das Kapital wieder zurückgeflossen, d.h. umso risikoloser ist die Investition. Deshalb wird man die Investition mit der kürzesten Amortisationsdauer bevorzugen. Bei der *dynamischen* Investitionsrechnung wird die Amortisationszeit ermittelt, nach der das Investitionskapital einschließlich Verzinsung zurückgeflossen ist. Dies ist dann der Fall, wenn die kumulierten Nettorückflüsse die Anschaffungskosten der Investition übersteigen. Um dies in 1-2-3 berechnen zu können, muß das investierte Kapital mit den kumulierten Rückflüssen verglichen werden. Die Zeitspanne, die vergangen ist, bis die kumulierten Rückflüsse erstmals größer als die Anschaffungskosten sind, ist die Amortisationsdauer. Dazu wird eine spezielle Funktion verwendet, die horizontale Tabellenwerte durchsucht und vergleicht:

@HVERWEIS(Argument;Bereich;Versatz).

Diese Funktion sucht in der obersten Zeile des *Bereiches* (z.B. kumulierter Nettorückfluß) nach einem numerischen Wert, der größer als das *Argument* ist (z.B. Anschaffungskosten).

Als Beispiel soll untersucht werden, ob eine Anlage, die im Jahre 1989 angeschafft werden soll, vorteilhaft ist. Bekannt sind die Anschaffungskosten. Die jährlichen Einnahmen E und Ausgaben A werden auf Grund der zu erwartenden Auftragslage geschätzt. Nach sechs Jahren soll die Anlage wieder verkauft werden, wobei ein Verkaufserlös von 10% der Anschaffungskosten erzielt werden kann.

Dazu wird ein neues Arbeitsblatt erstellt und in folgenden Schritten vorgegangen:

1. Eingabe des Tabellengerüstes

2. Bestimmung des Rückflusses

3. Bestimmung des kumulierten Nettorückflusses

4. Berechnung des Kapitalwertes

5. Berechnung des internen Zinsfußes

6. Berechnung der Amortisationsdauer.

6.2.1 Eingabe des Tabellengerüstes

Vor den eigentlichen Berechnungen wird das Tabellengerüst erstellt, d.h. die Überschriften und die Bezeichnungen der Zeilen und Spalten eingegeben sowie die Werte für die Einnahmen und Ausgaben in das Arbeitsblatt eingetragen.

Zunächst wird der Befehl Arbeitsblatt **G**lobal **B**reite (**/AGB**) ausgewählt und die Spaltenbreite für das ganze Arbeitsblatt auf 7 Zeichen eingestellt.

/agb 7 <RETURN>	Einstellen der Spaltenbreite auf 7 Zeichen.
s	Mit der Funktion Stop gelangen wir wieder in das Arbeitsblatt zurück.

Da in der Spalte C nur ein Zeichen vorkommt, wird die Breite für diese Spalte auf 1 gesetzt. Dazu wird der Befehl Arbeitsblatt Spalte **B**estimmen

(/ASB) verwendet. Der Zellzeiger wird in die Spalte C gefahren und Sie geben ein:

/asb 1 <RETURN> Einstellen der Spaltenbreite auf 1 Zeichen.

Im Anschluß daran werden die Tabellenbeschriftungen und die Zahlenwerte eingegeben, wie Bild 6-7 zeigt.

```
A:J9: 35                                                                  BEREIT

A    A    B  C  D        E        F        G        H        I        J     K
1  INVESTITIONSRECHNUNG        Kalkulations-Zinssatz                   12 %
2
3  Zahlungsströme I             Nutzungsdauer (Jahre)
4  in tausend DM  I   1989     1990     1991     1992     1993     1994     1995
5  ---------------I---------------------------------------------------------------
6  Anschaffung    I   350
7  Einnahmen E    I            155      300      300      200      140       90
8  Ausgaben A     I   106       76       90      110       80       40       60
9  Verkaufserlös  I                                                          35
10 ---------------I---------------------------------------------------------------
11 Rückfluß (E-A) I
12 ---------------I---------------------------------------------------------------
13 Nettorückfluß  I
14   (kumuliert)  I
15 ---------------I---------------------------------------------------------------
16 Jahre          I     0        1        2        3        4        5        6
17
18 KENNZAHLEN       Kapitalwert:
19                  Interner Zinsfuß:
20                  Amortisationsdauer:
21-Jul-89 09:17 PM
```

Bild 6-7 Tabellengerüst

6.2.2 Bestimmung des Rückflusses

Für das Anschaffungsjahr 1989 wird der Rückfluß ermittelt (Zeile 11 des Arbeitsblattes), indem vom negativen Wert der Zelle D6 (Anschaffung) der Wert der Zelle D8 (Ausgaben A) abgezogen wird. Zuvor wird der Cursor zur Zelle D11 gebracht und folgendes eingetippt:

-d6-d8 <RETURN> Berechnung des Rückflusses für 1989.

<PFEIL RECHTS> Bewegen des Zellzeigers zur Zelle E11.

+e7-e8 <RETURN> Berechnung des Rückflusses für 1990.

Da die Berechnungen der Rückflüsse für die Jahre 1991 bis 1995 in gleicher Weise erfolgen, wird diese Formel in den Bereich der Zellen von F11 bis I11 kopiert. Dies nehmen Sie mit dem Befehl Kopie (/K) vor.

/k <RETURN>	Auswahl des Kopie-Befehls und Bestätigen des Kopierbereichs.
f11..i11 <RETURN>	Kopie der Formel in den Zielbereich F11 bis I11.

```
A:E11: +E7-E8                                                          BEREIT

A       A       B    C    D       E       F       G       H       I       J       K
1   INVESTITIONSRECHNUNG                Kalkulations-Zinssatz                12 %
2
3   Zahlungsströme I                    Nutzungsdauer (Jahre)
4   in tausend DM  I   1989    1990    1991    1992    1993    1994    1995
5   ---------------I---------------------------------------------------------
6   Anschaffung    I    350
7   Einnahmen E    I            155     300     300     200     140      90
8   Ausgaben A     I    106      76      90     110      80      40      60
9   Verkaufserlös  I                                                     35
10  ---------------I---------------------------------------------------------
11  Rückfluß (E-A) I   -456      79     210     190     120     100
12  ---------------I---------------------------------------------------------
13  Nettorückfluß  I
14    (kumuliert)  I
15  ---------------I---------------------------------------------------------
16  Jahre          I      0       1       2       3       4       5       6
17
18  KENNZAHLEN          Kapitalwert:
19                      Interner Zinsfuß:
20                      Amortisationsdauer:
21-Jul-89 09:32 PM
```

Bild 6-8 Errechnung der Rückflüsse bis 1994

Der Rückfluß für das Jahr 1995 wird folgendermaßen errechnet:

Von den Einnahmen E in Zelle J7 werden die Ausgaben A in Zelle J8 abgezogen und der Verkaufserlös in Zelle J9 addiert. Zunächst wird der Cursor in die Zelle J11 gebracht und dann eingegeben:

+j7-j8+j9 <RETURN>	Berechnung des Rückflusses für 1995.

```
A:J11: +J7-J8+J9                                                      BEREIT

A    A    B    C   D         E        F        G        H        I      J     K
1   INVESTITIONSRECHNUNG            Kalkulations-Zinssatz              12 %
2
3   Zahlungsströme I                   Nutzungsdauer (Jahre)
4   in tausend DM  I  1989    1990    1991    1992    1993    1994    1995
5   ---------------I------------------------------------------------------
6   Anschaffung    I   350
7   Einnahmen E    I           155     300     300     200     140      90
8   Ausgaben A     I   106      76      90     110      80      40      60
9   Verkaufserlös  I                                                    35
10  ---------------I------------------------------------------------------
11  Rückfluß (E-A) I  -456      79     210     190     120     100      65
12  ---------------I------------------------------------------------------
13  Nettorückfluß  I
14   (kumuliert)   I
15  ---------------I------------------------------------------------------
16  Jahre          I     0       1       2       3       4       5       6
17
18  KENNZAHLEN      Kapitalwert:
19                  Interner Zinsfuß:
20                  Amortisationsdauer:
21-Jul-89 09:35 PM
```

Bild 6-9 Arbeitsblatt mit den errechneten Rückflüssen

6.2.3 Bestimmung des kumulierten Nettorückflusses

Der Nettorückfluß wird zunächst für das erste Jahr (1990) nach der Investition ermittelt. Dazu wird der Cursor in die Zelle E13 bewegt. Anschließend wird die Funktion für die Berechnung des Nettorückflusses eingegeben:

<F5> e13 Sprung in Zelle E13.

@NETAKTWERT($J$1/100;$E$11..E11) <RETURN>.

Den Kalkulationszinssatz haben Sie in Zelle J1 eingegeben, deren Position absolut gleich bleibt (daher auch die Markierung mit dem $-Zeichen; dazu wird die <F4>-Taste gedrückt). Da der Zahlenwert 12 ist, aber mit Prozenten gerechnet werden muß, wird der Wert in Zelle J1 noch durch 100 dividiert. Der Bereich für den ersten Nettorückfluß ist die Zelle E11. Die erste Zellangabe ist immer der Beginn des Bereiches und muß deshalb als absolute Zelle $E$11 definiert werden, während mit zunehmenden Jahren die Endzelle relativ zum Beginn wandert.

```
A:E13: @NETAKTWERT($A:$J$1/100;$A:$E$11..E11)                      BEREIT

A     A    B    C    D      E      F      G      H      I      J      K
1  INVESTITIONSRECHNUNG          Kalkulations-Zinssatz           12 %
2
3  Zahlungsströme I                Nutzungsdauer (Jahre)
4  in tausend DM  I   1989   1990   1991   1992   1993   1994   1995
5  ---------------I---------------------------------------------------
6  Anschaffung    I   350
7  Einnahmen E    I           155    300    300    200    140     90
8  Ausgaben A     I   106      76     90    110     80     40     60
9  Verkaufserlös  I                                                35
10 ---------------I---------------------------------------------------
11 Rückfluß (E-A) I  -456      79    210    190    120    100     65
12 ---------------I---------------------------------------------------
13 Nettorückfluß  I        70,536
14  (kumuliert)   I
15 ---------------I---------------------------------------------------
16 Jahre          I     0       1      2      3      4      5      6
17
18 KENNZAHLEN        Kapitalwert:
19                   Interner Zinsfuß:
20                   Amortisationsdauer:
21-Jul-89 09:43 PM
```

Bild 6-10 Berechnen des Nettorückflusses für 1990

Dieselbe Berechnungsformel gilt für die Zellen F13 bis J13. Deshalb wird die Formel der Zelle E13 in diesen Bereich mit dem Befehl Kopie (/K) kopiert.

/k <RETURN>	Auswahl des Befehls Kopie und Bestätigen des Kopierbereichs.
f13..j13 <RETURN>	Berechnung des Nettorückflusses für die restlichen Jahre.

```
A:E13: @NETAKTWERT($A:$J$1/100;$A:$E$11..E11)                           BEREIT

A   A      B    C  D       E       F       G       H       I       J       K
1  INVESTITIONSRECHNUNG            Kalkulations-Zinssatz             12 %
2
3  Zahlungsströme I                Nutzungsdauer (Jahre)
4  in tausend DM  I  1989    1990    1991    1992    1993    1994    1995
5  ---------------I-------------------------------------------------------
6  Anschaffung    I   350
7  Einnahmen E    I           155     300     300     200     140      90
8  Ausgaben A     I   106      76      90     110      80      40      60
9  Verkaufserlös  I                                                    35
10 ---------------I-------------------------------------------------------
11 Rückfluß (E-A) I  -456      79     210     190     120     100      65
12 ---------------I-------------------------------------------------------
13 Nettorückfluß  I        70,536  237,95  373,18  449,45  506,19  539,12
14  (kumuliert)   I
15 ---------------I-------------------------------------------------------
16 Jahre          I     0       1       2       3       4       5       6
17
18 KENNZAHLEN         Kapitalwert:
19                    Interner Zinsfuß:
20                    Amortisationsdauer:
21-Jul-89 09:47 PM
```

Bild 6-11 Arbeitsblatt nach Berechnung des kumulierten Nettorückflusses

6.2.4 Berechnung des Kapitalwertes

Der Kapitalwert wird errechnet, indem zum negativen Rückfluß des Anschaffungsjahres 1989 der kumulierte Nettorückfluß des letzten Jahres (1995) addiert wird. Der Wert wird in Zelle G18 abgelegt. Deshalb wird der Cursor in die Zelle G18 gefahren und folgende Formel eingegeben:

+d11+j13 <RETURN> Berechnung des Kapitalwertes.

<PFEIL RECHTS> **TDM** <RETURN> Eingabe von **TDM** in Zelle H18.

6.2.5 Berechnung des internen Zinsfußes

In der Zelle G19 wird der interne Zinsfuß berechnet. Deshalb wird der Cursor dorthin bewegt und folgendes eingegeben:

@INTZINS(J1;D11..J11)*100 <RETURN>
Eingabe der Funktion für den internen Zinsfuß in Zelle G19.

<PFEIL RECHTS> **%** Eingabe der Angabe "%".

In der Zelle J1 befindet sich der Startwert für den Zinssatz (Kalkulationszinssatz von 12%). Der interne Zinssatz bezieht sich auf die gesamten Rückflüsse im Bereich der Zellen D11 bis J11. Um die Angabe in Prozent zu erhalten, muß das Ergebnis noch mit 100 multipliziert werden. Daran anschließend wird in die nächste Zelle (Zelle H19) die Angabe % geschrieben. Der interne Zinsfuß ist damit angegeben.

6.2.6 Berechnung der Amortisationsdauer

Zur Berechnung der Amortisationsdauer der Anlage geben Sie in der Zelle G20 folgende Funktion ein:

@HVERWEIS(@ABS(D11);E13..J16;3)+1 <RETURN>.

Der **Absolutwert** in Zelle **D11** (Rückfluß des Jahres 1989) wird mit den Werten der Nettorückflüsse, die sich in Zeile 13 befinden - das sind die Zellen E13 bis J13 - verglichen. Wird hier ein Wert gefunden, der größer als der Absolutwert in Zelle D11 ist, dann geht der Cursor im angegebenen Bereich um 3 Zeilen nach unten. Dies ist die Zeile 16, in der die Anzahl der Jahre steht, die ausgegeben wird. Da der Kapitalwert aber meist nie genau einem Wert des kumulierten Nettorückflusses entspricht, geht die Funktion @HVERWEIS() zur nächst niedrigen Jahreszahl (im vorliegenden Fall zum Jahr 4). Die Amortisationsdauer muß deshalb noch um 1 erhöht werden.

Zum Schluß wird noch in die Zelle H20 die Bezeichnung **Jahre** abgespeichert.

<PFEIL RECHTS> **Jahre** <RETURN>.

```
A:H20: 'Jahre                                                                  BEREIT

A    A          B    C    D       E       F       G       H       I       J       K
1   INVESTITIONSRECHNUNG               Kalkulations-Zinssatz                   12 %
2
3   Zahlungsströme I                      Nutzungsdauer (Jahre)
4   in tausend DM  I  1989    1990    1991    1992    1993    1994    1995
5   ---------------I------------------------------------------------------------
6   Anschaffung    I   350
7   Einnahmen E    I           155     300     300     200     140      90
8   Ausgaben A     I   106      76      90     110      80      40      60
9   Verkaufserlös  I                                                    35
10  ---------------I------------------------------------------------------------
11  Rückfluß (E-A) I  -456      79     210     190     120     100      65
12  ---------------I------------------------------------------------------------
13  Nettorückfluß  I        70,536  237,95  373,18  449,45  506,19  539,12
14   (kumuliert)   I
15  ---------------I------------------------------------------------------------
16  Jahre          I     0       1       2       3       4       5       6
17
18  KENNZAHLEN       Kapitalwert:            83,121 TDM
19                   Interner Zinsfuß:       18,639 %
20                   Amortisationsdauer:          5 Jahre
22-Jul-89 09:51 AM
```

Bild 6-12 Berechnetes Arbeitsblatt zur Investitionsrechnung

Wie Bild 6-12 zeigt, ist der Kapitalwert positiv, der interne Zinsfuß liegt über dem Kalkulationszinssatz und die Amortisationsdauer ist kürzer als die Einsatzdauer des Investitionsobjektes. Deshalb handelt es sich in diesem Fall um eine vorteilhafte Investition.

7 Datenbankbearbeitung am Beispiel einer Lagerverwaltung

Eine *Datenbank* ist eine *strukturierte Ansammlung* von Informationen. Beispiele dafür sind ein einfaches Telefonverzeichnis, eine Adressenliste oder Informationen zur Lagerverwaltung. Im vorliegenden Beispiel wird eine Datenbank für die Lagerverwaltung erstellt und ausgewertet.

In einer Lagerkartei sind z. B. alle Artikel nach Artikelnummer, Bezeichnung, Einkaufspreis, Stück, Bestand und Lagerort aufgeführt. Da diese Lagerkartei alle wichtigen Informationen über die gelagerten Artikel enthält, kann man sie als *Datenbank* bezeichnen. Die Lagerkartei besteht aus einzelnen *Karteikarten*, die für *jeden Lagerartikel* die entsprechenden Informationen (Artikelnummer, Bezeichnung, Einkaufspreis, usw.) enthalten. Bild 7-1 zeigt die bereits erfaßte Lagerdatenbank unseres Beispiels. An ihr werden die entsprechenden *Bezeichnungen* erklärt.

A:A1: S   BEREIT

Feldname

A	A	B	C	D	E	F
1			Lagerbestand			
2			============			
3	Bezeichnung	Art.Nr	Stück	Preis	Bestand	Lager
4	Stellmutter	3304	10	253,40	1561,20	a
5	Senkschraube	3210	12	93,73	1124,76	a
6	Zyl.Schraube	3737	8	118,22	945,76	a
7	Scheibe	3231	100	7,75	775,00	a
8	Spannring	3567	52	3,52	103,04	a
9	Passfeder	3776	2	32,32	64,64	a
10	Distanzrohr	3254	39	0,95	37,05	a
11	Anschlag	0234	20	55,76	1115,20	b
12	Rollenlager	0327	3	303,45	910,35	b
13	Lagerplatte	8170	1	531,00	531,00	b
14	Lagerbock	8175	2	130,00	260,00	b
15	Nadellager	0650	1	19,04	19,04	b
16	Elektromotor	9076	5	267,90	1339,50	c
17	Gehäuse	9706	4	123,87	495,48	c
18	Flansch	9140	10	32,00	320,00	c
19	Getriebe	9456	3	86,57	259,71	c
20	Welle	9475	2	56,50	113,00	c

Datensatz

22-Jul-89 12:24 PM

Datenfeld

Bild 7-1 Datenbank für die Lagerverwaltung

Wie Bild 7-1 zeigt, besteht eine Datenbank aus Dateien, jede Datei aus einzelnen *Datensätzen*. Sie entsprechen einer *Zeile* im 1-2-3-Arbeitsblatt und umfassen die Informationen einer *einzelnen Karteikarte*. Die Datensätze einer Datei wiederum haben alle *denselben* Aufbau: Sie bestehen aus einzelnen *Datenfeldern*. Im vorliegenden Fall sind dies die folgenden sechs Datenfelder: Artikelnummer, Bezeichnung, Einkaufspreis, Stück, Bestand, Lagerort. Jedes Datenfeld besitzt einen *Feldnamen*, über den die Daten pro Datensatz erfaßt und verarbeitet werden; z. B. hat der Einkaufspreis den Feldnamen *"Preis"*; dies gilt für alle identischen Datenfelder aller Datensätze. Wie Bild 7-1 ferner zeigt, beschreiben alle Werte, die zu einem Feldnamen gehören, das sogenannte *Datenfeld*. In ihm befinden sich beispielsweise alle Einträge der Artikel über die Einkaufspreise. Im 1-2-3-Arbeitsblatt entspricht dem Datenfeld eine *Spalte*.

Ein Arbeitsblatt, das - wie Lotus 1-2-3 - seine Daten in *Zeilen* (Datensätze, bestehend aus einzelnen Datenfeldern) und *Spalten* (unterschiedliche Werte für dieselben Datenfelder) organisiert, bietet gute Voraussetzungen dafür, die Daten nach unterschiedlichen Kriterien auszuwählen, zu ordnen und neu zu organisieren. Im einzelnen wird dies in folgenden Schritten durchgeführt:

1. Erstellen einer Datenbank
2. Formeleingabe
3. Schützen von Bereichen
4. Eingabe von Datensätzen
5. Ändern, Hinzufügen und Löschen von Datensätzen
6. Datensätze sortieren nach einem Schlüssel
7. Sortieren nach 2 Schlüsseln
8. Abfrage nach einfachem Kriterium
9. Anzeige der gesuchten Artikel
10. Mehrfachkriterien in einer Zeile
11. Mehrfachkriterien in mehreren Zeilen
12. Zusammengesetzte Kriterien

7.1 Erstellen einer Datenbank

Um eine Datenbank zu erstellen, wird zunächst der Titel und die Struktur festgelegt. Im Beispiel ist der Titel "Lagerbestand". In der Strukturfestlegung werden die Datenfelder der Datensätze bestimmt und mit Feldnamen bezeichnet.

Hinweis! Bei der Erstellung von Datenbanken beachten Sie bitte folgende Spielregeln:

1. Jede Spalte muß einen eindeutigen Feldnamen (nur LABEL zulässig) besitzen.

2. Jede Zeile muß einen vollständigen Datensatz enthalten.

3. Die Werte müssen direkt unter dem Feldnamen beginnen; es darf keine Leerzeile entstehen.

4. In jeder Zelle dürfen entweder Werte oder Labels stehen (in keinem Fall beides).

Vor der Zahleneingabe müssen folgende Vorbereitungen getroffen werden:

a) Festlegen der Spaltenbreite und der Justierung der Feldnamen

Mit dem Befehl Arbeitsblatt **G**lobal **B**reite (**/AGB**) wird die Spaltenbreite für das gesamte Arbeitsblatt auf **12** Zeichen festgelegt (Standardeinstellung ist 9 Zeichen).

<HOME> Bewegen des Zellzeigers zu Zelle A1.

/agb Auswahl des Befehls zur Festlegung der Spaltenbreite für das gesamte Arbeitsblatt.

12 <RETURN> Eingabe der Spaltenbreite von 12 Zeichen.

Die Spalte F (Lagerort) soll nur 7 Zeichen breit sein. Dazu wird der Zellzeiger in Spalte F gebracht und der Befehl **A**rbeitsblatt **S**palte **B**estimmen (**/ASB**) zur Festlegung der speziellen Spaltenbreite verwendet.

<F5> f1 <RETURN> Sprung in die Zelle F1.

/asb 7 <RETURN> Festlegen der Spaltenbreite von 7 Zeichen für Spalte F.

Alle Benennungen, d. h. Überschriften und Feldnamen sollen *rechtsbündig* dargestellt werden. Dazu verwenden Sie den Befehl Arbeitsblatt **Glo**bal **J**ustieren **R**echts (**/AGJR**).

/agjr <RETURN> Alle Namen werden rechtsbündig eingetragen.

b) Eingabe des Titels und der Feldnamen

Der Zellzeiger wird zur Zelle C1 bewegt und die Überschrift "Lagerbestand" eingegeben und unterstrichen:

3 MAL <PFEIL LINKS> Bewegen des Zellzeigers in Zelle C1.

Lagerbestand <PFEIL UNTEN>
Eingabe der Überschrift und Bewegen des Zellzeigers zur Zelle C2.

\= <RETURN> Zelle C2 wird mit dem Zeichen "=" gefüllt.

<F5> a3 <RETURN> Sprung in die Zelle A3.

Bezeichnung <PFEIL RECHTS>
Eingabe des Feldnamens **Bezeichnung** und Bewegen des Zellzeigers nach Zelle B3.

Art.Nr <PFEIL RECHTS>
Eingabe des Feldnamens **Art. Nr.**

Stück <PFEIL RECHTS>
Eingabe des Feldnamens **Stück** in Zelle C3 und Bewegen des Zellzeigers nach Zelle D3.

Preis <PFEIL RECHTS> Eingabe des Feldnamens **Preis.**

Bestand <PFEIL RECHTS>
Eingabe des Feldnamens **Bestand** in Zelle E3 und Bewegen des Zellzeigers nach Zelle F3.

Lager <RETURN> Eingabe des Feldnamens **Lager** und Speichern in Zelle F3.

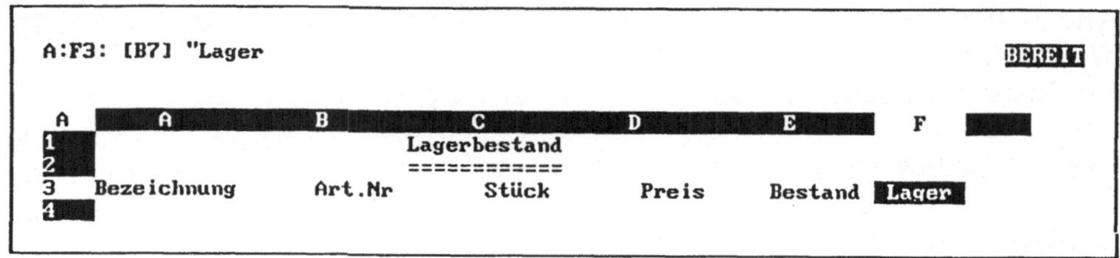

Bild 7-2 Datenbank nach Eingabe der Überschrift und der Feldnamen

7.2 Formeleingabe

Lediglich im Feld Bestand muß der Bestandswert berechnet werden. Er wird durch die Formel: Bestand = Stück*Preis ermittelt. Das bedeutet, die Werte im Feld Bestand (Spalte E) ergeben sich durch Multiplikation der Werte aus dem Feld Stück (Spalte C) und Preis (Spalte D). Deshalb bewegen wir uns in das erste Feld unter dem Feldnamen Bestand (Feld E4) und geben die Berechnungformel ein. Sie wird anschließend bis zum 20. Feldeintrag (bis Zelle E20) kopiert.

<F5> e4 <RETURN>	Sprung in die Zelle E4.
+c4*d4 <RETURN>	Eingabe der Formel zur Errechnung des Bestandes.

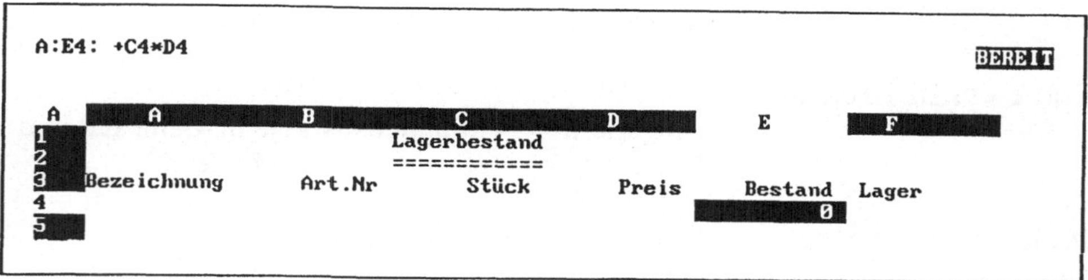

Bild 7-3 zeigt den Bestand von 0, da bisher keine Werte für Stückzahl und Preis vorliegen.

Diese Formel ist für die ganze Spalte E gültig. Deshalb wird sie mit dem Befehl Kopie (/K) in die Felder von E5 bis E20 kopiert.

/k <RETURN>	Auswahl des Befehls Kopie und Bestätigen des Bereichs, aus dem kopiert werden soll.
e5..e20 <RETURN>	Eingabe des Bereichs, in den die Formel kopiert werden soll.

Anschließend sehen Sie, daß die Formeln kopiert wurden. Weil in den entsprechenden Feldern keine Werte vorhanden sind, erscheint überall in Spalte E die Null.

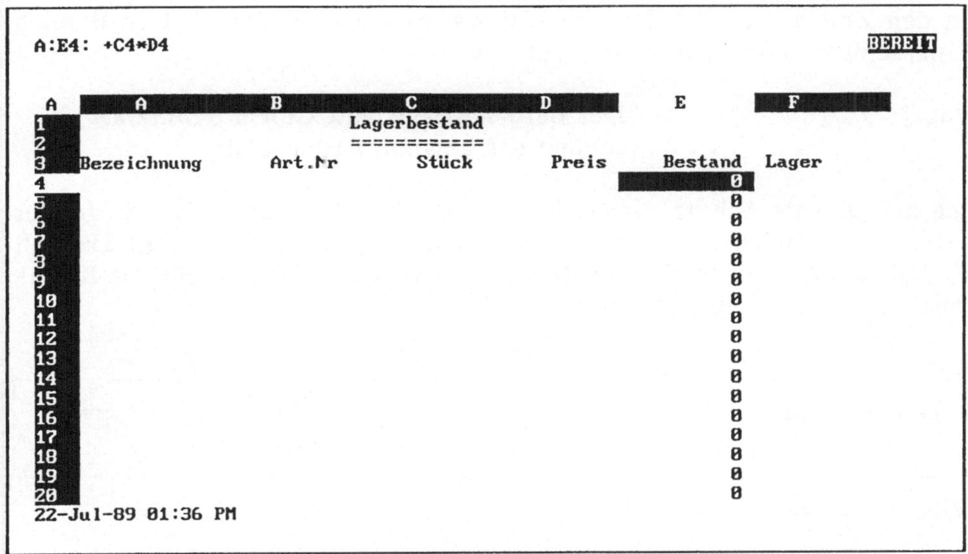

Bild 7-4 Kopierte Formel zur Berechnung des Bestandes

7.3 Schützen von Bereichen

Damit Zelleinträge nicht versehentlich gelöscht oder überschrieben werden können, gibt 1-2-3 die Möglichkeit, sie zu schützen. Dazu gibt es verschiedene Möglichkeiten:

- *Gesamtes Arbeitsblatt schützen*

Mit dem Befehl Arbeitsblatt **G**lobal **S**chutz **J**a (/**AGSJ**) wird das ganze Arbeitsblatt geschützt. Es können keine anderen Eintragungen vorgenommen werden.

- *Bereiche ungeschützt freigeben*

Bereiche, in denen Eintragungen vorgenommen werden sollen, müssen ungeschützt sein. Dazu wird der Befehl **B**ereich **U**ngeschützt (/**BU**) verwendet.

- *Bereiche schützen*

Bereiche, die zur Eingabe freigegeben waren (d. h. ungeschützt waren), können mit dem Befehl **B**ereich **S**chutz (/**BS**) wieder geschützt werden.

Wir gehen sicherheitshalber so vor, daß mit dem Befehl Arbeitsblatt **G**lobal **S**chutz **J**a (/**AGSJ**) das gesamte Arbeitsblatt geschützt wird. Anschließend geben wir die Dateneingabebereiche in den Spalten A bis F in den Zeilen 4 bis 20 (Bereich von A4 bis F20) mit dem Befehl **B**ereich **U**ngeschützt (/**BU**) zur Werteingabe frei.

/agsj	Der Befehl **A**rbeitsblatt **G**lobal **S**chutz **J**a schützt das gesamte Arbeitsblatt.

Ist der globale Schutz eingeschaltet, so wird der Buchstabe "S" in der ersten Bildschirmzeile (neben der Zellenbezeichnung) angezeigt. Handelt es sich um eine ungeschützte Zelle, dann steht an dieser Stelle als Kennzeichen ein "U" (ungeschützt).

```
A:E4: S +C4*D4                                              BEREIT
```

Bild 7-5 Anzeige des Schutzes

Versuchen Sie, eine Eingabe vorzunehmen. Wie Sie sehen, ist dies nicht möglich. Sie hören einen Warnton und 1-2-3 zeigt am Bildschirm rechts obend blinkend die Meldung FEHLER. Am unteren Bildschirmrand erscheint in der linken Ecke die Meldung "Geschützte Zelle". Wenn Sie die Taste <ESC> drücken, wird die Eingabe gelöscht und 1-2-3 schaltet in den BEREIT-Modus um.

Damit Daten eingegeben werden können, werden die betreffenden Bereiche mit dem Befehl **B**ereich **U**ngeschützt (/**BU**) wieder freigegeben.

<ESC>	Die Fehlermeldungen verschwinden. 1-2-3 schaltet in den BEREIT-Modus um.
/bu	Wahl des Befehls **B**ereich **U**ngeschützt.

Sie sehen folgende Bildschirmmeldung:

"Bereich, dessen Schutz aufgehoben werden soll:".

a4..f20 <RETURN>	Der Bereich A4 bis D20 wird ungeschützt.

Sie sehen die Aufhebung des Schutzes am Buchstaben "U" in der ersten Bildschirmzeile. Es soll auch der Bereich G1 bis L20 für spätere Eingaben zur Auswertung der Datenbank freigegeben werden. Deshalb geben Sie ein:

/bu g1..l20 <RETURN> Bereich G1 bis L20 ist ungeschützt.

7.4 Eingabe von Datensätzen

Jetzt sind wir an dem Punkt angelangt, an dem wir die Daten eingeben können. Alle bisherigen Tätigkeiten dienten der Vorbereitung für die Dateneingabe. Im folgenden werden die Bezeichnungen der Lagerartikel und ihre Werte eingetragen.

Zyl.Schraube <PFEIL RECHTS>
Eingabe des Textes und Bewegen des Zellzeigers nach Zelle B4.

Hinweis! Alle Eingaben, die Sie verändern können (die ungeschützt sind), erscheinen heller als die geschützten Felder. Deshalb sehen Sie die Texteingabe heller als die Überschrift und die Feldnamen.

Nun machen wir von der Möglichkeit der neuen Version 3 Gebrauch, die Daten *automatisch* zu formatieren. Dazu wird der Befehl Arbeitsblatt Global (oder Bereich) Format Optionen Automatisch (/**AGFOA**) oder (/**BFOA**) eingesetzt.

/agfoa <RETURN> Einschalten des automatischen Formatierens.

Hinweis! So, wie die Werte jetzt eingegeben werden, werden alle in dieser Spalte künftig formatiert.

Die einzelnen Werte werden so erfaßt, wie es Bild 7-6 zeigt. Sie sehen, daß die Berechnungen für das Datenfeld Bestand sofort vorgenommen wird, wenn die Eingabe der Werte für Stück und Preis erfolgt. Damit die Werte in der Spalte für Bestand zwei Nachkommastellen besitzen, wird die Spalte formatiert. Dazu springen wir in eine Zelle der Spalte E (z. B. E4) und formatieren die Spalte mit dem Befehl Bereich Format Fest (/**BFF**).

<F5> e4 <RETURN> Sprung zur Zelle E4.

/bff <RETURN> Formatieren als Dezimalzahl mit 2 Nachkommastellen.

Anschließend wird der Bereich festgelegt:

.	Eingabe des <PUNKTES>, d. h. Verankerung der Zelle E4.
16 MAL <PFEIL UNTEN>	Bestimmen des Bereiches von E4 bis E20.
<RETURN>	Ausführen der Formatierung.

Die Bezeichnungen in Spalte A sollen *linksbündig* erscheinen. Dazu wählen Sie den Befehl **Bereich Just Links (/BJL)** aus.

<F5> a4 <RETURN>	Sprung zu Zelle A4.

Der Zellzeiger steht auf der Bezeichnung "Zyl.Schraube". Geben Sie jetzt ein:

/bjl	Eingabe des Befehls, alle Inhalte dieser Spalte links zu justieren.

Markieren Sie jetzt den Bereich, indem Sie 16 mal die <PFEIL UNTEN>-Taste drücken und bestätigen Sie Ihre Eingabe mit <RETURN>.

16 MAL <PFEIL UNTEN> <RETURN>

Markieren des Bereichs, der justiert werden soll.

Die Daten werden weiter eingegeben, bis alle erfaßt sind. Ihre Bildschirmdarstellung sollte Bild 7-6 entsprechen.

A:F20: (L) U [B7] "b BEREIT

A	A	B	C	D	E	F
1			Lagerbestand			
2			============			
3	Bezeichnung	Art.Nr	Stück	Preis	Bestand	Lager
4	Zyl.Schraube	3737	8	110,22	945,76	a
5	Welle	9475	2	56,50	113,00	c
6	Stellmutter	3304	18	253,40	4561,20	a
7	Getriebe	9456	3	86,57	259,71	c
8	Senkschraube	3210	12	93,73	1124,76	a
9	Scheibe	3231	100	7,75	775,00	a
10	Rollenlager	8327	3	303,45	910,35	b
11	Passfeder	3776	2	32,32	64,64	a
12	Nadellager	8650	1	19,04	19,04	b
13	Lagerplatte	8170	1	531,00	531,00	b
14	Lagerbock	8175	2	130,00	260,00	b
15	Spannring	3567	52	3,52	183,04	a
16	Gehäuse	9706	4	123,87	495,48	c
17	Flansch	9140	10	32,80	328,00	c
18	Elektromotor	9876	5	267,90	1339,50	c
19	Distanzrohr	3254	39	0,95	37,05	a
20	Anschlag	8234	20	55,76	1115,20	b

22-Jul-89 05:20 PM

Bild 7-6 Datenbank mit erfaßten Datensätzen

7.5 Ändern, Hinzufügen und Löschen von Datensätzen

- *Ändern von Datensätzen*

Datensätze werden geändert, indem Sie in die betreffende Zelle gehen und die neuen Werte eintragen (dazu müssen die Felder ungeschützt sein!).

- *Hinzufügen von Datensätzen*

Eine Zeile oder eine Spalte kann mit dem Befehl Arbeitsblatt Einfügen Zeile bzw. Spalte (/**AEZ** bzw. /**AES**) eingefügt werden. Wenn zusätzliche Eingaben am Ende der Datentabelle erfolgen, wird die Datenbasis entsprechend umfangreicher. Bei der Eingabe müssen Sie nur die für die Bereiche festgelegten Formeln oder Formatierungen beachten.

- *Löschen von Datensätzen*

Sollen lediglich Eintragungen gelöscht werden, dann verwenden Sie den Befehl **B**ereich **R**adier (/**BR**). Sollen ganze Zeilen bzw. Spalten gelöscht werden, dann eignet sich dazu der Befehl **A**rbeitsblatt **L**öschen **Z**eilen bzw. Spalten (/**ALZ** bzw. /**ALS**).

7.6 Datensätze sortieren nach einem Schlüssel

Die beiden wichtigsten und am häufigsten benötigten Funktionen in einer Datenbank sind die Funktionen *Sortieren* und *Abfragen*. Sie sind in 1-2-3 implementiert. Die Datenbank soll *alphabetisch* nach der Bezeichnung sortiert werden, damit sofort erkannt werden kann, ob gesuchte Artikel auf Lager sind. Zum Sortieren wird die Funktion **D**aten **S**ortieren (/**DS**) verwendet. Bild 7-7 zeigt die Möglichkeiten im Menü DATEN.

```
A:A4: U 'Zyl.Schraube                                                MENÜ
Füll Tabelle Sortier Abfrage Verteil Matrix Regression Datenanalyse Extern
Sortiert Datenbanksätze
```

Bild 7-7 Möglichkeiten des Menüs DATEN

Hinweis! Da beim Sortieren die Reihenfolge der Datensätze verändert wird, dürfen Sie keine Bereiche sortieren, die geschützten Zellen enthalten. Mit dem Befehl Bereich Ungeschützt (/BU) entfernen Sie den bestehenden Schutz vor einem Sortiervorgang.

Bevor sortiert werden soll, wird an den Anfang des zu sortierenden Bereiches gesprungen.

<F5> a4 <RETURN>	Sprung zur Zelle A4.
/dsd	Auswahl des Befehls **D**aten **S**ortier **D**atenbereich.

Da der Zellzeiger bereits in Zelle A4 steht, können Sie diese Zelle mit einem "." (Punkt) verankern und die Cursortasten so bewegen, daß der Bereich von A4 bis F20 aufgehellt ist. Natürlich können Sie an dieser Stelle auch eingeben:

a4..f20 <RETURN>	Eingabe des zu sortierenden Bereiches und Rücksprung in das Menü Daten Sortier.

Beim nochmaligen Drücken der <RETURN>-Taste sehen Sie den hell unterlegten Datenbereich. Dies ist der von Ihnen gewählte Bereich, in dem die Datensätze sortiert werden sollen (s. Bild 7-8).

A:F20: (L) U [B7] "b ZEIGEN
Datenbereich: A:A4..A:F20

A	A	B	C	D	E	F
1			Lagerbestand			
2			============			
3	Bezeichnung	Art.Nr	Stück	Preis	Bestand	Lager
4	Zyl.Schraube	3737	8	118,22	945,76	a
5	Welle	9475	2	56,50	113,00	c
6	Stellmutter	3384	18	253,40	4561,20	a
7	Getriebe	9456	3	86,57	259,71	c
8	Senkschraube	3210	12	93,73	1124,76	a
9	Scheibe	3231	100	7,75	775,00	a
10	Rollenlager	8327	3	303,45	910,35	b
11	Passfeder	3776	2	32,32	64,64	a
12	Nadellager	8650	1	19,04	19,04	b
13	Lagerplatte	8170	1	531,00	531,00	b
14	Lagerbock	8175	2	130,00	260,00	b
15	Spannring	3567	52	3,52	183,04	a
16	Gehäuse	9786	4	123,87	495,48	c
17	Flansch	9148	10	32,80	328,00	c
18	Elektromotor	9876	5	267,90	1339,50	c
19	Distanzrohr	3254	39	0,95	37,05	a
20	Anschlag	8234	20	55,76	1115,20	b

22-Jul-89 05:45 PM

Bild 7-8 Zu sortierender Datenbereich

Um wieder in das Sortiermenü zu gelangen, müssen Sie die <RETURN>-Taste drücken. Anschließend können Sie den 1. Sortierschlüssel auswählen.

<RETURN> Rückkehr ins Sortier-Menü.

1 Auswahl des 1. Sortierschlüssels.

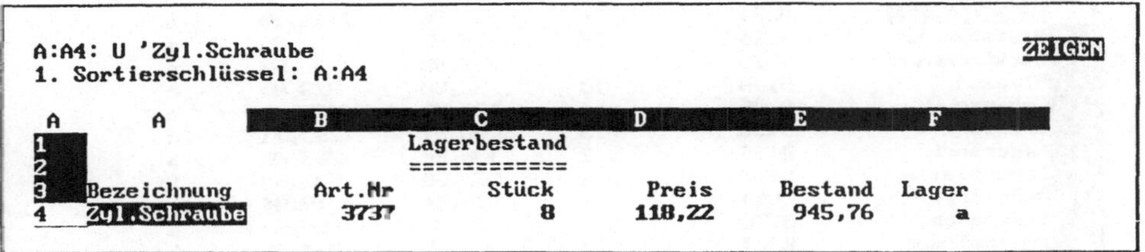

Bild 7-9 Auswahl des 1. Sortierschlüssels

<RETURN> Bestätigung des 1. Sortierschlüssels.

Im folgenden können Sie die Sortierfolge bestimmen (S: steigende Sortierfolge von A bis Z oder A: abfallende Sortierfolge von Z bis A). Weil eine steigende Sortierfolge gewählt werden soll, geben wir ein:

s Die Daten sollen steigend sortiert werden.

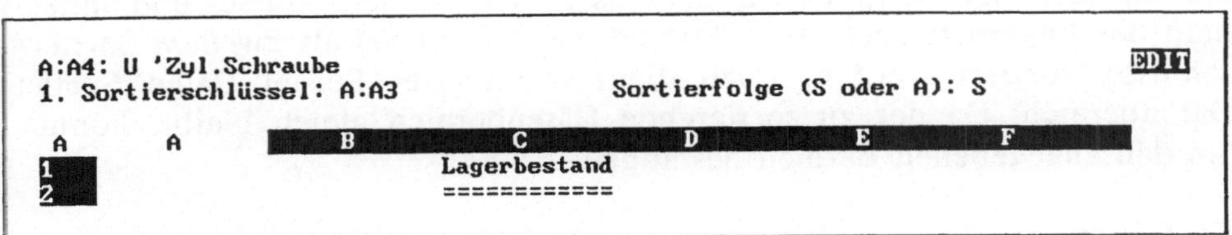

Bild 7-10 Wahl der Sortierfolge

<RETURN> Rücksprung ins Sortiermenü.

Mit dem Befehl Sortier wird die Sortierung durchgeführt.

s Ausführen des Sortiervorgangs.

A:A4: (L) U 'Anschlag BEREIT

	A	B	C	D	E	F
1			Lagerbestand			
2			============			
3	Bezeichnung	Art.Nr	Stück	Preis	Bestand	Lager
4	Anschlag	8234	20	55,76	1115,20	b
5	Distanzrohr	3254	39	0,95	37,05	a
6	Elektromotor	9876	5	267,90	1339,50	c
7	Flansch	9148	10	32,80	328,00	c
8	Gehäuse	9706	4	123,87	495,48	c
9	Getriebe	9456	3	86,57	259,71	c
10	Lagerbock	8175	2	130,00	260,00	b
11	Lagerplatte	8170	1	531,00	531,00	b
12	Nadellager	8650	1	19,04	19,04	b
13	Passfeder	3776	2	32,32	64,64	a
14	Rollenlager	8327	3	303,45	910,35	b
15	Scheibe	3231	100	7,75	775,00	a
16	Senkschraube	3210	12	93,73	1124,76	a
17	Spannring	3567	52	3,52	183,04	a
18	Stellmutter	3304	18	253,40	4561,20	a
19	Welle	9475	2	56,50	113,00	c
20	Zyl.Schraube	3737	8	118,22	945,76	a

23-Jul-89 11:06 AM

Bild 7-11 Datenbank nach dem Sortierlauf

7.7 Sortieren nach 2 Schlüsseln

Es soll nach dem Lagerort (*Lager*) als *erstem* Sortierschlüssel und innerhalb des Lagerorts nach dem Bestandswert (*Bestand*) als *zweitem* Sortierschlüssel sortiert werden. Dazu dient wieder der Befehl **D**aten **S**ortier **D**atenbereich. Da der zu sortierende Datenbereich gleich bleibt, können Sie den angegebenen Bereich bestätigen.

/dsd <RETURN>	Auswahl des Befehls **D**aten **S**ortier **D**atenbereich und Bestätigen des Bereiches (A4..F20).

Anschließend wird aus dem Daten-Sortier-Menü der 1. Sortierschlüssel (Lager in Spalte F) ausgewählt und eine steigende Sortierfolge vereinbart und mit <RETURN> bestätigt. Dann wird der 2. Sortierschlüssel (Bestand in Spalte E) ausgewählt, eine absteigende Sortierfolge vereinbart und mit <RETURN> bestätigt.

1	Wahl des 1. Sortierschlüssels.

Bewegen Sie den Zellzeiger in eine Zelle der Spalte F (Lager) und betätigen Sie die <RETURN>-Taste.

<RETURN> Bestätigen des 1. Sortierschlüssels.

s <RETURN> Es soll steigend sortiert werden.

2 Auswahl des 2. Sortierschlüssels.

Als zweiter Sortierschlüssel wurde der Bestand in Spalte E ausgewählt. Bewegen Sie deshalb den Cursor in eine Zelle der Spalte E zwischen E4 und E20.

<RETURN> Bestätigen des 2. Sortierschlüssels.

a <RETURN> Der Bereich soll absteigend sortiert werden.

Mit dem Befehl Sortier wird der Sortiervorgang ausgeführt und Sie sehen Bild 7-12.

```
A:A4: (L) U 'Stellmutter                                                    BEREIT

A   A              B            C            D            E          F
1                          Lagerbestand
2                          ===========
3  Bezeichnung     Art.Nr      Stück        Preis      Bestand    Lager
4  Stellmutter       3304         18       253,40      4561,20      a
5  Senkschraube      3210         12        93,73      1124,76      a
6  Zyl.Schraube      3737          8       118,22       945,76      a
7  Scheibe           3231        100         7,75       775,00      a
8  Spannring         3567         52         3,52       183,04      a
9  Passfeder         3776          2        32,32        64,64      a
10 Distanzrohr       3254         39         0,95        37,05      a
11 Anschlag          8234         20        55,76      1115,20      b
12 Rollenlager       8327          3       303,45       910,35      b
13 Lagerplatte       8170          1       531,00       531,00      b
14 Lagerbock         8175          2       130,00       260,00      b
15 Nadellager        8650          1        19,04        19,04      b
16 Elektromotor      9876          5       267,90      1339,50      c
17 Gehäuse           9786          4       123,87       495,48      c
18 Flansch           9140         10        32,80       328,00      c
19 Getriebe          9456          3        86,57       259,71      c
20 Welle             9475          2        56,50       113,00      c
23-Jul-89 11:34 AM
```

Bild 7-12 Datenbank, nach zwei Sortierschlüsseln sortiert

7.8 Abfrage nach einfachem Kriterium

Bei Abfragen werden die Daten nach bestimmten Kriterien herausgesucht. Anschließend können diese Daten weiter untereucht werden, beispielsweise mit statistischen Methoden (s. Kapitel 8). Im vorliegenden

Fall sollen alle Artikel gefunden und angezeigt werden, deren Bestand größer als 1000,- DM ist. Deshalb muß die Lager-Datenbank nach diesem Auswahlkriterium abgefragt werden, wozu 1-2-3 den Befehl **D**aten **A**bfrage (/DA) zur Verfügung stellt. In diesem Abfrage-Menü werden der Bereich festgelegt und die Kriterien angegeben, nach denen der Bereich durchsucht werden soll.

In unserem Beispiel wird mit dem Befehl **D**aten **A**bfrage **B**ereich (/DAB) der Bereich festgelegt, der untersucht werden soll. Der Bereich (Eingabebereich genannt) umfaßt die *Spaltenüberschriften* (Feldnamen) der Datenbank und *alle Datenfelder*, die nach festzulegenden Kriterien durchsucht werden sollen.

Hinweis! Beim Abfragen einer Datenbank *muß* der Eingabebereich auch die Spaltenüberschriften (Feldnamen) beinhalten. Dies ist beim Sortiervorgang anders: dort werden die Spaltenüberschriften nicht angegeben.

/dab	Auswahl des Befehls **D**aten **A**bfrage **B**ereich.
a3..f20 <RETURN>	Eingabe des Bereiches und Rücksprung ins Daten-Abfrage-Menü.

Mit dem Befehl **K**rit im Daten-Abfrage-Menü (Befehl **D**aten **A**bfrage **K**rit: /DAK) wird ein Kriterienbereich festgelegt, in dem die Suchkriterien stehen. Dieser Kriterienbereich besteht aus mindestens *zwei* Zeilen: in der *ersten* Zeile stehen die *Feldnamen* und in der *zweiten* Zeile (und den folgenden Zeilen) stehen die Kriterien. Der Kriterienbereich wird angelegt, indem die *Feldnamen* in einen *leeren* Bereich des Arbeitsblattes *kopiert* werden.

Hinweis! Kopieren Sie alle Feldnamen der Datenbank in den Kriterienbereich, auch wenn Sie nur einige der Feldnamen benutzen. Dadurch sind Sie in der Lage, die Kriterien später einfacher ändern zu können.

Weiterhin ist es sinnvoll, den Kriterienbereich rechts von der bestehenden Datenbank aufzubauen. Dann können Sie die Datenbank durch zusätzliche Datensätze nach unten ergänzen.

Durchsuchen Sie im angegebenen Bereich alle Datensätzen nach Beständen über 1000,- DM. Dazu gehen Sie folgendermaßen vor: Als erstes kopieren Sie mit dem Befehl **K**opie (/K) die Feldnamen des Bereichs A3 bis F3 in den leeren Bereich des Arbeitsblattes (G1 bis L1).

Hinweis! Sie können keine geschützten Zellen kopieren und keine Angaben in einen Bereich kopieren, der ebenfalls geschützt ist. Entfernen Sie deshalb vor dem

Kopieren mit dem Befehl Bereich Ungesch den Schutz der Feldnamen (Bereich A4 bis F4) und im Kriterienbereich (G3..L20). Sie können auch mit dem Befehl Arbeitsblatt Global Schutz Nein (/AGSN) den Schutz für das ganze Arbeitsblatt aufheben.

z	Auswahl des Befehls **Z**urück. Rücksprung in den BEREIT-Modus (die Menüleiste verschwindet).
/k	Auswahl des Befehls **K**opie.
a3..f3 <RETURN>	Eingabe des Bereiches, aus dem kopiert werden soll.
g1..l1 <RETURN>	Eingabe des Bereiches, in den kopiert werden soll und Ausführen des Kopierbefehls.

Durch Drücken der <TAB>-Taste rücken Sie eine Bildschirmseite (5 Spalten) weiter nach rechts (s. Tabelle 2-2 in Abschn. 2: Cursortasten in 1-2-3). Damit können Sie kontrollieren, ob 1-2-3 den Kopierbefehl durchgeführt hat.

<TAB>	Sprung eine Bildschirmseite nach rechts.

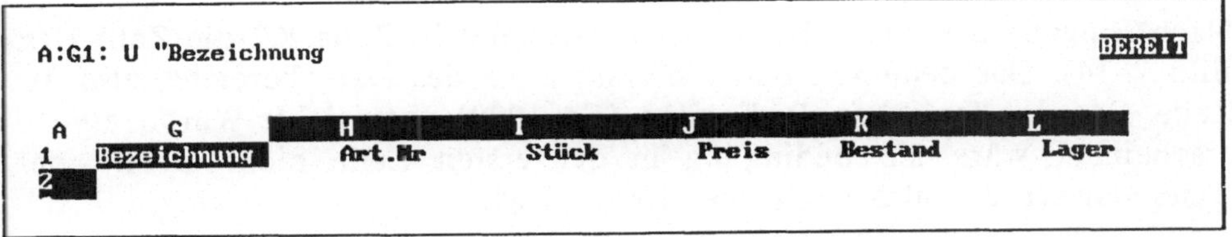

Bild 7-13 Kopieren der Feldnamen in den Kriterienbereich

Hinweis! Mit den <TAB>-Tasten können Sie zwischen den Datenbereich der Datenbank (Spalten A bis F) und dem Kriterienbereich (Spalten G bis L) blättern. Mit der <TAB>-Taste gelangen Sie eine Bildschirmseite nach rechts; mit der Tastenfolge <SHIFT> <TAB> eine Bildschirmseite nach links.

Jetzt wird der Kriterienbereich mit dem Befehl **D**aten **A**bfrage **K**rit (**/DAK**) festgelegt.

/dak	Auswahl des Befehls **D**aten **A**bfrage **K**rit.
g1..l2 <RETURN>	Eingabe des Kriterienbereiches (G1 bis L2) und Rückkehr in das Daten-Abfrage-Menü.

In der *zweiten* Zeile des Kriterienbereiches (G2..L2) muß das *Auswahlkriterium* (Suchargument) stehen. Jedes Auswahlkriterium steht *unter* dem entsprechenden Feldnamen. Bei unserem Beipiel steht unter dem Feldnamen Bestand (Zelle K1) die Bedingung (E4>1000). Dazu wird der Zellzeiger in die Zelle K2 bewegt und das Auswahlkriterium eingegeben.

z Rückkehr in den BEREIT-Modus.

<TAB> Blättern zum Bereich G bis L.

Bewegen Sie den Zellzeiger in Zelle K2 und geben Sie ein:

+e4>1000 <RETURN> Eingabe des Auswahlkriteriums in Zelle K2.

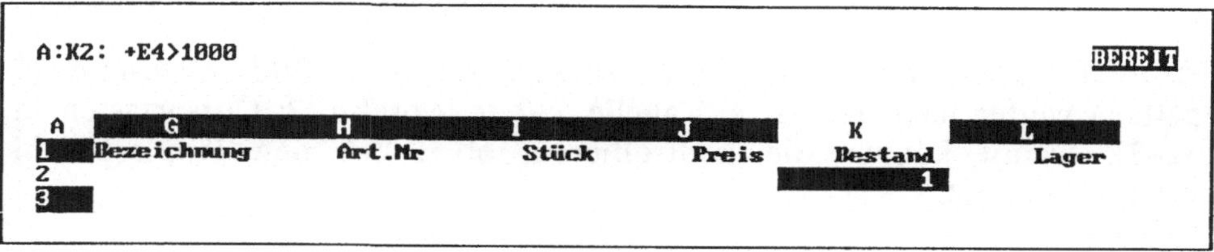

Bild 7-14 Eingabe des Auswahlkriteriums

Nach Eingabe des Auswahlkriteriums erscheint in Zelle K2 die Zahl 1 (s. Bild 7-14). Das bedeutet, daß die erste Zelle des Datenbereichs, also die Zelle E4, der logischen Bedingung (E4>1000) entspricht. Würde eine 0 erscheinen, wäre die Bedingung in der ersten Zeile nicht erfüllt, der Bestandswert läge also nicht über 1000,- DM.

Mit dem Befehl **D**aten **A**bfrage **F**inden (/**DAF**) sucht 1-2-3 nach den Datensätzen, die dem eingegeben Auswahlkriterium entsprechen. Diese werden durch eine helle Markierung hervorgehoben.

/daf Auswahl des Befehls **D**aten **A**bfrage **F**inden.

Wie Sie in Bild 7-15 sehen, wird der *erste* Datensatz, der diesem Kriterium genügt, hell hervorgehoben. In unserem Fall ist es der Datensatz in Zeile 4 mit der Bezeichnung "Stellmutter".

A:A4: (L) U 'Stellmutter FINDEN

A	A	B	C	D	E	F
1			Lagerbestand			
2			============			
3	Bezeichnung	Art.Nr	Stück	Preis	Bestand	Lager
4	Stellmutter	3384	18	253,40	4561,20	a
5	Senkschraube	3210	12	93,73	1124,76	a
6	Zyl.Schraube	3737	8	118,22	945,76	a
7	Scheibe	3231	100	7,75	775,00	a
8	Spannring	3567	52	3,52	183,04	a
9	Passfeder	3776	2	32,32	64,64	a
10	Distanzrohr	3254	39	0,95	37,05	a
11	Anschlag	8234	20	55,76	1115,20	b
12	Rollenlager	8327	3	303,45	910,35	b
13	Lagerplatte	8170	1	531,00	531,00	b
14	Lagerbock	8175	2	130,00	260,00	b
15	Nadellager	8650	1	19,04	19,04	b
16	Elektromotor	9876	5	267,90	1339,50	c
17	Gehäuse	9706	4	123,87	495,48	c
18	Flansch	9140	10	32,80	328,00	c
19	Getriebe	9456	3	86,57	259,71	c
20	Welle	9475	2	56,50	113,00	c

23-Jul-89 01:15 PM

Bild 7-15 Ausgesuchter Datensatz

Wie Sie an der Modus-Anzeige rechts oben am Bildschirm sehen, befinden wir uns im Augenblick im FINDEN-Modus. Betätigen Sie die <PFEIL UNTEN>-Tasten, und Sie sehen den *nächsten* Datensatz, der diesem Kriterium genügt. Wenn Sie beispielsweise zweimal die <PFEIL UNTEN>-Taste gedrückt haben, dann sehen Sie den Datensatz mit der Bezeichnung "Anschlag" (s. Bild 7-16).

A:A11: (L) U 'Anschlag FINDEN

A	A	B	C	D	E	F
1			Lagerbestand			
2			============			
3	Bezeichnung	Art.Nr	Stück	Preis	Bestand	Lager
4	Stellmutter	3384	18	253,40	4561,20	a
5	Senkschraube	3210	12	93,73	1124,76	a
6	Zyl.Schraube	3737	8	118,22	945,76	a
7	Scheibe	3231	100	7,75	775,00	a
8	Spannring	3567	52	3,52	183,04	a
9	Passfeder	3776	2	32,32	64,64	a
10	Distanzrohr	3254	39	0,95	37,05	a
11	Anschlag	8234	20	55,76	1115,20	b
12	Rollenlager	8327	3	303,45	910,35	b
13	Lagerplatte	8170	1	531,00	531,00	b
14	Lagerbock	8175	2	130,00	260,00	b
15	Nadellager	8650	1	19,04	19,04	b
16	Elektromotor	9876	5	267,90	1339,50	c
17	Gehäuse	9706	4	123,87	495,48	c
18	Flansch	9140	10	32,80	328,00	c
19	Getriebe	9456	3	86,57	259,71	c
20	Welle	9475	2	56,50	113,00	c

23-Jul-89 01:20 PM

Bild 7-16 Datensatz "Anschlag", der dem Auswahlkriterium entspricht

Mit Drücken der Tasten <PFEIL UNTEN> bzw. <PFEIL OBEN> werden die Datensätze hervorgehoben, die dem angegebenen Kriterium entsprechen. Mit den Tasten <PFEIL LINKS> bzw. <PFEIL RECHTS> können Sie sich im hell markierten, d. h. ausgewählten Datensatz bewegen. Mit der <HOME>-Taste bzw. der <END>-Taste gelangen Sie zum ersten bzw. zum letzten Datensatz (diese müssen nicht das angegebene Auswahlkriterium erfüllen). Mit der <RETURN>- bzw. der <ESC>-Taste kehren Sie in das Daten-Abfrage-Menü zurück.

In diesem Beispiel haben wir nur nach *Werten* gesucht. 1-2-3 findet auch Datensätze, die als Kriterium einen *Suchtext* (Label) enthalten. Beispielsweise können Fragen folgender Art beantwortet werden:

- Suchen des Lagerartikels "Passfeder";

- Suche alle Artikel, die mit "A" beginnen;

- Suche nach allen Artikeln, die nur 4 Buchstaben (????) haben.

7.9 Anzeige der gesuchten Artikel

Mit dem Befehl **D**aten **A**bfrage **E**xtrakt (/DAE) werden die Datensätze, die dem vorgegebenen Kriterium entsprechen (Bestand > 1000), in einen vorher angegebenen Bereich des Arbeitsblattes geschrieben. Dieser Bereich muß mit dem Befehl **D**aten **A**bfrage **A**usgabe (/DAA) vorher festgelegt worden sein. Wie beim Kriteriumsbereich muß auch beim Ausgabebereich in der ersten Zelle der Feldname stehen. Jeder Feldname muß mit dem Feldnamen vom Eingabebereich und Kriterienbereich identisch sein; er kann alerdings auch in einer anderen Reihenfolge angegeben werden. Im folgenden sollen alle Artikelsätze mit einem Bestand von mehr als 1000,- DM in einem von Ihnen angegebenen Bereich des Arbeitsblattes geschrieben (kopiert) werden. Es wird wie folgt vorgegangen:

<ESC>	Rückkehr ins Daten-Abfrage-Menü.
z	Auswahl des Befehls **Z**urück. Rücksprung in den BEREIT-Modus.
/k	Auswahl des Befehls **K**opie.
g1..l1 <RETURN>	Auswahl des Bereichs, aus dem kopiert werden soll (Bereich der Feldnamen von G1 bis L1 im Kriterienbereich).

g5..l5 <RETURN> Auswahl des Bereichs, in den kopiert werden soll.

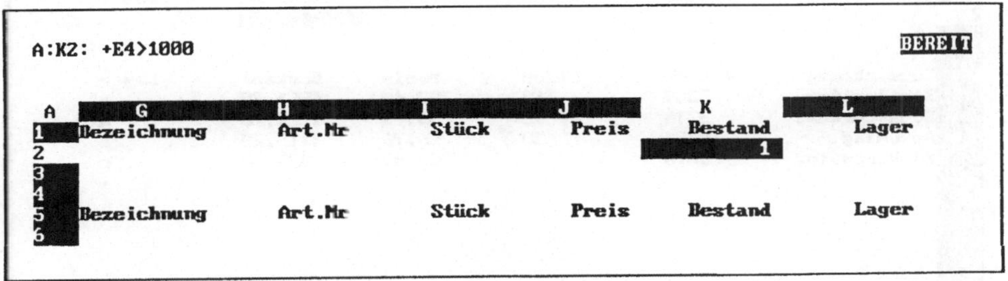

Bild 7-17 Kopieren der Feldnamen in den Ausgabebereich

/daa Auswahl des Befehls **D**aten **A**bfrage **A**usgabe.

Als Ausgabebereich wird eingegeben:

g5..l5 <RETURN> Ausgabebereich wird festgelegt. Rücksprung in das Daten-Abfrage-Menü.

Hinweis! Es genügt, wenn Sie die Spaltenüberschriften (Feldnamen) als Ausgabebereich festlegen. 1-2-3 plaziert die Datensätze, die den Auswahlkriterien entsprechen, direkt unter die Spaltenüberschriften.

e Auswahl des Befehls **E**xtrakt.

Alle Datensätze, die mit dem Auswahlkriterium (Bestand > 1000) übereinstimmen, werden in den Ausgabebereich kopiert, wie dies Bild 7-18 zeigt.

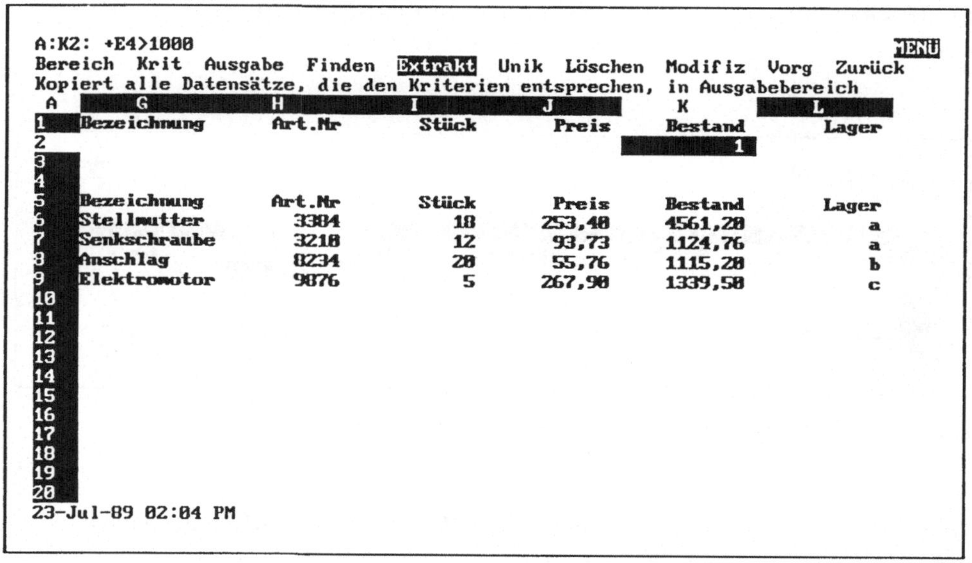

```
A:K2: +E4>1000                                                          MENÜ
Bereich  Krit  Ausgabe  Finden  Extrakt  Unik  Löschen  Modifiz  Vorg  Zurück
Kopiert alle Datensätze, die den Kriterien entsprechen, in Ausgabebereich
 A        G            H            I           J          K           L
1  Bezeichnung      Art.Nr        Stück       Preis      Bestand      Lager
2                                                              1
3
4
5  Bezeichnung      Art.Nr        Stück       Preis      Bestand      Lager
6  Stellmutter        3304           10      253,40      4561,20         a
7  Senkschraube       3210           12       93,73      1124,76         a
8  Anschlag           0234           20       55,76      1115,20         b
9  Elektromotor       9876            5      267,90      1339,50         c
10
11
12
13
14
15
16
17
18
19
20
23-Jul-89 02:04 PM
```

Bild 7-18 Ausgabe der Datensätze, die dem Auswahlkriterium entsprechen

7.10 Mehrfachkriterien in einer Zeile

1-2-3 bietet die Möglichkeit, Datensätze zu suchen, die mehreren Kriterien gehorchen. Dazu werden die Bedingungen in die entsprechenden Felder der Kriterienbereiches geschrieben. Dann werden die Datensätze der Datenbank herausgesucht, die allen Kriterien gerecht werden, d. h. die einzelnen Kriterien werden alle mit *logisch UND* verknüpft.

Es soll in unserem Fall nach allen Artikeln gesucht werden, die in Lager a liegen und einen Bestand von mehr als 1000,- DM aufweisen. Dazu gehen wir folgendermaßen vor:

z	Auswahl des Befehls Zurück. Rücksprung in den BEREIT-Modus.

Bewegen Sie den Zellzeiger in die Zelle L2, und geben Sie für den Lagerort ein:

a <RETURN>	Bestimmen des Lagerorts a.

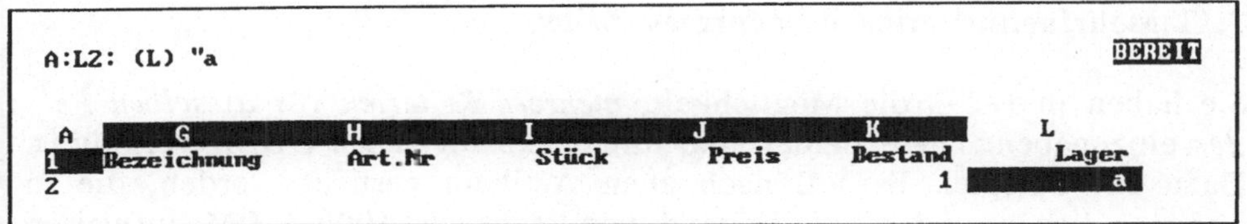

Bild 7-19 Festlegen des Kriterienbereichs

Da die Bedingung für den Bestand (Bestand>1000) gleichbleibt, ist der Kriterienbereich bereits festgelegt, so daß mit der Auswertung begonnen werden kann.

Hinweis! Mit der ABFRAGE-Taste <F7> sparen Sie sich den Befehl Daten Abfrage Extrakt bzw. Daten Abfrage Finden. Sie sehen das Ergebnis sofort. Die Taste <F7> ist allerdings nur im BEREIT-Modus wirksam.

<F7> Ausführen des Suchens und Anzeigens der Datensätze, die den Suchkriterien entsprechen.

```
A:L2: (L) "a                                                           BEREIT

A    G            H           I          J          K           L
1    Bezeichnung  Art.Nr      Stück      Preis      Bestand     Lager
2                                                   1           a
3
4
5    Bezeichnung  Art.Nr      Stück      Preis      Bestand     Lager
6    Stellmutter     3304        10      253,40     4561,20         a
7    Senkschraube    3210        12       93,73     1124,76         a
8
9
10
11
12
13
14
15
16
17
18
19
20
23-Jul-89 02:22 PM
```

Bild 7-20 Datensätze, ausgesucht nach mehreren Kriterien

Wie Bild 7-20 zeigt, gibt es nur zwei Artikel, nämlich "Stellmutter" und "Senkschraube", die in Lager a liegen und einen Bestand von mehr als 1000,-DM aufweisen.

7.11 Mehrfachkriterien in mehreren Zeilen

Sie haben in 1-2-3 die Möglichkeit, *mehrere Kriterien* für *dieselben Felder* einzugeben. Diese Felder sind mit einem *logischen ODER* verknüpft. Dazu ein Beispiel: Es soll nach allen Artikeln gesucht werden, die in Lager **a** liegen und einen Bestand von mehr als **1000,- DM** aufweisen oder in Lager **b** liegen mit einem Bestand von mehr als **500,- DM**. Das erste Kriterium ist schon erfaßt. Deshalb wird das *zweite* Kriterium (Lager b und Bestand >500) unter die jeweiligen Feldnamen in die zweite Zeile des Kriterienbereiches eingetragen.

Bewegen Sie den Zellzeiger zur Zelle **K3** und geben Sie ein:

+e4>500 <PFEIL> <RECHTS>
Eingabe der Bedingung und Sprung zur Zelle L3.

b <RETURN> Eingabe des Lagerortes **b**.

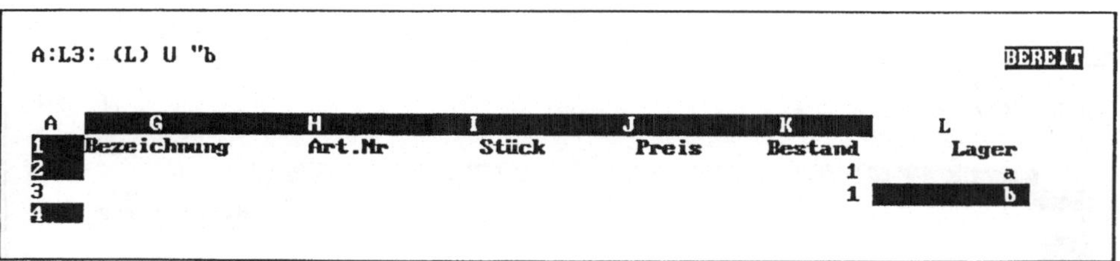

Bild 7-21 Eingabe mehrerer Kriterien

Da mehrere Kriterien angegeben wurden, muß der Kriterienbereich vergrößert werden (im vorliegenden Fall um eine Zeile). Dazu dient der Befehl **D**aten **A**bfrage **K**rit.

/dak Auswahl des Befehls **D**aten **A**bfrage **K**rit.

<PFEIL UNTEN> <RETURN> Vergrößern des Kriterienbereiches um eine Zeile (von Zelle G1 bis Zelle L3). Rücksprung in das Daten-Abfrage-Menü.

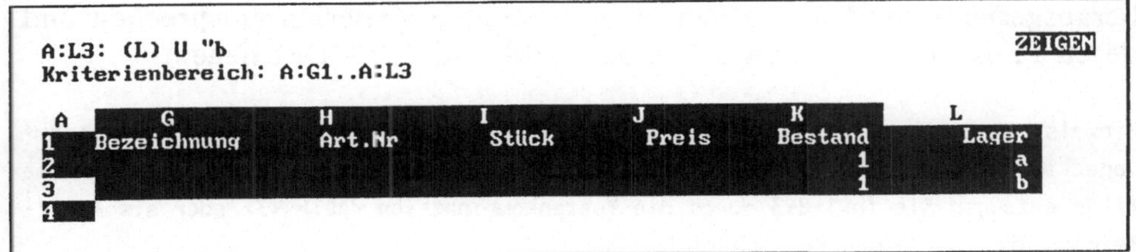

Bild 7-22 Erweiterter Kriterienbereich

Mit dem Befehl **Extrakt** werden alle Datensätze herausgesucht, die mit diesen Kriterien übereinstimmen.

e

Auswahl des Befehls **Extrakt**. Alle Datensätze, die den Kriterien genügen, werden ausgesucht und angezeigt.

A:L3: (L) U "b

BEREIT

A	G	H	I	J	K	L
1	Bezeichnung	Art.Nr	Stück	Preis	Bestand	Lager
2					1	a
3					1	b
4						
5	Bezeichnung	Art.Nr	Stück	Preis	Bestand	Lager
6	Stellmutter	3304	18	253,40	4561,20	a
7	Senkschraube	3210	12	93,73	1124,76	a
8	Anschlag	8234	20	55,76	1115,20	b
9	Rollenlager	8327	3	303,45	910,35	b
10	Lagerplatte	8170	1	531,00	531,00	b
11						
12						
13						
14						
15						
16						
17						
18						
19						
20						

23-Jul-89 04:32 PM

Bild 7-23 Datensätze mit mehreren Kriterien

7.12 Zusammengesetzte Kriterien

Es ist in 1-2-3 möglich, mit den drei logischen Verknüpfungen **#UND#**, **#ODER#** und **#NICHT#** *zusammengesetzte Kriterien* zu formulieren und in einer *Formel* zusammenzufassen. Als Beispiel sollen alle Artikel herausgesucht werden, die den oben genannten Kriterien entsprechen und deren Preis im Lager a zwischen 50,- DM und 300,- DM liegen.

Hinweis! Wenn Sie eine Eigenschaft nicht erfüllt haben wollen (z. B. nicht auf Lager a), dann stellen Sie vor diese Eigenschaft eine Tilde (~), (d. h. ~a). Die Tilde erzeugen Sie in 1-2-3 durch die Tastenkombinateion <ALT> <3> oder als ASCII-Zeichen 126 (durch Drücken von <ALT> 126).

Für unser Beispiel gehen Sie zum BEREIT-Modus (durch mehrmaliges Drücken der <ESC>-Taste oder durch Eingabe von Zurück (z) im Daten-Abfrage-Menü). Der Zellzeiger wird in die Zelle **J2** zum Preiskriterium bewegt. Geben Sie jetzt ein:

+d4>50#UND#d4<300 <RETURN>

Eingabe des zusammengesetzten Kriteriums.

Sie sehen in der Zelle J2 eine 1. Das bedeutet, daß dieses Kriterium *wahr* ist, d. h. es kann von *mindestens einem* Datensatz erfüllt werden.

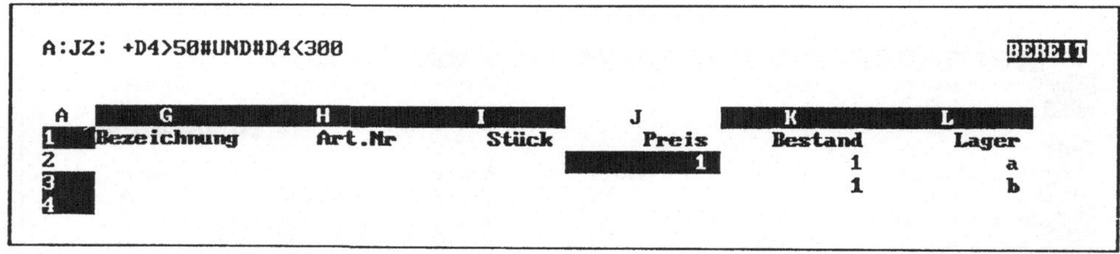

Bild 7-24 Eingabe des zusammengesetzten Kriteriums

Mit der ABFRAGE-Taste <F7> können Sie die Datensätze suchen und sich anzeigen lassen.

<F7> Auswahl und Anzeigen der Datensätze.

```
A:J2: +D4>50#UND#D4<300                                          BEREIT
```

A	G	H	I	J	K	L
1	Bezeichnung	Art.Nr	Stück	Preis	Bestand	Lager
2				1	1	a
3					1	b
4						
5	Bezeichnung	Art.Nr	Stück	Preis	Bestand	Lager
6	Stellmutter	3304	10	253,40	4561,20	a
7	Senkschraube	3210	12	93,73	1124,76	a
8	Anschlag	8234	20	55,76	1115,20	b
9	Rollenlager	8327	3	303,45	910,35	b
10	Lagerplatte	8170	1	531,00	531,00	b
11						
12						
13						
14						
15						
16						
17						
18						
19						
20						

23-Jul-89 04:59 PM

Bild 7-25 Ausgabe der Datensätze mit zusammengesetztem Kriterium

Dieses Beispiel ist auf der Diskette zu finden, die Sie mit der Bestellkarte im Buch anfordern können. Mit dieser Vorlage können Sie die Preise, die Bestände und die Artikel verändern und Ihre eigenen Datenbankabfragen durchführen.

8 Datenbank und statistische Analyse am Beispiel der Auswertung von Fertigungsdaten

Die Fertigungsstelle Dreherei produziert in den letzten Wochen immer mehr Ausschuß. Der Fertigungsleiter möchte den Grund dafür wissen: Liegt der hohe Ausschuß am Alter der Maschinen oder am unterschiedlichen Maschinentyp (Maschine A oder Maschine B)? Um diese Frage beantworten zu können, werden im Zeitraum von einer Woche (Woche 24) die Ausschußquoten notiert und dem Alter und dem Typ gegenübergestellt. Wie im vorigen Abschnitt wird eine Datenbank erstellt (s. Bild 8-1), die folgendermaßen aussieht:

A:H20: 3 BEREIT

A	A	B	C	D	E	F	G	H	I
1				Ausschuß pro Tag (Woche 24)					
2	Maschine	Alter	Typ	Mo	Di	Mi	Do	Fr	Gesamt
3	1	4	a	20	25	23	24	22	114
4	2	5	b	12	14	17	19	20	82
5	3	6	a	6	4	8	9	10	37
6	4	3	a	13	15	11	12	14	65
7	5	7	b	16	18	17	17	17	85
8	6	6	a	22	18	20	23	24	107
9	7	2	b	2	4	3	3	5	17
10	8	3	b	8	9	12	14	11	54
11	9	8	a	15	17	17	15	16	80
12	10	6	a	12	13	11	9	14	59
13	11	7	b	17	18	18	19	16	88
14	12	1	b	2	4	3	2	1	12
15	13	1	b	3	5	6	5	4	23
16	14	4	a	7	10	11	12	13	53
17	15	5	a	17	18	15	16	12	78
18	16	2	b	4	6	5	7	8	30
19	17	8	a	22	20	18	16	19	95
20	18	1	b	0	2	1	0	3	6

25-Jul-89 03:55 PM

Bild 8-1 Ausschuß und Maschinentyp in der Dreherei (Woche 24)

Um die Aussagen statistisch besser absichern zu können, werden in den folgenden zwei Wochen (25 und 26) die Ausschußraten weiter verfolgt und aufgenommen. Mit Hilfe einer statistischen Auswertung soll festgestellt werden, ob ein Zusammenhang zwischen dem Alter der Maschinen oder dem Maschinentyp und dem produzierten Ausschuß besteht.

Die Erfassung der Daten und ihre Auswertung geschieht in folgenden Schritten:

1. Erfassen der Daten
2. Automatische Numerierung
3. Ermittlung der Summen
4. Eingabe der Daten
5. Sortieren nach dem Alter und nach dem Gesamtausschuß
6. Vergeben von Bereichsnamen
7. Statistische Auswertung
8. Erstellen einer Datentabelle mit einer Variablen
9. Erstellen einer Datentabelle mit zwei Variablen
10. Erfassen und Auswerten der Ausschußzahlen der nächsten zwei Wochen in zwei getrennten Arbeitsblättern
11. Auswerten der Daten im Arbeitsblatt D
12. Abhängigkeit des Ausschusses vom Maschinenalter mit den Dateien der drei Arbeitsblätter

8.1 Erfassen der Daten

Als erstes wird für das ganze Arbeitsblatt die Spaltenbreite auf **8** Zeichen festgelegt. Dies geschieht mit dem Befehl Arbeitsblatt Global Breite (**/AGB**).

/agb	Auswahl des Befehls Arbeitsblatt Global Breite.
8 <RETURN>	Festlegen der Spaltenbreite auf **8** Zeichen.

Als nächstes werden die Überschriften eingegeben:

Bewegen Sie den Zellzeiger in die Zelle D1 und geben Sie die Überschrift ein:

<F5> **d1** <RETURN> Sprung zur Zelle D1.

Ausschuß pro Tag (Woche 24) <HOME> <PFEIL UNTEN>
Sprung in Zelle A2.

Nun werden die Spaltenüberschriften ab Zelle A2 eingegeben:

Maschine <PFEIL RECHTS>
Eingabe der Überschrift **Maschine** und Bewegen des Zellzeigers in Zelle B2.

Folgende Spaltenüberschriften werden eingegeben:

Alter <PFEIL RECHTS>

Typ <PFEIL RECHTS>

Di <PFEIL RECHTS>

Mi <PFEIL RECHTS>

Do <PFEIL RECHTS>

Fr <PFEIL RECHTS>

Gesamt <RETURN> Beendigung der Eingabe der Spaltenüberschriften.

Da die Überschriften einander überlappen und deshalb schlecht zu lesen sind, wird eine *rechtsbündige* Schreibweise vereinbart. Dazu wird der Befehl **B**ereich **J**ust **R**echts (/**BJR**) verwendet und der Bereich festgelegt.

/bjr Auswahl des Befehls **B**ereich **J**ust **R**echts für eine rechtsbündige Justierung der Eingaben.

a2..i2 <RETURN> Festlegen des zu justierenden Bereiches (A2..I2).

Hinweis! Sie können auch durch Drücken der <PFEIL LINKS>-Tasten den Bereich markieren.

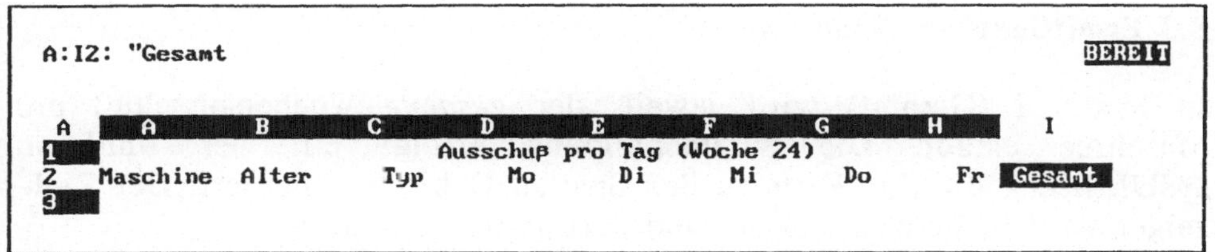

Bild 8-2 Eingabe der Hauptüberschrift und der Spaltenüberschriften

8.2 Automatische Numerierung

In der Spalte A sollen die 18 Maschinen, die in Betrieb sind, automatisch numeriert werden. Dazu stellt 1-2-3 den Befehl **D**aten **F**üll (**DF**) zur Verfügung. Sie geben den zu numerierenden Bereich an (A3..A20)

/df	Auswahl des Befehls **D**aten **F**üll.
a3..a20 <RETURN>	Festlegen des Bereiches A3 bis A20.

Als Anfangswert ist standardmäßig 0 vorgegeben. Da mit dem Wert 1 begonnen werden soll, wird eingegeben:

1 <RETURN>	Anfangswert ist **1**.
<RETURN> <RETURN>	Die *Schrittweite* von **1** und die letzte Zahl (8191) wird bestätigt.

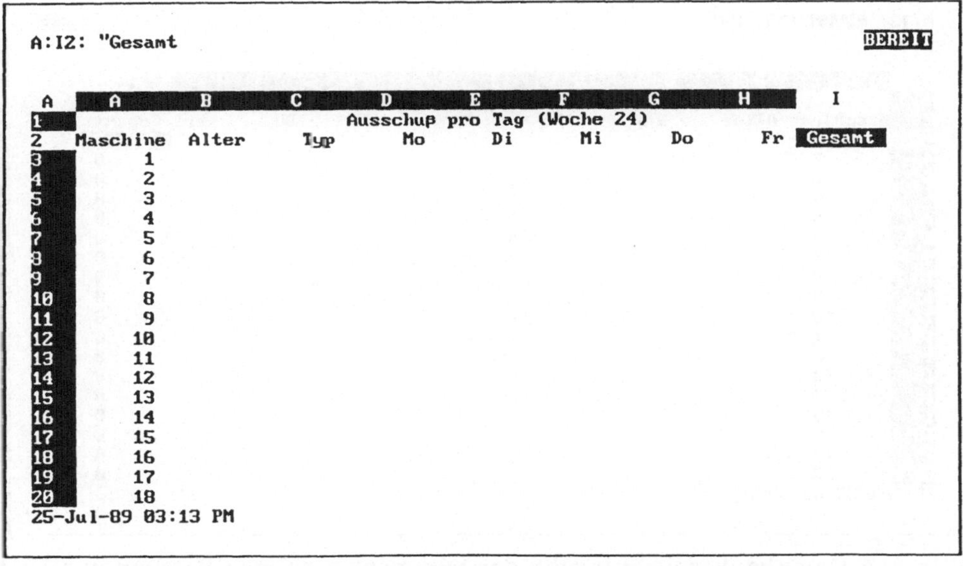

Bild 8-3 Datenbank nach der automatischen Numerierung

8.3 Ermittlung der Summen

In Spalte I (Gesamt) wird jeweils der *gesamte* Wochenausschuß pro Maschine erfaßt. Die Summenbildung erfolgt mit der Funktion @SUMME(), die die Werte in den Spalten D bis H summiert. Der Zellzeiger wird in Zelle I3 bewegt und dort geben Sie ein:

<F3> **i3** <RETURN>	Bewegen des Zellzeigers in die Zelle I3.
@SUMME(d3..h3) <RETURN>	Eingabe der Summenformel zur Errechnung des gesamten Wochenausschusses pro Maschine.

Diese Formel wird in den restlichen Bereich der Zellen I4 bis I20 kopiert. Dazu wird der Befehl Kopie verwendet (/K) und der Bereich festgelegt.

/k	Auswahl des Befehls Kopie.
<RETURN>	Bestätigen der Zelle I3, aus der die Formel kopiert werden soll.
i4..i20 <RETURN>	Eingabe des Bereichs, in den kopiert werden soll.

Wie Bild 8-4 zeigt, wurde die Formel kopiert; allerdings ist der Zellinhalt jeweils 0, da noch keine Werte eingetragen sind. Dies geschieht im folgenden.

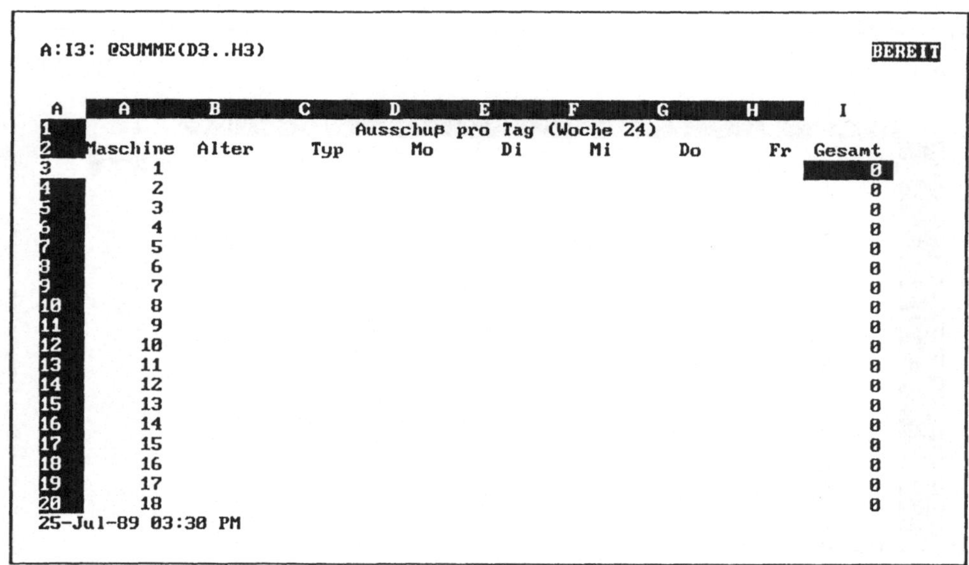

A:I3: @SUMME(D3..H3) BEREIT

A	A	B	C	D	E	F	G	H	I
1				Ausschuß pro Tag (Woche 24)					
2	Maschine	Alter	Typ	Mo	Di	Mi	Do	Fr	Gesamt
3	1								0
4	2								0
5	3								0
6	4								0
7	5								0
8	6								0
9	7								0
10	8								0
11	9								0
12	10								0
13	11								0
14	12								0
15	13								0
16	14								0
17	15								0
18	16								0
19	17								0
20	18								0

25-Jul-89 03:30 PM

Bild 8-4 Datenbank nach Eingabe der Summenformel zur Bestimmung des Gesamt-Ausschusses

8.4 Eingabe der Daten

Vor der Eingabe der Daten entsprechend der Vorgabe in Bild 8-5 sollten Sie der besseren Übersicht wegen eine *rechtsbündige* Justierung vereinbaren. Dazu verwenden Sie den Befehl **Bereich Just Rechts (/BJR)** und geben die Bereichsgrenzen des zu justierenden Bereiches (B3 bis H20) ein.

/bjr Auswahl des Befehls **Bereich Just Rechts.**

b3..h20 <RETURN> Festlegen des Bereiches (B3 bis H20).

Wie Sie während der Eingabe verfolgen können, wird in der Spalte I für den Gesamtausschuß sofort nach der Werteingabe eine Summierung vorgenommen. Diese *Aktualität* des Zahlenmaterials ist eine der großen Stärken von 1-2-3.

A:H20: 3 BEREIT

A	A	B	C	D	E	F	G	H	I
1				Ausschuß pro Tag (Woche 24)					
2	Maschine	Alter	Typ	Mo	Di	Mi	Do	Fr	Gesamt
3	1	4	a	20	25	23	24	22	114
4	2	5	b	12	14	17	19	20	82
5	3	6	a	6	4	8	9	10	37
6	4	3	a	13	15	11	12	14	65
7	5	7	b	16	18	17	17	17	85
8	6	6	a	22	18	20	23	24	107
9	7	2	b	2	4	3	3	5	17
10	8	3	b	8	9	12	14	11	54
11	9	8	a	15	17	17	15	16	80
12	10	6	a	12	13	11	9	14	59
13	11	7	b	17	18	18	19	16	88
14	12	1	b	2	4	3	2	1	12
15	13	1	b	3	5	6	5	4	23
16	14	4	a	7	10	11	12	13	53
17	15	5	a	17	18	15	16	12	78
18	16	2	b	4	6	5	7	8	30
19	17	8	a	22	20	18	16	19	95
20	18	1	b	0	2	1	0	3	6

25-Jul-89 03:55 PM

Bild 8-5 Datenbank nach der Eingabe der Werte

8.5 Sortieren nach dem Alter und nach dem Gesamtausschuß

Die Maschinen sollen als erstes Sortierkriterium nach dem *Alter* und als zweites Sortierkriterium nach dem *Gesamt-Ausschuß* sortiert werden. Dadurch wird erkennbar, ob das Alter einen merklichen Einfluß auf die Ausschußquote hat. Das Sortieren nach dem 1. und dem 2. Sortierschlüssel geschieht mit dem Befehl **D**aten **S**ortier **D**atenbereich (/DSD). Es wird der zu sortierende *Bereich* festgelegt, ferner der *1. Sortierschlüssel* mit der Sortierfolge (steigend) und der *2. Sortierschlüssel* ebenfalls unter Angabe der Sortierfolge (**a**bsteigend). Mit dem Befehl Sortier im Daten-Sortier-Menü wird der Sortierlauf gestartet.

/dsd	Auswahl des Befehls **D**aten **S**ortier **D**atenbereich.
a3..i20 <RETURN>	Eingabe des Sortierbereiches.
1	Wahl des 1. Sortierschlüssels.

Der erste Sortierschlüssel ist das **Alter**. Deshalb wird der Zellzeiger in **Spalte B** bewegt (z. B. in Spalte B20) und die Angabe für die Zelle mit <RETURN> bestätigt.

b20 <RETURN>	Als 1. Sortierschlüssel wird das **Alter** in Spalte B gewählt.
s <RETURN>	Die Sortierfolge soll steigend sein.
2	Auswahl des 2. Sortierschlüssels.

Der zweite Sortierschlüssel soll der **Gesamtausschuß** sein. Deshalb bewegen Sie den Zellzeiger in eine Zelle der **Spalte I** (z. B. I20) und bestätigen Ihre Eingaben durch Drücken der <RETURN>-Taste.

i20 <RETURN>	Eingabe des 2. Sortierschlüssels (Spalte I: Gesamtausschuß).
<RETURN>	Bestätigen der **a**bsteigenden Sortierfolge.

Mit dem Befehl Sortier aus dem Daten-Sortier-Menü wird die Sortierung vorgenommen und Sie sehen Bild 8-6.

s	Durchführen des Sortiervorgangs.

A:A1: BEREIT

A	A	B	C	D	E	F	G	H	I
1				Ausschuß pro Tag (Woche 24)					
2	Maschine	Alter	Typ	Mo	Di	Mi	Do	Fr	Gesamt
3	13	1	b	3	5	6	5	4	23
4	12	1	b	2	4	3	2	1	12
5	18	1	b	0	2	1	0	3	6
6	16	2	b	4	6	5	7	8	30
7	7	2	b	2	4	3	3	5	17
8	4	3	a	13	15	11	12	14	65
9	8	3	b	8	9	12	14	11	54
10	1	4	a	20	25	23	24	22	114
11	14	4	a	7	10	11	12	13	53
12	2	5	b	12	14	17	19	20	82
13	15	5	a	17	18	15	16	12	78
14	6	6	a	22	18	20	23	24	107
15	10	6	a	12	13	11	9	14	59
16	3	6	a	6	4	8	9	10	37
17	11	7	b	17	18	18	19	16	88
18	5	7	b	16	18	17	17	17	85
19	17	8	a	22	20	18	16	19	95
20	9	8	a	15	17	17	15	16	80

25-Jul-89 04:14 PM

Bild 8-6 Datenban, nach dem Alter der Maschinen sortiert

8.6 Vergeben von Bereichsnamen

Für Datenbankanalysen kann es sehr vorteilhaft sein, bestimmten Bereichen *Namen* zuzuordnen. Dies geschieht mit dem Befehl **B**ereich **N**ame **E**rstellen (/BNE). Der Name darf höchstens 15 Zeichen lang sein.

Hinweis! Beachten Sie beim Festlegen eines Bereichsnamens:

- es dürfen keine Leerstellen, Kommata, Strichpunkte, Punkte und nicht folgende Zeichen verwendet werden: + - * / & < > @ und #.

- Vermeiden Sie Namen, die ähnlich wie Zelladressen aufgebaut sind (z. B. A11).

- Das erste Zeichen sollte auf keinen Fall eine Zahl sein (z. B. 20A14).

- Benutzen Sie keine Namen von Funktionen oder Schlüsselwörtern in Makros.

Im vorliegenden Fall geben wir den Bereich von A2 (einschließlich der Feldnamen!) bis I20 den Namen DB (wie Datenbank). Dazu gehen Sie folgendermaßen vor:

<HOME>	Bewegen des Zellzeigers zur Zelle A1.
/bne	Auswahl des Befehls **B**ereich **N**ame **E**rstellen.

DB <RETURN> Eingabe des Namens **DB**.

a2..i20 Eingabe des Bereichs (A2 bis I20).

```
A:A1:                                                        EDIT
Zu erstellender Name: DB                 Bereich: a2..i20
```

Bild 8-7 Eingabe des Namens und des Bereichs

<RETURN> Bestätigen von Namen und Bereich.

Mit derselben Befehlsfolge werden die wichtigen Bereiche **Alter** und **Gesamt** Ihres Arbeitsblattes zur Analyse der Fertigungsdaten benannt.

/bne Auswahl des Befehls **B**ereich **N**ame **E**rstellen.

Sie sehen in der dritten Bildschirmzeile die Namen, die bereits vergeben wurden. Damit soll Ihnen eine Eingabe erleichtert und vor allem verhindert werden, daß Namen doppelt vergeben werden.

```
A:A1:                                                        NAMEN
Zu erstellender Name:
DB
```

Bild 8-8 Liste der erstellten Namen

Alter <RETURN> Eingabe des Namens **Alter**.

b3..b20 <RETURN> Festlegen des Bereichs (B3 bis B20).

/bne Auswahl des Befehls **B**ereich **N**ame **E**rstellen.

Gesamt <RETURN> Eingabe des Namens **Gesamt**.

i3..i20 <RETURN> Festlegen des Bereichs I3 bis I20.

Mit der Befehlsfolge /**BNE** und dem anschließenden Drücken der <F3>-Taste können Sie die Namen und die entsprechenden Bereiche, die schon verwendet wurden, sehen. Mit den <PFEIL>-Tasten können Sie die gewünschten Bereichsnamen anfahren und mit der <RETURN>-Taste aufrufen. Durch mehrmaliges Drücken der <ESC>-Taste gelangen Sie wieder zurück in das 1-2-3-Hauptmenü.

```
A:A1:                                                          NAMEN
Zu erstellender Name:
A:B3..A:B20
ALTER            DB                GESAMT
```

Bild 8-9 Bereichsnamen mit den Bereichen

Um die Datenbank auf die statistische Analyse vorzubereiten, sind noch folgende Vorbereitungen zu treffen: Verbreitern der Spalten N, O und P auf 12 Stellen, formatieren des Ausgabebereiches N7 und O7 auf zwei Nachkommastellen und festlegen eines Bereichsnamens (**Kriterium**) für den Bereich N1 bis O2.

Zuerst blättern Sie durch Drücken der <TAB>-Taste einen Bildschirm nach rechts und geben die Beschriftungen für die statistische Auswertungen ein (s. Bild 8-10).

<TAB>	Blättern eines Bildschirms nach rechts.

Sie sollten sich jetzt in der Spalte J1 befinden. Drücken Sie die Tastenfolge <SHIFT> <TAB>, dann blättern Sie einen Bildschirm nach links. Geben Sie jetzt die Beschriftung nach Bild 8-10 ein.

Wie Sie am Bildschirm sehen, müssen die Spalten N, O und P auf je 12 Zeichen verbreitert werden. Dies geschieht mit dem Befehl Arbeitsblatt Spalte Bestimmen (/ASB). Bewegen Sie dazu den Zellzeiger zur Zelle N1.

<F5> n1 <RETURN>	Sprung zur Zelle N1.
/asb	Auswahl des Befehls Arbeitsblatt Spalte **B**estimmen.
12 <RETURN>	Eingabe von **12** Zeichen je Spalte.
<PFEIL RECHTS>	Sprung zu Zelle O1.
/asb	Auswahl des Befehls Arbeitsblatt Spalte **B**estimmen.
12 <RETURN>	Eingabe von **12** Zeichen je Spalte.
<PFEIL RECHTS>	Sprung zu Zelle P1.
/asb	Auswahl des Befehls Arbeitsblatt Spalte **B**estimmen.
12 <RETURN>	Eingabe von **12** Zeichen je Spalte.

Zum Schluß wird der Ausgabebereich für Ausschuß und Alter (N7 und O7) mit dem Befehl **B**ereich **F**ormat **F**est (/**BFF**) auf zwei Nachkommastellen formatiert. Bewegen Sie dazu den Zellzeiger in die N7 und führen Sie die Formatierung durch.

<F5> n7 <RETURN>	Sprung zur Zelle N7.
/bff <RETURN>	Eingabe des **F**est-**F**ormats mit **2** Nachkommastellen.
<PFEIL RECHTS>	Der zu formatierende Bereich wird auf N7 und O7 festgesetzt.
<RETURN>	Speichern des formatierten Bereiches.

Anschließend geben Sie die Beschriftungen ein, so wie Sie diese in Bild 8-10 sehen.

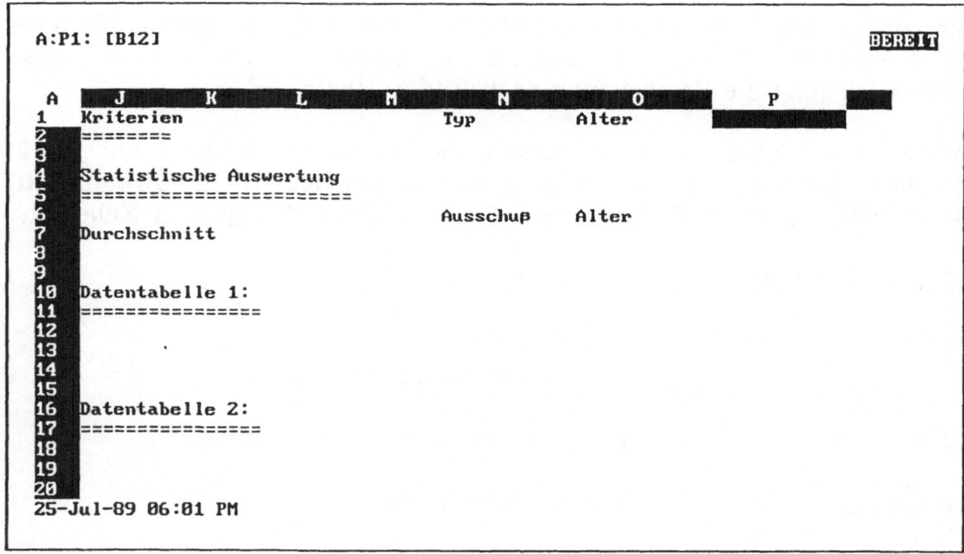

Bild 8-10 Beschriftung des statistischen Auswertebereiches

Zum Schluß wird noch für den Ausgabebereich für Typ und Alter (Bereich N1 bis O2) der Name **Kriterium** vergeben.

/bne Auswahl des Befehls **Bereich Name Erstellen.**

Kriterium <RETURN> Name des Bereichs: **Kriterium.**

n1..o2 <RETURN> Festlegen des Bereiches von N1 bis O2.

8.7 Statistische Auswertung

Es soll untersucht werden, ob in der Hauptsache einer der Maschinentypen den Ausschuß verursachen könnte. Dazu ist es erforderlich, den durchschnittlichen Gesamtausschuß auszurechnen und in Relation dazu den jeweiligen Ausschuß pro Maschinentyp zu setzen.

Alle *statistischen Datenbankfunktionen* (s. Zusammenstellung im Anhang) beginnen mit @D. Dabei steht das Zeichen @ für *Funktion* und *D* für *Datenbank.* Direkt anschließend folgt die *Funktionsbezeichnung* (z. B. MITTELWERT, MAX, MIN). In der auf diese Bezeichnung folgenden Klammer müssen immer *drei Argumente* angegeben werden. Beispiel:

@DMITTELWERT(*Datenbank-Bereich*;*Spaltennummer*;*Kriterienbereich*)

- *Datenbank-Bereich*
  Er zeigt an, aus welchem Bereich die Daten ausgewählt wurden.

- *Spaltennummer*
  Nummer des Feldes, auf das sich die Auswahl bezieht (das Zählen der Spalten beginnt mit 0).

- *Kriterienbereich*
  Er bestimmt die Kriterien, nach denen die Spalte des Datenbank-Bereiches ausgewertet werden.

8.7.1 Mittelwert des Ausschusses und des Maschinenalters für alle Maschinen

In unserem Fall soll der *Mittelwert* des Gesamtausschusses über den gesamten Datenbereich nach den Kriterien Typ und Alter errechnet und in Zelle N7 ausgegeben werden. Deshalb erstreckt sich der *Datenbank-Bereich* von A2 bis I20 (Name ist: *DB*). Der Mittelwert des Gesamtausschusses (Spalte *8* des gewählten Detenbank-Bereichs) ist zu berechnen und zwar nach dem Kriterienbereich N1 bis O2 (Name: *Kriterium*). Bewegen Sie den Zellzeiger in die Zelle N7, und geben Sie ein:

<F5> **n7** <RETURN> Sprung zur Zelle N7.

@DMITTELWERT($DB;8;$Kriterium) <RETURN>

Eingabe der Formel: Im Datenbank-Bereich **$DB** (absoluter Bereich von A2 bis I20) soll von Spalte **8** (Gesamtausschuß) nach dem absoluten Kriterium **$Kriterium** (Typ und Alter) der **MITTELWERT** gebildet werden. Das *$-Zeichen* bestimmt die *absoluten Zelladressen* (s. Abschn. 3.9), damit beim Kopieren der Bereich *absolut* gleich bleibt, also nicht verändert wird. Als Ergebnis sehen Sie den Wert 60,28.

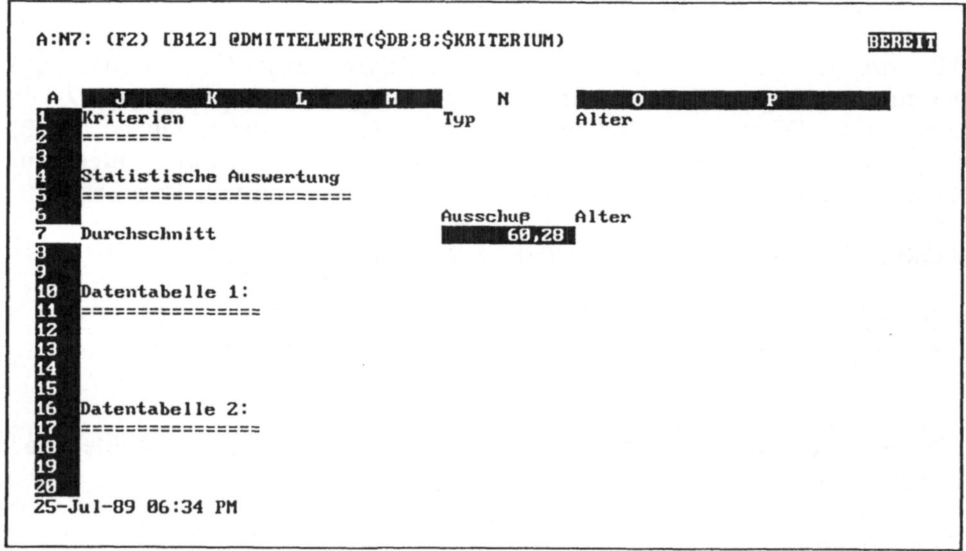

Bild 8-11 Durchschnittlicher Ausschuß aller Maschinen pro Woche

Das Ergebnis in Bild 8-11 besagt, daß in der Woche 24 der durchschnittliche Ausschuß aller Maschinen (Typ a und b) 60,28 Stück betrug.

Es ist von Interesse zu wissen, wie groß das Durchschnittsalter der Maschinen ist. Dazu kann ebenfalls diese Funktion verwendet werden, mit dem einzigen Unterschied, daß von der **Spalte 1** des Datenbereichs der Mittelwert genommen wird (Spaltennummer ist jetzt **1**). Zu diesem Zweck kopieren wir mit dem Befehl **Kopie** die Datenbank-Funktion @DMITTELWERT() in Zelle O7 und verändern die Formel entsprechend.

/k	Auswahl des Befehls Kopie.
<RETURN>	Bestätigung des Kopier-Bereiches.
<PFEIL RECHTS>	Bewegen des Zellzeigers zur Zelle **O7**.
<RETURN>	Kopieren der Formel in Zelle O7.

Sie sehen dieselbe Funktion und denselben Wert in Zelle O7. Die Funktion wird entsprechend geändert.

<PFEIL RECHTS>	Sprung in die Zelle O7.
<F2>	Die Formel wird in den Editierbereich (2. Bildschirmzeile) kopiert.

Verändern Sie jetzt die Spaltennummer so, daß statt der 8 der Wert 1 steht.

<RETURN>	Speichern der Formel und Ausführen der Berechnung.

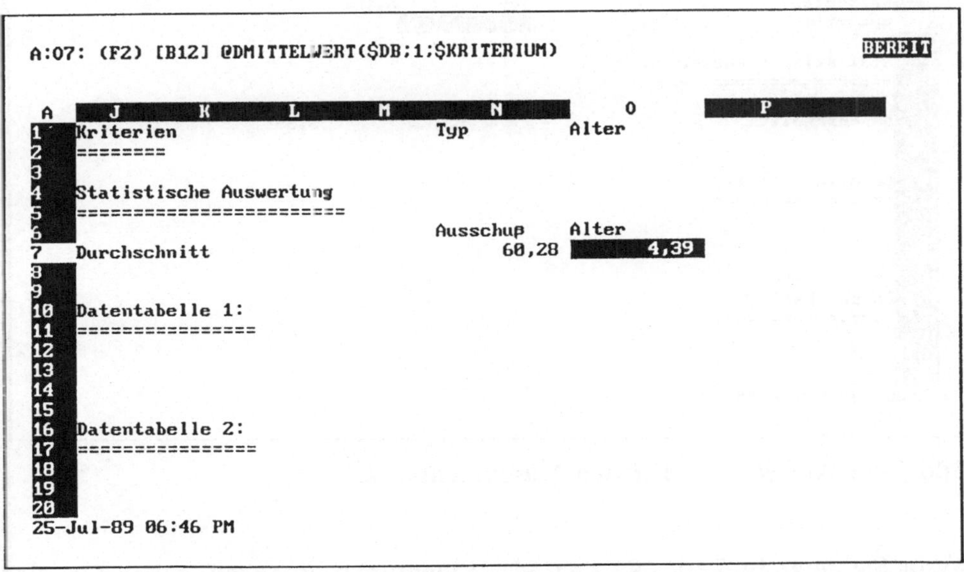

Bild 8-12 Durchschnittlicher Ausschuß und durchschnittliches Alter aller Maschinen

In Bild 8-12 ist zu erkennen, daß das durchschnittliche Alter der Maschinentypen a und b zusammen 4,39 Jahre beträgt.

8.7.2 Mittelwert des Ausschusses und des Maschinenalters für Maschine A und B

Wird der *Kriterienbereich* (Bezeichnung **$Kriterium**) geändert, so werden ebenfalls die entsprechenden Berechnungen des Mittelwerts für Ausschuß und Alter vorgenommen. Dies wird gezeigt, indem in Zelle N2 der *Maschinentyp* verändert wird (durch Eingabe von **a** bzw. **b**).

Der Zellzeiger wird zur Zelle N2 bewegt und der Maschinentyp **a** eingegeben.

<F5> **n2** <RETURN> Sprung zur Zelle N2.

"a <RETURN> Auswertung für den Maschinentyp a.

Wie Sie sehen, wird die Auswertung für den Maschinentyp a vorgenommen.

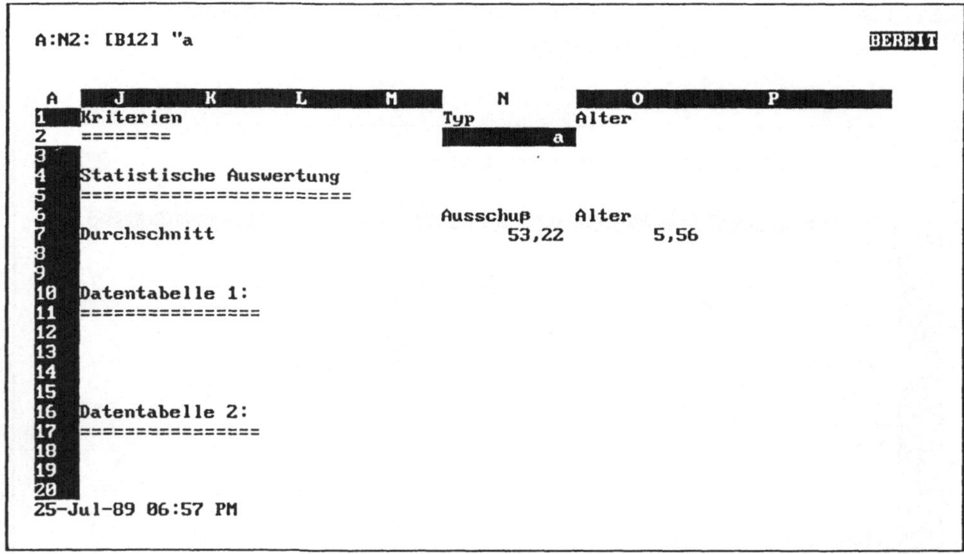

Bild 8-13 Auswertung für den Maschinentyp a

Wenn Sie jetzt in Zelle N2 den Maschinentyp b eingeben, sehen Sie die Auswertung für diesen Maschinentyp.

"b <RETURN> Eingabe des Maschinentyps **b** (rechtsbündig).

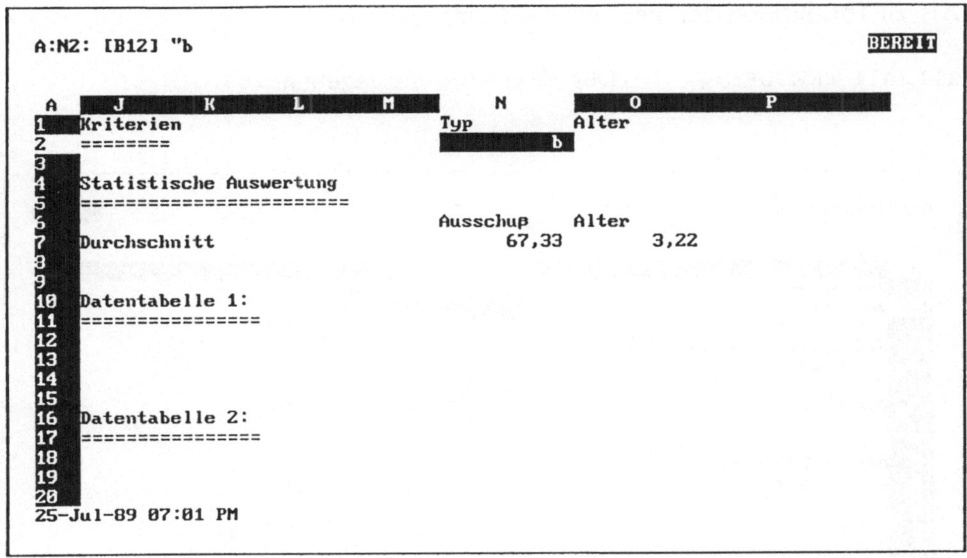

Bild 8-14 Auswertung für die Maschine B

Für die Maschine B ergibt sich ein durchschnittlicher Ausschuß von 67,33 Stück je Woche bei einem Durchschnittsalter von 3,22 Jahren. Dies läßt den ersten vorsichtigen Schluß zu, daß die Ausschußquoten eher vom Maschinentyp als vom Alter abhängen könnten.

8.8 Erstellen einer Datentabelle mit einer Variablen

In einer *Datentabelle* können die Ergebnisse, die die unterschiedlichen Kriterien liefern, gleichzeitig angezeigt werden. In unserem Fall sollen der durchschnittliche Ausschuß und das Durchschnittsalter der Maschinen A, B und Gesamt in einer Tabelle angezeigt werden. Als erstes werden die Formeln als Überschrift in die Zellen N11 bzw. O11 kopiert.

/k	Auswahl des Befehls Kopie.
n7..o7 <RETURN>	Aus dem Bereich N7 bis O7 wird kopiert.
n11..o11 <RETURN>	In der Bereich N11 bis O11 wird kopiert.

Es erscheinen die bereits errechneten Werte in diesen Zellen. Mit dem Befehl **B**ereich **F**ormat **T**ext (**/BFT**) kann der *Formeltext* sichtbar gemacht werden.

/bft	Auswahl des Befehls **B**ereich **F**ormat **T**ext.

Als zu formatierender Bereich wird eingegeben:

n11..o11 <RETURN> Der Text wird ausgegeben.

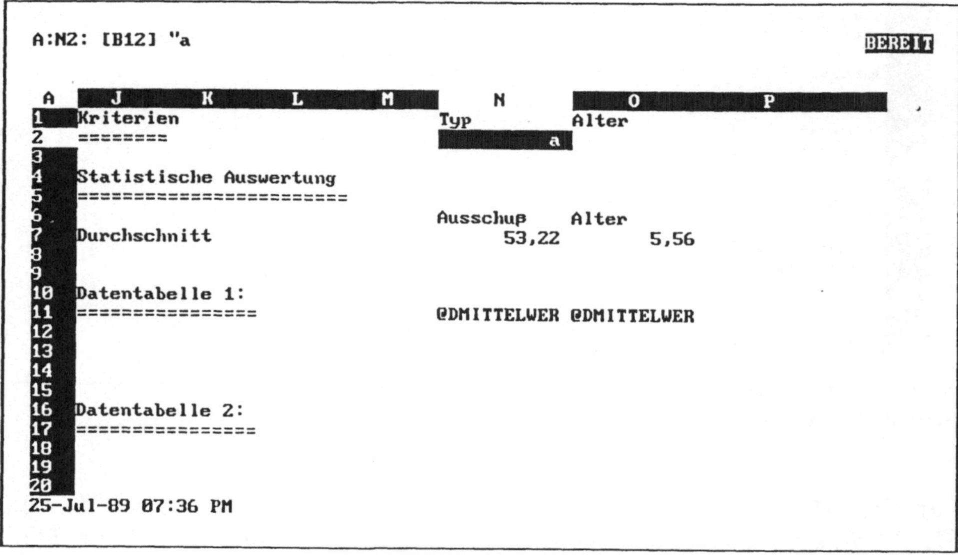

Bild 8-15 Ausgabe der Formeltexte als Spaltenüberschrift der Datentabelle

In Zelle M12 wird der Maschinentyp **a**, in Zelle M13 der Maschinentyp **b** eingetragen.

<F5> **m12** <RETURN> Der Zellzeiger wird nach Zelle **M12** bewegt.

a <PFEIL UNTEN> Eingabe der Bezeichnung für Maschinentyp **a**. Bewegen des Cursors in Zelle M13.

b <RETURN> Eingabe der Bezeichnung für den Maschinentyp **b**.

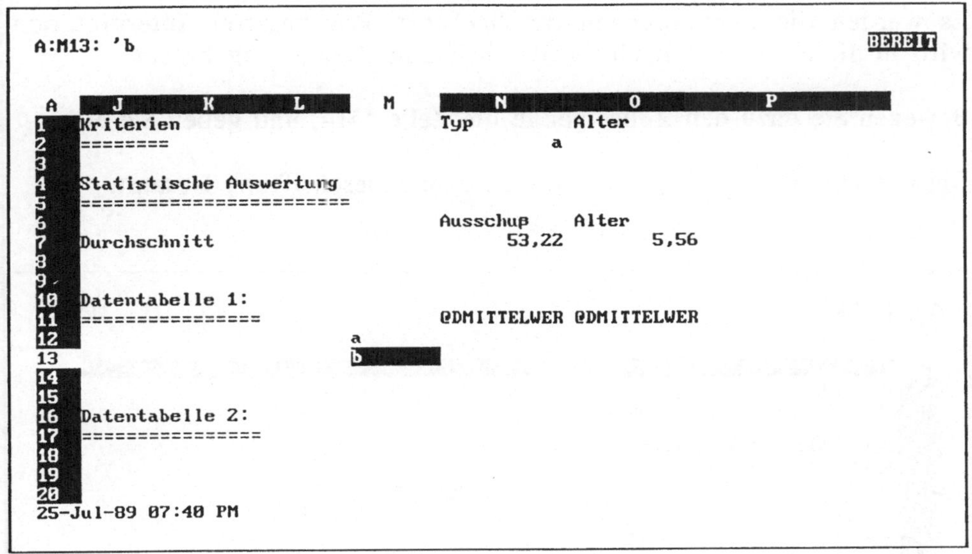

Bild 8-16 Bezeichnungen für die Datentabelle 1

Im Ergebnisbereich (von N12 bis O14) werden die Ausgaben mit 2 Nachkommastellen formatiert. Dazu wird der Befehl **B**ereich **F**ormat **F**est (/**BFF**) verwendet.

/bff <RETURN>	Auswahl des Befehls **B**ereich **F**ormat **F**est und Bestätigen der 2 Nachkommastellen.
n12..o14 <RETURN>	Im Bereich N12 bis O14 werden zwei Nachkommastellen angezeigt.

Mit dem Befehl **D**aten **T**abelle **1** wird eine *Datentabelle* mit nur *einer Variablen* (im vorliegenden Beispiel für die Maschine A und B bzw. Gesamt). In diesem Falle ändert sich nur das *Kriterium Maschinentyp*.

/dt1	Auswahl des Befehls **D**aten **T**abelle **1**.

Der *ganze Tabellenbereich* (einschließlich Überschriften) ist der Bereich von M11 bis O14. Deshalb wird eingegeben:

m11.o14 <RETURN>	Eingabe des Tabellenbereiches (M11 bis O14).

Als *Eingabezelle 1* wird die *Kriteriumszelle* (Typ in Zelle N2) definiert.

n2 <RETURN>	Festlegen der Zelle N2 als Kriteriumszelle.

Es werden die Berechnungen durchgeführt. Zur besseren Interpretation wird in die Zelle M14 noch die Beschriftung **Gesamt** angebracht.

Bewegen Sie dazu den Zellzeiger in die Zelle M14, und geben Sie ein:

Gesamt <RETURN> Eingabe der Zeilenbeschriftung **Gesamt**.

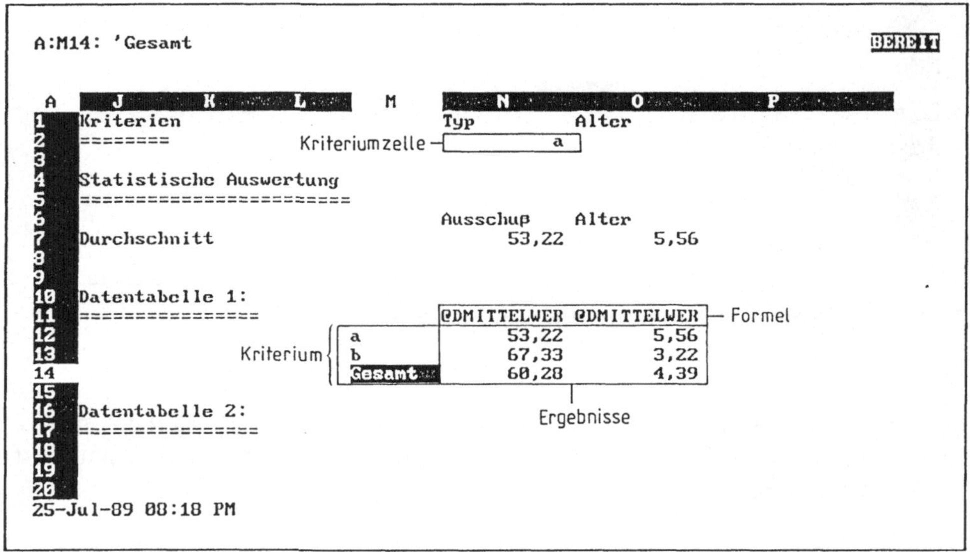

Bild 8-17 Auswertung mit einer Datentabelle (nach dem Maschinentyp)

8.9 Erstellen einer Datentabelle mit zwei Variablen

Mit dem Befehl **D**aten **T**abelle **2** (**/DT2**) ist eine *statistische Auswertung* mit *zwei unabhängigen Variablen* möglich. In unserem Beispiel sind dies der *Typ* und das *Alter* der Maschinen.

Die Datentabelle 2 ist folgendermaßen aufgebaut: Die Formel, die von den *zwei Variablen* abhängt, steht in der *oberen linken Ecke* der Tabelle. Die *erste* Variable steht in den *Zeilen darunter* und die *zweite* Variable in den *Spalten daneben.* Die entsprechenden Werte werden in die Eingabezelle 1 bzw. 2 geholt, in die Formel eingesetzt und das Ergebnis in die Tabelle geschrieben.

Als erstes wird die Formel mit dem Befehl **K**opie (**/K**) in die linke obere Ecke der Tabelle (Zelle M17) kopiert.

/k Auswahl des Befehls **Kopie**.

n11 <RETURN> Die Formel aus Zelle N11 wird kopiert.

m17 <RETURN> Die Formel wird in die Eckzelle M17 kopiert.

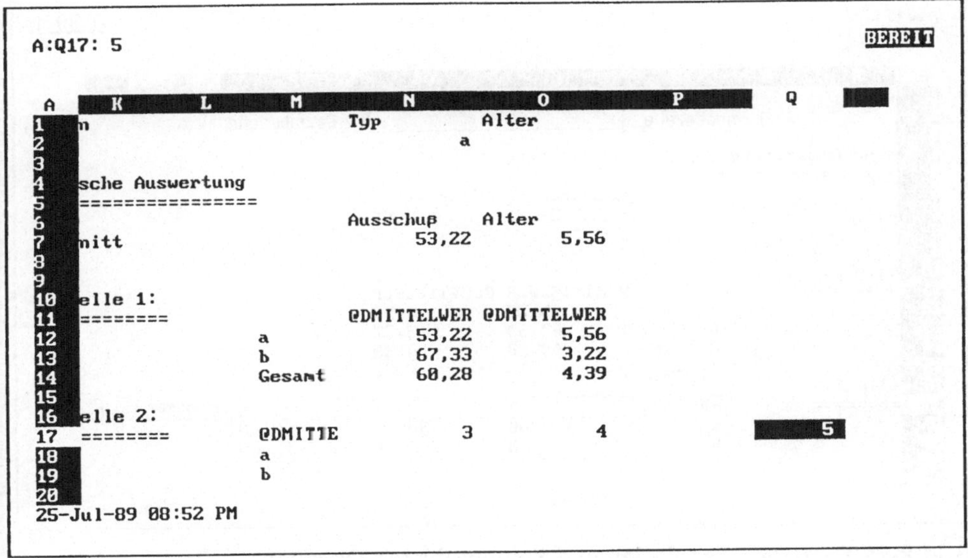

Bild 8-18 Kopie der Formel in das Eckfeld der Tabelle

Die *erste Gruppe* von Werten, die vom **1.** Eingabefeld abhängig sind, werden in die Spalte M in Zeile 18 und 19 eingetragen.

<F5> **m18** <RETURN> Sprung zur Zelle M18.

a <PFEIL UNTEN> Eingabe des Maschinentyps **a** und Bewegen des Zellzeigers zu Zelle M19.

Die *zweite Gruppe* von Werten, die vom **2.** Eingabefeld abhängig sind, werden in die obere Zeile des Tabellenbereiches (Zellen N17, O17 und P17) eingetragen. Bewegen Sie dazu den Zellzeiger in die Zelle N17.

<F5> **n17** <RETURN> Sprung in die Zelle N17.

3 <PFEIL RECHTS> Eingabe von **3** in Zelle N17.
Bewegen des Zellzeigers zu Zelle O17.

4 <PFEIL RECHTS> Eingabe von **4** in Zelle O17.
Bewegen des Zellzeigers zu Zelle P17.

5 <RETURN> Eingabe von **5** in Zelle O17.
Bewegen des Zellzeigers zu Zelle P17.

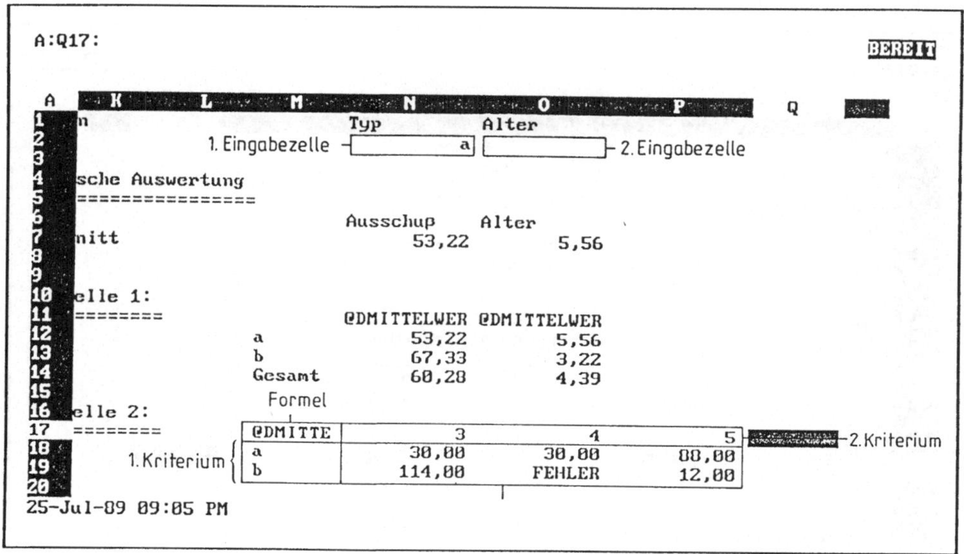

Bild 8-19 Festlegen der Zeilen und Spalten für die Datentabelle 2

Im Ausgabebereich sollen die Werte mit *2 Nachkommastellen* ausgegeben werden. Deshalb werden mit dem Befehl **B**ereich **F**ormat **F**est (**/BFF**) im Bereich von N18 bis P19 zwei Nachkommastellen festgelegt.

/bff <RETURN> Auswahl des Befehls **B**ereich **F**ormat **F**est und Bestätigen von **2** Dezimalstellen.

n18..p19 <RETURN> Der zu formatierende Bereich umfaßt die Zellen von N18 bis P19.

Jetzt wird mit dem Befehl **D**aten **T**abelle **2** (**/DT2**) der Tabellenbereich definiert.

/dt2 Auswahl des Befehls **D**aten **T**abelle **2**.

Als Bereich wird M17 bis Q19 (einschließlich der Überschriften) festgelegt.

m17..q19 <RETURN> Festlegen des Tabellenbereiches.

Als *erste Eingabezelle* wird der *Typ* (Zelle N2) festgelegt:

n2 <RETURN> Eingabezelle 1 ist **N2**.

Die *zweite Eingabezelle* ist das Alter (Zelle O2).

o2 <RETURN> Eingabezelle 2 ist **O2**.

Anschließend werden die Berechnungen durchgeführt (s. Bild 8-20).

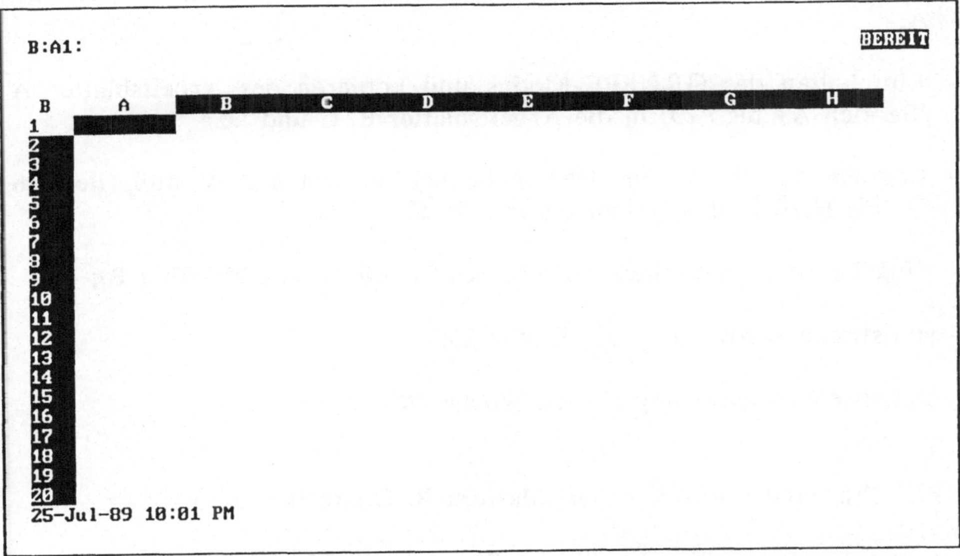

Bild 8-20 Auswertung mit Datentabelle 2

Wie Bild 8-19 zeigt, gibt es unter den Maschinen des Typs B keine Maschine, die 4 Jahre alt ist. Deshalb erscheint in diesem Feld die Meldung: FEHLER

1-2-3 bietet die komfortable Möglichkeit, mit anderen Werten die Berechnung *neu* durchzuführen. Zu diesem Zweck geben Sie lediglich die neuen Werte in die Tabelle ein und drücken die KALK-Taste (Taste <F8>).

8.10 Erfassen und Auswerten der Ausschußzahlen der nächsten zwei Wochen in zwei getrennten Arbeitsblättern

Um statistisch besser gesicherte Aussagen über den Einfluß des Alters oder des Maschinentyps auf den Ausschuß in der Fertigung treffen zu können, werden für die Woche 25 und 26 weitere Aufzeichnungen veranlaßt. Die Ergebnisse werden in zwei weiteren Arbeitsblättern B und C erfaßt und entsprechend ausgewertet. Eine Gesamtauswertung findet in Blatt D statt. Dazu gehen Sie in folgenden Schritten vor:

- Einfügen von drei Arbeitsblättern B, C und D hinter das Arbeitsblatt A;

- Einschalten des GRUPPE-Modus und kopieren des Arbeitsblattes A (Bereich A1 bis P20) in die Arbeitsblätter B, C und D;

- Löschen der Werte für den wochentagsbezogenen Ausschuß (Bereich D3 bis H20) in den Arbeitsblättern B, C und D;

- Eingeben des ermittelten Ausschusses für die Woche 25 (Blatt B);

- statistische Auswertung der Woche 25;

- statistische Auswertung für die Woche 26.

8.10.1 Einfügen von drei Arbeitsblättern B, C und D

Als erstes werden für die Woche 25 und die Woche 26 zwei weitere Arbeitsblätter erstellt. Dazu verwenden wir mit den Befehl Arbeitsblatt Einfügen Blatt Hinter (/AEBH) und geben die Zahl 3 ein.

/aebh	Auswahl des Befehls Arbeitsblatt Einfügen Blatt Hinter.
3 <RETURN>	Einfügen von 3 neuen Arbeitsblättern.

Sie sehen in Bild 8.21 in der linken oberen Ecke den Buchstaben **B**, d. h. es handelt sich um das Arbeitsblatt B.

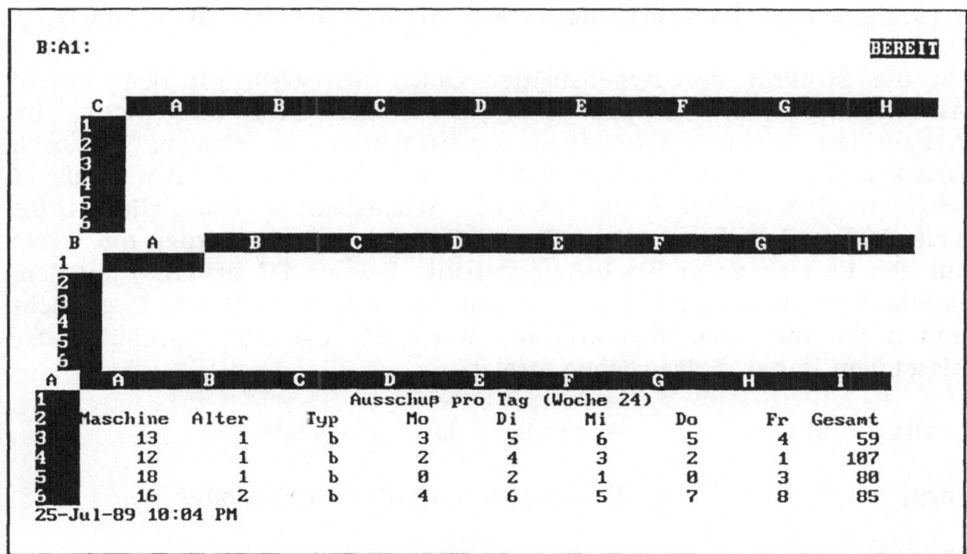

B:A1: BEREIT

			Ausschuß pro Tag (Woche 24)					
Maschine	Alter	Typ	Mo	Di	Mi	Do	Fr	Gesamt
13	1	b	3	5	6	5	4	59
12	1	b	2	4	3	2	1	107
18	1	b	0	2	1	0	3	80
16	2	b	4	6	5	7	8	85

25-Jul-89 10:04 PM

Bild 8.21 Neu erstelltes Arbeitsblatt B

Mit dem Befehl **Arbeitsblatt Fenster Perspektive (/AFP)** sehen Sie die drei Arbeitsblätter A, B und C.

D:A1: [B8] BEREIT

Arbeitsblatt D:

			Ausschuß pro Tag (Woche 24)				
Maschine	Alter	Typ	Mo	Di	Mi	Do	Fr
13	1	b	3	5	6	5	4
12	1	b	2	4	3	2	1
18	1	b	0	2	1	0	3
16	2	b	4	6	5	7	8

Arbeitsblatt C:

			Ausschuß pro Tag (Woche 24)				
Maschine	Alter	Typ	Mo	Di	Mi	Do	Fr
13	1	b	3	5	6	5	4
12	1	b	2	4	3	2	1
18	1	b	0	2	1	0	3
16	2	b	4	6	5	7	8

Arbeitsblatt B:

			Ausschuß pro Tag (Woche 24)				
Maschine	Alter	Typ	Mo	Di	Mi	Do	Fr
13	1	b	3	5	6	5	4
12	1	b	2	4	3	2	1
18	1	b	0	2	1	0	3
16	2	b	4	6	5	7	8

26-Jul-89 09:36 AM GRUPPE

Bild 8-22 Drei Arbeitsblätter in perspektivischer Ansicht

8.10.2 Kopieren des Arbeitsblattes A in die Arbeitsblätter B, C und D

Da die Struktur der Arbeitsblätter gleich ist, wird mit dem Befehl Arbeitsblatt **G**lobal **G**ruppe **J**a (/AGGJ) der GRUPPEN-Modus im Arbeitsblatt A eingeschaltet (vom Arbeitsblatt B aus gelangen Sie durch Drücken der Tasten <CTRL><PGDN> in Arbeitsblatt A). Anschließend wird mit dem Befehl **K**opie (/K) das Arbeitsblatt A von Zelle A1 bis Zelle P20 in die Arbeitsblätter B und C kopiert. Dann werden die Werte aus den Bereichen der Wochentagsstatistik (Bereich D3 bis H20) mit dem Befehl **B**ereich **R**adieren (/BR) in den Arbeitsblättern B und C gelöscht und durch die tatsächlich erfaßten Werte für die Ausschußzahlen der Maschinen in den Folgewochen ersetzt.

<CTRL> <PGDN>	Wechseln in das Arbeitsblatt A.
/aggj	Einschalten des GRUPPEN-Modus.
/k	Auswahl des Befehls **K**opie.
a:a1..a:p20 <RETURN>	Vom Arbeitsblatt A wird der Bereich A1 bis P20 kopiert.
b:a1..d:p2o <RETURN>	Es wird in den Bereich des Arbeitsblattes B und C kopiert und zwar von Zelle B:A1 bis D:P20.

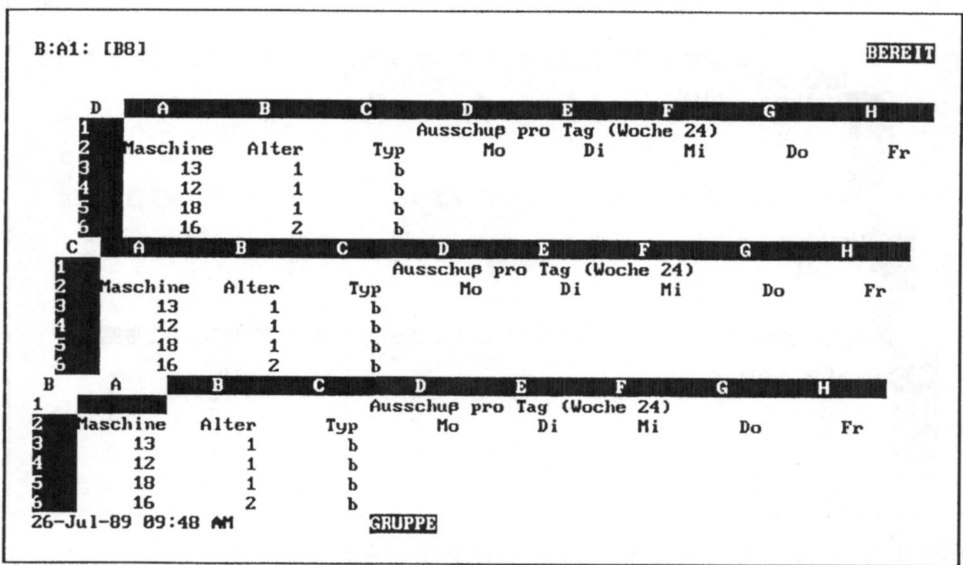

Bild 8.23 Kopie des Arbeitsblattes A in die Arbeitsblätter B, C und D

8.10.3 Löschen der kopierten Werte in den Arbeitsblättern B bis D

In den Arbeitsblättern B bis D stehen die kopierten Werte der Woche 24 aus Arbeitsblatt A. Sie werden mit dem Befehl **Bereich Radier** (**/BR**) gelöscht.

Hinweis! Zwischen den Arbeitsblättern wechseln Sie mit folgenden Tasten:

<CTRL> <PGUP>: Ein Arbeitsblatt vorwärts blättern.

<CTRL> <PGDN>: Ein Arbeitsblatt rückwärts blättern.

Drücken Sie so lange die Tastenfolge <CTRL> <PGDN>, bis Sie sich in Arbeitsblatt B befinden, und geben Sie dann ein:

/br Auswahl des Befehls **Bereich Radier**.

b:d3..d:h20 <RETURN> Löschen der Werte im Bereich des Arbeitsblatts B, Zelle D3 bis zu Arbeitsblatt D, Zelle H20.

B:A1: [B8] BEREIT

B	A	B	C	D	E	F	G	H
1				Ausschuß pro Tag (Woche 24)				
2	Maschine	Alter	Typ	Mo	Di	Mi	Do	Fr
3	13	1	b					
4	12	1	b					
5	18	1	b					
6	16	2	b					
7	7	2	b					
8	4	3	a					
9	8	3	b					
10	1	4	a					
11	14	4	a					
12	2	5	b					
13	15	5	a					
14	6	6	a					
15	10	6	a					
16	3	6	a					
17	11	7	b					
18	5	7	b					
19	17	8	a					
20	9	8	a					

26-Jul-89 09:57 AM

Bild 8-24 Löschen der Werte in den Arbeitsblättern B, C und D

8.10.4 Eingeben des ermittelten Ausschusses für die Woche 25 (Blatt B)

Zunächst gehen wir mit den Tasten <CTRL> <PGUP> bzw. <CTRL> <PGDN> in Arbeitsblatt B, verlassen mit dem Befehl Arbeitsblatt Global Gruppe Nein (/AGGN) den GRUPPE-Modus und schalten mit dem Befehl Arbeitsblatt Fenster Löschen (/AFL) die perspektivische Ansicht aus. Daran anschließend werden die aktuellen Werte für die Woche 25 eingetragen.

/aggn Auswahl des Befehls Arbeitsblatt Global Gruppe Nein.

Die Bildschirmanzeige GRUPPE (unten in der Mitte) verschwindet.

/afl Löschen der perspektivischen Sicht mit dem Befehl Arbeitsblatt Fenster Löschen.

Sie sehen Arbeitsblatt B am Bildschirm.

B:H20: 12 BEREIT

B	B	C	D	E	F	G	H	I
1			Ausschuß pro Tag (Woche 25)					
2	Alter	Typ	Mo	Di	Mi	Do	Fr	Gesamt
3	1	b	2	3	1	4	3	13
4	1	b	1	2	3	2	1	9
5	1	b	1	0	2	0	1	4
6	2	b	4	5	6	5	3	23
7	2	b	3	4	8	3	2	20
8	3	a	10	12	14	10	12	58
9	3	b	10	8	8	12	11	49
10	4	a	18	17	20	23	18	96
11	4	a	8	12	10	13	11	54
12	5	b	14	12	19	23	18	86
13	5	a	18	17	15	16	15	81
14	6	a	19	20	17	18	19	93
15	6	a	10	15	18	12	13	68
16	6	a	10	8	4	12	20	54
17	7	b	18	20	18	19	18	93
18	7	b	16	12	12	14	19	73
19	8	a	20	21	23	20	19	103
20	8	a	12	13	15	14	12	66

26-Jul-89 10:14 AM

Bild 8-25 Arbeitsblatt B

Nehmen Sie jetzt die Änderungen (Woche 25 in der ersten Bildschirmzeile) vor, und tragen Sie den aktuellen Ausschuß ein, bis Sie Bild 8-25 vor sich haben.

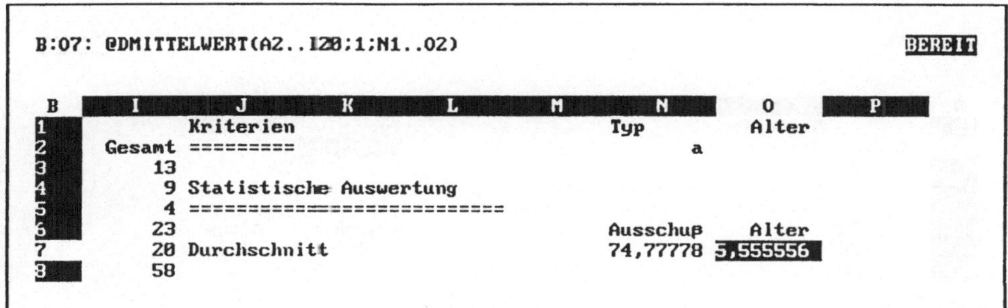

Bild 8-26 Ausschuß in Woche 25 (Arbeitsblatt B)

Hinweis! Kontrollieren Sie, ob die Summenformeln noch stimmen. Falls nicht, geben Sie diese neu ein (s. Abschn. 8.3).

8.10.5 Statistische Auswertung der Woche 25

In der Funktion für den Mittelwert sind die Bereichsnamen als *absolute* Adressen angegeben ($DB bzw. $KRITERIUM). Deshalb werden die entsprechenden Mittelwerte aus den Werten des Arbeitsblattes A errechnet und nicht aus den Werten des aktuellen Arbeitsblattes B. Geben Sie die Formeln *direkt* ein. Es soll der MITTELWERT im *Datenbank-Bereich* der Arbeitsblattes B von Zelle *A2* bis Zelle *I20*, in der Spalte *8* (Gesamt) für den *Kriterienbereich N1 bis O2* errechnet werden. Gehen Sie zur Zelle N7 und geben Sie ein:

<F5> **n7** <RETURN> — Sprung zur Zelle N7.

<F2> — Kopieren des Zellinhaltes in die 2. Bildschirmzeile.

@MITTELWERT(b:a2..b:i20;8;n1..o2) <RETURN>
Eingabe der Funktion zur Berechnung des Mittelwertes.

Im folgenden geben Sie die Formel zur Errechnung des durchschnittlichen Alters der Maschinen ein, indem Sie zur Zelle O7 fahren und eintippen:

@MITTELWERT(b:a2..b:i20;1;n1..o2) <RETURN>
Berechnung des Durchschnittsalters für Maschine A.

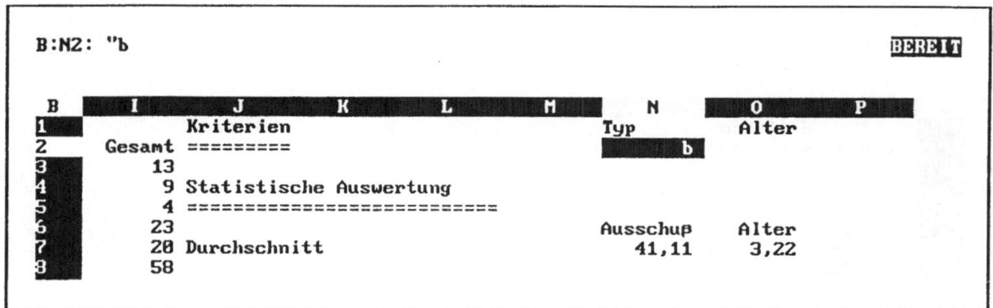

Bild 8-27 Berechnung des durchschnittlichen Ausschusses und des Druchschnittsalters der Maschine A

Die Werte sollen mit dem Befehl **Bereich Format Fest** (**/BFF**) mit 2 Nachkommastellen ausgegeben werden.

/bff <RETURN>	Auswahl des Befehls **Bereich Format Fest** und Bestätigen von **2** Dezimalstellen.
n7..o7 <RETURN>	Angabe des zu formatierenden Bereiches.

Wenn Sie jetzt als Kriterium die Maschine B eingeben, sehen Sie sofort die entsprechenden Auswertungen (s. Bild 8-28).

<F5> n2 <RETURN>	Sprung in die Zelle N2.
"b <RETURN>	Eingabe des Maschinentyps **b**.

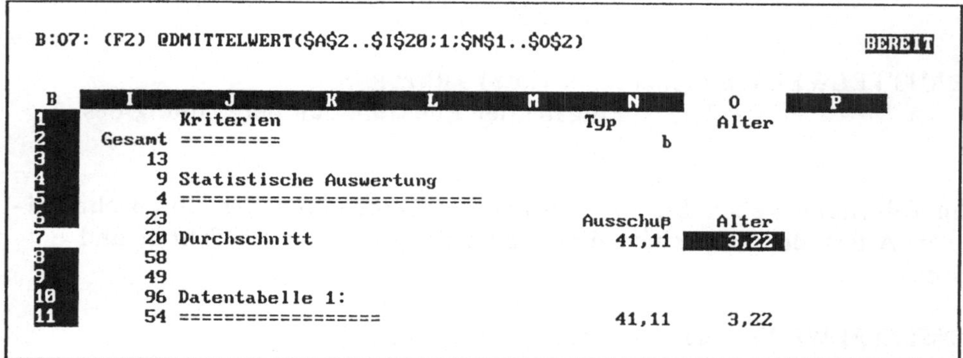

Bild 8-28 Auswertung für Maschine B

Wie im Vergleich mit Bild 8-26 zu erkennen ist, liegt der Ausschuß des Maschinentyps b deutlich niedriger; allerdings ist auch das Durchschnittsalter der Maschinen dieses Typs geringer.

Um die Datentabelle 1 vorzubereiten, werden die Formeln aus Zelle N7 und O7 so geändert, daß *absolute Adressen* erscheinen. Dazu editieren Sie die Formel Taste <F2> in die Biuldschirmzeile, fahren die letzte Adreßmarkierung an und drücken die ABS-Taste <F4>. Anschließend werden die Formeln mit dem Befehl Kopie in die Zellen N11 bzw. O11 kopiert. Sie sehen dann Bild 8-29.

```
B:O14: (F2) @MITTELWERT(B3..B20)                                  BEREIT

B     H       I       J         K       L       M        N         O
1                     Kriterien                          Typ       Alter
2     Fr      Gesamt  =========                                a
3      3        13
4      1         9    Statistische Auswertung
5      1         4    ========================
6      3        23                                       Ausschuß  Alter
7      2        20    Durchschnitt                         74,78    5,56
8     12        58
9     11        49
10    18        96    Datentabelle 1:
11    11        54    ================                   @DMITTEL @DMITTEL
12    18        86                             a           74,78    5,56
13    15        81                             b           41,11    3,22
14    19        93                             Gesamt      57,94    4,39
```

Bild 8.29 Kopieren der Formeln in die Datentabelle 1

Hinweis! Um die Formeln in das nächste Arbeitsblatt kopieren zu können, wählen Sie nur die Bereiche als absolute Adressen, nicht aber das Arbeitsblatt.

Als nächstes wird statt des Zahlenergebnisses mit dem Befehl **B**ereich **F**ormat **T**ext (**/BFT**) die Formel in die Spaltenüberschrift (Zellen N11 und O11) kopiert.

/bft <RETURN>	Eingabe des Befehls **B**ereich **F**ormat **T**ext.
n11..o11 <RETURN>	Zu formatierende Zellen sind N11 und O11.

Der Bereich N12 bis O14 wird mit dem Befehl **B**ereich **F**ormat **F**est (**/BFF**) als Ausgabe mit **2** Dezimalstellen formatiert.

/bff <RETURN>	Auswahl des Befehls **B**ereich **F**ormat **F**est und Bestätigen von **2** Dezimalstellen.
n12..o14 <RETURN>	Festlegen des zu formatierenden Bereiches (N12 bis O14).

Mit dem Befehl **Daten Bereich Tabelle 1 (/DT1)** wird die Datentabelle 1 aktualisiert:

/dt1 Auswahl des Befehls **Daten Bereich Tabelle 1.**

b:m11..o14 <RETURN> Festlegen des Tabellenbereichs in Arbeitsblatt B: Bereich M11 bis O14.

b:n2 <RETURN> Berechnen der Mittelwerte.

In Zelle N14 wird der *Mittelwert* mit folgender Funktion berechnet:

<F5> n14 <RETURN> Sprung zu Zelle N14.

@MITTELWERT(i3..i20) <RETURN>
Berechnung des Mittelwertes der Spalte Gesamt (Bereich I3 bis I20).

<PFEIL RECHTS> Bewegen des Zellezeigers zur Zelle O14.

@MITTELWERT(b3..b20) <RETURN>
Berechnung des Mittelwertes der Spalte Alter (Bereich B3 bis B20).

```
B:I17: @SUMME(D17..H17)                                                  BEREIT

  B        I       J        K        L        M        N        O        P
 1                 Kriterien                           Typ      Alter
 2          Gesamt =========                                a
 3              13
 4               9 Statistische Auswertung
 5               4 ===========================
 6              23                                   Ausschuß   Alter
 7              20 Durchschnitt                         74,78    5,56
 8              58
 9              49
10              96 Datentabelle 1:
11              54 ==================              @DMITTEL @DMITTEL
12              86                          a          74,78    5,56
13              81                          b          41,11    3,22
14              93                          Gesamt     57,94    4,39
15              68
16              54 Datentabelle 2:
17              93 ==================       @DMITTEL       3        4        5
18              73                          a          58,00    75,00    81,00
19             103                          b          49,00   FEHLER    86,00
20              66
26-Jul-89 01:03 PM
```

Bild 8-30 Neuberechnung der Datentabelle 1 für Woche 25

Als nächstes wird die Datentabelle 2 neu berechnet. Dazu wird die Formel in Zelle N1 in das linke obere Eck der Datentabelle 2 (Zelle M17) kopiert und der Bereich auf 2 Nachkommastellen formatiert.

/k	Auswahl des Befehls **K**opie.
n1 <RETURN>	Bereich, aus dem kopiert werden soll.
m17 <RETURN>	Bereich, in den kopiert werden soll.
/bff <RETURN>	Eingabe des Befehls **B**ereich **F**ormat **F**est und Bestätigen von **2** Nachkommastellen.
n18..p19 <RETURN>	Eingabe des zu formatierenden Zahlenbereiches (N18 bis P19).

Mit dem Befehl **D**aten **T**abelle **2** (**/DT2**) wird die Datentabelle 2 eingerichtet:

/dt2	Eingabe des Befehls **D**aten **T**abelle **2**.
b:m17..b:p19 <RETURN>	Eingabe des Tabellenbereiches.
b:n2 <RETURN>	Eingabe der *Eingabezelle 1*. Dies ist der *Typ* in Arbeitsblatt B, Zelle N2.
b:o2 <RETURN>	Eingabe der *Eingabezelle 2*. Dies ist das *Alter* in Arbeitsblatt B, Zelle O2.

C:H20: 18 BEREIT

C	B	C	D	E	F	G	H	I
1			Ausschuß pro Tag (Woche 26)					
2	Alter	Typ	Mo	Di	Mi	Do	Fr	Gesamt
3	1	b	8	7	6	4	3	28
4	1	b	3	4	4	3	4	18
5	1	b	1	2	1	0	3	7
6	2	b	5	8	3	4	6	26
7	2	b	4	3	8	2	1	18
8	3	a	13	15	14	10	11	63
9	3	b	8	9	7	5	4	33
10	4	a	22	20	18	19	17	96
11	4	a	20	18	16	18	15	87
12	5	b	14	13	12	14	15	68
13	5	a	20	22	23	21	20	106
14	6	a	24	18	20	23	22	107
15	6	a	23	25	27	26	23	124
16	6	a	21	20	18	22	24	105
17	7	b	18	12	19	16	14	79
18	7	b	20	16	12	14	16	78
19	8	a	28	26	19	20	21	114
20	8	a	27	25	20	18	18	108

26-Jul-89 01:36 PM

Bild 8-31 Ausgewertetes Arbeitsblatt B für Woche 25

Der erstellte Auswertungsteil (Bereich J1 bis P19) wird mit dem Befehl Kopie in das Arbeitsblatt C und D kopiert.

/k Auswahl des Befehls Kopie.

b:j1..b:p19 <RETURN> Der Bereich, aus dem kopiert werden soll, ist in Arbeitsblatt B der Bereich J1 bis P19.

c:j1..d:p19 <RETURN> Der Bereich, in den kopiert werden soll, ist der Bereich im Arbeitsblatt C von Zelle J1 bis zum Arbeitsblatt D in Zelle P19.

8.10.6 Statistische Auswertung der Woche 26

Sie wechseln in Arbeitsblatt C und geben die Ergebnisse für den Ausschuß in der Woche 26 ein (s Bild 8-32).

```
C:I20: @SUMME(D20..H20)                                              BEREIT

 C      I     J        K        L        M        N        O        P
 1            Kriterien                           Typ      Alter
 2   Gesamt   =========                              a
 3       20
 4       10   Statistische Auswertung
 5        7   ==========================
 6       26                                    Ausschuß    Alter
 7       10   Durchschnitt                       101,11     5,56
 8       63
 9       33
10       96   Datentabelle 1:
11       87   ==================               @DMITTEL @DMITTEL
12       68                          a            74,70     5,56
13      106                          b            41,11     3,22
14      107                          Gesamt       70,20     4,39
15      124
16      105   Datentabelle 2:
17       79   ==================     @DMITTEL         3        4        5
18       70                          a            50,00    75,00    81,00
19      114                          b            49,00   FEHLER    86,00
20      108
26-Jul-89 01:39 PM
```

Bild 8-32 Ausschuß in der Woche 26

<TAB> Blättern Sie eine Bildschirmseite nach rechts.

```
C:O14: (F2) @MITTELWERT(B3..B20)                                    BEREIT

C      I       J        K        L        M        N        O        P
1              Kriterien                           Typ      Alter
2   Gesamt     =========                                 a
3       20
4       18     Statistische Auswertung
5        7     ===========================
6       26                                         Ausschuß   Alter
7       18     Durchschnitt                          101,11    5,56
8       63
9       33
10      96     Datentabelle 1:
11      87     ==================                  @DMITTEL  @DMITTEL
12      68                               a           101,11    5,56
13     106                               b            39,44    3,22
14     107                               Gesamt       70,28    4,39
```

Bild 8-33 Auswertungstabelle für die 26. Woche

Wie Sie aus Bild 8-33 entnehmen können, sind die Formeln für den durchschnittlichen Ausschuß und das Durchschnittsalter der Maschinen bereits berechnet (Bereich N7 bis O7) sowie die Mittelwertbildung im Bereich N14 bis O14. In der *Datentabelle 1* muß eine Korrektur stattfinden. Wählen Sie dazu den Befehl **Daten Tabelle 1 (DT1)** aus:

/dt1	Auswahl des Befehls **Daten Tabelle 1**.
c:m11..c:o14 <RETURN>	Eingabe des Tabellenbereiches.
c:n2 <RETURN>	Eingabe der *ersten* Eingabezelle.

Wenn Sie die Formeln für die Mittelwerte in Zelle N14 und O14 neu eingeben, dann wird die Datentabelle 1 neu berechnet.

```
C:P20:                                                              BEREIT

C      I        J        K        L        M        N        O        P
1             Kriterien                             Typ      Alter
2    Gesamt   =========                             a
3        28
4        18   Statistische Auswertung
5         7   ===========================
6        26                                         Ausschuß   Alter
7        18   Durchschnitt                          101,11     5,56
8        63
9        33
10       96   Datentabelle 1:
11       87   ==================                    @DMITTEL @DMITTEL
12       68                              a           101,11     5,56
13      106                              b            39,44     3,22
14      107                              Gesamt       70,28     4,39
15      124
16      105   Datentabelle 2:
17       79   ==================         @DMITTEL         3        4        5
18       78                              a            63,00    91,50   106,00
19      114                              b            33,00   FEHLER    68,00
20      108
26-Jul-89 02:18 PM
```

Bild 8.34 Neuberechnung der Datentabelle 1 in Arbeitsblatt C

Die Datentabelle 2 wird mit dem Befehl **Daten Tabelle 2** (**/DT2**) korrigiert.

/dt2	Auswahl des Befehls **Daten Tabelle 2**.
c:m17..c:p19 <RETURN>	Eingabe des Tabellenbereiches (M17 bis P19).
c:n2 <RETURN>	Eingabe der *Eingabezelle 1.*
c:o2 <RETURN>	Eingabe der *Eingabezelle 2.*

Die Datentabelle 2 wird neu berechnet.

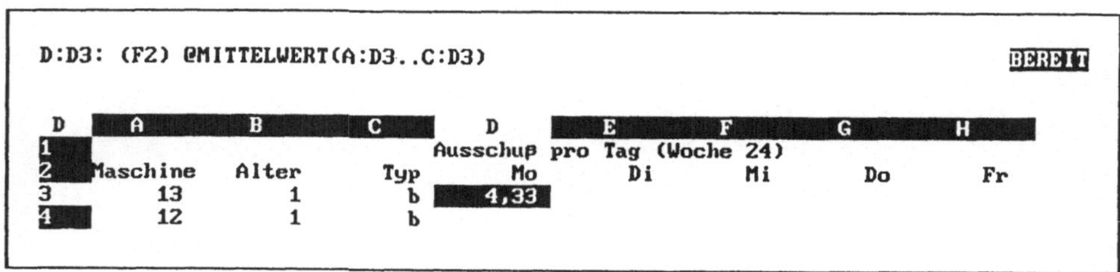

Bild 8-35 Neuberechnung des Arbeitsblattes C

8.11 Auswerten der Daten im Arbeitsblatt D

Mit der Tastenfolge <CTRL> <PGUP> gelangt man in das Arbeitsblatt D, in dem die Gesamtauswertung vorgenommen werden soll. Dazu wird für jede Maschine und jeden Wochentag der *Mittelwert* aus den Arbeitsblättern A bis C (Woche 24, 25 und 26) eingetragen. Zuerst wird der Ausgabebereich D3 bis I20 mit dem Befehl **Bereich Format Fest** (**/BFF**) auf 2 Nachkommastellen formatiert.

/bff <RETURN>	Auswahl des Befehls **Bereich Format Fest** und Bestätigen von 2 Dezimalstellen.
d3..i20 <RETURN>	Festlegen des zu formatierenden Bereiches auf D3 bis I20.

Als nächstes wird der Mittelwert pro Maschine und Wochentag ermittelt. Dazu gehen Sie in Feld D3 (Montag, Maschine 1) und geben die Funktion ein:

@MITTELWERT(a:d3..c:d3) <RETURN>

Bilden des Mittelwerts aller Ausschußzahlen (von Arbeitsblatt A die Zelle D3 bis zum Arbeitsblatt C der Zelle D3) der Maschine 1 am Montag.

Diese Formel wird in den Bereich von D3 bis H20 kopiert.

/k	Auswahl des Befehls **Kopie**.
<RETURN>	Bestätigung des Ausgangsbereichs (Zelle D3).
d3..h20 <RETURN>	Kopieren der Formel für den Mittelwert in die Zellen D3 bis H20.

Sie sehen, wie schnell 1-2-3 die Berechnungen vornimmt und Bild 8-36 erscheint.

D:D3: (F2) @MITTELWERT(A:D3..C:D3) BEREIT

D	A	B	C	D	E	F	G	H
1				Ausschuß	pro Tag	(Woche 24)		
2	Maschine	Alter	Typ	Mo	Di	Mi	Do	Fr
3	13	1	b	4,33	5,00	4,33	4,33	3,33
4	12	1	b	2,00	3,33	3,33	2,33	2,00
5	18	1	b	0,67	1,33	1,33	0,00	2,33
6	16	2	b	4,33	6,33	4,67	5,33	5,67
7	7	2	b	3,00	3,67	6,33	2,67	2,67
8	4	3	a	12,00	14,00	13,00	10,67	12,33
9	8	3	b	8,67	8,67	9,00	10,33	8,67
10	1	4	a	20,00	20,67	20,33	22,00	19,00
11	14	4	a	11,67	13,33	12,33	14,33	13,00
12	2	5	b	13,33	13,00	16,00	18,67	17,67
13	15	5	a	18,33	19,00	17,67	17,67	15,67
14	6	6	a	21,67	18,67	19,00	21,33	21,67
15	10	6	a	15,00	17,67	18,67	15,67	16,67
16	3	6	a	12,33	10,67	10,00	14,33	18,00
17	11	7	b	17,67	16,67	18,33	18,00	16,00
18	5	7	b	17,33	15,33	13,67	15,00	17,33
19	17	8	a	23,33	22,33	20,00	18,67	19,67
20	9	8	a	18,00	18,33	17,33	15,67	15,33

26-Jul-89 03:16 PM

Bild 8-36 Errechnung des Mittelwerts des Ausschusses

<TAB> Blättern eine Bildschirmseite nach rechts.

Bild 8-37 zeigt die Auswertung.

D:N2: "a BEREIT

D	I	J	K	L	M	N	O	P
1		Kriterien				Typ	Alter	
2	Gesamt	=========				a		
3	21,33							
4	13,00	Statistische Auswertung						
5	5,67	==========================						
6	26,33					Ausschuß	Alter	
7	18,33	Durchschnitt				84,11	5,56	
8	62,00							
9	45,33							
10	102,00	Datentabelle 1:						
11	64,67	==================				@DMITTEL	@DMITTEL	
12	78,67				a	74,78	5,56	
13	88,33				b	41,11	3,22	
14	102,33				Gesamt	62,83	4,39	
15	83,67							
16	65,33	Datentabelle 2:						
17	86,67	==================			@DMITTEL	3	4	5
18	78,67				a	58,00	75,00	81,00
19	104,00				b	49,00	FEHLER	86,00
20	84,67							

26-Jul-89 03:23 PM

Bild 8-37 Bereich der statistischen Auswertung

Sie sehen aus Bild 8-37, daß die meisten statistischen Auswertungen bereits erledigt sind. Nur noch in Datentabelle 1 und in Datentabelle 2 müssen Korrekturen (analog zum letzten Abschnitt) vorgenommen werden. Geben Sie deshalb ein:

/dt1	Auswahl des Befehls **D**aten **T**abelle **1**.
d:m11..d:o14 <RETURN>	Festlegen des Tabellenbereichs.
d:n2	Festlegen der *Eingabezelle 1.*

Für die Zellen N14 und O14 werden die Formeln für den Mittelwert aus Blatt C (Zellen N14..O14) in das Arbeitsblatt D kopiert.

/k	Auswahl des Befehls **K**opie.
c:n14..c:o14 <RETURN>	Bereich, aus dem kopiert werden soll, ist in Arbeitsblatt C der Bereich N14 bis O14.
d:n14..d;o14 <RETURN>	Bereich, in den kopiert werden soll, ist in Arbeitsblatt D der Bereich N14 bis O14.

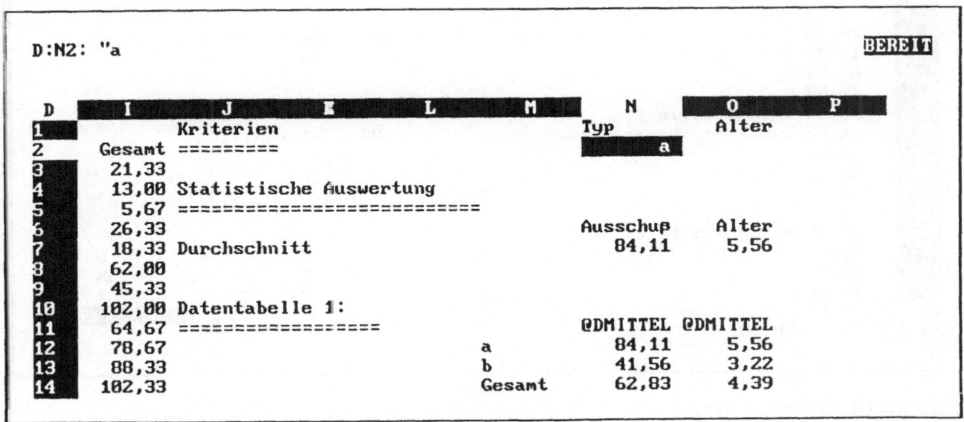

Bild 8-38 Datentabelle 1 der Gesamtauswertung

Wie Sie aus Bild 8-38 entnehmen können, liegt der Mittelwert des Gesamtausschusses bei 70,28 Stück. Der Ausschuß der Maschinen des Typs A ist sehr hoch (durchschnittlich 101,11 Stück) im Vergleich zu dem Maschinen des Typs B (durchschnittlich 39,44 Stück). Zwar sind die

Masachinen A im Durchschnitt älter (5,56 Jahre) als die Maschinen B (4,39 Jahre); doch dürfte sich der Altersunterschied nicht so sehr auf den Ausschuß auswirken.

Zum Schluß wird noch die Datentabelle 2 aktualisiert.

/dt2	Auswahl des Befehls **Daten Tabelle 2.**
d:m17..d:p19 <RETURN>	Festlegen des Tabellenbereich auf das Arbeitsblatt D im Bereich M17 bis P19.
d:n2 <RETURN>	Festlegen der *Eingabezelle 1.*
d:o2 <RETURN>	Festlegen der *Eingabezelle 2.*

Sie sehen als Ergebnis Bild 8-39.

```
D:P20:                                                                BEREIT

D      I         J          K         L         M         N         O          P
1              Kriterien                                 Typ       Alter
2     Gesamt   =========                                    a
3      21,33
4      13,00   Statistische Auswertung
5       5,67   ===========================
6      26,33                                         Ausschuß      Alter
7      18,33   Durchschnitt                             84,11       5,56
8      62,00
9      45,33
10    102,00   Datentabelle 1:
11     64,67   =================                     @DMITTEL  @DMITTEL
12     78,67                              a             84,11       5,56
13     88,33                              b             41,56       3,22
14    102,33                              Gesamt        62,83       4,39
15     83,67
16     65,33   Datentabelle 2:
17     86,67   =================          @DMITTEL          3          4          5
18     78,67                              a             62,00      83,33      88,33
19    104,00                              b             45,33     FEHLER      78,67
20     84,67
26-Jul-89 03:50 PM
```

Bild 8-39 Gesamtauswertung des Ausschusses

Wie Bild 8-39 in der Datentabelle 2 zeigt, liegt der Ausschuß bei *gleichaltrigen* Maschinen für die Maschinen des Typs A immer höher als für Maschinen des Typs B. Damit kann gesagt werden, daß die Maschinen des Typs A relativ zu Maschinen des Typs B mehr Ausschuß produzieren.

8.12 Abhängigkeit des Ausschusses vom Maschinenalter mit den Dateien der drei Arbeitsblätter

Zum Schluß stellen wir in einer Tabelle die Abhängigkeit des Ausschusses vom Alter der Maschinen zusammen. Dazu blättern wir einen Bildschirmbereich weiter (ab Spalte Q) und erstellen die Tabelle.

<HOME>	Zurück zu Zelle A1.
2 MAL <TAB>	Sie sind in Zelle Q1 und geben ein:
Alter <PFEIL UNTEN>	Eingabe der Bezeichnung **Alter**.
Ausschuß <PFEIL UNTEN>	Eingabe der Bezeichnung **Ausschuß**.

Mit dem Befehl **D**aten **F**üll (**/DF**) wird das Alter der Maschinen von 1 bis 8 vorgegeben.

/df	Auswahl des Befehls **D**aten **F**üll.
d:r1..d:y1 <RETURN>	Der zu füllende Bereich ist R1 bis Y1.
1 <RETURN>	Anfangswert ist **1**.
1 <RETURN>	Schrittweite ist **1**.
<RETURN>	Bestätigung des Endes (8191).

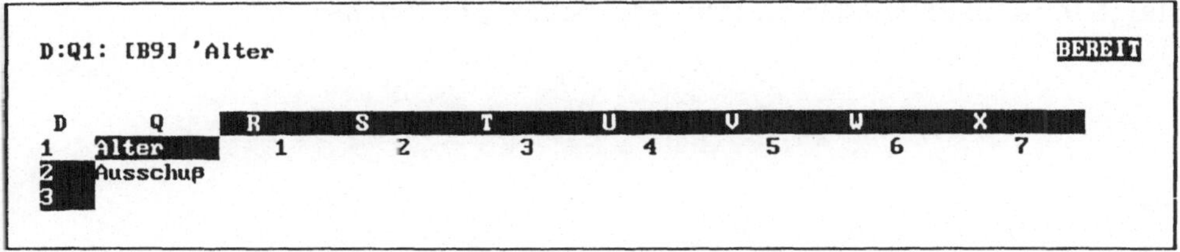

Bild 8-40 Überschrift der Tabelle

Mit dem Befehl **B**ereich **F**ormat **F**est (**BFF**) werden die Berechnungen mit 2 Nachkommastellen ausgegeben.

/bff <RETURN>	Auswahl des Befehls **B**ereich **F**ormat **F**est und Bestätigen von **2** Dezimalstellen.
r2..y2 <RETURN>	Der zu formatierende Bereich ist R2..Y2.

Für die jeweiligen Altersgruppen der Maschinen werden die Mittelwerte aus der Spalte I des Arbeitsblattes D errechnet. So lautet beispielsweise die Funktion für den Mittelwert des Ausschusses aller Maschinen, die 1 Jahr alt sind: *Bilde den Mittelwert über die Zellen I3 bis I5*. Bringen Sie dazu den Zellzeiger in die Zelle R2, und geben Sie ein:

@MITTELWERT(i3..i5) <RETURN>
Berechnung des Mittelwerts für Maschinen, die 1 Jahr alt sind.

Kopieren Sie diese Formel in die anderen Zellen und verändern Sie diese entsprechend. Dazu bringen Sie die Formel mit der <F2>-Taste in die zweite Bildschirmzeile, in der Sie die Änderungen vornehmen können.

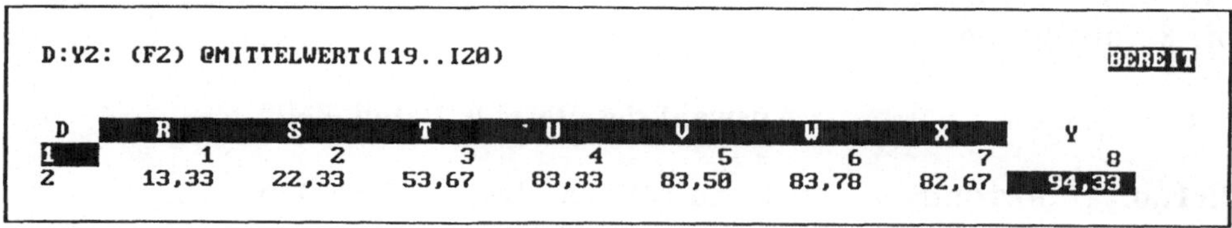

D:Y2: (F2) @MITTELWERT(I19..I20) BEREIT

D	R	S	T	U	V	W	X	Y
1	1	2	3	4	5	6	7	8
2	13,33	22,33	53,67	83,33	83,50	83,78	82,67	94,33

Bild 8-41 Berechnung des Ausschusses in Abhängigkeit des Maschinenalters

Wie Bild 8-41 zeigt, nimmt der Ausschuß mit zunehmendem Alter der Maschinen zunächst (d. h. bis zum 4. Jahr) ständig zu. Vom 5. bis zum 7. Jahr bleibt der Ausschuß relativ stabil (etwa 83 Stück pro Woche) und steigt im 8. Jahr wieder an (auf 94,3 Stück pro Woche).

9 Erstellen von Grafiken für eine Artikel-Umsatz-Statistik

Grafische Darstellungen von umfangreichem Zahlenmaterial sind äußerst hilfreich, um anschaulich auf einen Blick Zusammensetzungen, Verhältnisse und Trends von Datenbeständen beurteilen zu können. Während in vielen integrierten Softwarepaketen die grafische Auswertung getrennt mit großem Programmieraufwand erstellt werden muß, bietet 1-2-3 die Möglichkeit, Grafikdiagramme der erfaßten Datenbestände direkt vorzunehmen. Dabei ist von großem Vorteil, daß Veränderungen dieser Daten sofort im Bild sichtbar werden.

Hinweis zur Version 3!

- Neue Grafiktypen sind Aktiendiagramme, Mischdarstellungen (Balken- und Liniendiagramme) und Flächendiagramme;
- Gleichzeitige Darstellung von Arbeitsblatt und Grafik;
- Beschriftung mit Kopf- und Fußzeilen möglich;
- 2 Y-Achsen in einer Grafik darstellbar;
- Möglichkeit der logarithmischen Skalierung;
- Hoch- und Querformat;
- verschiedene Schriftarten und Größen;
- direkter Ausdruck, ohne PrintGraph-Programm.

Alle Befehle zum Erzeugen und Beschriften von Grafiken werden mit dem Befehl Grafik (/G) eingeleitet. 1-2-3 bietet folgende grafische Darstellungsformen an:

a) Liniendiagramm (/Grafik Typ Linie)

Damit können zeitliche Entwicklungen einzelner Daten besonders gut dargestellt werden. Insgesamt sind 6 Datenbereiche (A bis F) darstellbar.

b) Balkendiagramm (/Grafik Typ Balken)

Ein oder mehrere Datenbereiche können als Balken nebeneinander dargestellt werden. Damit sind, ähnlich wie in Liniendiagrammen, zeitliche Entwicklungen gut zu erkennen. Die unterschiedlichen Bereiche sind durch verschiedene Schraffuren oder Farben voneinander unterscheidbar.

c) XY-Diagramm (/Grafik Typ XY)

Funktionale Zusammenhänge zwischen einer Größe X und einer Größe Y können grafisch veranschaulicht werden. Der Y-Bereich kann aus sechs Datenbereichen ausgewählt werden.

d) Stapelbalken (/Grafik Typ Gestaff)

Diese grafische Auswertung ist ebenfalls ein Balkendiagramm; jedoch werden die verschiedenen Datenbereiche nicht nebeneinander gezeichnet, sondern übereinander gestapelt. Sie sind ebenfalls durch Schraffur oder Farbe unterscheidbar.

e) Kreisdiagramm (/Grafik Typ Kreis)

Die unterschiedlichen Anteile von Bereichen an einer Gesamtheit können in einem Kreisdiagramm gezeigt werden. Dabei wird nur der Datenbereich A dargestellt und die Prozentangaben der Teile ausgegeben. Einzelne Stücke können herausgehoben und zur besseren Unterscheidung verschieden schraffiert werden.

f) Aktienverlauf (/Grafik Typ Aktien)

Diese grafische Darstellungsmöglichkeit zeigt in Form von vertikalen Linien und Markierungen den Höchst-, Tiefst-, Schluß- und Eröffnungskurs von Aktien.

g) Mischdiagramme (/Grafik Typ Misch)

In dieser Darstellungsform können Balken- und Liniendiagramme gemischt dargestellt werden (höchstens drei Linien- und drei Balkendiagramme).

h) Varianten erzeugen (/Grafik Typ Darstellung)

Mit diesem Befehl können Sie Varianten einer Grafik erzeugen, beispielsweise eine Änderung des Formats vornehmen, eine zweite Y-Achse festlegen oder Text hinzufügen.

Um die verschiedenen Möglichkeiten grafischer Auswertung zu zeigen, wird die in Bild 9-1 dargestellte Artikel-Umsatz-Entwicklung für den Verkauf von Videogeräten und CD-Spielern ausgewertet. Der Leser möge das dort abgebildete Arbeitsblatt zur Übung selbst erstellen.

```
A:D19:                                                      BEREIT

A      A        B        C        D        E        F        G        H
1             Umsatzentwicklung für 1989 in TDM
2             =====================================
3
4
5   Monat           Video        CD
6
7   Januar             90       100     1 Jan
8   Februar            85        90     2 Feb
9   März              110       120     3 Mär
10  April              80       100     4 Apr
11  Mai               100        97     5 Mai
12  Juni               83        88     6 Jun
13  Juli               73        86     7 Jul
14  August             87        71     8 Aug
15  September         115       110     9 Sep
16  Oktober           120       130    10 Okt
17  November          140       145    11 Nov
18  Dezember          130       150    12 Dez
19
20
GRAFIK.WK3
```

Bild 9-1 Artikel-Umsatz-Entwicklung für Videogeräte und CD-Spieler

In der letzten Spalte von Bild 9-1 sind die Abkürzungen der Monate zu sehen, die zur Beschriftung der Grafik verwendet werden können.

Im folgenden werden die in 1-2-3 möglichen grafischen Auswertungen vorgestellt. Dabei ist folgende, prinzipielle Vorgehensweise empfehlenswert:

1. Angabe des Grafiktyps

Dies geschieht mit dem Befehl Grafik Typ (/GT).

2. Angabe des darzustellenden Datenbereichs

Hierbei können Sie zwischen 6 verschiedenen Datenbereichen (A bis F) auswählen oder den X-Bereich festlegen.

3. Anzeige der Grafik

Hierbei haben Sie in der neuen Version 3 folgende zwei Möglichkeiten:

- Grafik auf *ganzem Bildschirm* sichtbar machen,

- Grafik als Fenster ins *Arbeitsblatt* einblenden.

Hinweis! Damit Sie die Grafiken auf dem Bildschirm sehen können, ist es erforderlich, daß Sie bei der Installation die entsprechenden Bildschirmtreiber ausgewählt haben. Ist dies nicht der Fall, dann wird der Bildschirm gelöscht. Mit einer beliebigen Taste gelangen Sie wieder ins Arbeitsblatt zurück.

Es gibt auch Bildschirmtreiber, die es nicht zulassen, in einem Fenster neben dem Arbeitsblatt die Grafik zu zeichnen.

a) Grafik auf dem ganzen Bildschirm

Mit dem Befehl **G**rafik **K**ontrolle (/GK) oder durch Drücken der GRAFIK-Taste <F10> können die erstellten Grafiken auf dem gesamten Bildschirm sichtbar gemacht werden.

b) Grafik-Fenster im Arbeitsblatt

Um eine Grafik neben dem Arbeitsblatt anzeigen zu können, dient der Befehl **A**rbeitsblatt **F**enster **G**rafik (/AFG). Der große Vorteil dieser Darstellung besteht u. a. darin, daß während der Änderung der Werte im Arbeitsblatt die Grafik sofort aktualisiert wird. Mit dem Befehl **A**rbeitsblatt **F**enster **L**öschen (/AFL) können Sie die Grafik wieder vom Bildschirm entfernen.

4. Beschriftung der Grafik

Mit dem Befehl **G**rafik **O**ptionen (/GO) stehen Ihnen eine Fülle von grafischen Gestaltungsmöglichkeiten offen. Als Beispiele seien genannt:

- Bildlegende
- Formate
- Titel
- Achsenbeschriftung und Fußnoten
- Raster
- Skalierung
- Farbe
- Schraffur
- Beschriftung aller Arbeitsblätter gleich (GRUPPE).

5. Speichern der Grafik und ihrer Parameter

Um die Grafik in anderen Softwarepaketen einbinden oder die eingestellten Parameter für andere Grafiken nutzen zu können, werden sie mit dem Befehl **G**rafik **S**peichern (/GS) in einer Parameter-Datei gespeichert. Es empfiehlt sich, die Grafik zuvor mit dem Befehl **G**rafik **N**ame **E**rstellen (/GNE) zu benennen und die so gekennzeichnete Grafik zu speichern.

Mit dem Befehl **T**ransfer **S**peich (/TS) wird die Grafik als 1-2-3-Datei gespeichert.

6. Ausdrucken der Grafik

Hier haben Sie die Möglichkeit, die *aktuelle* Grafik zu drucken (Befehl **O**utput **D**rucker **G**rafik **A**ktuelle_Grafik: /ODGA) oder eine benannte Grafik (Befehl **O**utput **D**rucker **G**rafik **B**enannte_Grafik: /ODGB).

Hinweis! Bitte achten Sie auf folgendes:

* Der richtige Druckertreiber muß geladen sein;

* der richtige Anschluß muß gewählt worden sein (LPT oder COM).

Diese Einstellungen nehmen Sie mit folgendem Befehl vor: Output Drucker Opt Parameter Drucker

Name	Für den Druckertreiber
Interface	Für den Anschluß.

Hierbei muß für den seriellen Anschluß der Ausgang (z. B. COM1) und die Baud-Rate (z. B. 9600) eingestellt werden.

(Weitere Informationen finden sich im Kapitel 11: Ausgabe über den Drucker).

Wenn Sie die Grafik als .PIC-Datei oder als Metadatei (Zusatz .CGM) mit dem Befehl **G**rafik **S**peichern (/GS) erstellt haben, können Sie diese auch in jedes andere Softwareprogramm laden, das .PIC- oder Metadateien verarbeiten und ausgeben kann.

Im folgenden werden die einzelnen Grafikmöglichkeiten vorgestellt.

9.1 Liniendiagramm

Jede Grafik wird mit dem Befehl **Grafik** (/G) ausgewählt.

/g Auswahl des Befehls **Grafik**.

Das Auswahlmenü (s. Bild 9-2) wird sichtbar:

```
A:D19:                                                                    MENÜ
Typ X A B C D E F Vorgabe Kontrolle Speichern Optionen Name Gruppe Zurück
Linie  Balken  XY  Gestaff_Balken  Kreis  Aktien  Misch  Darstellung
```

Bild 9-2 Auswahlmenü nach Auswahl der Funktion Grafik

Es wird in folgenden Schritten vorgegangen:

a) Auswahl des Grafiktyps

Im nächsten Schritt wählen Sie den **Typ Linie** aus;

/tl Auswahl des Grafik-Typs **Linie**.

Sie kehren zurück ins Grafik-Hauptmenü.

b) Auswahl der Datenbereiche

Als nächstes werden die Datenbereiche (A: Video und B: CD) ausgewählt.

a Auswahl des ersten Datenbereiches.

Daran anschließend muß der darzustellende Bereich angegeben werden. Dazu haben Sie zwei Möglichkeiten:

1. Direkte Eingabe der Zellen von..bis

Im vorliegenden Fall ist das der Bereich B7..B18.

2. Markieren des Bereiches mit dem Cursor

Der Cursor wird in die Zelle B7 gebracht. Dies ist der Umsatz für Video-Geräte im Januar 1989 und damit die erste Zelle des darzustellenden Bereiches. Mit der <PUNKT>-Taste wird der Bereich verankert, mit den <PFEIL UNTEN>-Tasten bis zur Zelle B18 gefahren und mit <RETURN> bestätigt.

Aus Gründen der Übersichtlichkeit und der Klarheit geben wir den Bereich immer direkt ein:

b7..b18 <RETURN>	Auswahl des ersten Datenbereiches.
b	Auswahl des Datenbereichs B.
c7..c18 <RETURN>	Festlegen des zweiten Datenbereiches.

c) Anzeige der Grafik

Mit dem Befehl Kontrolle (/K) sehen Sie die Grafik am Bildschirm angezeigt (Sie können auch die GRAFIK-Taste <F10> drücken).

/k	Auswahl des Befehls Kontrolle zur Darstellung der Grafik am Bildschirm.

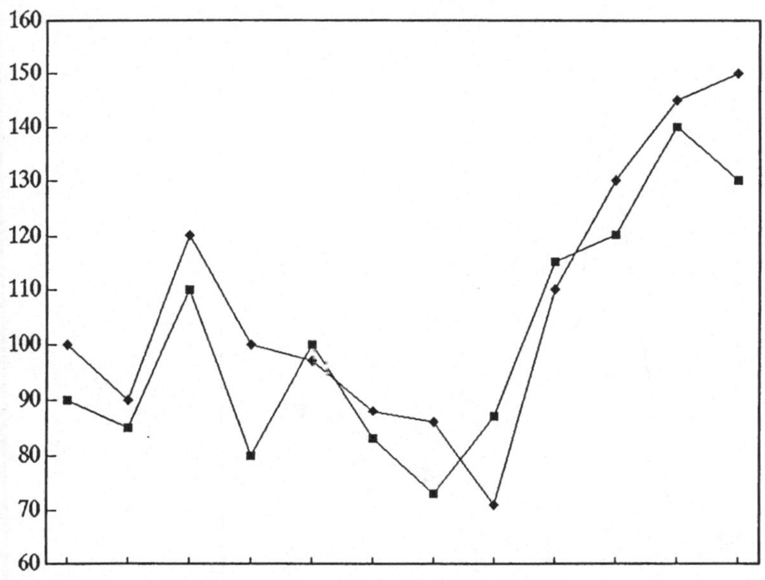

Bild 9-3 Unbeschriftetes Liniendiagramm

Bild 9-3 zeigt die Liniengrafik der Umsatzentwicklung für Video-Geräte und CD-Spieler. Dabei wird der Maßstab so festgelegt, daß der *größte vorkommende Wert* gerade noch in der Abbildung erscheint.

Hinweis! Alle Grafiken dieses Kapitels wurden mit dem HP-Laserdrucker direkt ausgedruckt. Sie sehen, wie komfortabel dies in der Version 3 möglich ist.

Werden die Zahlen im Datenbereich verändert, wird diese Änderung sofort auch grafisch angezeigt. Dies soll im folgenden gezeigt werden.

Zunächst gelangen wir durch Drücken einer beliebigen Taste in den Textbildschirm zurück und sehen die Ausgangstabelle (s. Bild 9-1).

Der Umsatz im *Juni 1989* für Videogeräte soll statt bei 83 TDM bei *283 TDM* liegen. Drücken Sie solange die <ESC>-Taste, bis Sie im BEREIT-Modus sind oder wählen Sie die Option Zurück.

Bewegen Sie sich mit dem Cursor in die Zelle B12, und geben Sie den Wert **283** ein:

283 <RETURN> Eingabe des Umsatzwertes in Zelle B12.

gk Auswahl des Befehls **G**rafik **K**ontrolle.

In Bild 9-4 wird die Umsatzspitze mitten im Jahr sichtbar.

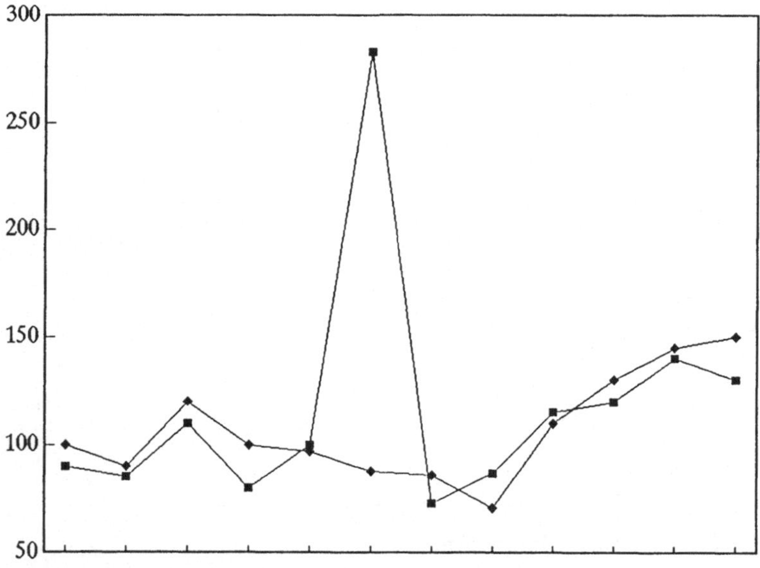

Bild 9-4 Veränderte Liniengrafik

Beim Betrachten der Kurven ist nicht klar, welcher Linienzug zu den Video-Geräten und welche Kurve zu den CD-Spielern gehört. Ferner sind in der Liniengrafik keine Überschriften (Titel), Achsen-Beschriftungen oder sonstige Erläuterungen zu erkennen. Diese sollen jetzt eingegeben werden.

d) Legende

Mit dem Befehl Gragik **O**ptionen **L**egende (/GOL) können die Datenbereiche bezeichnet werden. Deshalb wird ausgewählt:

a	Auswahl des Datenbereichs A.
Video <RETURN>	Der Datenbereich A heißt **Video**.
lb CD <RETURN>	Der Datenbereich B trägt die Bezeichnung **CD**.

Die Grafik wollen Sie jetzt ansehen. Mit dem Befehl Zurück (z) gelangen Sie in den BEREIT-Modus. Anschließend geben Sie den Befehl Grafik Kontrolle (/GK) ein, und Sie sehen Bild 9-5.

z	Rückkehr in den BEREIT-Modus.
/gk	Anzeige der Grafik durch den Befehl Grafik Kontrolle.

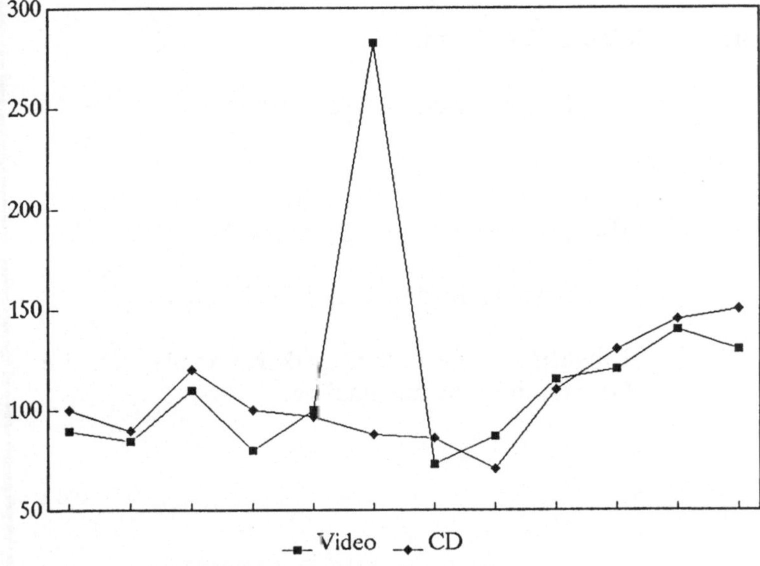

Bild 9-5 Liniendiagramm mit Legende

e) Titel und Untertitel

Zur Bezeichnung der Grafik können zwei Zeilen eingegeben werden, die über der Grafik zu sehen sind, die wir Titel und Untertitel nennen. Der

Befehl hierzu lautet **Grafik Optionen Titel**. Wie Bild 9-6 zeigt, haben Sie folgende Möglichkeiten:

```
A:B12: 283                                                                MENÜ
Erste  Zweite  X-Achse  Y-Achse  2Y-Achse  Fußnote  Weiter_Fußnote
Bestimmt erste Zeile des Grafiktitels
```

Bild 9-6 Möglichkeiten des Befehls Grafik Optionen Titel

Aus Bild 9-6 sehen Sie, daß Sie *zwei Zeilen* für den *Titel* zur Verfügung haben (Erste, Zweite), die X-Achse sowie die Y-Achse (samt einer zweiten Beschriftung für die Y-Achse) beschriften können, und noch zwei Zeilen für Fußnoten vorhanden sind (Fußnote, Weiter_Fußnote). Um den ersten Titel einzugeben, tippen wir ein:

e	Auswahl des **E**rsten Grafiktitels.

Nun können Sie den Namen des ersten Grafiktitels eingeben:

Umsatzentwicklung für Video und CD <RETURN>.

tz	Wahl eines **z**weiten Grafiktitels.

Sie geben ein:

1989 <RETURN>	Eingabe des zweiten Grafiktitels.
z	Rücksprung in den BEREIT-Modus.
/gk	Eingabe des Befehls **G**rafik **K**ontrolle, um die Grafik sichtbar zu machen.

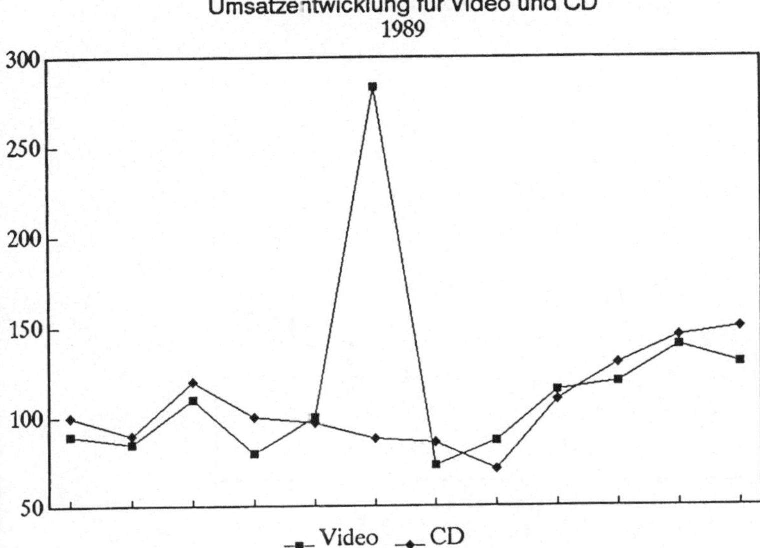

Bild 9-7 Liniendiagramm mit Überschriften

f) Beschriften der X- und Y-Achse

Dies geschieht im Menü Grafik-Optionen durch Auswahl von Titel X-Achse.

tx	Auswahl des Titels für die X-Achse.
Monate <RETURN>	Beschriftung der x-Achse.
ty	Auswahl des Titels für die Y-Achse.
Umsatz in TDM <RETURN>	Beschriftung der y-Achse.
z	Zurück in den BEREIT-Modus.
/gk	Anzeige der Grafik.

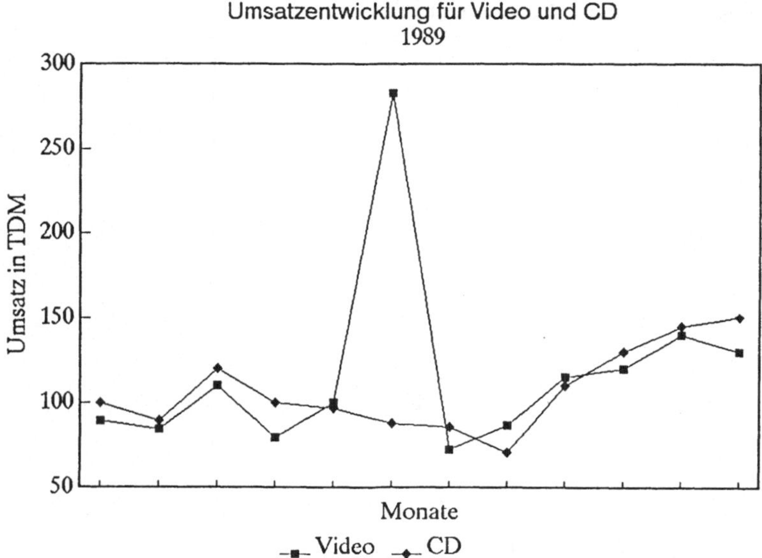

Bild 9-8 Liniendiagramm mit Achsenbeschriftung

Hinweis! Die Titel und die Legenden dürfen maximal 39 alphanumerische Zeichen umfassen. Statt sie einzugeben, können Sie auch Zellinhalte verwenden. Dazu müssen Sie vor die verwendete Adresse den Rückwärts-Schrägstrich "\" (ASCII-Zeichen Nr. 92) setzen.

Mit der Funktion **Z**urück oder durch Drücken der <ESC>-Taste gelangen Sie in das jeweils vorhergegangene Menü, und mit dem Befehl **K**ontrolle sehen Sie die beschriftete Liniengrafik.

g) Beschriftung mit den Bereichsbezeichnungen

Mit dem Befehl **G**rafik **O**ptionen **B**eschrift (**/GOB**) können Beschriftungen für die einzelnen Datenbereiche vorgenommen werden. Wir werden die Umsätze für die Video-Geräte (Datenbereich A) mit den entsprechenden Monatsbezeichnungen, die im Bereich D7 bis D18 abgelegt sind, beschriften.

/gob	Auswahl des Befehls **G**rafik **O**ptionen **B**eschrift.
a	Auswahl des Datenbereichs A zur Beschriftung.

Als Beschriftungsbereich geben wir ein:

d7..d18 <RETURN>	Eingabe des Beschriftungsbereiches D7 bis D18.

Nun können Sie die Lage der Beschriftung relativ zum Datenpunkt festlegen (s. Bild 9-9).

```
A:B12: 283                                                        MENÜ
Zentriert  Links  Oben  Rechts  Unten
Setzt Beschriftung zum Datenpunkt
```

Bild 9-9 Festlegen der Beschriftung relativ zum Datenpunkt

o	Die Beschriftung wird **o**berhalb des Datenpunktes gesetzt.
zz	Rückkehr ins Grafik-Menü.
k	Anzeige der Grafik.

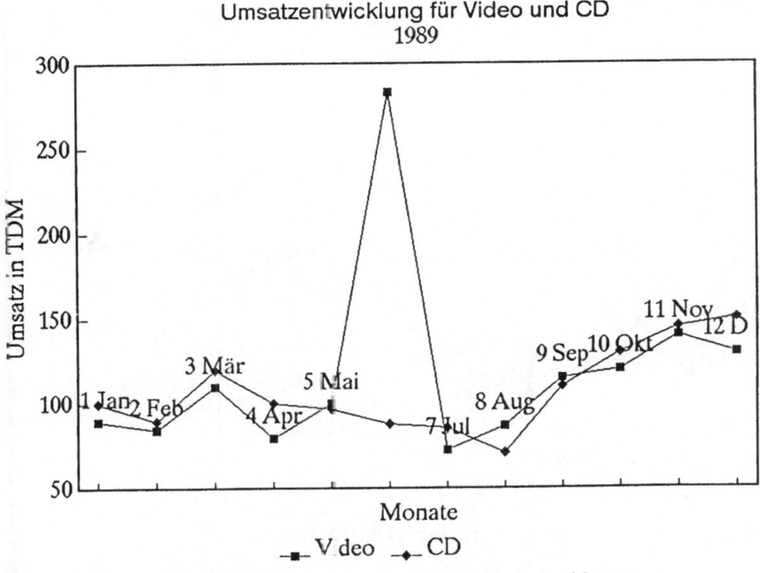

Bild 9-10 Liniendiagramm mit Datenbeschriftung

h) Einfügen eines Rasters

Über das Diagramm kann ein Linienraster gezeichnet werden. Dazu dient der Befehl Grafik **O**ptionen **R**aster (**/GOR**). Bild 9-11 zeigt die verschiedenen Möglichkeiten.

```
A:B12: 283                                                          MENÜ
Horizontal  Vertikal  Beide  Löschen  Y-Achse
Zeichnet horizontale Rasterlinien
```

Bild 9-11 Möglichkeiten der Rasterung

Wenn wir horizontale Raster einfügen möchten, geben wir im BEREIT-Modus ein:

/gorh Eingabe des Befehls **G**rafik **O**ptionen **R**aster **H**orizontal.

<ESC> **k** Rücksprung ins Grafik-Menü und Wahl des Befehls **K**ontrolle, um die Grafik anzuzeigen.

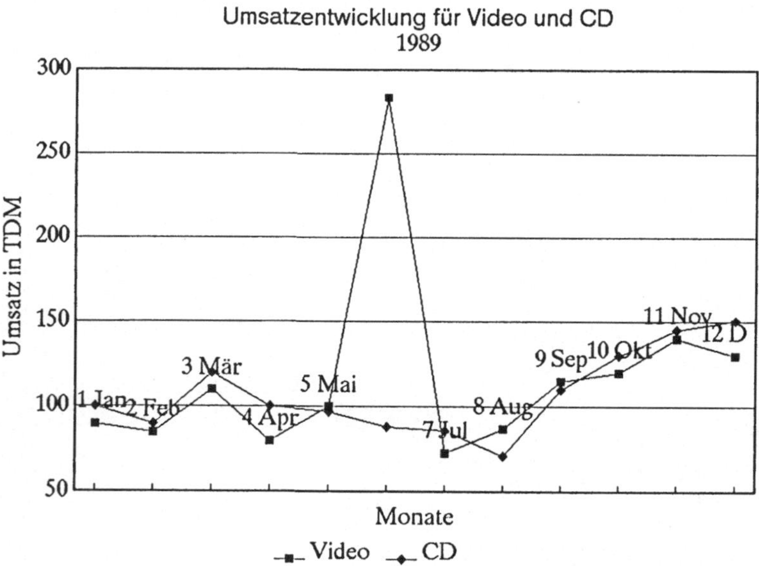

Bild 9-12 Liniendiagramm mit horizontaler Rasterung

Mit dem Befehl **G**rafik **N**ame **E**rstellen (/GNE) können wir dieser Grafik einen Namen geben.

/gne Auswahl des Befehls **G**rafik **N**ame **E**rstellen.

Linie <RETURN> Die Grafik hat den Namen **Linie**.

Mit dem Befehl **G**rafik **S**peichern (/GS) wird die Grafik gespeichert.

/gs	Auswahl des Befehls **G**rafik **S**peichern.
Linie <RETURN>	Eingabe des Namens **Linie**.

9.2 Balkendiagramm

Die Umsatzdaten in Bild 9-1 werden als Balkengrafik gezeichnet. Zusätzlich soll gezeigt werden, wie eine Bezeichnung der X-Achse vorgenommen wird und wie Fußnoten angefügt werden können.

Das Balkendiagramm erstellen wir mit dem Befehl **G**rafik **T**yp **B**alken (/**GTB**).

tb	Auswahl des Befehls **G**rafik **T**yp **B**alken.
k	Anzeige der Balkengrafik.

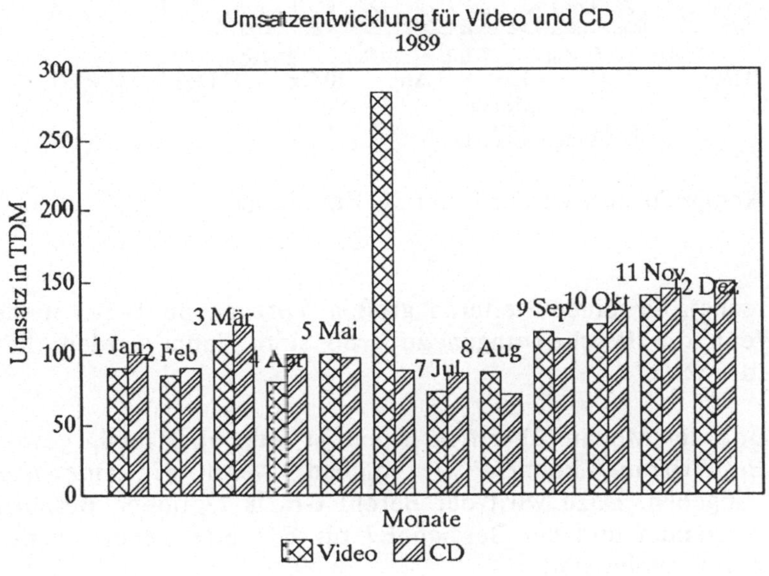

Bild 9-13 Balkengrafik

Bisher sind die Bezeichnungen der Monate bei den Daten erfolgt. Dies muß nicht immer sinnvoll sein. Wenn wir die X-Achse mit den Monatsangaben beschriften möchten, wählen wir den Grafik-Befehl **X**-Bereich (/**GX**).

/gx	Auswahl des Befehls **G**rafik **X**-Bereich.
d7..d18 <RETURN>	Eingabe des Beschriftungsbereiches für die X-Achse.
k	Anzeige der Grafik.

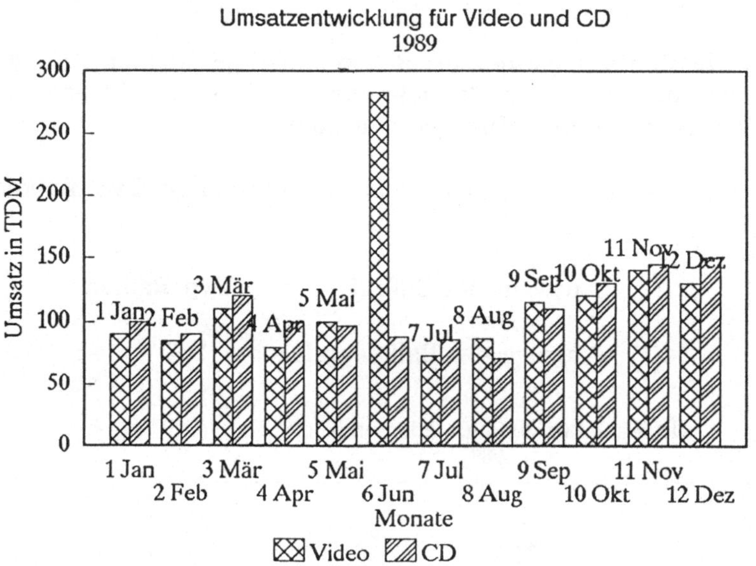

Bild 9-14 Balkengrafik mit beschrifteter X-Einteilung

In Bild 9-14 sehen Sie einen weiteren großen Vorzug von 1-2-3 in der Version 3. Wenn die Beschriftungen zu groß sind, dann werden diese versetzt ausgedruckt.

Die Bezeichnung der Monate über den Daten ist jetzt überflüssig geworden. Diese Beschriftung können wir löschen, wenn wir eine *leere* Beschriftung eingeben. Dazu wird der Befehl **G**rafik **O**ptionen **B**eschrift **A** (**/GOBA**) verwendet und der Bereich E7 bis E18 eingegeben, in dem keine Einträge vorhanden sind.

/gob	Auswahl des Befehls **G**rafik **O**ptionen **B**eschrift.
a <RETURN>	Auswahl des A-Bereiches.
e7..e18 <RETURN>	Eingabe des leeren Bereiches E7 bis E18.

Wenn auf der X-Achse nicht alle Beschriftungen ausgegeben werden sollen, sondern beispielsweise nur jede zweite, wird dies mit einem sogenannten *Skipfaktor* angegeben. Dazu dient der Befehl Grafik **O**ptionen Skalier Skip (/GOSS).

/goss Auswahl des Skipfaktors.

2 <RETURN> Eingabe des Skipfaktors **2**, d. h. jeder **2**. Wert wird ausgedruckt.

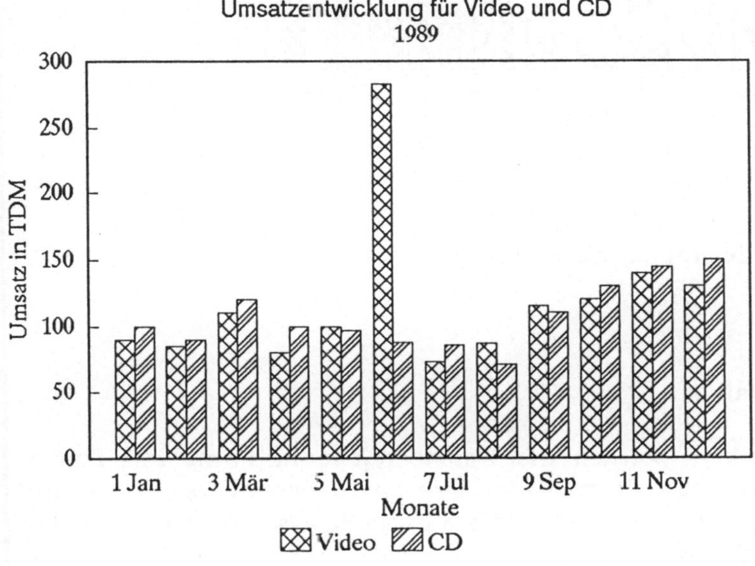

Bild 9-15 Balkendiagramm mit Teilbeschriftung der X-Achse

Als nächstes sollen noch zwei *Fußnoten* angebracht werden. Dazu wird der Befehl Grafik **O**ptionen Titel Fußnote (/GOTF) verwendet.

/gotf Auswahl des Befehls Grafik **O**ptionen Titel Fußnote.

August bis Dezember sind Planwerte <RETURN>
Eingabe des Textes der ersten Fußnote.

tw Auswahl des Befehls Titel Weiter_Fußnote.

Christiane 8. 8. 89 <RETURN>
Text für zweite Fußnotenzeile.

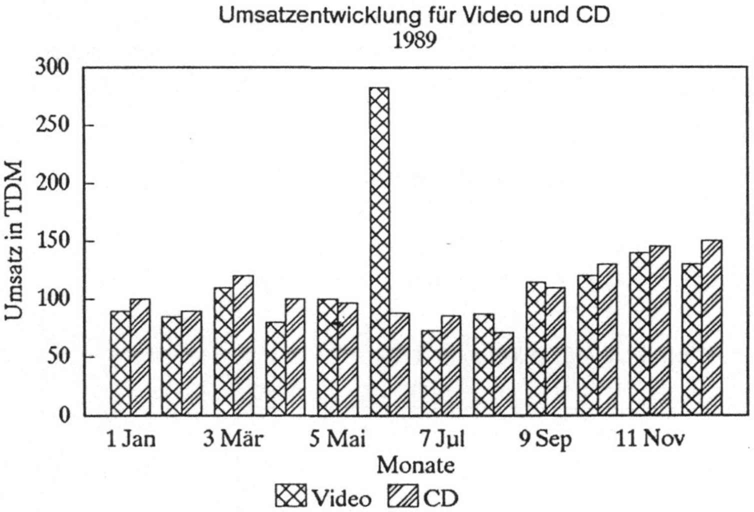

Bild 9-16 Balkendiagramm mit Fußnoten

9.3 Gestaffelte Balken

Bei diesem Grafiktyp werden die Datenbereiche in Form von Balken nicht nebeneinander gestellt, sondern *übereinander* geschichtet, so daß die Höhe des Balkens die Summe aller Werte darstellt. Dazu bietet 1-2-3 den Grafik-Typ Gestaff_Balken (/gtg) an.

/gtg	Auswahl des Grafiktyps gestaffelte Balken.
k	Anzeige der Grafik.

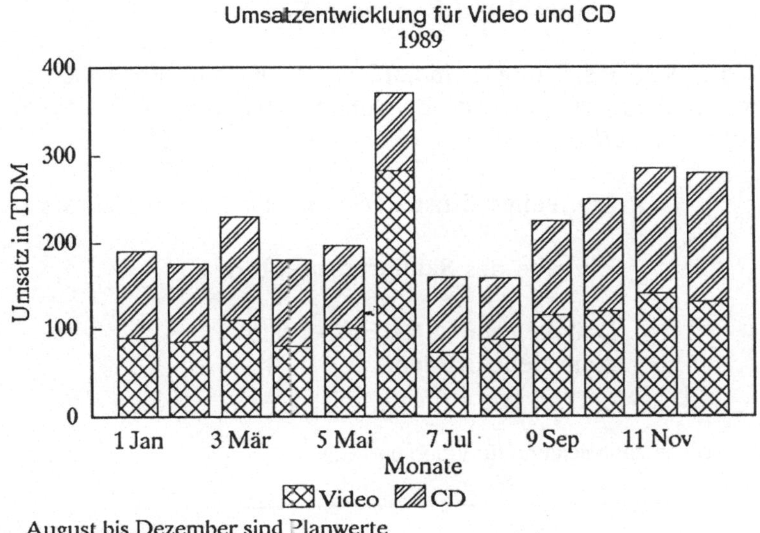

Bild 9-17 Gestaffeltes Balkendiagramm

Für größere Zahlen kann es sinnvoll sein, einen anderen Maßstab anzugeben. Im vorliegenden Beispiel soll das Vorgehen an der Skalierung der y-Achse gezeigt werden. Der entsprechende Befehl lautet Grafik **O**ptionen **S**kalier (**/GOS**).

/gos	Auswahl des Befehls **G**rafik **O**ptionen **S**kalier.
y	Auswahl der Y-Achse für die Skalierung.

Bild 9-18 zeigt die Möglichkeiten.

```
A:D7: "1 Jan                                                              MENU
Autom  Man  Untergr  Obergr  Format  Indikator  Typ  Exponent  Breite  Zurück
Skalierung beruht automatisch auf Datenbereichen
```

Bild 9-18 Möglichkeiten der Skalierung

An dieser Stelle muß darauf hingewiesen werden, daß mit der Option *Typ* auch eine *logarithmische* Skalierung vorgenommen werden kann. Für unseren Zweck wählen wir die Option **E**xponent.

e Auswahl des Exponent-Formats.

Hierbei gibt es die Voreinstellung *automatisch*, d. h. daß ab 1000 die Skalierung exponentiell angezeigt wird. Zwischen -100 und +100 können Sie den Exponenten *manuell* einstellen.

m <RETURN> Manuelles Einstellen eines Skalierungsfaktors.

1 <RETURN> Eingabe des Skalierungsfaktors 1.

<F10> Drücken der GRAFIK-Taste zum Neuzeichnen.

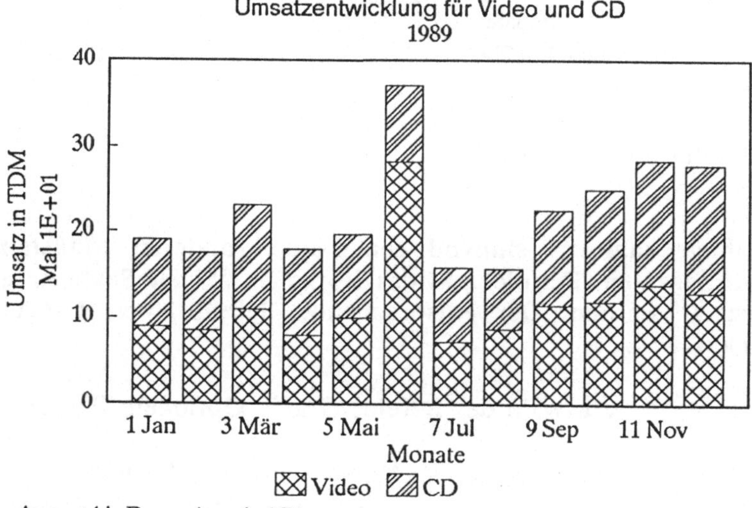

Bild 9-19 Gestaffelte Balkengrafik mit exponentieller Darstellung der Y-Achse

9.4 Kreisdiagramm

In einem Kreisdiagramm werden die einzelnen Anteile eines Ganzen als Kreissegmente veranschaulicht. Dies ist auch bei Stapelbalken-Darstellungen möglich, jedoch mit dem Unterschied, daß hier mehrere Datensätze darstellbar sind, während Kreisdiagramme nur einen Datensatz abbilden können.

Als Beispiel wählen wir die Umsatzentwicklung für CD-Spieler (Bereich C7 bis C18), wie sie in Bild 9-1 gezeigt wurde. Zusätzlich werden die Möglichkeiten *unterschiedlicher Schraffur* und des *Heraushebens* einzelner Kreissegmente aufgezeigt.

Ein Kreisdiagramm wird mit dem Befehl **Grafik Typ Kreis (/GTK)** erstellt. Als A-Bereich wird die Umsatzentwicklung der CD-Spieler ausgewählt.

/gtk	Auswahl des **Grafik-Typs Kreis.**
a	Auswahl des Datenbereichs A.
c7..c18 <RETURN>	Eingabe des Bereichs C7 bis C18 (Umsatz der CD-Spieler).
k	Anzeigen der Grafik.

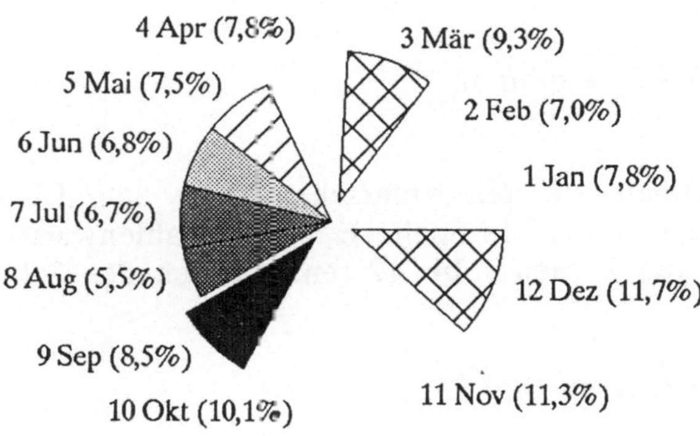

Bild 9-20 Kreisdiagramm

Im Kreisdiagramm sind alle Werte über 100 herausgesetzt.

Hinweis! Für die Beschriftung der Segmente wird in Kreisdiagrammen stets der X-Bereich genommen.

Die Überschrift und die Legende sind nicht mehr zutreffend. Sie werden mit dem Befehl **Grafik Optionen Legende** bzw. **Titel** geändert. Der Leser möge dies selbst durchführen. Ihr Bildschirm sollte danach Bild 9-21 entsprechen.

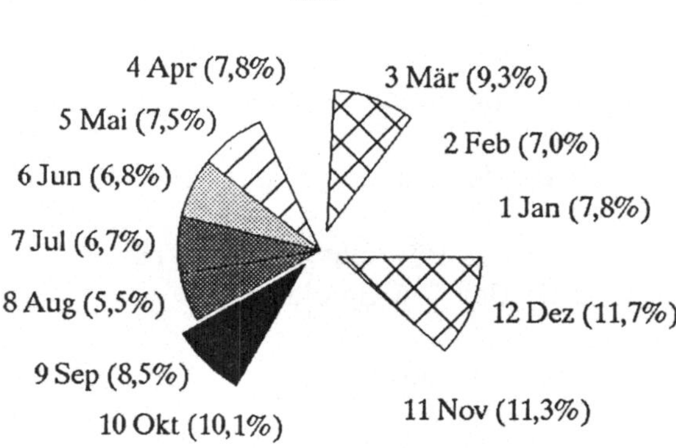

Bild 9-21 Verbessertes Kreisdiagramm

Für jedes Segment können wir ein unterschiedliches Schraffurmuster wählen. Zu diesem Zweck werden in Spalte E andere Zahlenwerte eingetragen und in Spalte F die Zahlen 1 bis 12 (entsprechen den Schraffurmustern).

Das Arbeitsblatt entspricht dann Bild 9-22.

```
A:G18:                                                          BEREIT

A      A          B          C          D           E          F        G       H
1                Umsatzentwicklung für 1989 in TDM
2                ===================================
3
4
5  Monat          Video      CD
6
7  Januar            90        100    1 Jan        30          1
8  Februar           85         90    2 Feb        30          2
9  März             110        120    3 Mär        30          3
10 April             80        100    4 Apr        30          4
11 Mai              100         97    5 Mai        30          5
12 Juni             283         88    6 Jun        30          6
13 Juli              73         86    7 Jul        30          7
14 August            87         71    8 Aug        30          8
15 September        115        110    9 Sep        30          9
16 Oktober          120        130   10 Okt        30         10
17 November         140        145   11 Nov        30         11
18 Dezember         130        150   12 Dez        30         12
19
20
GRAFIK.WK3
```

Bild 9-22 Arbeitsblatt zur Darstellung verschiedener Schraffuren

Um die früher gesetzten Markierungen zu löschen, wird der Befehl Grafik Vorgabe (/GV) gewählt. Wie Bild 9-23 zeigt, stehen folgende Möglichkeiten offen:

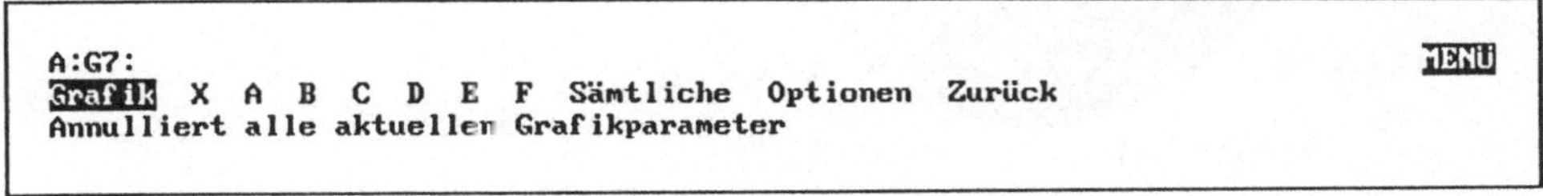

```
A:G7:                                                           MENÜ
Grafik  X  A  B  C  D  E  F  Sämtliche  Optionen  Zurück
Annulliert alle aktuellen Grafikparameter
```

Bild 9-23 Möglichkeiten zum Löschen eingestellter Grafik-Parameter

- Alle aktuellen Grafik-Parameter löschen (Grafik);

- einzelne Bereiche löschen (X A..F);

- alle Bereiche, einschließlich Gruppenzuordnung löschen (Sämtliche) und

- alle mit Grafik Optionen festgelegten Einstellungen löschen.

Im vorliegenden Fall wird Grafik ausgewählt, d. h. wir löschen alle Grafik-Einstellungen. Deshalb muß eine neue Auswahl getroffen werden. Dazu gehen wir folgendermaßen vor:

/gtk Wahl des Grafiktyps Kreis.

x Auswahl des X-Bereiches.

Hier wird beim Kreisdiagramm die Beschriftung der Segmente vorgenommen.

d7..d18 <RETURN> Als Beschriftung dient der Bereich D7 bis D18 (Monatsangabe).

a Auswahl des Bereichs A.

e7..e18 <RETURN> Eingabe des A-Bereiches (Kreissegmente).

k Anzeige der Grafik.

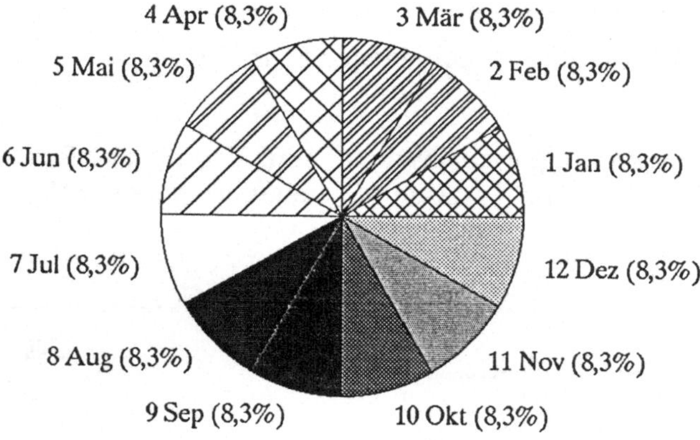

Bild 9-24 Kreissegmente mit automatischer Schraffur

Statt einer automatischen Schraffurwahl, sollen besondere Schraffurtypen ausgewählt werden. Dazu stehen verschiedene Schraffurmuster zur Verfügung, die den Ziffern 1 bis 12 zugeordnet sind. Um die Zuordnung zu erkennen, wurden in Bild 9-22 in Spalte F (F7 bis F18) die Ziffern 1 bis 12 eigetragen. Im B-Bereich der Grafik findet die Zuordnung der Schraffuren statt. Deshalb wird ausgewählt:

b Auswahl des Bereiches B.

f7..f18 <RETURN> Auswahl der Schraffurbereiche.

k Anzeige der Grafik.

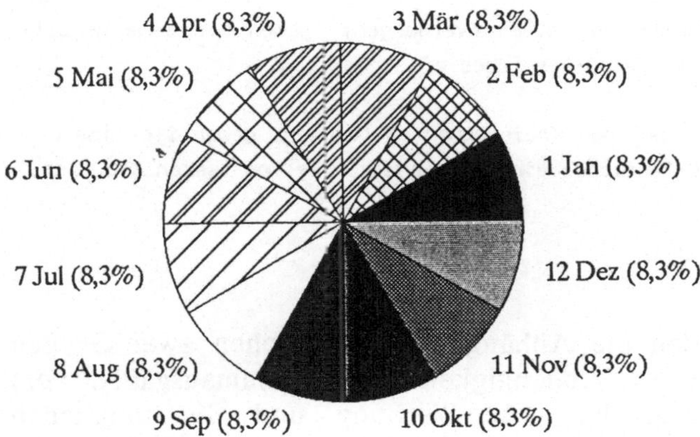

Bild 9-25 Kreisdiagramm mit zugeordnetem Schraffurmuster (1 bis 12)

Sie sehen hier die Codierung der Schraffurmuster (von 1 bis 12).

Hinweis! Sie können ein Kreissegment herausheben, wenn Sie zum Code für das Schraffurmuster noch 100 hinzuzählen (s. Bild 9-26 für Codenummer 103 (März), 105 (Mai), 109 (September).

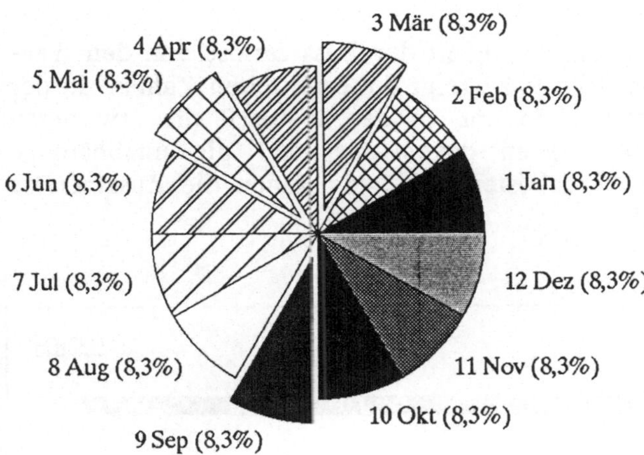

Die Schraffurmuster unterscheiden sich je nach Drucker. Deshalb wird empfohlen, sich mit dem Befehl Output Drucker Test die Schraffurmuster anzusehen und entsprechend auszuwählen.

Sollen die Kreissegmente farbig sein, dann bestimmen die Daten des B-Datenbereiches die Farben, für schwarz-weiß-Darstellungen die Schraffur. Zusätzlich zu den Farben können noch Schraffuren zugewiesen werden. Dazu verwenden Sie den Befehl Grafik Optionen Weitere Schraffur A (/GOWSA).

Wenn Sie ein Segment nicht anzeigen wollen (verbergen), geben Sie eine negative Zahl in die entsprechende Zelle des B-Bereiches ein.

Wollen Sie die Prozentangaben bei den Kreissegmenten löschen, geben Sie eine 0 in die entsprechende Zelle des C-Bereiches ein. Alle anderen Zellen lassen Sie leer.

9.5 XY-Diagramm

In XY-Diagrammen werden die Abhängigkeiten zwischen zwei Größen dargestellt, beispielsweise die Abhängigkeit der Konsumausgaben vom Einkommen oder der Ausgaben für Werbung und die möglichen Zusatzerlöse. In der Technik dienen die XY-Diagramme häufig dazu, aufgrund von mathematischen Funktionen für bestimmte x-Werte die aus der Funktionsgleichung sich ergebenden y-Werte zu ermitteln. Bei den XY-Diagrammen ist deshalb die *X-Achse* immer eine Zahlenachse und gibt die *unabhängige Variable* an (in 1-2-3 der X-Bereich). In der *Y-Achse* wird die *abhängige Variable* aufgezeichnet (in 1-2-3 der A-Bereich).

Hinweis! Falls keine Abhängigkeiten zwischen zwei Datensätzen bestehen, ist die XY-Grafik keine geeignete grafische Darstellungsmöglichkeit.

In unserem Beispiel soll die Abhängigkeit der Zusatzerlöse von den Werbeausgaben gezeigt werden. Bild 9-27 zeigt die ermittelten Zahlen. In der Spalte A sind die Werbeausgaben und in der Spalte B die erwarteten Zusatzerlöse zu sehen. Wir gehen davon aus, daß die unabhängige Variable (X-Bereich) die Werbekosten sind, von denen die Zusatzerlöse (A-Bereich) abhängig sind.

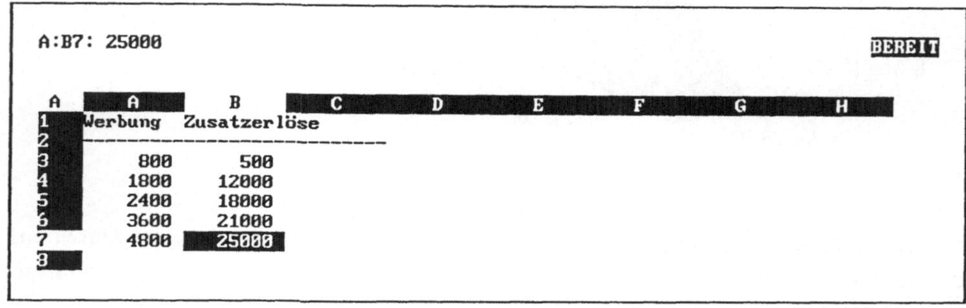

A:B7: 25000 BEREIT

A	A	B	C	D	E	F	G	H
1	Werbung	Zusatzerlöse						
2	------------	------------						
3	800	500						
4	1800	12000						
5	2400	18000						
6	3600	21000						
7	4800	25000						
8								

Bild 9-27 Abhängigkeit der Zusatzerlöse von den Werbekosten

Im folgenden wird mit dem Befehl **Grafik Typ (/GT)** der *Grafiktyp* festgelegt (XY), der X-Bereich (A3 bis A7) und der A-Bereich (B3 bis B7) bestimmt und die Anzeige der Grafik mit dem Befehl Grafik Kontrolle (/gk) vorgenommen.

/gtx	Auswahl des Grafik-Typs XY-Diagramm.
X	Festlegen des X-Bereichs.
a3..a7 <RETURN>	Bereich der unabhängigen Variablen (Werbung).
A	Auswahl des A-Bereiches
b3..b7 <RETURN>	Festlegen des A-Bereichs.
k	Anzeige der Grafik.

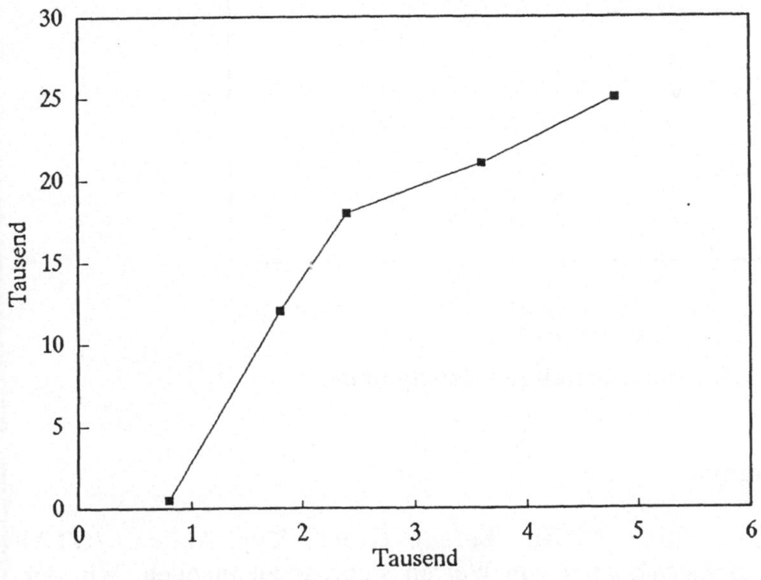

Bild 9-28 XY-Grafik für Zusatzerlöse in Abhängigkeit von den Werbeausgaben

Hinweis! Falls die x-Werte nicht steigend oder fallend sortiert sind, entstehen gekreuzte Linienzüge, die ein verwirrendes Bild erzeugen.

Der Leser möge die Überschrift und die Beschriftung der x- und y-Achse (Befehl Grafik Optionen Titel Erste bzw. X-Achse bzw. Y-Achse) selbst vornehmen.

Manchmal ist kein durchgängiger Linienzug erwünscht, sondern es sollen nur Symbole eingezeichnet werden. In 1-2-3 geschieht dies mit dem Befehl Grafik **O**ptionen **F**ormat (**GOF**).

/gof	Auswahl des Befehls Grafik **O**ptionen **F**ormat.
gs	Auswahl der Einstellung **G**rafik **S**ymbole.
<F10>	Anzeigen der Grafik.

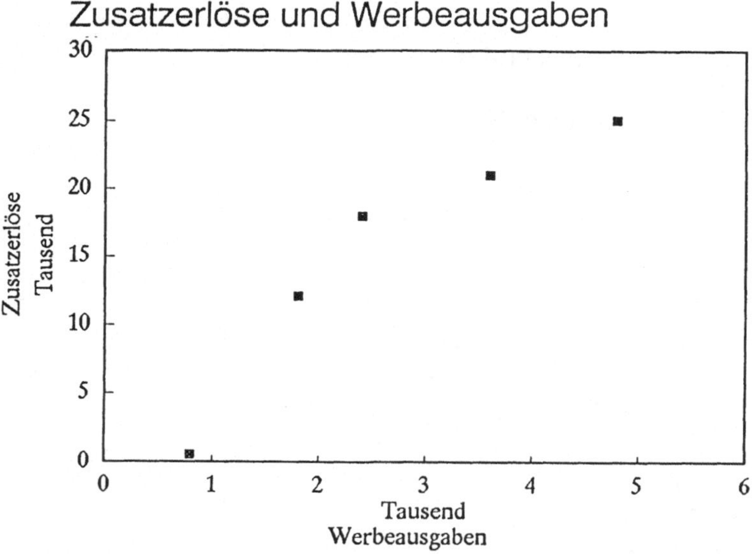

Bild 9-29 XY-Grafik mit Darstellung der Symbole

9.6 Aktien-Diagramm

Mit der Grafikdarstellung Aktien (Befehl: Grafik Typ Aktien: **/GTA**) wird es möglich, *Schwankungen* von Werten sichtbar zu machen. Wie der Name schon sagt, können damit Kursverläufe von Aktien angezeigt werden. Es sind aber beispielsweise auch Preisschwankungen von Waren erkennbar. Folgende vier Bereiche sind in der Aktien-Grafik darstellbar:

- Höchstwert,
- Tiefstwert,
- Schlußnotierung,
- Eröffnungsnotierung.

In Bild 9-30 ist die Preisentwicklung von Heizöl in den ersten vier Quartalen 1989 zusammengestellt.

```
A:A11:                                                        BEREIT

A    A         B         C         D         E         F         G         H
1   Preisentwicklung von Heizöl 1989
2   ---------------------------------
3
4   Quartal  Höchst    Tiefst    Schluß    Eröffnung
5   ---------------------------------------------
6
7   1.Quartal      36        31        32        33
8   2.Quartal      33        28        30        32
9   3.Quartal      38        28        31        30
10  4.Quartal      32        29        30        31
11
12
13
14
15
16
17
18
19
20
29-Jul-89 10:59 AM
```

Bild 9-30 Preisentwicklung für Heizöl in den Quartalen 1989

Um daraus eine *Aktienverlaufs-Grafik* zu entwickeln, gehen wir folgendermaßen vor:

- Bestimmen des Grafik-Typs mit dem Befehl Grafik Typ Aktien (/GTA),
- Festlegen der Höchstwerte (A-Bereich: B7 bis B10),
- Bestimmen der Tiefstwerte (B-Bereich: C7 bis C10),
- Festlegen der Schlußwerte (C-Bereich: D7 bis D10),
- Bestimmen der Tiefstwerte (D-Bereich: E7 bis E10),
- Beschriften der Grafik (Titel sowie die X- und Y-Achse).

gta	Auswahl des Grafik-Typ Aktien
a	Festlegen des A-Bereichs (Höchstwerte).

b7..b10 <RETURN> Der Bereich der Höchstwerte reicht von B7 bis B10.

b Festlegen des B-Bereichs (Tiefstwerte)

c7..c10 <RETURN> Die Tiefstwerte reichen von C7 bis C10.

c Festlegen des C-Bereichs (Schlußwerte)

d7..d10 <RETURN> Die Tiefstwerte reichen von D7 bis D10.

d Festlegen des D-Bereichs (Eröffnungswerte).

e7..e10 <RETURN> Die Tiefstwerte reichen von E7 bis E10.

Im folgenden wird die Grafik mit dem Befehl **G**rafik **O**ptionen **T**itel (/GOT) beschriftet.

/got Auswahl des Befehls **G**rafik **O**ptionen **T**itel.

e Der erste Titel wird ausgesucht.

Preisentwicklung für Heizöl 1989 <RETURN>
Eingabe der Titelüberschrift.

tx Auswahl des Titels für die X-Achse.

Quartale 1989 <RETURN>
Eingabe der Beschriftung der X-Achse.

ty Auswahl des Titels für die Y-Achse.

Heizölpreise (4000 l) <RETURN>
Eingabe der Beschriftung der Y-Achse.

Die Achsenbeschriftung der X-Achse wird mit dem Befehl **G**rafik **X** (/GX) durchgeführt.

/gx Beschriftung der X-Achse.

a7..a10 <RETURN> Eingabe der Beschriftung der x-Achse.

<F10> <RETURN> Anzeige der Grafik.

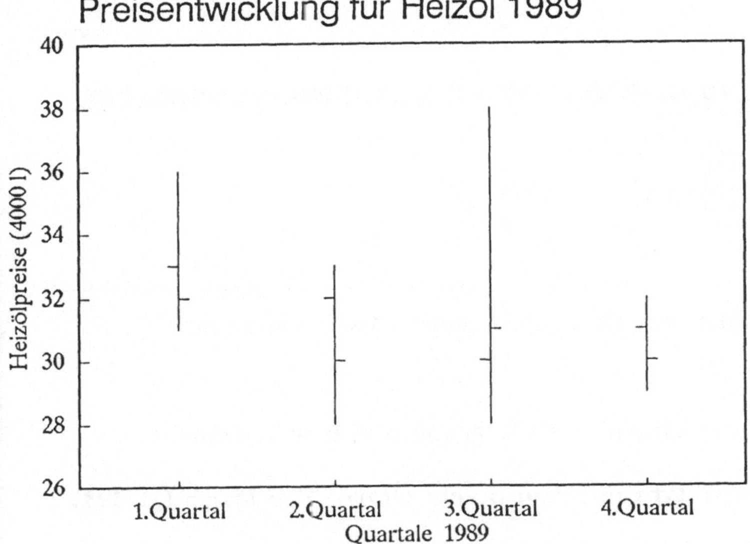

Bild 9-31 Preisverlauf für Heizöl nach erfolgter Beschriftung

Hinweis! Sie können auch Aktienverlaufsgrafiken erstellen, die nur Höchst- oder Tiefstwerte oder andere Kombinationen anzeigen.

Aus Bild 9-31 ist folgendes zu erkennen: Für jedes Quartal zeigt der *durchgezogenen Strich* die *Spanne* zwischen *Höchst- und Tiefstpreis*. Das bedeutet: Ist der Strich klein, so sind die Preisschwankungen gering. Im vorliegenden Beispiel sind große Preisschwankungen im 3. Quartal zu erkennen und geringe im 4. Quartal.

Der *Schlußpreis* (die Schlußnotierung) wird durch einen kleinen Strich *nach rechts*, der *Eröffnungspreis* (die Eröffnungsnotierung) durch einen kleinen Strich *nach links* markiert. So wird aus Bild 9-31 ersichtlich, daß die Eröffnungspreise (Strich nach links) im 1., 2. und 4. Quartal über den Schlußpreisen (Strich nach rechts) lagen. Lediglich im 3. Quartal waren die Eröffnungspreise niedriger als die Schlußpreise.

9.7 Mischdiagramme

Mit diesem Grafiktyp können Linien- und Balkendiagramme auf einmal gezeigt werden. Dies ist besonders vorteilhaft für Datensätze, die direkt miteinander verglichen werden sollen. Als Beispiel wählen wir das Arbeitsblatt mit den Werbekosten und den Zusatzerlösen (s. Bild 9-27). In der Spalte D fügen wir noch die Periode ein. Sie sehen anschließend folgendes Bild:

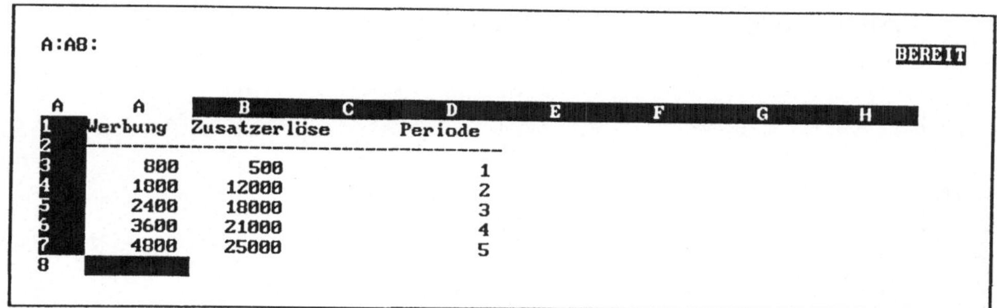

A:A8: BEREIT

	A	B	C	D	E	F	G	H
1	Werbung	Zusatzerlöse		Periode				
2								
3	800	500		1				
4	1800	12000		2				
5	2400	18000		3				
6	3600	21000		4				
7	4800	25000		5				
8								

Bild 9-32 Arbeitsblatt zur Darstellung eines Mischdiagrammes

Zur Erstellung dieser Grafik wird folgendermaßen vorgegangen:

- Auswahl des Grafiktyps mit dem Befehl **Grafik Typ Misch** (**/GTM**);
- Wahl der Balkengruppe (Datenbereiche A bis C);
- Wahl der Liniengruppe (Datenbereiche D bis F).

/gtm	Auswahl des **Grafik-Typs Misch**.
a	Bestimmen des **A**-Bereiches (Balkendiagramm).
a3..a7 <RETURN>	Werbeausgaben werden als Balken dargestellt.
d	Bestimmen des **D**-Bereiches (Liniendiagramm).
b3..b7 <RETURN>	Zusatzerlöse werden im Liniendiagramm dargestellt.
<F10>	Darstellung der Grafik.

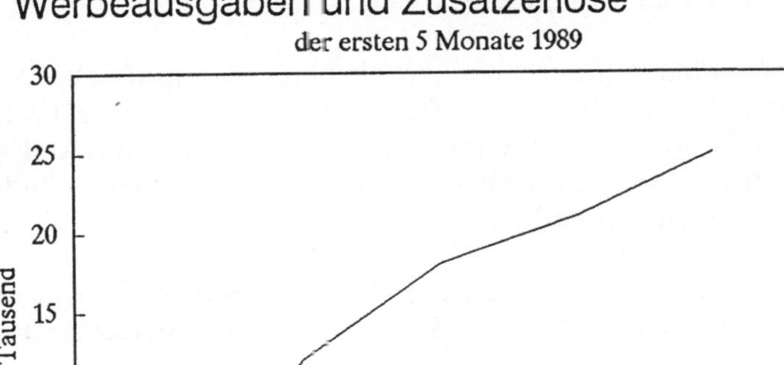

Bild 9-33 Mischdiagramm

Mit dem Befehl Graphik **O**ptionen Legende wird der A-Bereich mit dem Text **Werbung** und der D-Bereich mit dem Text **Zusatzerlöse** versehen. Der Leser möge dies selbst durchführen. Sein Bildschirm müßte Bild 3-34 entsprechen.

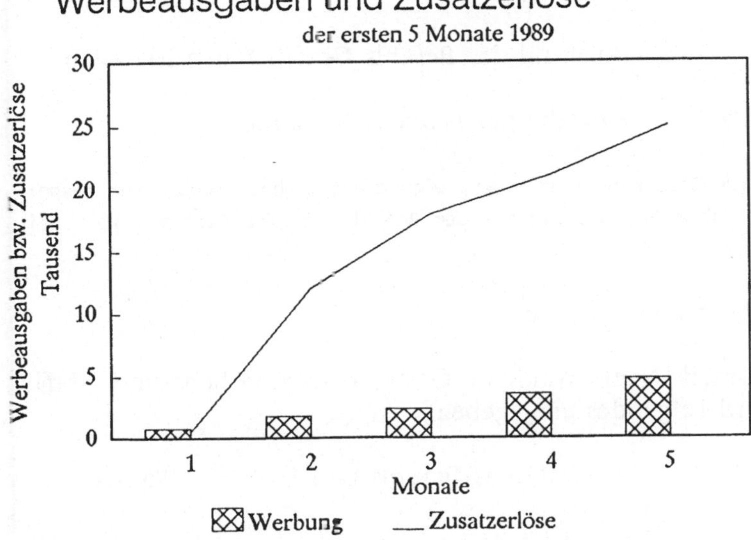

Bild 9-34 Mischdiagramm mit Angabe der Legende

9.8 Grafik neben Arbeitsblatt zeichnen

1-2-3 bietet die Möglichkeit, neben das Arbeitsblatt eine grafische Auswertung zu zeichnen. Dazu wird der Befehl Arbeitsblatt Fenster Grafik (/AFG) verwendet. Die Grafik wird dabei rechts vom aktuellen Stand des Cursors angezeigt. Wenn Sie die Daten im Arbeitsblatt ändern, ändert sich sofort die Grafik entsprechend.

Hinweis! Es gibt Grafikkarten, bei denen es unmöglich ist, Arbeitsblatt und Grafik zusammen darzustellen. In diesen Fällen sehen Sie neben dem Arbeitsblatt keine Grafik. Diese wird jedoch auf dem ganzen Bildschirm angezeigt, wenn Sie den Befehl Grafik Kontrolle (/GK) eingeben oder die GRAFIK-Taste <F10> drücken.

Mit dem Befehl Arbeitsblatt Fenster Löschen (/AFL) wird das eröffnete Grafikfenster wieder gelöscht.

9.9 Verwalten von Grafiken

Erstellte Grafiken müssen zur Änderung oder zur Speicherung sinnvoll verwaltet werden. Dies geschieht in folgenden Schritten:

- Benennen einer Grafik

Dazu dient der Befehl Grafik Name Erstellen (/GNE). Es werden dabei *alle* bis zu diesem Befehl eingestellten *Parameter* gespeichert. Als Beispiel benennen wir die erstellte Mischgrafik nach Bild 9-34 als Grafik-Datei **Werbung.**

/gne	Auswahl des Befehls Grafik Name Erstellen.
Werbung <RETURN>	Eingabe des Namens **Werbung.**

Hinweis! Wenn Sie eine Grafik benannt haben, wird diese deshalb noch nicht gespeichert. Der Name ist temporär, bis Sie mit dem Befehl Transfer Speich (/TS) speichern.

- Auswahl einer benannten Grafik

Mit dem Befehl Grafik Name Wählen (/GNW) wird eine benannte Grafik ausgewählt. Es wird folgendes eingegeben:

/gnw	Auswahl des Befehls Grafik Name Wählen.

Sie sehen die Liste der benannten Grafiken (im vorliegenden Fall nur eine mit dem Namen "Werbung").

```
A:E3:                                                            NAMEN
Name der Grafik, die zur aktuellen Grafik gemacht werden soll:
WERBUNG
```

Bild 9-35 Liste der benannten Grafiken

- Speichern der aktuellen Grafik-Parameter

Dies wird mit dem Befehl **Grafik Speichern** (/GS) erreicht. Damit können Sie verschiedene Grafiken, die auf derselben Datenbasis (Arbeitsblatt) beruhen, speichern und später weiterbearbeiten. Die Speicherung erfolgt entweder als Metadatei (mit Zusatz .CGM) oder als Grafik-Datei (Zusatz .PIC).

/gs   Auswahl des Befehls **Grafik Speichern**.

Sie sehen die bereits gespeicherten Grafiken (in unserem Fall Bild9_3.CGM).

```
A:E3:                                                            DATEIEN
Grafikdateiname: C:\123V3\*.CGM
BILD9 3.CGM
```

Bild 9-36 Namen von gespeicherten Grafiken

Wenn Sie die <ESC>-Taste drücken, können Sie einen neuen Namen eingeben.

- Einstellen bestimmter Parameter

Mit dem Befehl **Arbeitsblatt Global Vorgabe Grafik** (/AGVG) können bestimmte Parameter für alle Grafiken festgelegt werden.

```
A:E3:                                                              MENÜ
Spaltenweise  Zeilenweise  Metadatei  PIC  Ende
Ordnet automatische Grafik-Datenbereiche spaltenweise an
```

Bild 9-37 Möglichkeiten der Einstellung von Grafik-Parametern

Wie Bild 9-37 zeigt, können Sie einstellen, ob *automatische Grafikbereiche* in Spalten oder in Zeilen organisiert sind oder ob Sie die Grafik als Metadatei im .CGM-Format oder als Bilddatei im .PIC-Format abspeichern möchten. Dies hängt von der Weiterverwendung der Grafik-Dateien in anderen Programmen ab (z. B. verwendet Lotus Freelance Dateien im .PIC-Format).

- Speichern des Arbeitsblattes und der Grafik

Das endgültige Sichern des Arbeitsblattes mit allen dazugehörigen Grafiken (alle mit dem Befehl Grafik Speichern abgespeichert) geschieht mit dem Befehl Transfer Speichern (/TS) und Eingabe eines Dateinamens.

Wenn Sie diese Datei mit dem Befehl Transfer Laden (TL) wieder in den Arbeitsspeicher laden, dann können Sie alle in dieser Datei benannten und gespeicherten Grafiken verwenden.

10 Datenaustausch mit anderen Programmen

Hinweis für Besitzer älterer 1-2-3-Versionen! Sie können die Dateien älterer 1-2-3-Versionen (Zusatz .WK1 für Version 1 und .WK2 für Version 2 direkt einlesen und bearbeiten. Speichern sollten Sie die Datei aber mit dem Zusatz .WK3 (d. h. 1-2-3-Datei der Version 3).

1-2-3 gestattet einen Informationsaustausch mit anderen Programmen. Dabei kann es sich um Textverarbeitungsprogramme (z. B. Word, WordStar, WordPerfect oder Lotus Manuscript), Datenbanken (z. B. dBASE) oder Tabellenkalkulationsprogramme (z. B. 1-2-3 älterer Versionen, Symphony, Visicalc oder Multiplan) handeln. 1-2-3 kann Dateien, die von solchen Programmen erstellt wurden, lesen und auch Dateien, die in 1-2-3 erstellt wurden, für solche Programme lesbar machen. Der Datenaustausch kann auf zweierlei Art erfolgen:

1. Direktes Einlesen der Dateien

2. Umwandeln der Dateien.

10.1 Direktes Einlesen der Dateien

Mit dem Befehl Transfer Fremd (/TF) können reine Textdateien und/oder Zahlendateien im ASCII-Format direkt in ein Arbeitsblatt eingelesen werden.

Hinweis! Textverarbeitungsprogramme, die keine ASCII-Zeichen verwenden, können mit dem Befehl Transfer Fremd nicht eingelesen werden. Für solche Fälle stellt 1-2-3 besondere Übersetzungsprogramme zur Verfügung (s. Abschn. 10.2).

Im folgenden wird gezeigt, wie dieser Text (gespeichert als ASCII-Datei Lot.asc im Laufwerk A) in 1-2-3 geladen wird. Als erstes wird ein *Arbeitsblatt* bereitgestellt oder in einem vorhandenen Arbeitsblatt der Zellzeiger so positioniert, daß die geladene Datei anschließend Platz hat.

/tf	Auswahl des Befehls Transfer Fremd.

Sie sehen in Bild 10-1 folgende zwei Möglichkeiten:

```
A:A1:                                                    MENÜ
Text  Zahlen
Importiert jede Datenzeile als einzelnes Label
```

Bild 10-1 Einlesemöglichkeit beim Befehl Transfer Fremd

- Text

Dieser Befehl lädt Dateien *mit Begrenzungszeichen* ein (z. B. mit Komma, Strichpunkt und Punkt).

- Zahlen

Wählen Sie diese Möglichkeit, dann dürfen in der zu ladenden Datei *keine Begrenzungszeichen* vorhanden sein, d. h. bei Zahlen auch keine Punkte oder Kommata (beispielsweise wird die Zahl 88.54 als Zahl 88 und 54 aufgefaßt). Aus einer Textdatei werden nur die Zahlen importiert.

Wir geben ein:

t	Auswahl der Option Text.
a:lot.asc <RETURN>	Einlesen der Datei auf Laufwerk A mit dem Namen lot.asc.

Bild 10-2 zeigt das Arbeitsblatt nach beendetem Einlesevorgang.

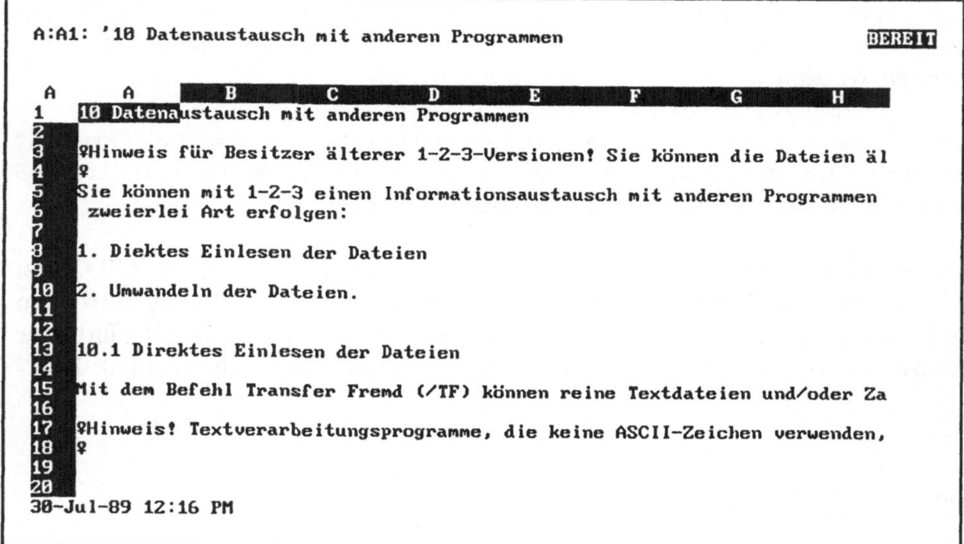

Bild 10-2 Eingelesene ASCII-Datei (erfaßt mit Word)

Wie aus Bild 10-2 zu erkennen ist, wird jede *Zeile* des Textes als *langes Label* in *eine* Zelle des Arbeitsblattes gespeichert (z. B. im vorliegenden Fall die erste Zeile in Zelle A1, usw.). Die nächsten Zeilen werden alle in den darunterliegenden Zellen abgespeichert.

Hinweis! Sind in einer Zeile mehr als 516 Zeichen, dann wird in 1-2-3 automatisch ein Zeilenumbruch vorgenommen.

Zum Vergleich wird unsere Datei mit der Option Zahlen eingelesen:

/tf	Auswahl des Befehls Transfer Fremd.
z	Auswahl der Option Zahlen.
a:lot.asc <RETURN>	Einlesen der Datei auf Laufwerk A mit dem Namen lot.asc.

A:A1: 10 BEREIT

A	A	B	C	D	E	F	G	H
1	10							
2								
3	1	-2	-3	1	-2	-3	1	1
4								
5	1	-2	-3	1	-2	-3	1	-2
6								
7								
8	1							
9								
10	2							
11								
12								
13	10	1						
14								
15								
16								
17	1	-2	-3	10	2			
18								
19								
20								

30-Jul-89 12:37 PM

Bild 10-3 Eingelesene ASCII-Datei mit der Option Zahlen

Sie sehen aus Bild 10-3, daß nur die Zahlen (und die Bindestriche) eingelesen worden sind.

10.2 Umwandeln der Dateien

Wenn Sie 1-2-3 starten und geben **lotus** <RETURN> ein, dann sehen Sie das Lotus 1-2-3 Access-Menü.

```
Setzt Dateien in das bzw. aus dem 1-2-3 Version 3 Dateiformat um
1-2-3        Install        Translate        Ende

                        Lotus
                  1-2-3 Access Menü

                      Version 3
        Copyright 1989 Lotus Development Corporation
               Alle Rechte vorbehalten.

Heben Sie das zu startende Programm mit →, ←, [POS1] oder [ENDE]
hervor und drücken [RETURN] oder geben den Anfangsbuchstaben ein.

Für weitere Angaben drücken Sie F1.
```

Bild 10-4 Lotus Access-Menü

t Auswahl des Hilfsprogramms Translate.

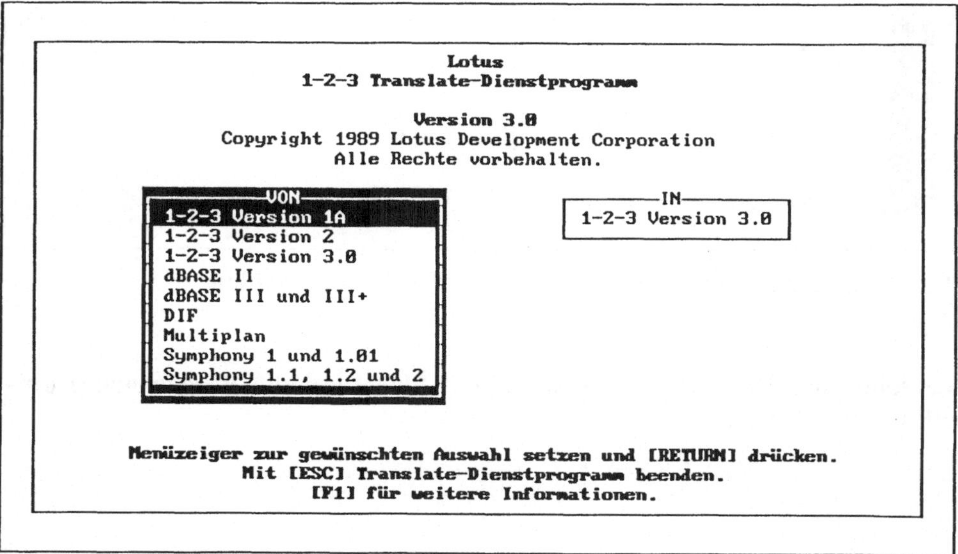

Bild 10-5 Möglichkeiten zur Umwandlung

Wie Bild 10-5 zeigt, können Sie mit dem Hilfsprogramm *Translate* Daten aus folgenden anderen Programmen einlesen: Lotus 1-2-3 älterer Versionen, dBASE II bis dBASE III+, DIF, Multiplan und Symphony bis Version 2.

Hinweis! Die Dateien aus den älteren 1-2-3-Versionen und aus Symphony können Sie in 1-2-3 Version 3 direkt einlesen. Dazu brauchen Sie kein Translate-Programm.

Im folgenden wird gezeigt, wie eine Datei aus dBASE III mit dem Translate-Programm in 1-2-3 eingelesen werden kann. Dazu bewegen wir den Zellzeiger mit den <PFEIL UNTEN>-Tasten in das betreffende Feld (dBASE III und III+) und drücken die <RETURN>-Taste.

<RETURN> Auswahl der Umwandlung in eine 1-2-3-Datei.

Sie sehen das Beispiel für die Datei MITARB.DBF.

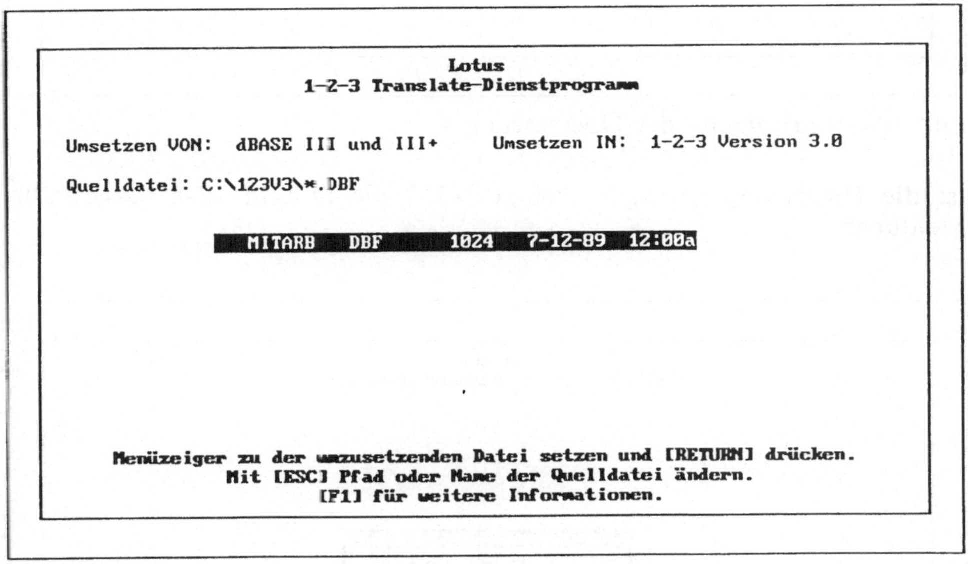

```
                         Lotus
             1-2-3 Translate-Dienstprogramm

Umsetzen VON:  dBASE III und III+     Umsetzen IN:  1-2-3 Version 3.0

Quelldatei: C:\123V3\*.DBF

              MITARB   DBF       1024   7-12-89   12:00a



   Menüzeiger zu der umzusetzenden Datei setzen und [RETURN] drücken.
              Mit [ESC] Pfad oder Name der Quelldatei ändern.
                  [F1] für weitere Informationen.
```

Bild 10-6 Umzusetzende Datei von dBASE III nach 1-2-3

Hinweis! Im Programmverzeichnis wird nur nach Dateien gesucht, die die richtigen Dateinamenserweiterung besitzen. Wollen Sie Dateien eines anderen Laufwerkes übersetzen, drücken Sie die <ESC>-Taste und geben dann das betreffende Laufwerk, das Verzeichnis und den Dateinamen ein.

Nach dem Drücken der <RETURN>-Taste wird die Übersetzung gestartet. Anschließend wird gefragt, ob mit der Umsetzung fortgefahren werden soll (s. Bild 10-7).

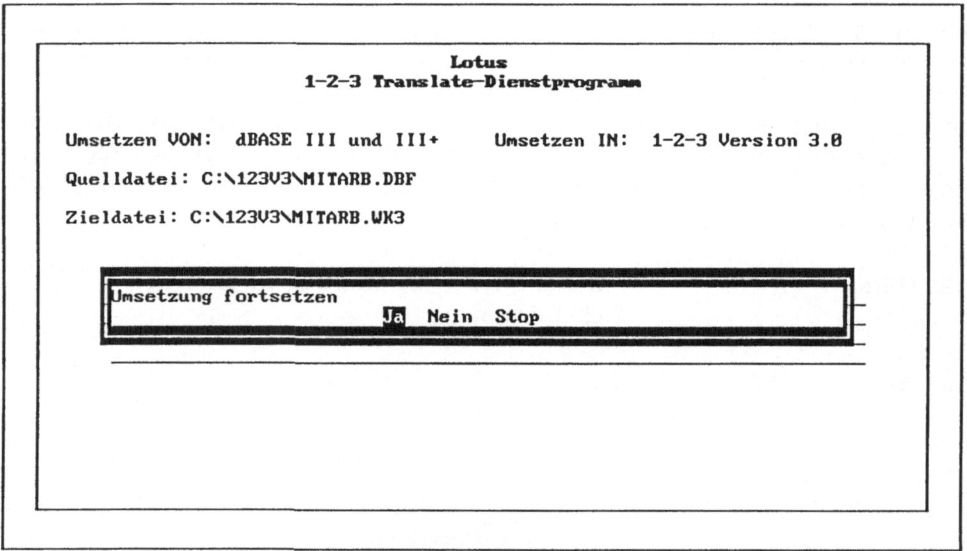

Bild 10-7 Fortsetzung der Übersetzung

Ist die Umsetzung gelungen, bringt 1-2-3 die in Bild 10-8 dargestellte Meldung:

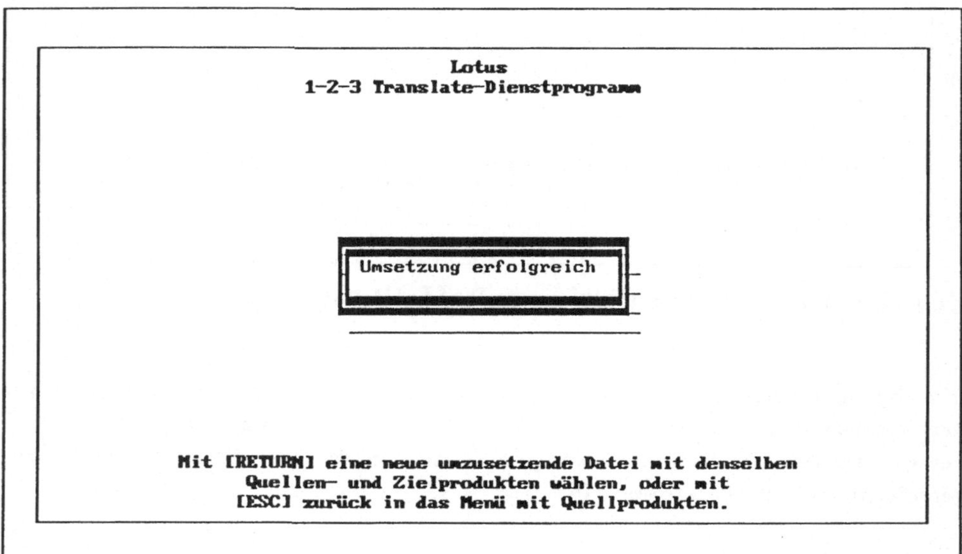

Bild 10-8 Bildschirm nach erfolgreicher Umsetzung

Nach der erfolgreichen Umsetzung wird das Translate-Programm verlassen, 1-2-3 gestartet und die Datei kann mit dem Befehl Transfer Laden (/TL) als Datei MITARB.WK3 in 1-2-3 geladen werden.

10.3 Erstellen von Textdateien zur Weiterverwendung in anderen Programmen

In 1-2-3 können Sie ebenfalls Dateien so abspeichern, daß sie in anderen Programmen problemlos eingesetzt werden können. Das Translate-Programm bietet hierzu vor allem für folgende Programme eine Übersetzung an: 1-2-3 ältere Versionen, dBASE II bis dBASE III+, DIF und Symphony aller Versionen (s. Bild 10-9).

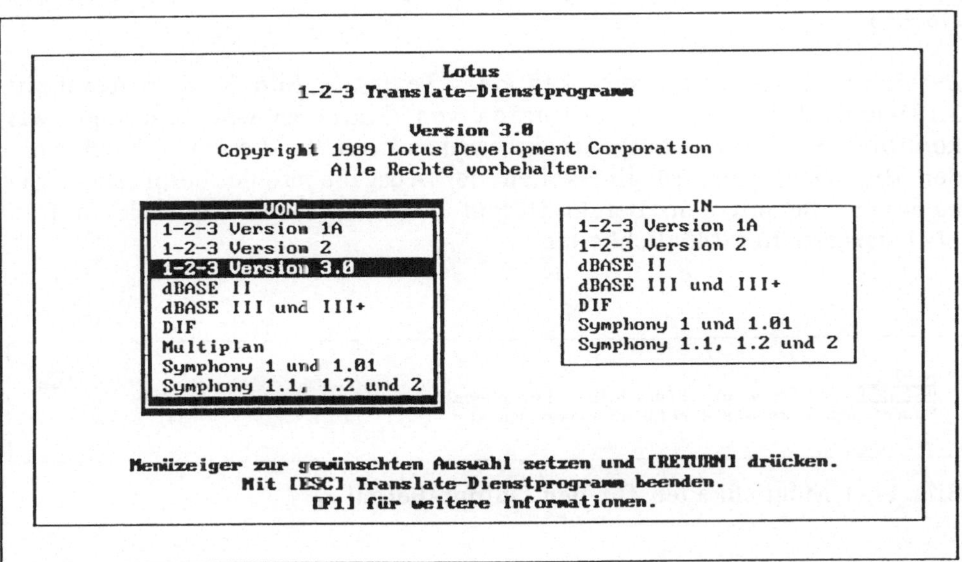

Bild 10-9 Umwandlung von 1-2-3-Dateien in andere Programme

Der Umwandlungsvorgang läuft ab, wie er in Abschnitt 10.2 besprochen wurde.

11 Ausgabe als weiterverwendbare Datei und über den Drucker

Neu in Version 3!
Die Ausgabemöglichkeiten sind völlig neu gestaltet worden. Wichtig ist, daß Grafiken sofort ausgedruckt werden können, so daß kein PrintGraph-Programm mehr notwendig ist. Hinzu kommen Möglichkeiten der Wahl von Farben, Schriftarten, Kopf- bzw. Fußzeilen und Zeilenabständen sowie die Möglichkeit der Umwandlung der Dateien in ASCII-Dateien (z. B. zur Weiterverarbeitung in Textsystemen) oder in Binärdateien (z. B. zur Weiterverarbeitung in grafischen Programmsystemen oder zur Ausgabe über Plotter).

Bereits in Kapitel 3 (Ausdrucken eines Textes, s. Bild 3-74 in Abschnitt 3.18) und in Kapitel 9 (Ausdrucken von Grafiken) wurde gezeigt, wie komfortabel in 1-2-3 ausgedruckt werden kann. In diesem Kapitel werden die wichtigsten Möglichkeiten der Ausgabebefehle besprochen. Sie beginnen alle mit dem Befehl **O**utput (/O). Sie sehen dann die in Bild 11-1 dargestellten Möglichkeiten.

```
A:A1:                                                                    MENU
Drucker  ASCII-Datei  Binärdatei  Unterbrechen  Weiter  Stoppen  Zurück
Sendet Druckausgabe direkt an einen Drucker
```

Bild 11-1 Möglichkeiten für den Output-Befehl

Mit den ersten drei Befehlen **D**rucker, **A**SCII-Datei und **B**inärdatei wird festgelegt, *wohin* ausgegeben wird. Es ist möglich, die 1-2-3-Dateien (als Text und Grafik) auszudrucken sowie als ASCII-Datei (zur Verarbeitung beispielsweise in Textprogrammen) oder als Binärdatei(z. B. zur Verarbeitung in grafischen Systemen) auf Platte (bzw. Diskette) auszugeben. Mit dem Befehl Unterbrechen kann der Druck *vorübergehend* unterbrochen werden (z. B. für Papierwechsel), bevor er mit dem Befehl Weiter wieder in Gang gesetzt wird. Der Befehl Stoppen beendet den Druckvorgang. Wenn Sie weiterdrucken möchten, müssen Sie von neuem starten.

Die Ausgabe als Datei oder als Ausdruck wird in folgenden Schritten vorgestellt:

1. Vorbereitungen zum Ausdruck

2. Erstellen einer ASCII-Datei

3. Erstellen einer Binär-Datei

4. Erstellen einer Druckdatei.

11.1 Vorbereitungen zum Ausdruck

Die wichtigsten Vorbereitungen zum Ausdruck betreffen folgende Angaben:

- *Was wird ausgedruckt?*

Im vorliegenden Fall wird als Beispiel die Datei AUFTRAG.WK3 aus Kapitel 3 gewählt. Sie wird mit dem Befehl **T**ransfer **L**aden (/TL) in den Arbeitsspeicher geladen.

- *Welche Ausgabeeinheiten liegen vor*

Bei der ASCII- bzw. der Binärdatei werden die Informationen als Datei mit zugehörigem Namen auf die Ausgabeeinheit Platte oder Diskette ausgegeben. Wird auf Druckern ausgegeben, dann müssen die entsprechenden Druckertreiber bereits bei der *Installation* (s. Abschn. 1.3) angegeben worden sein.

Für dieses Buch wurden folgende zwei Drucker installiert:

1. EPSON LQ800

Er liegt am Parallelausgang LPT1 und wurde als erster installiert (Nummer 1). Wird kein anderer Drucker ausgewählt, ist er die Standardvorgabe.

2. HP Laserjet+ mit dem Font 92286F TmsRmn2

Dieser Drucker liegt am seriellen Ausgang und hat eine Baudrate von 9600. Er wurde als zweiter installiert und trägt daher die Nummer 2. Bereits an dieser Stelle wird gezeigt, mit welchen Befehlen er aktiviert werden kann:

- Auswahl des Befehls **O**utput **D**rucker **O**pt **P**arameter **D**rucker **N**ame

/odopdn Auswahl des Druckers.

Bild 11-2 zeigt unter der Nummer 2 den Laserdrucker an.

```
A:A1:                                                    MENÜ
1 2
HP LaserJet+, 500+ 92286F TmsRmn2
```

Bild 11-2 Ausgewählter Drucker

2 Auswahl des Laserdruckers.

- Auswahl des Interfaces mit dem Befehl **O**utput **D**rucker **O**pt **P**arameter **D**rucker **I**nterface. Befindet man sich bereits im Parameter-Menü (Befehl **O**utput **D**rucker **O**pt **P**arameter), genügt die Eingabe des Befehls **D**rucker **I**nterface.

/di Auswahl des Interfaces mit dem Befehl **D**rucker **I**nterface.

Da der Drucker am seriellen Ausgang liegt, geben wir die Ziffer **2** für den *seriellen* Ausgang ein:

2 Auswahl des Ausgangs **Seriell 1.**

Im Anschluß daran müssen Sie die entsprechende Baudrate eingeben. Sie entspricht der Zahl 8 (9600 Baud).

8 Auswahl der Baudrate von 9600.

Hinweis! Haben Sie Interface 8 bzw. 9 (COM1 bzw. COM2) gewählt, müssen Sie mit dem Betriebssystem-Befehl MODE die Parameter für den seriellen Ausgang eingeben (z. B. die Baudrate).

Verwenden Sie zwei Drucker, ist es sinnvoll, die eingestellten Parameter mit einem Namen zu versehen. Dies ermöglicht einen schnellen Druckerwechsel ohne aufwendige Neueinstellungen. Die Benennung geschieht mit dem Befehl **O**utput **D**rucker **O**pt **N**ame **E**rstellen (**/ODONE**).

/odone Auswahl des Befehls **O**utput **D**rucker **O**pt **N**ame **E**rstellen.

```
A:A1:                                                        MENÜ
Wählen  Erstellen  Löschen  Vorgabe  Tabelle
Wählt eine vorhandene Gruppe mit benannten Druckparametern
```

Bild 11-3 Möglichkeiten des Befehls **O**utput **D**rucker **O**pt Name

Geben Sie jetzt als *Name der Druckparameter:* **hplaser** ein, und drücken Sie die <RETURN>-Taste.

hplaser <RETURN>	Name der Druckparameter für den Laserdrucker.

Für die Parameter des Epson-Druckers wird ebenfalls ein Name vergeben.

/odopdn	Auswahl des Druckers mit dem Befehl **O**utput **D**rucker **O**pt **P**arameter **D**rucker **N**ame.
1	Auswahl des Druckers mit der Nummer 1 (Epson-Drucker).

Drücken Sie solange die <ESC>-Taste, bis Sie kein Menü mehr sehen und geben ein:

/odone	Auswahl des Befehls **O**utput **D**rucker **O**pt **N**ame **E**rstellen.

Sie sehen den bereits vorhandenen Namen "HPLASER" für die Druckparameter des Laserdruckers (s. Bild 11-4).

```
A:A1:                                                        NAMEN
Name der Druckparameter:
HPLASER
```

Bild 11-4 Anzeige der vorhandenen Namen bei der Vergabe eines neuen Namens

epson <RETURN>	Eingabe des Namens **epson** für die Parameter des EPSON-Druckers.

Bevor Sie mit dem Ausdruck beginnen, laden Sie die entsprechenden Parameter des Druckers, indem Sie den Namen für die Parameter mit dem Befehl **O**utput **D**rucker **O**pt Name **W**ählen (**/ODONW**) eingeben.

/odonw Auswahl des Namens der Druckparameter.

Sie sehen die beiden Namen zur Auswahl (s. Bild 11-5):

Bild 11-5 Auszuwählende Druckerparameter

Für das weitere Vorgehen wird die Datei AUFTRAG.WK3 in den Arbeitsspeicher geladen. Drücken Sie so lange die <ESC>-Taste, bis Sie kein 1-2-3-Menü mehr sehen, und verwenden Sie dann den Befehl Transfer Laden (/TL).

tl Auswahl des Befehls Transfer Laden.

Mit den <PFEIL RECHTS>-Tasten wählen Sie den Namen AUFTRAG.WK3 aus, und drücken Sie die <RETURN>-Taste. Sie sehen in Bild 11-6 das Arbeitsblatt E.

```
E:A11: [B18] 'Sehr geehrter Herr Festing,                              BEREIT

E        A                B                  C           D                E
1  Auftragsbestand 89
2                                                   Prozent
3  Drehbänke          2.606.305,36                   21,47%
4  Fräsmaschinen      1.986.648,25                   16,36%
5  Bohrautomaten      2.770.779,63                   22,82%
6  Hobelmaschinen     3.001.114,78                   24,72%
7  Schleifmaschinen   1.775.511,98                   14,62%
8  ==============================================================
9  Gesamt            12.140.360,00                  100,00%
10
11 Sehr geehrter Herr Festing,
12
13 wie Sie sehen, haben wir unser Umsatzziel von 12 Mio erreicht.
14 Steigerungsraten sind noch bei den Fräsmaschinen und
15 den Schleifmaschinen zu erwarten.
16
17 Mit freundlichen Grüßen
18 Fred Schäuffele
19
20
AUFTRAG.WK3
```

Bild 11-6 Arbeitsblatt E der Datei AUFTRAG.WK3

11.2 Erstellen einer ASCII-Datei

Eine ASCII-Datei ist eine reine *Textdatei*, d. h. Sie können keine Grafiken ausdrucken. Es soll der Auftragsbestand des ersten Quartals (Arbeitsblatt A) als ASCII-Datei gespeichert werden. Dazu wird in folgenden Schritten vorgegangen:

1. Sprung ins Arbeitsblatt A

Drücken Sie dazu die Tastenkombination <CTRL> <HOME>.

2. Eingabe des Befehls Output ASCII-Datei (/OA)

/oa	Auswahl des Befehls Output ASCII-Datei.

Es erscheint die Aufforderung zur Eingabe eines Dateinamens.

3. Eingabe des Dateinamens

Bestand	Der Name **Bestand** wird eingegeben.

```
A:A1: [B18] 'Auftragsbestand                                    EDIT
Name der Druckdatei: C:\123V3\Bestand
```

Bild 11-7 Eingabe eines Dateinamens

<RETURN>	Speichern der ASCII-Datei.

Hinweis! Zur Kennzeichnung von ASCII-Dateien vergibt 1-2-3 automatisch den Dateizusatz .PRN.

Die folgenden Anweisungen betreffen Einstellungen, wie sie auch in Binärdateien oder beim Ausdruck über einen Drucker vorzunehmen sind.

4. Justierung der Kopf- und Fußzeilen, sowie der Seitenumbrüche

Dazu dient der Befehl **J**ust.

j	Auswahl des Justierungsbefehls.

5. Angabe des auszugebenden Bereiches

Mit dem Befehl **O**utput **B**ereich (/**OB**) wird der auszudruckende Bereich eingegeben (wenn man sich schon im Output-Menü befindet, genügt die Eingabe von **B**ereich).

b	Auswahl des Druck-**B**ereichs.
a:a1..a:e20	Eingabe des Druckbereichs: Im Arbeitsblatt A von A1 bis E20.

```
A:A1: [B18] 'Auftragsbestand                                   EDIT
Druckbereich: a:a1...a:e20
```

Bild 11-8 Eingabe des Druckbereichs

<RETURN>	Speichern des Ausgabebereiches.

Hinweis! Wenn im Text eine Grafik steht, dann läßt 1-2-3 den entsprechenden Platz frei.

6. Auswahl weiterer Optionen

Sie werden in Abschnitt 11.4 ausführlich besprochen.

7. Drucken in die Textdatei

Mit dem **O**utput-Befehl **D**rucken (/**OD**) wird der angegebene Bereich als ASCII-Datei unter dem eingegebenen Namen mit dem Dateizusatz .PRN gespeichert. Die ASCII-Datei kann nun beispielsweise in ein Textsystem eingeladen und dort weiterverarbeitet werden.

Hinweis! ASCII-Dateien können meist mit dem Bestriebssystem-Befehl copy auf einem Drucker ausgegeben werden. Wenn der Drucker auf dem Parallel-Ausgang LPT1 angeschlossen ist, geben Sie ein:

```
copy c:\123v3\Bestand.prn lpt1 <RETURN>
```

Auftragsbestand	Januar 89	Februar 89	Mrz 89	Gesamt
Drehbnke	48743	143543,00	265987,9	458.273,90 DM
Frsmaschinen	82654,40	122345,98	150912,07	355.912,45 DM
Bohrautomaten	64343,65	328987,30	234872,30	628.203,25 DM
Hobelmaschinen	35228,50	75840,60	112433,00	223.502,10 DM
Schleifmaschinen	54748,00	100765,54	150908,80	306.422,34 DM
Gesamt	285717,55	771482,42	915114,07	1.972.314,04 DM
Prozent	14,49%	39,12%	46,40%	100,00%

Bild 11-9 Ausdruck der ASCII-Datei

Wie Bild 11-9 deutlich zeigt, wird die ASCII-Datei *ohne Druckeranpassung* ausgedruckt. Deshalb fehlen auch die deutschen Sonderzeichen.

11.3 Erstellen einer Binärdatei

Eine Binärdatei kann Daten, Grafiken und Druckercodes für das Formatieren des Ausdrucks beinhalten. Wichtig ist vor allem die Möglichkeit, *1-2-3-Grafiken* in andere Programme einzubinden. In unserem Beispiel soll der Auftragsbestand des zweiten Quartals (Arbeitsblatt B) als Binärdatei gespeichert werden. Die Vorgehensweise ist analog des Ausdrucks einer ASCII-Datei. Es wird in folgenden Schritten vorgegangen:

1. Sprung ins Arbeitsblatt B

Drücken Sie die Tastenkombination <CTRL> <PGUP>, um vom Arbeitsblatt A ins Arbeitsblatt B zu wechseln.

2. Eingabe des Befehls Output Binärdatei *(/OB)*

/ob	Auswahl des Befehls **O**utput **B**inärdatei.

Es erscheint die Aufforderung zur Eingabe eines Dateinamens.

3. Eingabe des Dateinamens

Bestand <RETURN>	Der Name **Bestand** wird eingegeben und als Binärdatei gespeichert.

Hinweis! Zur Kennzeichnung von Binärdateien vergibt 1-2-3 automatisch den Dateizusatz .ENC.

Die folgenden Anweisungen betreffen Einstellungen, wie sie auch in Binärdateien oder beim Ausdruck über einen Drucker vorzunehmen sind.

4. Justierung der Kopf- und Fußzeilen sowie der Seitenumbrüche

Dazu dient der Befehl **J**ust.

j	Auswahl des **J**ustierungsbefehls.

5. Angabe des auszugebenden Bereiches

Mit dem Befehl **O**utput **B**ereich (/**OB**) wird der auszudruckende Bereich eingegeben (wenn man sich schon im Output-Menü befindet, genügt die Eingabe von **B**ereich).

b	Auswahl des Druck-**B**ereichs.
b:a1..b:e20 <RETURN>	Eingabe des Druckbereichs: Im Arbeitsblatt B von A1 bis E20.

6. Auswahl weiterer Optionen

Sie werden in Abschnitt 11.4 ausführlich besprochen.

7. Speichern als Binärdatei

Mit dem **O**utput-Befehl **D**rucken (/**OD**) wird der angegebene Bereich als Binärdatei unter dem eingegebenen Namen mit dem Dateizusatz .ENC gespeichert. Die Binärdatei kann nun beispielsweise zum Ausdruck auf einem Drucker oder einen Plotter verwendet werden.

Bild 11-10 zeigt die gespeicherte Binärdatei.

```
B:A1: [B18] 'Auftragsbestand                                    DATEIEN
Name der Binärdatei: C:\123V3\*.ENC
BESTAND.ENC
```

Bild 11-10 Binärdatei

Hinweis! Binärdateien können meist mit dem Bestriebssystem-Befehl copy auf einem Drucker ausgegeben werden. Wenn der Drucker auf dem Parallel-Ausgang LPT1 angeschlossen ist, geben Sie ein:

copy c:\123v3\Bestand.enc lpt1 <RETURN>.

11.4 Erstellen einer Druckdatei

11.4.1 Möglichkeiten des Ausdrucks

Alle Druckmöglichkeiten werden mit dem Befehl **Output Drucker (/OD)** aufgerufen. Sie sehen dann die in Bild 11-11 dargestellten Befehle.

```
A:B3: (S) U [B14] 48743                                                MENÜ
Bereich N.Zeile Seite Opt Löschen Just Drucken Grafik Test Anhalt Zurück
Bestimmt zu druckenden Bereich
```

Bild 11-11 Befehlsauswahl für Output Drucker

Die Befehle im einzelnen:

- *Bereich*

Festlegen des auszudruckenden Bereiches.

- *N.Zeile*

Löst beim Drucker einen Zeilenvorschub aus.

- *Seite*

Ein Seitenvorschub wird ausgelöst.

- *Opt*

Wahl unterschiedlicher Einstellmöglichkeiten (sie werden später ausführlich erklärt).

- *Löschen*

Zurücksetzen von allen oder einigen ausgewählten Druckparametern.

- *Just*

Der Seitenanfang und der Seitenumbruch wird festgelegt.

- *Drucken*

Die Daten werden an den Drucker gesendet (oder in eine Datei gespeichert: bei ASCII-Datei oder Binärdatei).

- *Grafik*

Eine Grafik wird gedruckt, und zwar entweder die Aktuelle_Grafik oder die Benannte_Grafik.

- *Test*

Ausdruck der Testseite. Um festzustellen, welche Möglichkeiten Sie mit Ihrem angeschlossenen Drucker haben, empfiehlt es sich, eine *Testseite* auszudrucken. Hierzu geben Sie den Befehl **O**utput **D**rucker **T**est **D**rucken ein (/**ODTD**). Für den angeschlossenen Laserdrucker erhalten wir folgende Informationen:

```
DRUCKERPARAMETER

Kopfzeile =
Fußzeile =
Ränder:
   Links = 4 , Rechts = 76 , Oben = 2 , Unten = 2
Abgrenzung:
   Spalten = , Zeilen = , Ohne Koordinaten
Init =
Seitenlänge = 66
Weitere:
   Wie angezeigt , Formatiert , Leere Kopfzeile drucken
Drucker:
   Name = HP LaserJet+, 500+ 92286F TmsRmn2
   Interface = Seriell 1 (9600 Baud)
Layout:
   Abstand-Zeichen Standard , Zeilenabstand Standard , Hochformat
Fonts:
   Bereich = 0 , Fuß/Kopfzeile = 0, Abgrenzung = 0 , Koordinaten = 0
Grafik:
   Drehung Nein , Automatisch , Qualität Präsentation

Color = 0 , Priorität Vorgabe , Auto-Zv Nein, Warten Nein
----------------------------------------------------------------------
BEISPIEL-ARBEITSBLATT

Label linksbündig                    54       69       84,00 DM
              Label rechtsbündig    599      614      629,00 DM
         Label zentriert          -1144    -1159   (1.174,00 DM)
----------------------------------------------------------------------
DRUCKERMÖGLICHKEITEN

Dieser Text wurde mit FONT 1 und COLOR 1 gedruckt.
Dieser Text wurde mit FONT 2 und COLOR 2 gedruckt.
Dieser Text wurde mit FONT 3 und COLOR 3 gedruckt.
Dieser Text wurde mit FONT 4 und COLOR 4 gedruckt.
Dieser Text wurde mit FONT 5 und COLOR 5 gedruckt.
Dieser Text wurde mit FONT 6 und COLOR 6 gedruckt.
Dieser Text wurde mit FONT 7 und COLOR 7 gedruckt.
Dieser Text wurde mit FONT 8 und COLOR 8 gedruckt.

Dieser Text wurde im STANDARD-ZEICHENABSTAND gedruckt.
Dieser Text wurde im KOMPRIMIERTEN ZEICHENABSTAND gedruckt
Dieser Text wurde im ERWEITERTEN ZEICHENABSTAND gedruckt.

Für diese drei Textzeilen wurde der STANDARD-ZEILENABSTAND benutzt.
Für diese drei Textzeilen wurde der STANDARD-ZEILENABSTAND benutzt.
Für diese drei Textzeilen wurde der STANDARD-ZEILENABSTAND benutzt.
Für diese drei Textzeilen wurde der KOMPRIMIERTE ZEILENABSTAND benut
Für diese drei Textzeilen wurde der KOMPRIMIERTE ZEILENABSTAND benut
Für diese drei Textzeilen wurde der KOMPRIMIERTE ZEILENABSTAND benut
```

Bild 11-12 Eingestellte Druckparameter

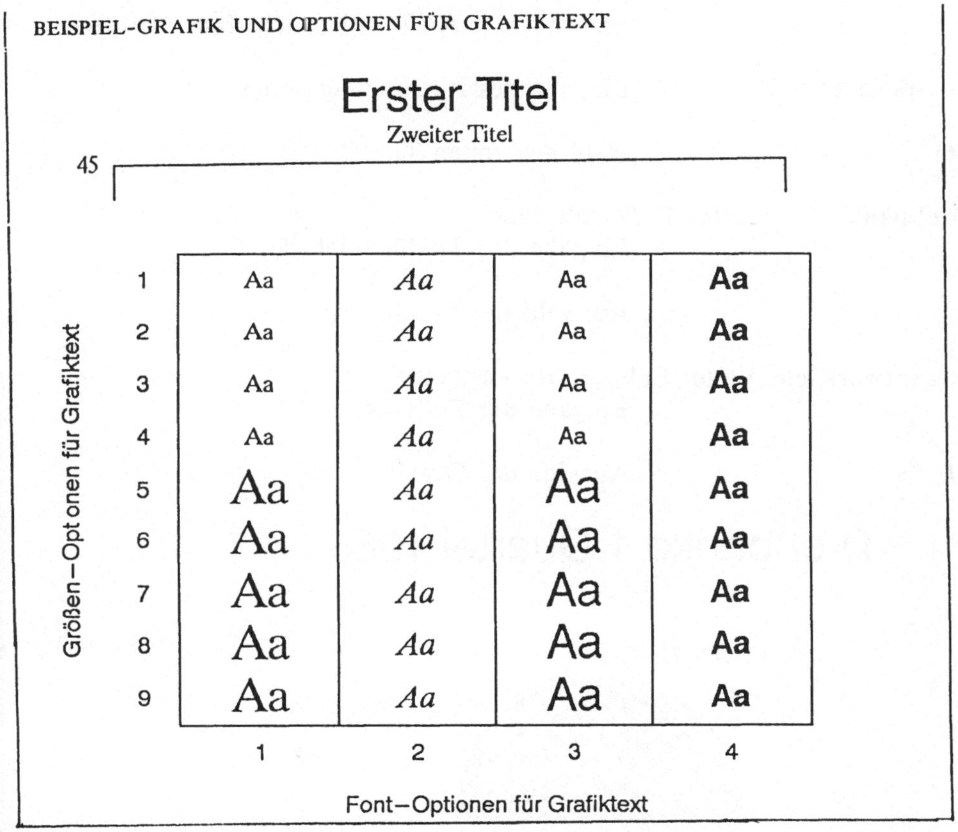

BEISPIEL-GRAFIK UND OPTIONEN FÜR GRAFIKTEXT

Erster Titel

Zweiter Titel

45

Größen–Opt onen für Grafiktext	1	2	3	4
1	Aa	Aa	Aa	Aa
2	Aa	Aa	Aa	Aa
3	Aa	Aa	Aa	Aa
4	Aa	Aa	Aa	Aa
5	Aa	Aa	Aa	Aa
6	Aa	Aa	Aa	Aa
7	Aa	Aa	Aa	Aa
8	Aa	Aa	Aa	Aa
9	Aa	Aa	Aa	Aa

Font–Optionen für Grafiktext

Fortsetzung Bild 11-12

- *Anhalt*

Der Druckvorgang wird vorübergehend angehalten.

11.4.2 Beispiel eines Ausdrucks

Als Beispiel wird ein Kreisdiagramm für die Auftragsbestände der Produktsparte Drehbänke im ersten Quartal erstellt. Im folgenden werden die einzelnen Befehle ohne große Erläuterung angegeben (eine ausführlichen Erklärung steht in Abschnitt 9.4).

/gtk	Auswahl des Befehls Grafik Typ Kreis.
x	Auswahl der Segmentbeschriftung.
b1.. d1 <RETURN>	Auswahl des Bereichs der Segmentbeschriftung (Januar 89, Februar 89 und März 89).

a Auswahl des A-Datenbereichs (Segmente).

b3..d3 <RETURN> Eingabe des A-Datenbereiches.

ote Wahl des ersten Titels.

Drehbänke 1. Quartal 1989 <RETURN>
Eingabe der Titelüberschrift.

f Auswahl des Befehls Fußnote.

Verantwortlich: Victor Schnätterle <RETURN>
Eingabe der Fußnote.

<F10> Anzeige der Grafik.

Drehbänke 1.Quartal 1989

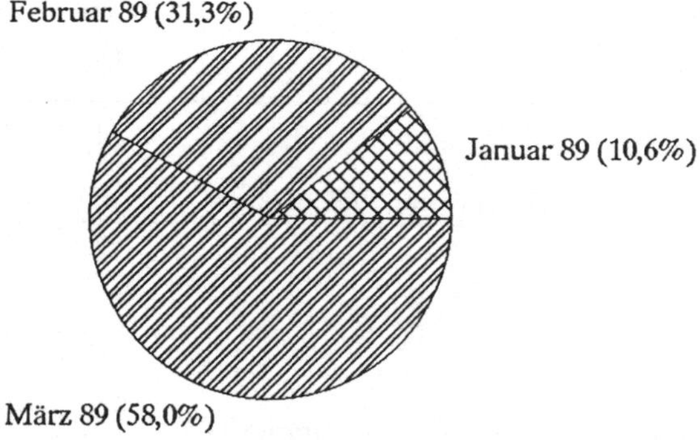

Verantwortlich: Victor Schnätterle

Bild 11-13 Anzeige der Grafik

11.4.3 Ausdruck der Grafik

Um eine Grafik auszudrucken, muß bei mehreren Druckern zunächst der *Drucker festgelegt* und anschließend die entsprechende *Grafik* gewählt werden (s. dazu auch Abschn. 9.2).

a) Festlegen des Druckers

Wie bereits in Abschnitt 11.1 erläutert wurde, sind zwei Drucker vorhanden, ein EPSON-Drucker an der parallelen (Name der Druckparameter: EPSON) und ein Laserdrucker an der seriellen Schnittstelle (Name der Druckparameter: HPLASER). Die Festlegung muß aber nicht mehr so ausführlich durchgeführt werden, wie es in Abschnitt 11.1 besprochen wurde. Sie haben nämlich die Druckerparameter bereits benannt, so daß Sie mit dem Befehl **O**utput **D**rucker **O**pt **N**ame **W**ählen (**/ODONW**) den passenden Name aussuchen können (s. Bild 11-5).

/odonw Auswahl des Befehls
Output **D**rucker **O**pt **N**ame **W**ählen.

<PFEIL RECHTS> <RETURN>
Auswahl des Namens HPLASER.

b) Ausdrucken

Dies geschieht mit der Befehlsfolge **O**utput **D**rucker **G**rafik (**/ODG**).

/odg Auswahl des Befehls **O**utput **D**rucker **G**rafik.

```
A:B3: (S) U [B14] 48743                                    MENÜ
Aktuelle_Grafik  Benannte_Grafik
Druckt die aktuelle Grafik
```

Bild 11-14 Wahl der auszudruckenden Grafiken.

Wie Bild 11-14 zeigt, können Sie entweder die Aktuelle_Grafik oder die Benannte_Grafik auswählen.

ajd Auswahl der Befehlsfolge
Aktuelle_Grafik **J**ust **D**rucken.

Anschließend sehen Sie Bild 11-13.

11.4.4 Optionen zur Änderung des Ausdrucks

Wie aus dem Testblatt in Bild 11-12 ersichtlich ist, haben Sie verschiedene Möglichkeiten, Ihre Ausdrucke zu verändern. Dies geschieht mit der Befehlsfolge **O**utput **D**rucker **O**pt (**/ODO**).

/odo Auswahl des Befehls **O**utput **D**rucker **O**pt.

```
A:B3: (S) U [B14] 48743                                                    MENÜ
Kopfz  Fußz  Ränder  Abgrenzung  Init  Seitenl  Weitere  Name  Parameter  Zurück
Erstellt eine Kopfzeile
```

Bild 11-15 Möglichkeiten des Befehls Output Drucker Opt

Die Einstellungen können Sie auch für die Arbeitsblätter generell vornehmen. Dazu dient der Befehl **Arbeitsblatt Global Vorgabe Drucker** (**/AGVD**). Tabelle 11-1 zeigt die Gegenüberstellung der Befehle.

Tabelle 11-1 Entsprechende Optionen der Befehle / Arbeitsblatt Global Vorgabe Drucker und / Output [A, B, D] Opt

Befehl/AGVD (Arbeitsblatt Global Vorgabe Drucker)	Befehl (Output [A, B, D] Opt
Interface	Parameter Drucker Interface
Auto-Zv	Parameter Auto-Zv
Links	Ränder Links
Rechts	Ränder Rechts
Oben	Ränder Oben
Unten	Ränder Unten
Seitenl	Seitenl
Warten	Parameter Warten
Folge	Init
Name	Parameter Drucker Name
Zurück	Parameter Warten

Im einzelnen handelt es sich um folgende Festlegungen:

- *Kopfz*

Ausdruck einer Zeile direkt unter dem oberen Rand.

k Auswahl des Befehls **K**opfz.

Auswertung des Auftragsbestandes <RETURN>
Eingabe einer Kopfzeile.

zjd Auswahl des Druckbefehls:
Zurück **J**ust **D**rucken.

Bild 11-16 zeigt das Ergebnis.

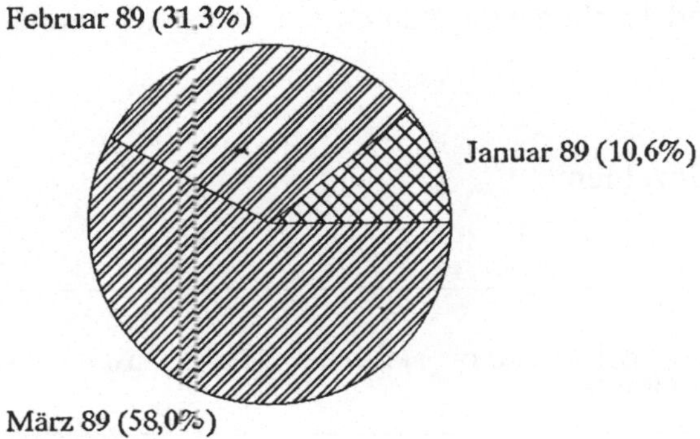

Bild 11-16 Ausdruck mit Kopfzeile

- *Fußz*

Ausdruck einer Zeile direkt über dem unteren Rand jeder Seite. Die Eingabe erfolgt entsprechend.

- *Ränder*

Sie können hier die Ränder einstellen.

- *Abgrenzung*

Damit können Zeilen bzw. Spalten angegeben werden, die links neben bzw. über dem Druckbereich gedruckt werden. Ebenfalls kann festgelegt werden, ob 1-2-3 die Arbeitsblattkoordinaten mitdruckt oder nicht.

- *Init*

Angabe einer Drucker-Initialisierungsfolge.

- *Seitenl*

Einstellung der Seitenlänge. Die Standardeinstellung ist 66 Zeilen pro Seite (bei komprimierter Schrift 88 Zeilen pro Seite).

- *Weitere*

Hier können weitere Formatierungen vorgenommen werden.

- *Name*

Wählen, erstellen und löschen von Namen für Druckparameter.

- *Parameter*

Die Parameter im einzelnen:

```
A:B3: (S) U [B14] 48743                                                      MENÜ
Drucker  Layout  Fonts  Color  Grafik  Priorität  Auto-Zv  Warten  Zurück
Bestimmt Drucker und Interface
```

Bild 11-17 Einstellung von Parametern

Hierbei gibt es ebenfalls eine Fülle von Möglichkeiten, die kurz erklärt werden sollen:

* *Drucker*

Aus der Liste der Drucker wird der gewünschte Drucker ausgewählt (s. Abschn. 11.1: 1 ist der EPSON-Drucker und 2 ist der HPLASER-Drukker).

* *Layout*

Bestimmt den *Zeilenabstand*, die *Zeichengröße* (Pitch) und das *Format* (Hoch- oder Querformat). Es wird *mit* dem Befehl **O**utput **D**rucker **O**pt **P**arameter **L**ayout **F**ormat **Q**uerformat *Querformat* gewählt (vom Hauptmenü aus):

/odoplfq	Auswahl der Befehlsfolge **O**utput **D**rucker **O**pt **P**arameter **L**ayout **F**ormat **Q**uerformat.
ezz	Rückkehr ins Output Drucker-Menü.
jd	Ausdrucken der Seite.

Drehbänke 1.Quartal 1989

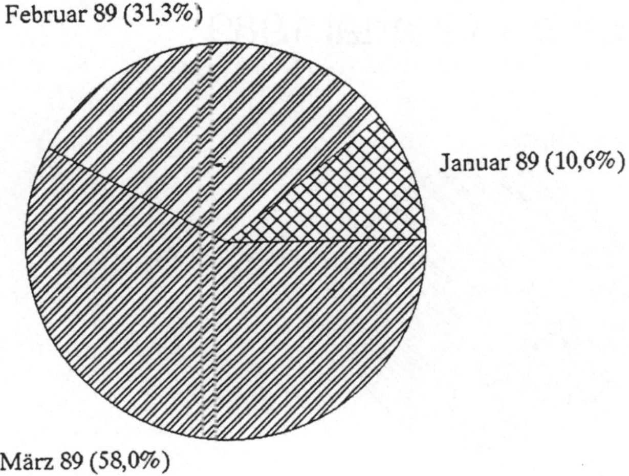

Verantwortlich: Victor Schnätterle

Bild 11-18 Ausdruck der Grafik im Querformat

* *Fonts und Color*

Damit können Sie, wie Bild 11-12 zeigt, Schriftarten und Schriftgrößen zuordnen. Für die Fonts können Zahlen eingegeben werden, deren Bedeutung in Tabelle 11-2 angegeben ist.

Tabelle 11-2 Zuordnung der Schriftarten

Zahl	Font
1	Serifen normal
2	Serifen fett
3	Serifen kursiv
4	Serifen fett kursiv
5	Ohne Serifen normal
6	Ohne Serifen fett
7	Ohne Serifen kursiv
8	Ohne Serifen fett kursiv

Die Kopfzeile soll fett geschrieben werden. Dies geschieht mit der Befehlsfolge **Output Drucker Opt Parameter Fonts Fuß/Kopfzeile 6** (**/ODOPFF6**).

zzz Rücksprung ins Output-Drucker-Menü.

jd Ausdrucken der Grafik.

Drehbänke 1.Quartal 1989

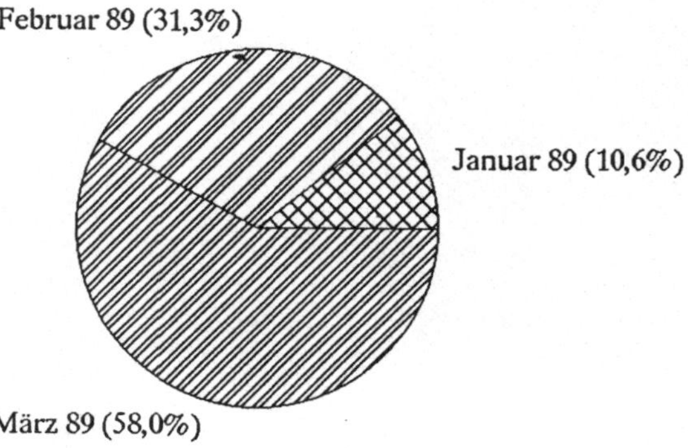

Verantwortlich: Victor Schnätterle

Bild 11-19 Ausdruck mit geänderter Schriftart

* *Grafik*

Hiermit wird das Format der Grafik gewählt (z. B. Drehung, Größe und Form) sowie die Qualität der Grafik (d. h. die Dichte der Grafikpunkte). Wenn Sie die Grafik drehen wollen, geben Sie die Befehlsfolge ein: **O**utput **D**rucker **O**pt **P**arameter **G**rafik **D**rehung **J**a (**/ODOPGDJ**).

zzz Rücksprung ins Output-Drucker-Menü.

jd Ausdrucken der Grafik.

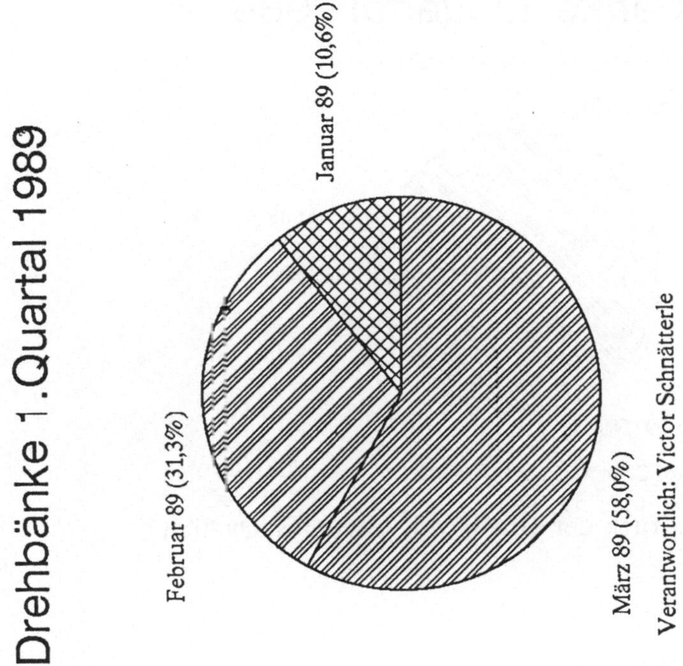

Bild 11-20 Ausdruck mit gedrehter Grafik

Um Grafiken zu entwerfen und sie schnell ausdrucken zu lassen, genügt oft eine geringere Bildpunktzahl. Sie wird mit der Befehlsfolge **O**utput **D**rucker **O**pt **P**arameter Grafik **Q**ualität **E**ntwurf (**/ODOPQE**) eingestellt.

zzz	Rücksprung ins Output-Drucker-Menü.
jd	Ausdrucken der Grafik.

Drehbänke 1.Quartal 1989

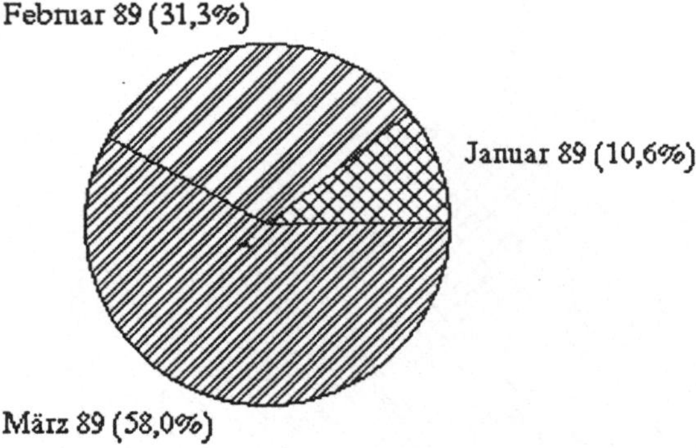

Verantwortlich: Victor Schnätterle

Bild 11-21 Ausdruck der Grafik mit Entwurfs-Qualität

* *Priorität*

Damit kann die Reihenfolge der Druckaufträge festgelegt werden.

* *Auto-Zv*

Drucker gibt nach jeder Zeile automatisch einen Zeilenvorschub an.

* *Warten*

Nach jeder Seite wird der Druckvorgang vorübergehend unterbrochen.

Die Einstellung der Druckerparameter können Sie auch mit dem Befehl **A**rbeitsblatt **G**lobal **V**orgabe **P**arameter (**/AGVP**) sichtbar machen. Bild 11-22 zeigt das Ergebnis.

```
                                                                      STATUS

Drucker:                                       International:
  Interface..... Parallel 1                      Interpunktion... D
  Auto-Zv....... Nein                                    Dezimal Komma
                                                        Argument Semikolon
  Ränder                                               Tausender Punkt
   Links 4      Oben 2                           Währung.........  DM (Suffix)
  Rechts 76    Unten 2                           Datumformat D4.. C (TT.MM.JJ)
                                                 Datumformat D5.. C (TT.MM)
  Seitenlänge... 66                              Zeitformat U3... A (HH:MM:SS)
  Warten........ Nein                            Zeitformat U4... A (HH:MM)
  Initfolge.....
  Name.......... Epson LQ 800/1000 Proportional
                                                 Negativ......... Klammern
Grafik automatisch: Spaltenweise                 Version-2....... LICS
                                                 Konvertieren.... Land
Erweiterung Dateiliste: WK*
Erweiterung Datei-Speichern: WK3               Uhr auf Bildschirm: Dateiname
Erweiterung Grafik-Speichern: CGM              Undo: Nein  Akustiksignal: Ja
                                               Makro: Ja
Vorgabeverzeichnis: C:\123V3
Temporäres Verzeichnis: C:\123V3

AUFTRAG.WK3
```

Bild 11-22 Einstellungen des Rechners

12 Makros

Bisher wurden Arbeitsblätter so erstellt, daß bestimmte Tastenanschläge und Befehle nacheinander angegeben wurden. Mit 1-2-3 haben Sie die Möglichkeit, Ihre Befehle und Eingaben als *Programm*, d. h. als *Makro*, in einem Arbeitsblatt abzuspeichern. Selbstverständlich stehen Ihnen, wie in einer gebräuchlichen Programmiersprache, *Makrobefehle* zur Verfügung, mit denen Sie Programmabläufe steuern können. Sie geben dem Makro mit dem Befehl **B**ereich **N**ame **E**rstellen (/**BNE**) einen *Programmnamen* ein. Mit der Taste <ALT> <F3> und der Eingabe des Namens wird das entsprechende Makro aufgerufen, und 1-2-3 führt die Befehle und Tastenanschläge automatisch aus.

Neu in Version 3:
Alle Makros früherer Versionen, einschließlich der /X-Befehle sind lauffähig. An zusätzlichen Makro-Befehlen sind hinzugekommen:

- Eingabe von Daten in einen Bereich ({MASKE});
- Direkte Eingaben des Betriebssystems ({SYSTEM});
- Kopieren von Daten neben oder unter einen bestehenden Bereich, wobei dieser neue Bereich automatisch vergrößert wird ({ANHÄNGRECHTS} bzw. {ANHÄNGUNTEN});
- Ein- und ausschalten der Bildschirmgrafik ({GRAFIKEIN} bzw. {GRAFIKAUS});
- Ein- und Ausschalten der Zeilen- und Spaltenumrahmung des Arbeitsblattes ({KOORDEIN} bzw. {KOORAUS}).

Im ersten Abschnitt wird ein einfaches Makro programmiert, um Ihnen die Grundlagen der Makroerstellung zu zeigen. Der zweite Abschnitt weist Sie an Hand der Erstellung einer Zuschlagskalkulation in die höheren Makrobefehle ein.

12.1 Erstellen eines einfachen Makros am Beispiel der Entwicklung des Auftragsbestandes nach Kapitel 3

In Kapitel 3 wurde eine Analyse des Auftragsbestandes durchgeführt. Das Arbeitsblatt A für das erste Quartal 1989 (s. Bild 3-29) wird mit einem Makro automatisch erstellt. Zum besseren Verständnis können Sie die Abschnitte 3.1 bis 3.10 vergleichend lesen.

Die Erstellung und der Umgang mit Makros erfolgt in folgenden Schritten:

1. Vorbereitung zur Erstellung von Makros

2. Eingabe der Makros

3. Benennen des Makros

4. Ausführen des Makros

5. Befehlsfolge als Makro

6. Funktionen als Makro

7. Makros automatisch erfassen.

12.1.1 Vorbereitung zur Erstellung von Makros

Bevor mit der Eingabe eines Makros begonnen wird, sollte folgendes beachtet werden:

a) Position des Makros

Normalerweise sind die ersten Zellen der Bildschirmseite mit dem Arbeitsblatt belegt. Achten Sie darauf, daß Ihr Makro nicht mit anderen Eintragungen in Konflikt kommt. In unseren Beispielen werden die Makros ab der Spalte AB eingetragen.

b) Dokumentation der Programmierschritte

Um ein Makro übersichtlich zu gestalten, empfiehlt es sich, Kommentare einzufügen. In unserem Beispiel geben wir folgende Überschriften an: **Name** (Name des Makros) und **Befehle** (Befehlsfolge des Makros). Folgende Arbeitsschritte sind notwendig:

Wir gehen davon aus, daß Sie sich in einem leeren Arbeitsblatt befinden.

Bewegen Sie den Zellzeiger in Zelle AA1, und nehmen Sie folgende Eingaben vor:

<F5> aa1 <RETURN> Sprung zu Zelle AA1.

Name <PFEIL RECHTS> Texteingabe in Zelle AA1.

Befehle <RETURN> Texteingabe in Zelle AB1.

Bewegen Sie den Zellzeiger in die Zelle AA3.

Beispiel <PFEIL RECHTS>
Texteingabe in Zelle AA3.

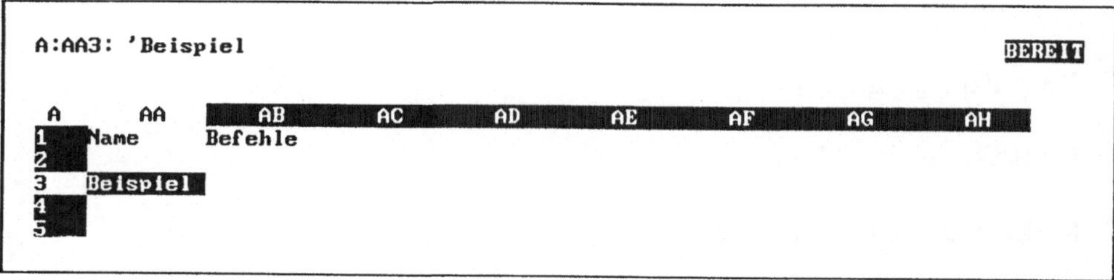

Bild 12-1 Überschriften für die Makroerstellung

Sie sehen in Bild 12-1, daß der Name des Makros "Beispiel" heißt und daß unter der Überschrift "Befehle" in Spalte AB die Makrobefehle stehen werden.

12.1.2 Eingabe der Makros

Die Makros können spalten- oder zeilenweise eingegeben werden. 1-2-3 arbeitet die Makros von links nach rechts und dann von oben nach unten ab. Ist eine Spalte leer, wird die nächste Zeile gesucht. Ist eine Zeile erreicht, die ohne Inhalt ist, wird das Makro beendet.

Makroanweisungen entsprechen *Programmierbefehlen*; sie zeigen 1-2-3, welche *Befehle* ausgeführt, welche *Tastenkombinationen* gedrückt und welche *Eingaben* vorgenommen werden. Dabei ist folgendes zu beachten:

1. Anweisungen in { }

Alle Befehle, auch die Tastenbefehle, werden in geschweifte Klammern (erzeugt mit <ALT> 3) gesetzt. Beispiel:

{home}

bedeutet das Drücken der <HOME>-Taste, d. h. der Sprung zur Zelle A1. Die weiteren Tasten und ihre Schreibweise für Makros finden Sie in Tabelle 12-1.

Tabelle 12-1 Makro-Befehle zur Cursor-Steuerung und für Sondertasten

Bezeichnung des Makros	Tasten
Cursor-Tasten	
~	<RETURN>
{unten} oder {U}	<PFEIL UNTEN>
{oben} oder {O}	<PFEIL OBEN>
{rechts} oder {R}	<PFEIL RECHTS>
{links} oder {L}	<PFEIL LINKS>
{Home}	<HOME>
{End}	<ENDE>
{Sprunglinks}	Bildschirm eine Seite nach links <Alt> <TAB>
{Sprungrechts}	Bildschirm eine Seite nach rechts <TAB>
{Pgup}	Bildschirm eine Seite nach oben
{Pgdn}	Bildschirm eine Seite nach unten
{Nächstblatt} oder {NB}	Nächstes Blatt <Ctrl> <PgUp>
{Vorherblatt} oder {VB}	Vorheriges Blatt <Ctrl> <PgDn>
{ErsteZelle} oder {EZ}	Erste Zelle. <CTRL> <HOME>
{LetzteZelle} oder {LZ}	Letzte Zelle. <END> <CTRL> <HOME>
{Datei}	Dateiaufruf. <CTRL> <END>
{Letztedatei} oder {LD}	Letzte Datei. <CTRL> <END> <END>
{Nächstdatei} oder {ND}	Nächste Datei. <CTRL> <END> <CTRL> <PGDN>
{Vorherdatei} oder {VD}	Vorherige Datei. <CTRL> <END> <CTRL> <PGDP>
{Esc}	<ESCAPE>
{Rücktaste} oder {RT}	<RÜCKTASTE>. Löscht das Zeichen links vom Cursor
{Del}	<DEL>. Löscht das aktuelle Zeichen (EDIT-Modus)
{Ins}	Einfügen. <INS>
{Break}	Abbruch. <CTRL> <BREAK>

Fortsetzung Tabelle 12-1

Funktionstasten	
{Edit}	<F2>-Taste Umschalten zum Editieren einer Zelle
{Name}	<F3>-Taste Zeigt ein Menü mit aktuellen Bereichsnamen an
{Abs}	<F4>-Taste Umwandlung von relativer in absolute Adresse
{Gehzu}	<F5>-Taste Anspringen einer Zelladresse
{Fenster}	<F6>-Taste Sprung mit dem Zellzeiger in das andere Fenster
{Abfrage}	<F7>-Taste Wiederholt das letzte Datenabfrageverfahren
{Tabelle}	<F8>-Taste
{Kalk}	<F9>-Taste Neuberechnung von Arbeitsblattformeln (BEREIT-Modus). Setzt Formel in aktuellen Wert (WERT- und EDIT-Modus)
{Grafik}	<F10>-Taste Zeigt die letzte Grafik.
{Komb}	<Alt> <F1> Erzeugung internationaler Zeichen durch Benutzung dieser Tasten.
{Schritt}	<Alt> <F2> Bewegen durch ein Makro Schritt für Schritt.
{Zoom}	<Alt> <F6> Bildausschnitt vergrößern.
{APP1}	<Alt> + <F7>
{APP2}	<Alt> + <F8>
{APP3}	<Alt> + <F9>
{APP4} oder {Zusatz}	<Alt> + <F10> Zusatzanwendung.

Hinweis! Soll eine Taste mehrmals gedrückt werden, geben Sie die Wiederholungszahl hinter dem Tastenbefehl ein. Wollen Sie beispielsweise 4 mal die Taste <PFEIL RECHTS> betätigen, geben Sie als Makro-Anweisung ein: {rechts 4}. Vergessen Sie dabei nicht das Leerzeichen zwischen dem Tastennamen und der Zahl! Statt der Zahl kann auch eine Zelladresse stehen. Der Inhalt dieser Zelle ist dann die Wiederholungszahl.

2. 1-2-3-Befehle

Sie werden in abkürzender Schreibweise angegeben. So bedeutet beispielsweise

/agb18

daß der Befehl Arbeitsblatt **G**lobal **B**reite **(/AGB) 18** ausgeführt wird, d.h. die Gesamtspaltenbreites des Arbeitsblattes wird auf 18 Zeichen festgelegt.

3. Eingaben

Die Eingaben erfolgen ohne besondere Kennzeichnung (außer der Präfixe für die Justierung).

{rechts}"Januar-89

Der Cursor wird nach rechts bewegt und die Eingabe "Januar" rechtsbündig vorgenommen.

4. Abschluß einer Anweisung mit ~

Eine Anweisung wird in 1-2-3 durch Drücken der <RETURN>-Taste beendet. Diese Funktion übernimmt die *Tilde* (~). Sie wird durch die Tastenkombination <ALT> 3 erzeugt.

Die für Makros wichtigsten Sonderzeichen und die entsprechenden Tastenkombinationen zeigt Tabelle 12-2.

Tabelle 12-2 Tastenfolge für wichtige Sonderzeichen in Makros

Zeichen	Tastenfolge
{	<Alt> + <1>
}	<Alt> + <2>
~	<Alt> + <3>
\	<Alt> + <7>
@	<Alt> + <0>

5. Tips für die Eingabe

a) Eingabe als Labels

Makros werden prinzipiell als *Labels* in *einer Zelle* mit bis zu 516 Bytes gespeichert. Bei einer Buchstabeneingabe erfolgt die Kennzeichnung automatisch.

Hinweis! Ist das erste Zeichen eines Makros kein Buchstabe (z. B. die Zeichen / \ < > + - . @ ( ) # oder $), so müssen Sie ein Justierungszeichen (', " oder ^) eingeben.

b) Kein Leerzeichen zwischen einzelnen Anweisungen

Zwischen zusammenhängenden Anweisungen dürfen keine Leerzeichen sein, 1-2-3 geht sonst eine Zeile tiefer.

c) Sinnvolle Größe einer Anweisung

Um Übersicht über die Anweisungen zu haben, sollten Sie Labels, die größer als die Bildschirmzeile sind, nicht eingeben (Labels über 512 Bytes sind nicht gestattet).

Hinweis! Wenn Sie einen Makrobefehl nicht mehr genau wissen, dann geben Sie die Geschweifte Klammer "{" ein und drücken die NAME-Taste <F3>. Sie sehen am Bildschirm alle Makronamen mit geschweiften Klammern. Von diesen wählen Sie sich den entsprechenden aus.

Nach diesen einleitenden Bemerkungen beginnen Sie mit der Eingabe der Makro-Anweisungen in Zelle AB3.

{home}Auftragsbestand~

Eingabe des ersten Makrobefehls in Zelle AB3.

Dieser Makrobefehl entspricht dem Drücken der <HOME>-Taste und der Texteingabe **Auftragsbestand**. Der Zellzeiger wird in die Zelle A1 des Arbeitsblattes bewegt. Durch die Tilde (Tastenfolge: <ALT><3>), sie entspricht dem Drücken der <RETURN>-Taste, erfolgt das Speichern des Textes Auftragsbestand in Zelle A1.

<PFEIL UNTEN> Speichern des Makrobefehls in Zelle AB3 und Bewegen des Zellzeigers in Zelle AB4.

Hinweis! Statt die Makros zeichenweise über die Tastatur einzugeben, können Sie auch den SCHRITT-Modus (Tastenfolge <ALT> F2) einschalten. Dann werden die Tastenanschläge mitprotokolliert (s. Abschn. 12.1.7).

Geben Sie jetzt die weiteren Anweisungen ein:

{rechts}"Januar-89~

Weitere Makroeingabe in Zelle AB4.

Das Wort {rechts} in diesem Makrobefehl entspricht dem Betätigen der <PFEIL RECHTS>-Taste. Wenn 1-2-3 dieses Zeichen innerhalb eines Makros antrifft, wird der Zellzeiger eine Zeile nach rechts bewegt. Beachten Sie, daß das Wort rechts in geschweiften Klammern stehen muß (Tastenfolge: <ALT><1> für geschweifte Klammer auf bzw. <ALT><2> für geschweifte Klammer zu). Durch das Zeichen " wird das Wort Januar-89 rechtsbündig in der Zelle justiert.

<PFEIL UNTEN> Speichern des Makrobefehls in Zelle AB4 und Bewegen des Zellzeigers in Zelle AB5.

Geben Sie nun folgendes ein:

{rechts}"Februar-89~ <PFEIL UNTEN>
Makroeingabe in Zelle AB5.

{rechts}"März-89~ <PFEIL UNTEN>
Makroeingabe in Zelle AB6.

{Rechts}"Gesamt~ <RETURN>
Makroeingabe in Zelle AB7.

Ihr Bildschirm sollte Bild 12-2 entsprechen.

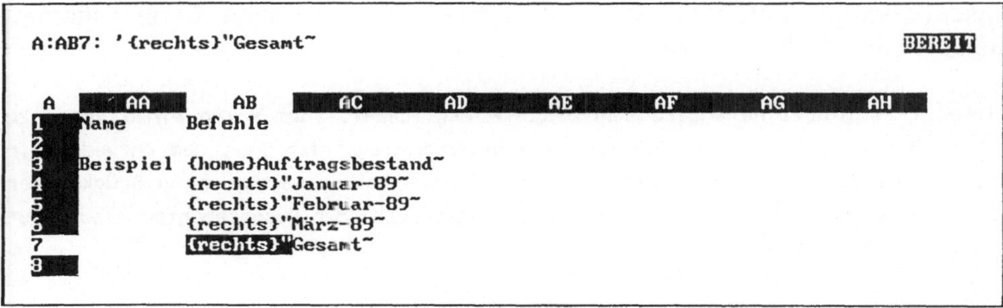

Bild 12-2 Makro zur Erstellung der Spaltenüberschriften

Hinweis! Etliche Sondertasten, beispielsweise <HOME> und <END> müssen in geschweiften Klammern ({ }) von der Tastatur aus eingegeben werden. Einzige Ausnahme bildet die <RETURN>-Taste (~). Das Zeichen ~ (Tilde) beendet häufig eine Folge von Befehlen oder Texteingaben und steht nicht in geschweiften Klammern.

12.1.3. Benennen des Makros

Um ein Makro wieder aufrufen zu können, muß man das Makro benennen. Es genügt, wenn Sie die erste Zelle, in der das Makro beginnt, mit einem Namen versehen. In unserem Beispiel ist das die Zelle AB3, der Sie einen Namen geben müssen. 1-2-3 schließt automatisch alle in derselben Spalte stehenden Zellen bis zur ersten leeren Zelle ein. Man kann natürlich auch den gesamten Makrobereich benennen. Es ist ratsam, dem Makro einen sinnvollen Namen zu geben, der mit seiner Aufgabe in Zusammenhang steht. Der Name kann bis zu 15 Zeichen lang sein und beliebig geändert werden.

Der Name wird mit dem Befehl **Bereich Name Erstellen** vergeben:

/bne Auswahl des Befehls **Bereich Name Erstellen.**

Nun wird nach dem Namen des Bereiches gefragt. Unser Makro soll folgenden Namen haben:

Beispiel <RETURN>

Eingabe und Abspeichern des Namens für das Makro.

1-2-3 fragt nach dem Bereich, der dem Namen zugewiesen werden soll. Bewegen Sie dazu mit der <PFEIL OBEN>-Taste den Zellzeiger in Zelle AB3, also in die Zelle, in der der erste Makrobefehl steht. Durch anschließendes Betätigen der <RETURN>-Taste wird dem Bereichsnamen Beispiel die Zelle AB3 zugewiesen.

Hinweis! Es gibt eine andere sehr bequeme Möglichkeit, dem Makro einen Namen zu geben. Der Name beginnt mit einem umgekehrten Schrägstrich (\), dem entweder ein Klein- oder Großbuchstabe folgt (z.B. \m). Solche Makros werden durch Drücken der <ALT>-Taste und gleichzeitigem Drücken der entsprechenden Buchstabentaste aufgerufen (z.B. <ALT> <M>).

12.1.4 Ausführen des Makros

Um ein Makro zu starten, drücken Sie die Tastenkombination <ALT> <F3> (Ausführen eines Makros, s. Tabelle 1-3). Sie sehen eine Liste aller benannten Makros, aus der Sie das gewünschte aussuchen können.

```
A:AB6: '{rechts}"Gesamt~                                NAMEN
Gewünschten Makro ausführen:
BEISPIEL
```

Bild 12-3 Liste der benannten Makros

Da nur ein Makro mit dem Namen "BEISPIEL" vorhanden ist, drücken wir die <RETURN>-Taste. Der Makroablauf beginnt. Ihr Bildschirm sollte Bild 12-4 entsprechen.

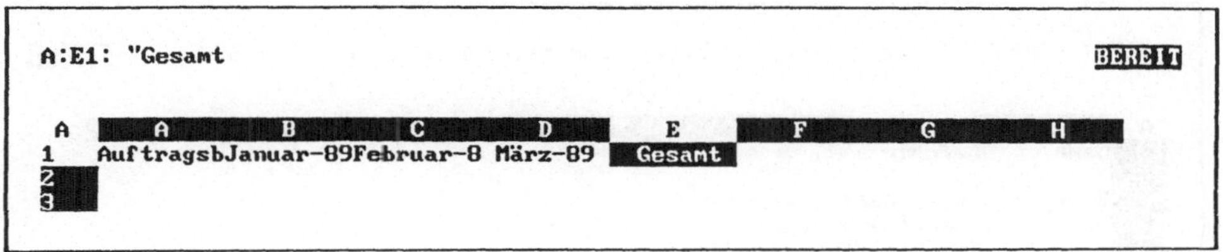

Bild 12-4 Arbeitsblatt nach Ablauf des Makros

12.1.5 Befehlsfolge als Makro

Wie in Kapitel 3, so sollen auch hier die Spalten des Arbeitsblattes auf bestimmte Breiten eingestellt werden. Das Makro, das wir nun eingeben wollen, enthält den 1-2-3-Befehl Arbeitsblatt **G**lobal **B**reite (**/AGB**). Bewegen Sie den Zellzeiger in die Zelle AB8, und nehmen Sie folgende Eingabe vor:

{home}/agb18~ — Bewegen des Zellzeigers in die Spalte A (**{home}**). Aufruf des Befehls Arbeitsblatt **G**lobal **B**reite Die Spalte A wird auf **18** Zeichen verbreitert. Der Befehl wird durch das Betätigen der <RETURN>-Taste (~) ausgeführt.

<PFEIL UNTEN> — Abspeichern des Makros in Zelle AB8 und Bewegen des Zellzeigers in Zelle AB9.

Beim nächsten Makrobefehl soll für die Spalten B, C und D die Breite auf 12 Zeichen eingestellt werden. Dies geschieht mit dem Befehl Arbeitsblatt Spalte **B**estimmen (**/ASB**). Geben Sie deshalb folgenden Makrobefehl ein:

{rechts}/asb12~{rechts}/asb12~{rechts}/asb12~{rechts}/asb18~

Der Zellzeiger wird eine Zelle nach rechts (**{rechts}**) bewegt. Aufruf des Befehls (/) Spalte **B**estimmen. Spalte B wird auf **12** Zeichen eingestellt und anschließend die <RETURN>-Taste (~) betätigt. Dieselbe Vorgehensweise geschieht in den Spalten C,D und E. Wobei die Spalte E auf 18 Zeichen verbreitert wird.

<PFEIL UNTEN> — Speichern des Makrobefehls in Zelle AB9 und Bewegen des Zellzeigers in Zelle AB10.

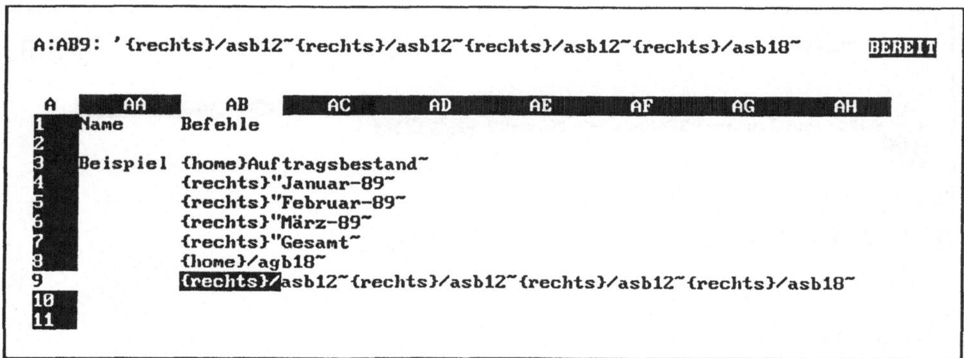

Bild 12-5 Makro nach Eingabe der Befehle zur Spaltenverbreiterung

Nun rufen Sie das Makro durch Drücken der Tastenkombination <ALT> <F3> und Auswahl des Makronamens **Beispiel** auf. Das Makro wird ausgeführt. Ihr Bildschirm sollte Bild 12-6 entsprechen.

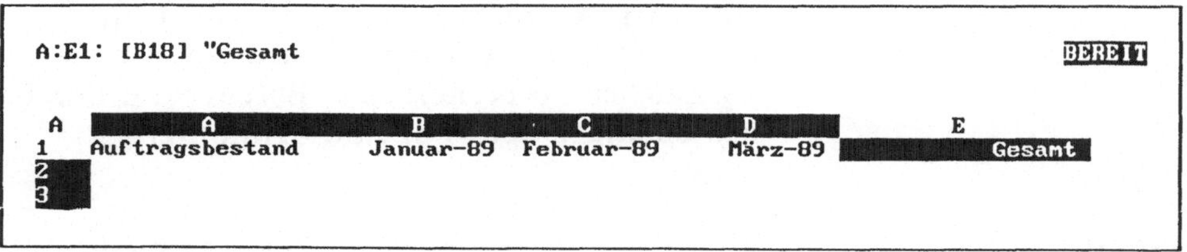

Bild 12-6 Arbeitsblatt nach Ablauf des Makros

Das Arbeitsblatt kann noch weiter ausgebaut werden. Die verschieden Maschinensparten und die dazugehörigen Daten sollen automatisch eingetragen werden. Geben Sie nun folgendes Makro in die Zelle AB10 ein:

{gehezu}a3~Drehbank~{rechts}48743~{rechts}93543~{rechts}65987~

Bewegen des Zellzeigers in Zelle A3, Eingabe der ersten Produktsparte (Drehbank) und der betreffenden Auftragswerte für Januar, Februar und März.

<PFEIL UNTEN>	Abspeichern des Makros in Zelle AB10 und Bewegen des Zellzeigers in Zelle AB11.

{gehezu}a4~Fräsmaschine~{rechts}82654~{rechts}91236~{rechts}95079~

Bewegen des Zellzeigers in Zelle A4, Eingabe der zweiten Produktsparte (Fräsmaschine) und der betreffenden Auftragswerte für Januar, Februar und März.

<PFEIL UNTEN> Abspeichern des Makros in Zelle AB11 und Bewegen des Zellzeigers in Zelle AB12.

{gehezu}a5~Bohrautomat~{rechts}64343~{rechts}92234~{rechts}25079~

Bewegen des Zellzeigers in Zelle A5, Eingabe der dritten Produktsparte (Bohrautomat) und der betreffenden Auftragswerte für Januar, Februar und März.

<PFEIL UNTEN> Abspeichern des Makros in Zelle AB12 und Bewegen des Zellzeigers in Zelle AB13.

{gehezu}a6~Hobelautomat~{rechts}54780~{rechts}90765~{rechts}75090~

Bewegen des Zellzeigers in Zelle A6, Eingabe der vierten Produktsparte (Hobelautomat) und der betreffenden Auftragswerte für Januar, Februar und März.

<PFEIL UNTEN> Abspeichern des Makros in Zelle AB13 und Bewegen des Zellzeigers in Zelle AB14.

{gehezu}a7~\=~/k~a7~b7..e7~{unten}Gesamt~{unten}Prozent~

Bewegen des Zellzeigers in Zelle A7, die Zelle wird mit dem Zeichen = gefüllt und in die Zellen B7..E7 kopiert.

<PFEIL UNTEN> Abspeichern des Makros in Zelle AB14 und Bewegen des Zellzeigers in Zelle AB15.

12.1.6 Funktionen als Makro

In Zelle AB15 wird die folgende Funktion eingegeben:

{gehezu}b8~@summe(b3..b6)~/k~b8~c8..e8~

Bewegen des Zellzeigers zur Zelle B8. Der Inhalt der Zellen B3..B6 wird in der Zelle

B8 summiert. Anschließend wird die Formel in Zelle B8 in die Zellen C8..E8 kopiert.

<PFEIL UNTEN> Abspeichern des Makros in Zelle AB15 und Bewegen des Zellzeigers in Zelle AB16.

{gehezu}e3~@summe(b3..d3)~/k~e3~e4..e6~

Bewegen des Zellzeigers zur Zelle E3. Der Inhalt der Zellen B3..D3 wird in der Zelle E3 summiert. Anschließend wird die Formel in Zelle E3 in die Zellen B3..D3 kopiert..

<PFEIL UNTEN> Abspeichern des Makros in Zelle AB16 und Bewegen des Zellzeigers in Zelle AB17.

{gehezu}b9~+b8/e8~/k~~c9..e9~

Bewegen des Zellzeigers zur Zelle B9. Eingabe der Formel zur Berechnung des Prozentanteils, wobei die Zelle E8 absolut eingegeben wird. Die Formel in Zelle B9 wird in die Zellen C9..E9 kopiert.

<PFEIL UNTEN> Abspeichern des Makros in Zelle AB17 und Bewegen des Zellzeigers in Zelle AB18.

/bfp~2~b9..e9~/bfw2~e3..e8~

Die Zellen B9..E9 werden auf zwei Dezimalstellen mit dem Prozentformat eingestellt. Die Zellen E3..E8 werden mit dem Währungsformat eingestellt.

<RETURN> Abspeichern des Makros in Zelle AB17.

Ihr Bildschirm sollte Bild 12-7 entsprechen.

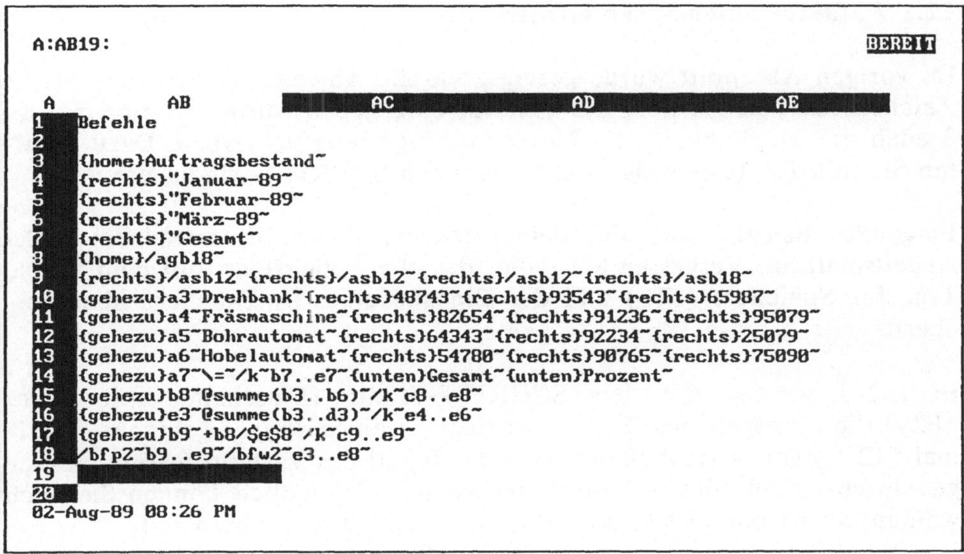

```
A:AB19:                                                          BEREIT

A         AB                  AC              AD              AE
1  Befehle
2
3  {home}Auftragsbestand~
4  {rechts}"Januar-89~
5  {rechts}"Februar-89~
6  {rechts}"März-89~
7  {rechts}"Gesamt~
8  {home}/agb18~
9  {rechts}/asb12~{rechts}/asb12~{rechts}/asb12~{rechts}/asb18~
10 {gehezu}a3~Drehbank~{rechts}48743~{rechts}93543~{rechts}65987~
11 {gehezu}a4~Fräsmaschine~{rechts}82654~{rechts}91236~{rechts}95079~
12 {gehezu}a5~Bohrautomat~{rechts}64343~{rechts}92234~{rechts}25079~
13 {gehezu}a6~Hobelautomat~{rechts}54780~{rechts}90765~{rechts}75090~
14 {gehezu}a7~\=~/k~b7..e7~{unten}Gesamt~{unten}Prozent~
15 {gehezu}b8~@summe(b3..b6)~/k~c8..e8~
16 {gehezu}e3~@summe(b3..d3)~/k~e4..e6~
17 {gehezu}b9~+b8/$e$8~/k~c9..e9~
18 /bfp2~b9..e9~/bfw2~e3..e8~
19
20
02-Aug-89 08:26 PM
```

Bild 12-7 Vollständiges Makro

Nun rufen Sie das Makro durch Drücken der Taste <ALT> <F3> auf und geben den Makronamen **Beispiel** ein. Betätigen Sie dann die <RETURN>-Taste. Das Makro wird ausgeführt (s. Bild 12-8).

```
A:A10: [B18]                                                     BEREIT

A   A                    B           C           D             E
1   Auftragsbestand      Januar-89   Februar-89  März-89       Gesamt
2
3   Drehbank             48743       93543       65987         208.273,00 DM
4   Fräsmaschine         82654       91236       95079         268.969,00 DM
5   Bohrautomat          64343       92234       25079         181.656,00 DM
6   Hobelautomat         54780       90765       75090         220.635,00 DM
7   ==========================================================================
8   Gesamt               250520      367778      261235        879.533,00 DM
9   Prozent              28,48%      41,82%      29,70%           100,00%
10
11
12
13
14
15
16
17
18
19
20
02-Aug-89 08:23 PM
```

Bild 12-8 Bildschirm nach Ausführung des Makros

12.1.7 Makros automatisch erfassen

Im vorigen Abschnitt wurde gezeigt, wie die Anweisungen für das Makro Zeichen für Zeichen über die Tastatur eingegeben wurde. Es gibt in 1-2-3 auch die Möglichkeit, die Tastenanschläge mitzuschreiben. Dazu schalten Sie mit der Tastenfolge <ALT><F2> den SCHRITT-Modus ein.

Folgendes Beispiel soll dies demonstrieren. Legen Sie zuvor ein neues Arbeitsblatt an. Vergessen Sie nicht, das alte Arbeitsblatt mit dem Befehl Transfer Speichere (/TS) und der Eingabe eines Dateinamens abzuspeichern.

In 1-2-3 werden mit dem SCHRITT-Modus (Einschalten mit <ALT> <F2>) die eingegebenen Tastenanschläge in einen *Puffer* gebracht (maximal 512 Bytes). Anschließend wird der Inhalt des Tastaturpuffers an eine gewünschte Stelle des Arbeitsblattes *kopiert*. Schließlich können Sie noch wählen, ab welcher Stelle im Arbeitsblatt das Makro laufen soll.

Um ein Makro automatisch zu erfassen, gehen Sie im einzelnen folgendermaßen vor:

a) Festlegen der Startzelle

Beginnen Sie mit Ihren automatischen Aufzeichnungen nicht in der ersten Zelle. Wir bewegen den Cursor zur Zelle A10.

b) Löschen früherer Zeichen aus dem Schrittpuffer

Um unerwünschte Zeichen zu vermeiden, werden im ersten Schritt alle im Tastaturpuffer vorhandenen Zeichen gelöscht. Dazu geben Sie ein:

<ALT> <F2> Einschalten des SCHRITT-Modus.

```
A:A10:
Wiedergabe  Kopieren  Löschen  Schritt                              MENÜ
Löscht Makropuffer
```

Bild 12-9 Menü nach Drücken der Tastenfolge <ALT> <F2>

l Löschen des Tastaturpuffers.

c) Eingabe der mitzuschreibenden Tasten

Im folgenden geben Sie Ihre Anweisungen über die Tastatur ein. Sie sehen Ihre Eintragungen im Arbeitsblatt, aber bis jetzt nicht das Protokoll Ihrer Tastenanschläge. Geben Sie in Zelle A10 folgendes ein:

Auftragsbestand <PFEIL RECHTS>

Januar-89 <PFEIL RECHTS>

Februar-89 <PFEIL RECHTS>

März-89 <PFEIL RECHTS>

Gesamt <PFEIL UNTEN> <PFEIL UNTEN>

Hinweis! Der Tastaturpuffer kann maximal 512 Bytes speichern. Wird diese Kapazität überschritten, werden die zuerst eingegebenen Zeichen gelöscht. Sie können sich als Faustregel merken, daß ein Zeichen in der Regel 1 Byte Speicherplatz benötigt.

Bild 12-10 zeigt die Eintragungen im Arbeitsblatt.

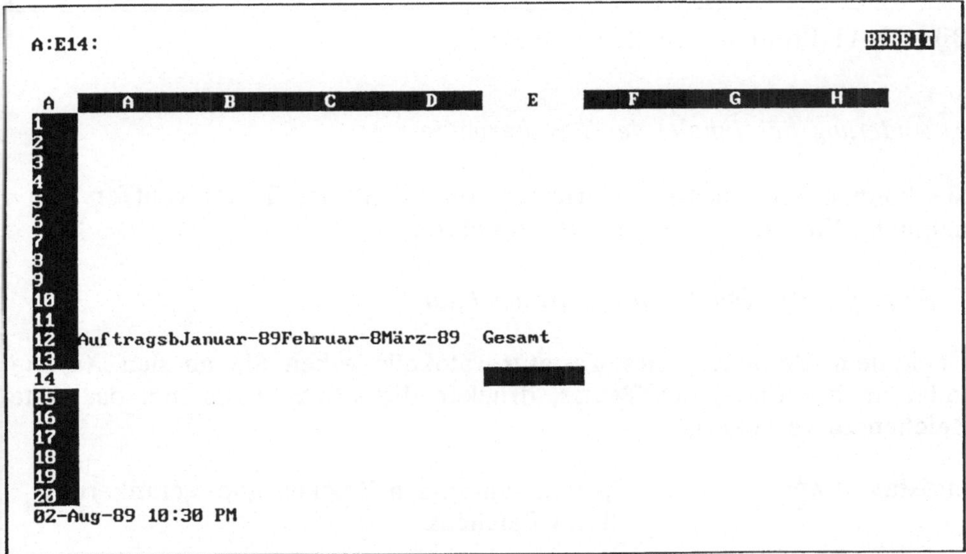

Bild 12-10 Arbeitsblatt nach erfolgter Eintragung

d) Anzeige des Inhalts des Tastaturpuffers am Bildschirm

Drücken Sie dazu die <ALT> <F2>-Taste, und wählen Sie Kopieren. Sie sehen in Bild 12-11, wie Ihre Tastenanschläge protokolliert worden sind.

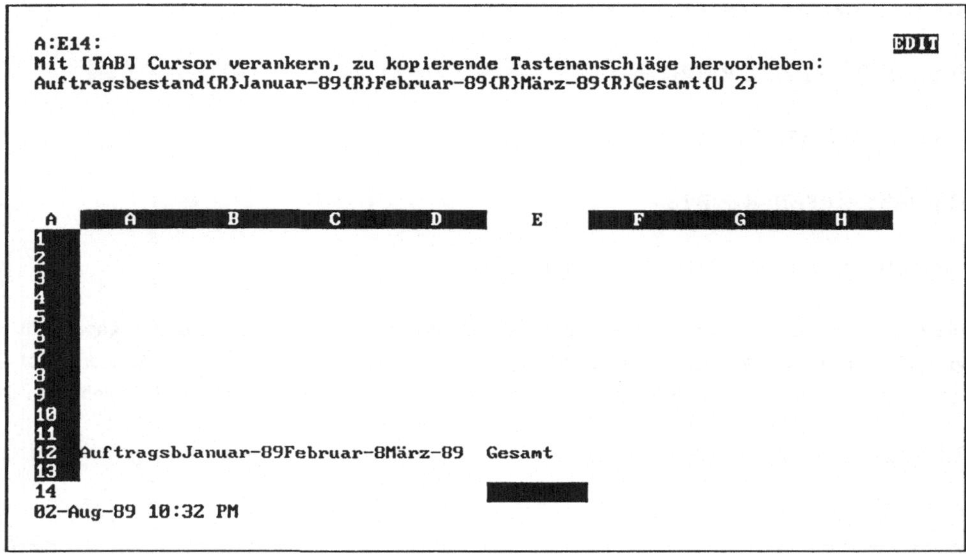

Bild 12-11 Protokoll der Tastenanschläge

e) Änderung des Inhalts des Tastaturpuffers

Sie können jetzt noch Änderungen am Inhalt des Tastaturpuffers vornehmen. Wir wollen aber nichts verändern.

f) Kopieren des Inhalts in das Arbeitsblatt

Nach dem Verändern des Tastaturprotokolls gehen Sie an den *Anfang* (oder an das Ende) des Textes, drücken die <TAB>-Taste, um das erste Zeichen zu verankern.

<HOME> <TAB>	Sprung zum ersten Zeichen und Verankerung dieses Zeichens.

Durch Drücken der <PFEIL RECHTS>-Tasten markieren Sie die Zeichen, die Sie ins Arbeitsblatt kopieren möchten (s. Bild 12-12).

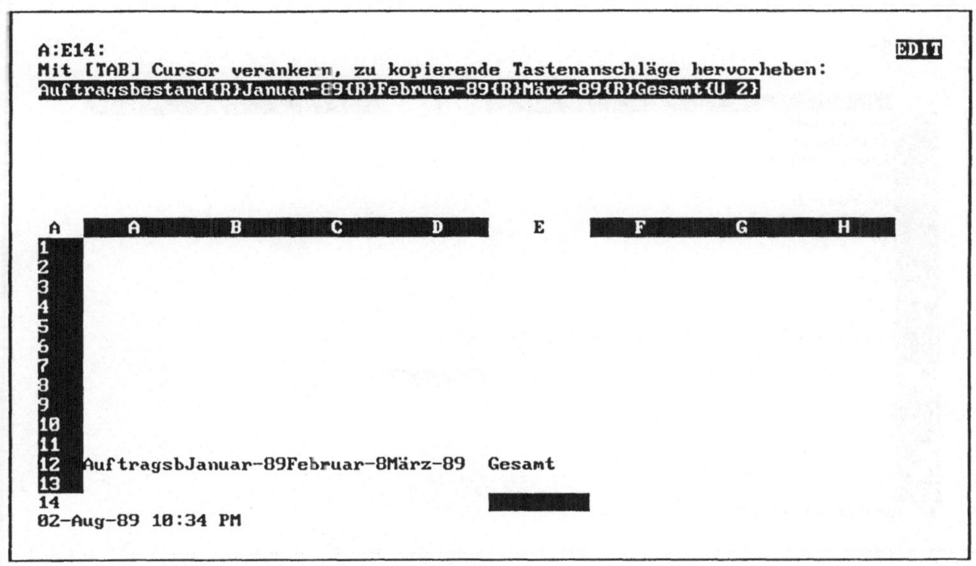

Bild 12-12 Markierte Zeichen zur Kopie ins Arbeitsblatt

<RETURN> Bestätigen der Kopie.

Bild 12-13 zeigt, daß Sie bestimmen können, an welche Stelle des Arbeitsblattes Ihr Makro kopiert wird.

```
A:E11:                                                    ZEIGEN
Bestimmungsbereich wählen: A:E11
```

Bild 12-13 Festlegen des Bereiches im Arbeitsblatt

a1 <RETURN> Makro wird in Zelle A1 kopiert.

Wie Bild 12-14 zeigt, bestimmt die Spaltenbreite auch die Breite, in der die Makro-Anweisungen gespeichert werden können. Dies ist bei zu kleinen Spaltenbreiten zwar nicht schön, ändert aber an der Funktionsfähigkeit des Makros nichts.

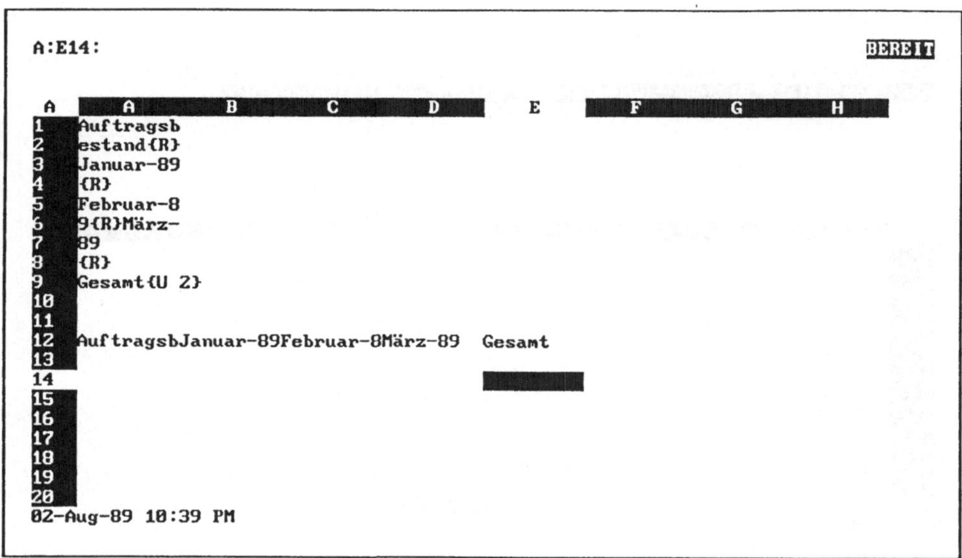

Bild 12-14 Makro-Anweisungen, ins Arbeitsblatt kopiert

g) Ausführen des Makros

Fahren Sie den Cursor an die Stelle im Arbeitsblatt, an der die Ausführungen des Makros stehen sollen. Im vorliegenden Beispiel wird zur Zelle A15 gegangen. Durch Drücken der Tastenfolge <ALT> <F3> lassen Sie das Makro ablaufen. Wie Bild 12-15 zeigt, können Sie bestimmen, an welcher Stelle der Anweisungen das Makro beginnen soll.

```
A:A15:                                                    ZEIGEN
Gewünschten Makro ausführen: A:A15
```

Bild 12-15 Beginn des Makro-Starts

a1 <RETURN> — Das Makro soll ab der Anweisung in Zelle A1 beginnen.

Bild 12-16 zeigt, daß das Makro ab der Anweisung in Zelle A1 ausgeführt wurde und das Ergebnis ab Zelle A15 ins Arbeitsblatt geschrieben hat.

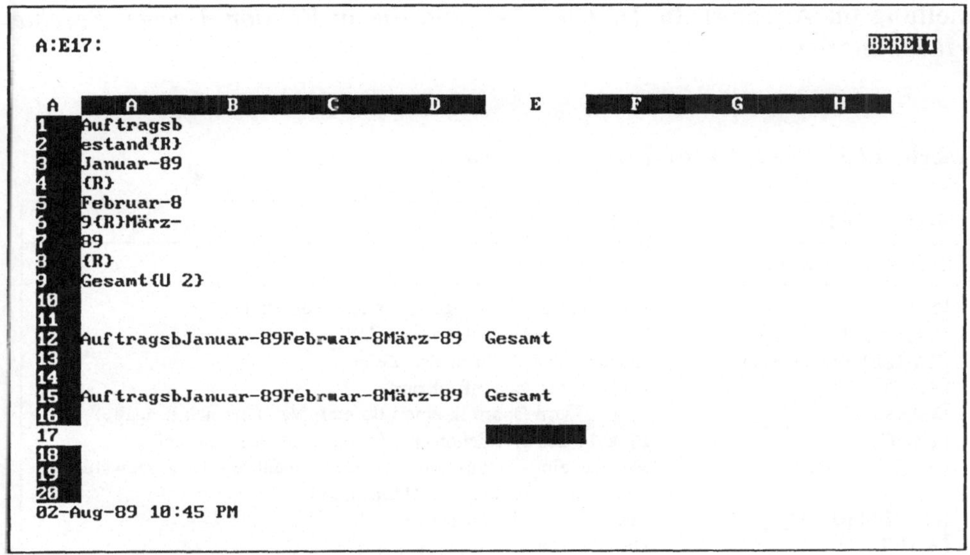

Bild 12-16 Ausgeführtes Makro

Das war ein erster, kleiner Schritt auf dem Weg zur Arbeit mit Makros. Das einfache und problemlos zu verstehende Beispiel sollte den Umgang mit Makros und die Arbeitserleichterung, die Makrobefehle erzeugen können, demonstrieren. Sicherlich bekommen Sie Lust, Ihre eigenen Probleme mit Makros zu programmieren. In Kapitel 12.2 stellen wir Ihnen dazu höhere Makrobefehle vor.

12.2 Höhere Makrobefehle am Beispiel einer Zuschlagskalkulation

Im letzen Kapitel wurden die Makros aus schon bekannten und beliebig kombinierbaren 1-2-3-Kommandos zusammengesetzt. In diesem Kapitel werden solche Befehle behandelt, die ausschließlich in Makros verwendet werden können. Es handelt sich hierbei nicht nur um Cursorbewegungen, sondern unter anderem um Befehle zur Dateiverwaltung (z. B. Kopieren von Datenbereichen in Arbeitsblattfelder), um Anweisungen für den Programmablauf, beispielsweise Programmierschleifen (Wiederholungen) oder bedingte Programmierverzweigungen (Sprünge). Ebenso ist es wie in einer höheren Programmiersprache möglich, Unterprogramme zu schreiben, die aus dem 1-2-3-Makro heraus beliebig oft aufgerufen und ausgeführt werden können. Nach der Ausführung erfolgt wieder ein Rücksprung in das eigentliche Hauptprogramm. Am Beispiel eines Makros, das eine Zuschlagskalkulation aufbaut, werden diese Befehle behandelt. Tabelle 12-3 zeigt eine Zusammenstellung der Makro-Befehle, die als erste Orientierungshilfe gedacht ist. (s. auch alphabetische Zusammenstellung im Anhang). In Tabelle 12-3 sind die in *Version 3 neuen Befehle* grau hinterlegt.

Tabelle 12-3 Höhere Makro-Befehle (grau: neu in Version 3)

Makro-Befehl	Wirkung
Kommunikations-Befehle	
{?}	Versetzen des Zellzeigers, Eingabe von Daten
{LABELEINTRAG}	Eingabe eines Labels in eine Zelle
{ZAHLENEINTRAG}	Eingabe einer Zahl in eine Zelle
{EINTRAG}	Eingabe der Tastenfunktion
{MASKE}	Eingabe von Daten in einen Bereich (vgl. /Bereich Eingabe)
{TASTE}	Eingabe des 1. Zeichens im Tastaturpuffer in die Zelle
{MENÜAUFRUF}	Anzeige eines Menüs. Auswahl und Ausführen des ausgewählten Menüteils. Rückkehr ins Hauptmenü
{MENÜSPRUNG}	Sprung in ein Untermenü
{WARTEN}	Unterbrechung
{BREAKAUS}	Makro kann nicht unterbrochen werden
{BREAKEIN}	Makro kann unterbrochen werden
Programm-Logik	
{FÜR}	Erstellen einer Wiederholung (FOR-Schleife)
{FÜRBREAK}	Beendet eine Wiederholung (Ende der FOR-Schleife)
{WENN}	Festlegen einer Sprungbedingung (IF)
{HOLADRESSE}	Indirekter Sprung. Zelle enthält den Sprungort
{SYSTEM}	Sprung zum Betriebssystem und Rückkehr zu 1-2-3
{SPRUNG}	Unbedingte Sprunganweisung (GOTO)
{BEIFEHLER}	Bei Fehler wird im Makro fortgefahren
{Programm-Name}	Aufruf eines Unterprogramms
{DEFINITION}	Übernahme von Werten in ein Unterprogramm
{RESTART}	Keine Rückkehr ins Hauptprogramm
{ZURÜCK}	Rückkehr ins Hauptprogramm
{STOP}	Beenden des Makros, Rückkehr zu 1-2-3
Verarbeitungs-Befehle	
{SEI}	Eingabe eines Labels oder einer Zahl in eine Zelle
{SETZE}	Eingabe eines Labels oder einer Zahl in einen Bereich
{BERECHNE}	Zeilenweises Neuberechnen von Formeln
{BERECHNESPALTEN}	Spaltenweises Neuberechnen von Formeln
{INHALT}	Kopieren des Zellinhalts als Label in eine neue Zelle
{ANGÄNGRECHTS}	Kopierte Daten werden rechts neben einen bestehenden Bereich kopiert (automatische Bereichserweiterung)
{ANHÄNGUNTEN}	Kopierte Daten werden unter einen bestehenden Bereich kopiert (automatische Bereichserweiterung)

Fortsetzung Tabelle 12-3

Datei-Verarbeitung (Text-Dateien)	
{ERÖFFNE}	Öffnen der Datei (Lesen und/oder Schreiben)
{SCHLIESSE}	Schließen der Datei
{SCHREIBE}	Schreiben einer Zeichenfolge in die Datei
{SCHREIBEZL}	Schreiben mit Endekennung
{LIES}	Kopieren aus Textdatei in Zelle
{LIESZL}	Kopieren einer Zeile aus Textdatei in Zelle
{HOLPOS}	Bestimmt Position des Bytezeigers in der Textdatei
{SETZEPOS}	Setzt den Bytezeiger an eine andere Stelle
{DATEIUMFANG}	Speichert Anzahl Bytes der Textdatei in einer Zelle
Steuern der Bildschirmanzeige	
{ANZEIGE}	Ändern der Modus-Anzeige (obere rechte Ecke)
{BEDIENFELDEIN} {BEDIENFELDAUS}	Anzeige des Bedienfeldes ein- bzw. ausschalten
{FENSTEREIN} {FENSTERAUS}	Anzeige des Arbeitsblattes ein- bzw. ausschalten
{GRAFIKEIN} {GRAFIKAUS}	Grafikanzeige ein- bzw. ausschalten
{KOORDEIN} {KOORDAUS}	Zeilen- und Buchstabenanzeige des Arbeitsblattes ein- bzw. ausschalten
{TON}	Warnton erklingen lassen

Wie Sie aus Tabelle 12-3 erkennen können, können die Makro-Befehle in fünf Kategorien eingeteilt werden:

1. Kommunikations-Befehle

Mit diesen Anweisungen tritt der Anwender mit dem Programm in Kontakt, beispielsweise bei einer Eingabe.

2. Programm-Logik

Hierunter befinden sich Befehle, die den Programmablauf steuern, beispielsweise Wiederholungen, Auswahl und Sprünge zu anderen Makroanweisungen oder zu Unterprogrammen.

3. Verarbeitungs-Befehle

Die eingegebenen Daten müssen verarbeitet werden, beispielsweise Berechnungen durchgeführt oder Kopieroperationen ausgeführt werden.

4. Datei-Verarbeitung

Für die Dateiverarbeitung sind spezielle Befehle entwickelt worden, beispielsweise Öffnen bzw. Schließen von Dateien, Lesen und Schreiben in und aus Dateien sowie die Verwaltung von Textzeigern.

5. Steuern der Bildschirmanzeige

Die Anzeigen am Bildschirm, wie Befehlsmenü, Fenster, Grafik oder Zeilen- und Spaltenanzeige des Arbeitsblattes können wahlweise ein- bzw. ausgeschaltet oder verändert werden.

Hinweis! Wenn Sie mit 1-2-3-Makros programmieren, dann stellen Sie Ihre Programmieraufgabe am besten in einem logischen Ablaufplan dar, beispielsweise in einem Struktogramm. Auf diese Weise ist Ihr Programmierziel klar definiert. Da Sie es mit einem Tabellenkalkulationsprogramm zu tun haben, müssen Sie sehr häufig zwischen den Arbeitsblattzellen hin- und hergehen. Dies betrifft im wesentlichen die Cursortasten. Deshalb sollten Sie sich Ihr zu erstellendes Arbeitsblatt manuell erstellen und Ihre Arbeitsblattbewegungen mit dem SCHRITT-Modus (Taste <ALT> <F2>) mitprotokollieren lassen (s. Abschn. 12.1.7).

12.2.1 Aufbau der Zuschlagskalkulation

Bild 12-17 zeigt eine differenzierte Zuschlagskalkulation für zwei Fertigungsstellen.

Die Zuschlagskalkulation wird in folgenden Schritten aufgebaut:

1. Aufbau des Kalkulationsschemas

2. Eingabe der Daten

3. Durchführung der Berechnung

```
A:A1: [B9]                                                          BEREIT

      A        B        C        D        E        F        G        H

          Produkt: Hobelmaschine RS2000
          Fert.St.:        2

          Vertreterprovison:                  5
          Kundenskonto:                       3
          Kundenrabatt:                       5



        1 Materialeinzelkosten                             15000
        2 Materialgemeinkosten               10             1500
        3 Materialkosten                                   16500
          -----------------
        4 Fertigungslöhne    1                              6000
        5 Fertigungsgemeinkosten             42             2520
        6 Stunden x Stundensatz               0        0       0
        7 Restgemeinkosten                    0                0
        8 Fertigungskosten d. Kst.                          8520
          -----------------
        9 Fertigungslöhne    2                              2741
       10 Fertigungsgemeinkosten             38          1041,58
       11 Stunden x Stundensatz               0        0       0
       12 Restgemeinkosten                    0                0
       13 Fertigungskosten d. Kst.                       3782,58
          -----------------
       14 Fertigungskosten                              12302,58
          ----------------------------------------------------
       15 HERSTELLKOSTEN                                28802,58
                                                       =========
          ----------------------------------------------------
       16 Verwaltungsgemeinkosten            15         4320,387
       17 Vertriebsgemeinkosten              10         2880,258
          ----------------------------------------------------
       18 SELBSTKOSTEN                                  36003,23
       19 kalk. Gewinnaufschlag in %         25         9000,806
          ----------------------------------------------------
       20 Selbstkosten + Gewinn                         45004,03     87,15
                                                       =========
       21 Vertreterprovision                  5         2581,987         5
          (Basis Nettoerlös 1)
          ----------------------------------------------------
       22 BARVERKAUFSPREIS                              47586,02     92,15
                                                       =========
          ----------------------------------------------------
       23 Kundenskonto                        3         1471,733      2,85
          ----------------------------------------------------
       24 ZIELVERKAUFSPREIS                             49057,75        95
                                                       =========
          ----------------------------------------------------
       25 Kundenrabatt                        5         2581,987         5
          ----------------------------------------------------
       26 VERKAUFSPREIS 1  (Nettoerlös 1)               51639,74       100
                                                       =========
          ----------------------------------------------------
       27 Sondereinzelkst. der Fert.                           0
       28 Sondereinzelkst. des Vertr.                        300
          ----------------------------------------------------
       29 VERKAUFSPREIS 2  (Nettoerlös 2)               51939,74
                                                       =========
          ----------------------------------------------------
       30 Mehrwertsteuer                     14         7271,563
          ----------------------------------------------------
       31 BRUTTOPREIS                                    59211,3
                                                       =========
03-Aug-89 05:39 PM
```

Bild 12-17 Differenzierte Zuschlagskalkulation für zwei Fertigungsstellen

12.2.1.1 Aufbau des Kalkulationsschemas

Nach dem Aufrufen des Makros werden folgende Angaben benötigt:

a) Eingabe der Bezeichnung des Produkts

b) Anzahl der Fertigungsstellen

Die Festlegung der Fertigungsstellen ist notwendig, damit das Kalkulationsschema entsprechend aufgebaut werden kann. Werden mehrere Fertigungsstellen eingegeben, wird das Kalkulationsschema entsprechend umfangreicher. Die Anzahl der eingegebenen Fertigungsstellen ist im Makro der Zähler, der angibt, wie oft die Fertigungskosten ermittelt werden müssen. In unserem Beispiel gehen wir von zwei Fertigungsstellen aus.

c) Bezeichnung der Fertigungsstellen

Die beiden Fertigungsstellen werden mit 1 und 2 bezeichnet.

12.2.1.2 Eingabe der Daten

Nachdem das Kalkulationschema automatisch aufgebaut worden ist, verlangt das Programm die Angabe folgender Daten. Die Zahlenwerte in Klammern geben die Eingabewerte des Programmbeispiels an.

- Vertreterprovision in %: (5)

- Kundenskonto in %: (3)

- Kundenrabatt in %: (5)

- Materialeinzelkosten: (15000)

- Materialgemeinkosten in %: (10)

- Fertigungslöhne 1: (6000)

- Fertigungsgemeinkosten in %: (42)

- Stunden: (0)

- Stundensatz: (0)

- Restgemeinkosten in %: (0)

- Fertigungslöhne 2: (2741)

- Fertigungsgemeinkosten in %: (38)

- Stunden: (0)

- Stundensatz: (0)

- Restgemeinkosten in %: (0)

- Verwaltungsgemeinkosten in %: (15)

- Vertriebsgemeinkosten in %: (10)

- Gewinnaufschlag in % auf Basis der Selbstkosten: (25)

- Sondereinzelkosten der Fertigung: (0)

- Sondereinzelkosten des Vertriebs: (300)

- Mehrwertsteuer in %: (14).

12.2.1.3 Durchführung der Berechnung

Das Programm berechnet die entsprechenden Werte:

a) Materialgemeinkosten

Materialgemeinkosten = Materialeinzelkosten * Prozentsatz

(Materialgemeinkosten = 15000 * 0,1 = 1500).

b) Materialkosten

Materialkosten = Materialeinzelkosten + Materialgemeinkosten

(Materialkosten = 15000 + 1500 = 16500).

c) Fertigungsgemeinkosten der Fertigungsstellen

Die Fertigungskosten können entweder auf Basis von Maschinenstundensätzen (Stunden * Stundensatz) ermittelt werden oder als Summe von

Fertigungslöhnen und Fertigungsgemeinkosten berechnet werden. Wir wählen die letztere Berechnungsweise.

Fertigungsgemeinkosten = Fertgungslöhne * Prozentsatz

(Fertigungsgemeinkosten 1 = 6000 * 0,42 = 2520).

(Fertigungsgemeinkosten 2 = 2741 * 0,38 = 1041,58).

d) Fertigungskosten

Fertigungskosten = Fertigungslöhne + Fertigungsgemeinkosten + Restgemeinkosten

(Fertigungskosten 1 = 6000 + 2520 + 0 = 8520).

(Fertigungskosten 2 = 2741 + 1041,58 = 3782,58).

Daraus ergeben sich die gesamten Fertigungskosten.

Fertigungskosten = Fertigungskosten 1 + Fertigungskosten 2

(Fertigungskosten = 8520 + 3782,58 = 12302,58).

e) Herstellkosten

Herstellkosten = Materialkosten + Fertigungskosten

(Herstellkosten = 16500 + 12302,58 = 28802,58).

f) Verwaltungsgemeinkosten

Verwaltungsgemeinkosten = Herstellkosten * Prozentsatz

(Verwaltungsgemeinkosten = 28802,58 * 0,15 = 4320,387).

g) Vertriebsgemeinkosten

Vertriebsgemeinkosten = Herstellkosten * Prozentsatz

(Vertriebsgemeinkosten = 28802,58 * 0,1 = 2880,258).

h) Selbstkosten

Selbstkosten = Herstellkosten + Verwaltungsgemeinkosten + Vertriebsgemeinkosten

(Selbstkosten = 28802,58 + 4320,387 + 2880,258 = 36003,22).

i) kalkulatorischer Gewinnaufschlag

Kalkulatorischer Gewinnaufschlag = Selbstkosten * Prozentsatz

(Kalkulatorischer Gewinnaufschlag = 36003,22 * 0,25 = 9000,806).

j) Selbstkosten + Gewinn

Selbkosten + Gewinn = 36003,22 + 9000,806 = 45004,03

Achtung! Die folgenden Prozentzahlen werden auf der Basis des Verkaufspreises 1 ermittelt. In der rechten Spalte neben den Werten stehen die auf diese Weise errechneten Prozentzahlen.

k) Ermittlung der Prozentsätze

Die einzelnen Prozentsätze werden ermittelt:

Der *Zielverkaufspreis* beträgt nach Abzug von 5 % Kundenrabatt nur noch *95 %* des Verkaufspreises 1.

Von dieser Basis aus werden 3 % Kundenskonto abgezogen. Dies entspricht einem auf den Verkaufspreis 1 bezogenen Prozentsatz von 0,95 * 3 = 2,85 %. Deshalb ist der *Barverkaufspreis* nur noch *92,15 %* von Verkaufspreis 1.

Davon werden 5 % des Verkaufspreises 1 abgezogen, so daß die Summe aus *Selbstkosten und Gewinn 87,15 %* des Verkaufpreises 1 darstellen.

l) Vertreterprovision

Die Vertreterprovision in Höhe von 5 % wird auf der Basis des Verkaufspreises 1 ermittelt. Da Selbstkosten + Gewinn lediglich 87,15 % des Verkaufspreises ausmachen, wird folgendermaßen gerechnet:

Vertreterprovision = (Selbstkosten + Gewinn) / 87,15 * 5

(Vertreterprovision = 45004,03 / 87,15 * 5 = 2581,986).

m) Barverkaufspreis

Barverkaufspreis = Selbstkosten + Gewinn + Vertreterprovision

(Barverkaufspreis = 45004,03 + 2581,986 = 47586,01).

n) Kundenskonto

Der Barverkaufspreis beträgt 92,15 % des Verkaufspreises 1, und der Kundenskonto ist bezogen auf den Verkaufspreis 1 2,85 %. Deshalb errechnet sich der Betrag für den Kundenskonto wie folgt:

Kundenskonto = Barverkaufspreis / 92,15 * 2,85

(Kundenskonto = 47586,01 / 92,15 * 2,85 = 1471,732).

o) Zielverkaufspreis

Zielverkaufspreis = Barverkaufspreis + Kundenskonto

(Zielverkaufspreis = 47586,01 + 1471,732 = 49057,75).

p) Kundenrabatt

Der Zielverkaufspreis beträgt 95 % des Verkaufspreises 1 und der Kundenrabatt beträgt 5 %. Der Kundenrabatt wird wie folgt berechnet:

Kundenrabatt = Zielverkaufspreis / 95 * 5

(Kundenrabatt = 49057,75 / 95 * 5 = 2581,986).

q) Verkaufspreis 1

Verkaufspreis 1 = Zielverkaufspreis + Kundenrabatt

(Verkaufspreis 1 = 49057,75 + 2581,986 = 51639,73).

r) Verkaufspreis 2

Verkaufspreis 2 = Verkaufspreis 1 + Sondereinzelkosten der Fertigung + Sondereinzelkosten des Vertiebs

(Verkaufspreis 2 = 51639,73 + 0 + 300 = 51939,73).

s) Bruttopreis

Bruttopreis = Verkaufspreis 2 + Mehrwertsteuer

(Bruttopreis = 51939,73 + 0,14 * 51939,73 = 59211,30).

12.2.2 Aufbau des Makros

Die Makrobefehle sind in der Spalte P in 134 Zeilen abgelegt (von Zelle P1 bis Zelle P134). Bild 12-18 zeigt das gesamte Makro der Zuschlagskalkulation, wie es im vorigen Abschnitt besprochen wurde.

```
A:W20:                                                        BEREIT

A    P     Q     R     S     T     U     V     W
1  {Bedienfeldaus}~
2  {home}~
3  {Gehezu}B4~Produkt:~{Labeleintrag "Produktname ?: ";C4}~
4  {Gehezu}B5~Fert.St.:~{Zahleneintrag "Anzahl Fertigungsstellen ?: ";C5}~
5  {Gehezu}A13~
6  1~{rechts}Materialeinzelkosten~{links}{unten}
7  2~{rechts}Materialgemeinkosten~{links}{unten}
8  3~{rechts}Materialkosten~{unten}
9  \-~{rechts}\-~{links}
10 {Sei bz1;c5}~{unten}~
11 Fertigungslöhne~
12 {rechts 2}~/bneFTGST~~{Labeleintrag "Name der Ftg - Stelle: ";FTGST}~
13 /bnlFTGST~{links 2}
14 {unten}Fertigungsgemeinkosten~
15 {unten}Stunden x Stundensatz~
16 {unten}Restgemeinkosten~
17 {unten}Fertigungskosten d. Kst.~
18 {unten}\-~{rechts}\-~{links}
19 {Sei bz1;bz1-1}~
20 {Wenn bz1=0}{Sprung p23}~
21 {unten}{Sprung p11}~
22
23 {gehezu}a17~4~{unten}
24 +{oben}+1~
25 /k~{unten}.{unten 2}~{Wenn az1=1}{Sprung p36}~
26 {unten 5}
27 {Sei bz2;c5-1}~
28 +{oben 2}+1~/be~~{unten}
29 +{oben}+1~
30 /k~{unten}.{unten 2}~
31 {Sei bz2;bz2-1}~
32 {Wenn bz2=0}{Sprung p36}~
33 {unten 5}{Sprung p28}~
34
35
36 {unten 5}+{oben 2}+1~{rechts}Fertigungskosten
37 {Format}~
38 {unten}{links}
39 +{oben 2}+1~
40 {rechts}HERSTELLKOSTEN~{unten}
41 {Format}~
42 {unten}{links}
43 +{oben 3}+1~{rechts}
44 Verwaltungsgemeinkosten~{links}{unten}
45 +{oben}+1~{rechts}
46 Vertriebsgemeinkosten~
```

```
{Format}~
{unten}{links}+{oben 2}+1~{rechts}SELBSTKOSTEN~{links}{unten}
+{oben}+1~{rechts}
kalk. Gewinnaufschlag in %~
{Format}~
{unten}{links}+{oben 2}+1~{rechts}
Selbstkosten + Gewinn~
{unten 2}{links}+{oben 2}+1~{rechts}
Vertreterprovision~{unten}'(Basis Nettoerlös 1)~
{Format}~
{unten}{links}+{oben 3}+1~{rechts}
BARVERKAUFSPREIS~{unten}
{Format}~
{unten}{links}+{oben 3}+1~{rechts}Kundenskonto~
{Format}~
{unten}{links}+{oben 2}+1~{rechts}
ZIELVERKAUFSPREIS~{unten}
{Format}~
{unten}{links}+{oben 3}+1~{rechts}Kundenrabatt~
{Format}~
{unten}{links}+{oben 2}+1~{rechts}
VERKAUFSPREIS 1  (Nettoerlös 1)~{unten}~
{Format}~
{unten}{links}+{oben 3}+1~{rechts}
Sondereinzelkst. der Fert.~{unten}{links}+{oben}+1~{rechts}
Sondereinzelkst. des Vertr.~
{Format}~
{unten}{links}+{oben 2}+1~{rechts}
VERKAUFSPREIS 2  (Nettoerlös 2)~{unten}
{Format}~
{unten}{links}+{oben 3}+1~{rechts}Mehrwertsteuer~
{Format}~
{unten}{links}+{oben 2}+1~{rechts}BRUTTOPREIS~
{home}
{Gehezu}B7~Vertreterprovison:~{Zahleneintrag "Provision in % ?: ";E7}~
{Gehezu}B8~Kundenskonto:~{Zahleneintrag "Kundenskonto in % ?: ";E8}~
{Gehezu}B9~Kundenrabatt:~{Zahleneintrag "Kundenrabatt in % ?: ";E9}~
{gehezu}g13~/bneMEK~~
{Zahleneintrag "EINGABE: ";MEK}~
{unten}{links 2}~/bneMGK~~
{Zahleneintrag "GK in %: ";MGK}~{rechts 2}(MGK/100)*MEK~
{unten}+MEK+{oben}~
{Sei bz3;c5}~
{unten 2}~/bneFK~~
{Zahleneintrag "EINGABE: ";FK}~
{unten}{links 2}~/bneFGK~~
{Zahleneintrag "GK in %: ";FGK}~{rechts 2}(FGK/100)*FK~
{unten}{links 2}~/bneSTD~~
{Zahleneintrag "Stunden: ";STD}~{rechts}~
/bneSTDS~~{Zahleneintrag "Stundensatz: ";STDS}~{rechts}~+STD*STDS~
{unten}{links 2}~/bneRGK~~{Zahleneintrag "Rest-GK in %: ";RGK}~
{rechts 2}(RGK/100*FK)~{unten}~@summe({oben}..{oben 4})~/bneXY~~
{Sei ba1;ba1+xy}~/bnlXY~/bnlFK~/bnlFGK~/bnlSTD~/bnlSTDS~/bnlRGK~
{Sei bz3;bz3-1}
{Wenn bz3=0}{sprung p104}~
{sprung p90}~

{unten 2}/kba1~~
{unten 2}+{oben 2}+g15~
{unten}\=~{unten 2}{links 2}~/bneVWGK~~
{Zahleneintrag "GK in %: ";VWGK}~{rechts 2}(VWGK/100)*{oben 3}~
{unten}{links 2}~/bneVTRGK~~
{Zahleneintrag "GK in %: ";VTRGK}~{rechts 2}(VTRGK/100)*{oben 4}~
{unten 2}+{oben 2}+{oben 3}+{oben 6}~
{unten}{links 2}/bneGEWINN~~{Zahleneintrag "Gewinn in %: ";GEWINN}~
{rechts 2}(Gewinn/100)*{oben}~{unten 2}+{oben 2}+{oben 3}~{unten}\=~
{oben}{rechts}((100-E9)*(1-E8/100))-E7~
{unten 2}/kE7~~{links 3}~/kE7~~
{rechts 2}({oben 2}/{oben 2}{rechts})*{rechts}~
{rechts}{unten 3}(100-E9)*(1-E8/100)~
{links}({oben 3}/{oben 3}{rechts})*{rechts}~{unten}\=~{rechts}
{unten 2}/kE8~{links 3}~(100-E9)*(E8/100)~
{links}({oben 3}/{oben 3}{rechts})*{rechts}~{rechts}
{unten 2}+{oben 2}+{oben 5}~
```

```
121 {links}({oben 2}/{oben 2}{rechts})*{rechts}~{unten}\=~{rechts}
122 {unten 2}/kE9~{links 3}~/kE9~~
123 {links}({oben 3}/{oben 3}{rechts})*{rechts}~{rechts}
124 {unten 2}100~
125 {links}({oben 2}/{oben 2}{rechts})*{rechts}~{unten}\=~
126 {unten 2}/bneSEKF~~{Zahleneintrag "Eingabe: ";SEKF}~
127 {unten}/bneSEKVtr~~{Zahleneintrag "Eingabe: ";SEKVtr}~
128 {unten 2}@Summe({oben 2}..{oben 4})~{unten}\=~
129 {links 2}{unten 2}/bneSTEUER~~{Zahleneintrag "Steuer in %: ";STEUER}~
130 {rechts 2}(STEUER/100)*{oben 3}~
131 {unten 2}+{oben 2}+{oben 5}~
132 {unten}\=~{stop}
133
134 Unterprogramm:    {unten}\-~/k~{rechts}.{rechts 4}~
135
05-Aug-89 03:29 PM
```

Bild 12-18 Makro der Zuschlagskalkulation

Das Makro besteht aus zwei Teilen. Im ersten Teil wird das Kalkulationsschema aufgebaut, und im zweiten Teil erfolgt die Kalkulation. Im folgenden werden nur die Zeilen des Makros erklärt, in denen wichtige Befehle vorkommen.

12.2.2.1 Makro des Kalkulationsschemas

Das Makro des Kalkulationsschemas besteht aus folgenden Teilen (siehe Bild 12-19):

```
A:W20:                                                            BEREIT

A    P      Q      R      S      T      U      V       W
1  {Bedienfeldaus}~
2  {home}~
3  {Gehezu}B4~Produkt:~{Labeleintrag "Produktname ?: ";C4}~
4  {Gehezu}B5~Fert.St.:~{Zahleneintrag "Anzahl Fertigungsstellen ?: ";C5}~
5  {Gehezu}A13~
6  1~{rechts}Materialeinzelkosten~{links}{unten}
7  2~{rechts}Materialgemeinkosten~{links}{unten}
8  3~{rechts}Materialkosten~{unten}
9  \-~{rechts}\-~{links}
10 {Sei bz1;c5}~{unten}~
11 Fertigungslöhne~
12 {rechts 2}~/bneFTGST~~{Labeleintrag "Name der Ftg - Stelle: ";FTGST}~
13 /bnlFTGST~{links 2}
14 {unten}Fertigungsgemeinkosten~
15 {unten}Stunden x Stundensatz~
16 {unten}Restgemeinkosten~
17 {unten}Fertigungskosten d. Kst.~
18 {unten}\-~{rechts}\-~{links}
19 {Sei bz1;bz1-1}~
20 {Wenn bz1=0}{Sprung p23}~
21 {unten}{Sprung p11}~
22
23 {gehezu}a17~4~{unten}
24 +{oben}+1~
25 /k~{unten}.{unten 2}~{Wenn az1=1}{Sprung p36}~
26 {unten 5}
```

```
27 {Sei bz2;c5-1}~
28 +{oben 2}+1~/be~~{unten}
29 +{oben}+1~
30 /k~{unten}.{unten 2}~
31 {Sei bz2;bz2-1}~
32 {Wenn bz2=0}{Sprung p36}~
33 {unten 5}{Sprung p28}~
34
35
36 {unten 5}+{oben 2}+1~{rechts}Fertigungskosten
37 {Format}~
38 {unten}{links}
39 +{oben 2}+1~
40 {rechts}HERSTELLKOSTEN~{unten}
41 {Format}~
42 {unten}{links}
43 +{oben 3}+1~{rechts}
44 Verwaltungsgemeinkosten~{links}{unten}
45 +{oben}+1~{rechts}
46 Vertriebsgemeinkosten~
47 {Format}~
48 {unten}{links}+{oben 2}+1~{rechts}SELBSTKOSTEN~{links}{unten}
49 +{oben}+1~{rechts}
50 kalk. Gewinnaufschlag in %~
51 {Format}~
52 {unten}{links}+{oben 2}+1~{rechts}
53 Selbstkosten + Gewinn~
54 {unten 2}{links}+{oben 2}+1~{rechts}
55 Vertreterprovision~{unten}'(Basis Nettoerlös 1)~
56 {Format}~
57 {unten}{links}+{oben 3}+1~{rechts}
58 BARVERKAUFSPREIS~{unten}
59 {Format}~
60 {unten}{links}+{oben 3}+1~{rechts}Kundenskonto~
61 {Format}~
62 {unten}{links}+{oben 2}+1~{rechts}
63 ZIELVERKAUFSPREIS~{unten}
64 {Format}~
65 {unten}{links}+{oben 3}+1~{rechts}Kundenrabatt~
66 {Format}~
67 {unten}{links}+{oben 2}+1~{rechts}
68 VERKAUFSPREIS 1  (Nettoerlös 1)~{unten}~
69 {Format}~
70 {unten}{links}+{oben 3}+1~{rechts}
71 Sondereinzelkst. der Fert.~{unten}{links}+{oben}+1~{rechts}
72 Sondereinzelkst. des Vertr.~
73 {Format}~
74 {unten}{links}+{oben 2}+1~{rechts}
75 VERKAUFSPREIS 2  (Nettoerlös 2)~{unten}
76 {Format}~
77 {unten}{links}+{oben 3}+1~{rechts}Mehrwertsteuer~
78 {Format}~
79 {unten}{links}+{oben 2}+1~{rechts}BRUTTOPREIS~
80 {home}
05-Aug-89 03:31 PM
```

Bild 12-19 Makro des Kalkulationsschemas

- Eingabeteil (Zelle P1 bis P4)

- Eingabe der Nummern und der Materialkosten (Zelle P6 bis P8)

- Aufbau der Fertigungskostenstellen (P10 bis P21)

- Numerierung der Fertigungskostenstellen (P23 bis P33)

- Aufbau des restlichen Schemas (P36 bis P80).

a) Eingabeteil

{Bedienfeldaus} (Zelle P1)

Mit diesem Kommando erscheint der Kontrollbereich nicht auf dem Bildschirm. Es werden keine Kommandos gezeigt, die vom Makro ausgeführt werden.

{LABELEINTRAG Text; Adresse} (Zelle P3)

Der Ablauf des Makros wird unterbrochen, und der Benutzer kann eine Labeleingabe vornehmen. Nach dem Betätigen der <RETURN>-Taste wird die Eingabe in der angegebenen Adresse gespeichert. Der Text erscheint als Eingabeaufforderung.

Als Adresse kann auch ein Bereichsname angegeben werden. Der Bereichsname wird mit dem Befehl **B**ereich **N**ame **E**rstellen (/**BNE**) angelegt. Zuvor muß der Zellzeiger allerdings in die entsprechende Zelle bewegt werden. Dann erst kann der Makrobefehl {Labeleintrag} benutzt werden. In Zelle P12 wird beispielsweise so vorgegangen:

{ZAHLENEINTRAG Text; Adresse} (Zelle P4)

Der Ablauf des Makros wird unterbrochen, und der Benutzer kann eine Zahl eingeben. Die Eingabe wird in der angegebenen Adresse gespeichert. Der Text erscheint als Eingabeaufforderung. Wie bereits oben beschrieben, kann auch bei diesem Befehl mit Bereichsnamen gearbeitet werden.

b) Eingabe der Nummern und die Bezeichnungen der Materialkosten

In diesem Teil erfolgt die bereits bekannte Eingabe der Zahlen bzw. Texte.

c) Aufbau der Fertigungskostenstellen

{Sei} (Zelle P10)

Mit diesem Kommando können Sie einer Zelle einen Wert zuweisen, ohne den Zellzeiger auf diese Zelle zu bringen oder das Kopie-Kommando verwenden zu müssen.

{Wenn} (Zelle P20)

Die weitere Ausführung des Makros wird nach der Auswertung des logischen Ausdrucks fortgesetzt. Ist die Bedingung falsch (Wert 0), springt das Makro in die nächste Zeile. Ist die Bedingung wahr (Wert 1), dann wird das Kommando ausgeführt, das direkt hinter dem {Wenn}-Kommando steht.

{Sprung}

Mit diesem Kommando kann innerhalb des Makros zu einer angegebenen Adresse gesprungen werden. Dort wird mit der weiteren Makroausführung fortgefahren. Die {Sprung}-Anweisung wird hauptsächlich in Verbindung mit dem {Wenn}-Befehl verwendet.

d) Numerierung der Fertigungskostenstellen

Die Numerierung der Fertigungskostenstellen erfolgt über eine Schleife (Zelle P27 bis P33). Diese Schleife wird entsprechend der Anzahl der Fertigungsstellen durchlaufen.

e) Aufbau des restlichen Schemas

{Format} (Zelle P37)

Auch mit 1-2-3 ist es möglich, Unterprogramme zu schreiben. Das Unterprogramm wird aus dem Makro heraus von verschiedenen Stellen aufgerufen und ausgeführt. Dazu ist erforderlich, daß der Bereich, in dem das Unterprogramm steht, einen Namen hat. Der Name des Unterprogramms steht in geschweiften Klammern und kann beliebig oft vom Hauptprogramm aus aufgerufen werden. Wird nun das Hauptprogramm abgearbeitet, wird jedesmal bei Erreichen der Zeile mit dem Namen des Unterprogramms in dieses verzweigt. 1-2-3 arbeitet nun dieses Unterprogramm ab, springt zurück an die Stelle, an der die Verzweigung erfolgte und arbeitet im Hauptprogramm weiter.

In unserem Beispiel steht die erste Verzweigung vom Hauptprogramm in das Unterprogramm in Zelle P37 (**{Format}**). Das Unterprogramm selbst steht in der Zelle R134. Zelle R134 hat den Namen **Format**. Dieses einfache Unterprogramm sorgt dafür, daß vier Zellen mit dem Unterstreichungszeichen ausgefüllt werden.

12.2.2.2 Makro der Kalkulation

Dieses Makro besteht aus folgenden Teilen (Bild 12-20):

```
A:W100:                                                            BEREIT

A    P          Q          R          S          T          U          V          W
81  {Gehezu}B7~Vertreterprovison:~{Zahleneintrag "Provision in % ?: ";E7}~
82  {Gehezu}B8~Kundenskonto:~{Zahleneintrag "Kundenskonto in % ?: ";E8}~
83  {Gehezu}B9~Kundenrabatt:~{Zahleneintrag "Kundenrabatt in % ?: ";E9}~
84  {gehezu}g13~/bneMEK~~
85  {Zahleneintrag "EINGABE: ";MEK}~
86  {unten}{links 2}~/bneMGK~~
87  {Zahleneintrag "GK in %: ";MGK}~{rechts 2}(MGK/100)*MEK~
88  {unten}+MEK+{oben}~
89  {Sei bz3;c5}~
90  {unten 2}~/bneFK~~
91  {Zahleneintrag "EINGABE: ";FK}~
92  {unten}{links 2}~/bneFGK~~
93  {Zahleneintrag "GK in %: ";FGK}~{rechts 2}(FGK/100)*FK~
94  {unten}{links 2}~/bneSTD~~
95  {Zahleneintrag "Stunden: ";STD}~{rechts}~
96  /bneSTDS~~{Zahleneintrag "Stundensatz: ";STDS}~{rechts}~+STD*STDS~
97  {unten}{links 2}~/bneRGK~~{Zahleneintrag "Rest-GK in %: ";RGK}~
98  {rechts 2}(RGK/100*FK)~{unten}~@summe({oben}..{oben 4})~/bneXY~~
99  {Sei ba1;ba1+xy}~/bnlXY~/bnlFK~/bnlFGK~/bnlSTD~/bnlSTDS~/bnlRGK~
100 {Sei bz3;bz3-1}
101 {Wenn bz3=0}{sprung p104}~
102 {sprung p90}~
103
104 {unten 2}/kba1~~
105 {unten 2}+{oben 2}+g15~
106 {unten}\=~{unten 2}{links 2}~/bneVWGK~~
107 {Zahleneintrag "GK in %: ";VWGK}~{rechts 2}(VWGK/100)*{oben 3}~
108 {unten}{links 2}~/bneVTRGK~~
109 {Zahleneintrag "GK in %: ";VTRGK}~{rechts 2}(VTRGK/100)*{oben 4}~
110 {unten 2}+{oben 2}+{oben 3}+{oben 6}~
111 {unten}{links 2}/bneGEWINN~~{Zahleneintrag "Gewinn in %: ";GEWINN}~
112 {rechts 2}(Gewinn/100)*{oben}~{unten 2}+{oben 2}+{oben 3}~{unten}\=~
113 {oben}{rechts}((100-E9)*(1-E8/100))-E7~
114 {unten 2}/kE7~~{links 3}~/kE7~~
115 {rechts 2}({oben 2}/{oben 2}{rechts})*{rechts}~
116 {rechts}{unten 3}(100-E9)*(1-E8/100)~
117 {links}({oben 3}/{oben 3}{rechts})*{rechts}~{unten}\=~{rechts}
118 {unten 2}/kE8~{links 3}~(100-E9)*(E8/100)~
119 {links}({oben 3}/{oben 3}{rechts})*{rechts}~{rechts}
120 {unten 2}+{oben 2}+{oben 5}~
121 {links}({oben 2}/{oben 2}{rechts})*{rechts}~{unten}\=~{rechts}
122 {unten 2}/kE9~{links 3}~/kE9~~
123 {links}({oben 3}/{oben 3}{rechts})*{rechts}~{rechts}
124 {unten 2}100~
125 {links}({oben 2}/{oben 2}{rechts})*{rechts}~{unten}\=~
126 {unten 2}/bneSEKF~~{Zahleneintrag "Eingabe: ";SEKF}~
127 {unten}/bneSEKVtr~~{Zahleneintrag "Eingabe: ";SEKVtr}~
128 {unten 2}@Summe({oben 2}..{oben 4})~{unten}\=~
129 {links 2}{unten 2}/bneSTEUER~~{Zahleneintrag "Steuer in %: ";STEUER}~
130 {rechts 2}(STEUER/100)*{oben 3}~
131 {unten 2}+{oben 2}+{oben 5}~
132 {unten}\=~{stop}
133
05-Aug-89 03:53 PM
```

Bild 12-20 Makro der Kalkulation

- Eingabeteil von Provision, Skonto und Rabatt (P81 bis P83)

- Berechnung der Selbstkosten mit den Eingaben (P84 bis P110)

- Berechnung von Verkaufspreis 1 mit den Eingaben (P111 bis P124)

- Berechnung des Bruttopreises mit den Eingaben (P125 bis P132).

12.2.2.3 Testen des Makros mit dem SCHRITT-Modus

Die umfangreichen Makro-Anweisungen in einem 1-2-3-Programm können Fehler aufweisen, die oft nicht einfach zu finden sind. 1-2-3 zeigt zwar die Fehlermeldungen in der untersten Bildschirmzeile an und bleibt beim Fehler stehen, aber die Fehlerursachen sind oft an anderer Stelle zu finden. Deshalb empfiehlt es sich, das Makro Schritt für Schritt durchführen zu lassen, bis der Fehler gefunden wird. Anschließend beheben Sie den Fehler und testen das Makro weiter, bis es fehlerfrei läuft. Im einzelnen gehen Sie in folgenden Schritten vor:

a) Einschalten des Schritt-Modus

Wenn Sie das Makro geladen haben (mit dem Befehl Transfer Laden und Auswahl des Namens), schalten Sie den SCHRITT-Modus ein, indem Sie die Tastenfolge <ALT> <F2> drücken. Wählen Sie den Befehl Schritt aus.

<ALT> <F2> Wahl des SCHRITT-Modus.

s Einschalten des SCHRITT-Modus.

```
A:A1: [B9]                                          MENU
Wiedergabe  Kopieren  Löschen  Schritt
Schaltet SCHRITT-Modus ein oder aus
```

Bild 12-21 Menü zum Einschalten des SCHRITT-Modus

<RETURN> Der SCHRITT-Modus ist eingeschaltet.

Sie sehen die Anzeige SCHRITT in der Mitte der unteren Bildschirmzeile.

b) Aufrufen des Makros

Durch Drücken der AUSF-Taste (<ALT> <F3>) schalten Sie das Makro ein. Sie sehen alle *benannten Makroelemente* in der Liste (s. Bild 12-22).

```
A:A1: [B9]                                                        NAMEN
Gewünschten Makro ausführen:
FORMAT               GEWINN          MEK           MGK
```

Bild 12-22 Liste der erstellten Makros

Wählen Sie einen Namen aus, z. B. FORMAT.

c) Schrittweises Ausführen

Wenn Sie jetzt eine Taste drücken (sinnvollerweise die Leertaste), dann sehen Sie, welche Schritte nacheinander abgearbeitet werden. Während dieses Vorgangs blinkt die untere Anzeige PAUSE.

Hinweis! Es empfiehlt sich, komplexe Makros aus einzelnen Makro-Teilen aufzubauen. Diese können für sich getestet werden, so daß Sie die Fehlerquelle in einem umfangreichen Programm sofort feststellen können.

d) Fehler korrigieren

Falls Sie einen Fehler gefunden haben, beenden Sie das Makro mit der Break-Taste (<CTRL> <BREAK>) und <ESC>. Die PAUSE-Anzeige verschwindet, und Sie sehen die Meldung SCHRITT, die Sie daran erinnert, daß Sie den Schritt-Modus eingeschaltet haben.

e) Weitertesten

Sie rufen das Makro durch Drücken der Taste <ALT> <F3> wieder auf und testen es erneut. Die Schritte d und e führen Sie so lange durch, bis Ihr Makro fehlerfrei ist.

Hinweis! Den SCHRITT-Modus können Sie auch während eines Makro-Laufs ein- bzw. ausschalten. Bevor Sie die SCHRITT-Taste <ALT> <F2> drücken, warten Sie eine Eingabeaufforderung ab (z. B. {?}). In diesem Fall wird der SCHRITT-Modus nicht angezeigt.

f) Makro normal ausführen

Wenn das Makro getestet ist, schalten Sie den SCHRITT-Modus aus.

12.2.2.4 Programmieren mit den /X-Befehlen

Die /X-Makro-Befehle wurden noch aus der Version 1 übernommen. Sie können mit diesen auch programmieren, obwohl sie durch eigene Makro-Befehle ersetzt worden sind. Für kleinere Programme sind diese Befehle jedoch sehr nützlich und effizient. Tabelle 12-4 zeigt eine Zusammenstellung der /X-Makros, die Zuordnung zu den Makro-Befehlen und ihre Wirkung.

Tabelle 12-4 X-Makros

X-Makrobefehl	Höherer Makrobefehl	Funktion
/XCOrt~	{Programmname}	Aufruf eines Unterprogramms
/XGOrt~	{Sprung}	Gehe zu
/XIBedingung~	{Wenn}	Bedingter Sprung
/XLMeldung~ Ort~	{Labeleintrag}	Meldung im Bedienfeld und Aufforderung zur Labeleingabe
/XMOrt~	{Menüspring}	Benutzererstelltes Menü
/XNMeldung~ Ort~	{Zahleneintrag}	Meldung im Bedienfeld und Aufforderung zur Zahleneingabe
/XQ	{Stop}	Ende der Makroausführung
/XR	{Zurück}	Rücksprung aus dem Unterprogramm

Anhang

(* bedeutet: neu in Version 3)

Datums- und Zeitfunktionen

Umwandlung von Datumsfunktionen in Seriennummern und umgekehrt

@ DATUM (*Jahr;Monat;Tag*)

@ DATUMWERT (*Datum-Folge*)

@ D360 (*Anfangsdatum; Enddatum*) *

@ HEUTE *

@ JAHR (*Datumseriennummer*)

@ JETZT

@ MINUTE (*Zeitseriennummer*)

@ SEKUNDE (*Zeitseriennummer*)

@ STUNDE (*Zeitseriennummer*)

@ TAG (*Datumseriennummer*)

@ ZEIT (*Stunde;Minute;Sekunde*)

@ ZEITWERT (*Zeit-Folge*)

Finanzfunktionen

@ AFADEG (*Kosten;Restwert;Lebensdauer;Zeitraum*)
Degressive Abschreibung

@ AFADEGV
(*Kosten;Restwert;Lebensdauer;Beginn;Ende;[Abschreibung];[Wechsel]*) *
Degressive Abschreibung mit Restwert 0, Angabe des Abschreibungsprozentsatzes und Wahl des Wechsels in eine lineare Abschreibung

@ AFADIG (*Kosten;Restwert;Lebensdauer;Zeitraum*)
Digitale Abschreibung

@ AFALIN (*Kosten;Restwert;Lebensdauer*)
Lineare Abschreibung für eine Periode

@ AKTWERT (*Investition;Zinssatz;Perioden*)
Gegenwartswert von Kapitaleinsätzen

@ ANN (*Kapital;Zinssatz;Zukwert*)
Annuität einer nachschüssigen Rente

@ INTZINS (*Schätzwert;Bereich*)
Interner Zinsfuß

@ LAUF (*Zinssatz;Zukwert;Aktwert*)
Laufzeit eines Darlehens

@ NETAKTWERT (*Zinssatz;Cashflow-Bereich*)
Barwert von Rückflüssen

@ RATE (*Kapital;Zinssatz;Perioden*)
Periodische Rückzahlung eines Darlehens

@ ZINS (*Zukwert;Aktwert;Perioden*)
Periodischer Zinssatz

@ ZUKWERT (*Investition;Zinssatz;Perioden*)
Zukünftiger Wert einer Kapitalanlage

Logische Funktionen

@ FALSCH
Logischer Wert 0 (FALSCH)

@ ISTBEREICH (*Zeichenfolge*) *
Wenn Zeichenfolge = Bereichsname, dann 1 (WAHR);
sonst 0 (FALSCH)

@ ISTFEHLER (*x*)
Wenn *x* den Wert Fehler enthält, dann 1 (WAHR);
sonst 0 (FALSCH)

@ ISTFOLGE (*x*)
Wenn *x* einen Zeichenfolgenwert enthält, dann 1 (WAHR); sonst 0 (FALSCH)

@ ISTNV (*x*)
Wenn *x* den Wert NV enthält, dann 1 (WAHR);
sonst 0 (FALSCH)

@ISTZAHL (*x*)
Wenn *x* einen numerischenm Wert enthält, dann 1 (WAHR); sonst 0 (FALSCH)

@ WAHR
Logischer Wert 1 (WAHR)

@ WENN (*Bed.;x;y*)
Wenn Bedingung WAHR, dann *x*; sonst *y*

Mathematische Funktionen

@ ABS (*x*)
Absolutwert von *x*

@ ACOS (*x*)
Arcuscosinus von *x*

@ ASIN (*x*)
Arcussinus von *x*

@ ATAN (*x*)
Arcustangens von *x* (zwei Quadranten)

@ ATAN2 (*x;y*)
Arcustangens von *x* (vier Quadranten)

@ COS (*x*)

@ EXP (*x*)

@ GANZZAHL (*x*)
Ganzzahliger Teil von *x*

@ LN (*x*)
Natürlicher Logarithmus von *x*

@ LOG (*x*)
Zehnerlogarithmus von *x*

@ MOD (*x;y*)
Rest von *x* geteilt durch *y*

@ PI

@ RUNDEN (*x;n*)
Wert von *x* wird auf *n* Stellen gerundet

@ SIN (*x*)

@ TAN (*x*)

@ WURZEL (*x*)

@ ZUFALLSZAHL
Zufallszahl zwischen 0 und 1

Sonderfunktionen

@ @ (*Zelle*)
Inhalt der Zelle, auf die mit der Zelladresse in *Zelle* Bezug genommen wird

@ BLÄTTER (*Bereich*) *
Anzahl der Arbeitsblätter in Bereich

@ FEHLER
Der Wert Fehler

@ HVERWEIS (*Argument;Bereich;Versatz*)
Das *Argument* in einem *Bereich* ist wieder nach *Versatz* Zeilen zu finden

@ INDEX (*Bereich;Spaltennr.;Zeilennr.*)
Inhalt der Zelle am Schnittpunkt zwischen Spalte und Zeile

@ INFO (*Attribut*) *
Ausgabe von Systeminformationen

@ KOORD (*Arbeitsblatt;Spalte;Zeile;Absolut*) *
Gibt die Zahlen für die Werte der Zelladressen für Arbeitsblatt, Spalte und Zeile aus

@ NV
Wert nicht verfügbar

@ SPALTEN (*Bereich*)
Anzahl von Spalten in *Bereich*

@ VVERWEIS (*Argument;Spaltenbereich;Versatz*)
Das *Argument* in einem Bereich ist wieder nach *Versatz* Spalten zu finden

@ WAHL (*Selektor-Zahl; Argument0;..Argumentn*)
Die *Selektorzahl* wählt unter verschiedenen Möglichkeiten (*Argumenten*) aus

@ ZEILEN (*Bereich*)
Anzahl von Zeilen in einem *Bereich*

@ ZELLE (*Folge;Bereich*)
Informationen über die *Folge* in der oberen Ecke des *Bereichs*

@ ZELLZEIGER (*Folge*)
Informationen über die hervorgehobenen Zellen in Form einer Folge

Statistische Funktionen

@ ANZAHL (*Argument-Liste*)
Anzahl der Einträge in der *Argument-Liste*

@ MAX (*Argument-Liste*)
Höchstwert in der *Argument-Liste*

@ MIN (*Argument-Liste*)
Kleinster Wert in der *Argument-Liste*

@ MITTELWERT (*Argument-Liste*)
Mittelwert der Werte in der *Argument-Liste*

@ STDABW (*Argument-Liste*)
Standardabweichung der Werte in der *Argument-Liste* (Methode n, Grundgesamtheit)

@ STDABWP (*Argument-Liste*) *
Standardabweichung der Werte in der *Argument-Liste* (Methode n-1, Stichprobe)

@ SUMME (*Argument-Liste*)
Summe der Werte in der *Argument-Liste*

@ SUMPROD (*Argument-Liste*) *
Summe von Produkten der *Argument-Liste*

@ VAR (*Argument-Liste*)
Varianz der Werte in der *Argument-Liste*
(Methode n, Grundgesamtheit)

@ VARP (*Argument-Liste*) *
Varianz der Werte in der *Argument-Liste*
(Methode n-1, Stichprobe)

Statistische Datenbankfunktionen

@ DABFRAGE (*Funktion;Ext.-Argumente*) *
Kriterienabfrage in einer externen Datenbank

@ DANZAHL
(*Datenbank-Bereich;Spaltennummer;Kriterienbereich*)
Anzahl der Zellen in der *Spaltennummer* des *Datenbank-Bereiches*, die den Kriterien im *Kriterien-Bereich* entsprechen

@ DHOLEN
(*Datenbank-Bereich;Spaltennummer;Kriterien-Bereich*) *
Suche nach Kriterienbereich im angegebenen Datenbank-Bereich

@ DMAX
(*Datenbank-Bereich;Spaltennummer;Kriterien-Bereich*)
Höchstwert in der *Spaltennummer* des *Datenbank-Bereiches*, der den Kriterien des *Kriterien-Bereiches* entspricht

@ DMIN
(*Datenbank-Bereich;Spaltennummer;Kriterien-Bereich*)
Geringster Wert in der *Spaltennummer* des *Datenbank-Bereiches*, der den Kriterien des *Kriterien-Bereiches* entspricht

@ DMITTELWERT
(*Datenbank-Bereich;Spaltennummer;Kriterien-Bereich*)
Mittelwert der Werte in der *Spaltennummer* des *Datenbank-Bereiches*, der den Kriterien des *Kriterien-Bereiches* entspricht

@ DSTABW
(*Datenbank-Bereich;Spaltennummer;Kriterien-Bereich*)
Standardabweichung der Werte in der *Spaltennummer* des *Datenbank-Bereiches*, der den Kriterien des *Kriterien-Bereiches* entspricht (Methode n, Grundgesamtheit)

@ DSTABWP *
(*Datenbank-Bereich;Spaltennummer;Kriterien-Bereich*)
Standardabweichung der Werte in der *Spaltennummer* des *Datenbank-Bereiches*, der den Kriterien des *Kriterien-Bereiches* entspricht (Methode n-1, Stichprobe)

@ DSUMME
(*Datenbank-Bereich;Spaltennummer;Kriterien-Bereich*)
Summe der Werte in der *Spaltennummer* des *Datenbank-Bereiches*, der den Kriterien des *Kriterien-Bereiches* entspricht

@ DVAR
(*Datenbank-Bereich;Spaltennummer;Kriterien-Bereich*)
Varianz der Werte in der *Spaltennummer* des *Datenbank-Bereiches*, der den Kriterien des *Kriterien-Bereiches* entspricht (Methode n, Grundgesamtheit)

@ DVARP *
(*Datenbank-Bereich;Spaltennummer;Kriterien-Bereich*)
Varianz der Werte in der *Spaltennummer* des *Datenbank-Bereiches*, der den Kriterien des *Kriterien-Bereiches* entspricht (Methode n-1, Stichprobe)

Zeichenfolgenfunktionen

@ CODE (*Zeichenfolge*)
ASCII/LICS-Codenummer des ersten Zeichens in der *Zeichenfolge*

@ EIGENNAME (*Zeichenfolge*)
Die Wörter in der *Zeichenfolge* beginnen mit einem großen Buchstaben

@ **ERSETZEN** (*Original-Zeichenfolge;Startnummer; Anzahln;Ersatz-Zeichenfolge*)
Ab der *Startnummer* werden *n* Zeichen aus der *Original-Zeichenfolge* gelöscht und die *Ersatz-Zeichenfolge* an dieser Stelle eingefügt

@ **F** *(Bereich)*
Wert der Zeichenfolge der linken oberen Eckzelle des *Bereichs*

@ **FINDEN** (*Suchfolge;Zeichenfolge;Startnummer*)
Position, bei der die *Suchfolge* das erste Mal in der *Zeichenfolge* auftritt, wobei mit dem *Startwert* begonnen wird

@ **FOLGE** (*x;n*)
Setzt den Wert *x* in eine Zeichenfolge mit *n* Dezimalstellen um.

@ **GLEICH** (*Zeichenfolge1;Zeichenfolge2*)
Wenn *Zeichenfolge1* gleich *Zeichenfolge2*, dann 1 (WAHR), sonst 0 (FALSCH)

@ **GROSS** (*Zeichenfolge*)
Sämtliche Buchstaben in der *Zeichenfolge* werden Großbuchstaben

@ **KLEIN** (*Zeichenfolge*)
Sämtliche Buchstaben in der *Zeichenfolge* werden Kleinbuchstaben

@ **KOMPR** (*Zeichenfolge*)
Zeichenfolge ohne führende, abschließende oder aufeinanderfolgende Leerzeichen

@ **LÄNGE** (*Zeichenfolge*)
Anzahl von Zeichen in der *Zeichenfolge*

@ **LINKS** (*Zeichenfolge;n*)
Die ersten *n* Zeichen der *Zeichenfolge*

@ **MITTE** (*Zeichenfolge;Startnummer;Längennummer*)
Gibt die *Zeichenfolge* an, die bei der *Startnummer* beginnt und die Länge *Längennummer* hat

@ **RECHTS** (*Zeichenfolge;n*)
Die letzten *n* Zeichen einer *Zeichenfolge*

@ **W** (*Bereich*)
Numerischer Wert der linken, oberen Eckzelle im *Bereich*

@ WERT (*Zeichenfolge*)
Wandelt eine *Zeichenfolge* in einen numerischen Wert um

@ WIEDERHOLEN (*Zeichenfolge;n*)
Eine *Zeichenfolge* wird *n* mal wiederholt

@ ZEICHEN (*x*)
ASCII/LICS-Zeichen, das durch die Codenummer *x* dargestellt wird

Makrofunktionen und Makrobefehle

Makrofunktionen

{?}
Hält die Ausführung eines Makros zur Eingabe von der Tastatur an

{**Unterprogramm-Name** *<Wahlweises Argument>*}
Ruft ein Unterprogramm auf

{**ANHÄNGRECHTS** *Zielort;Quellort*} *
Kopiert den Inhalt von Quellort rechts neben den Zielort

{**ANHÄNGUNTEN** *Zielort;Quellort*} *
Kopiert den Inhalt von Quellort unter den Zielort

{**ANZEIGE** *Zeichenfolge*}
Ändert die Anzeige in der rechten oberen Ecke des Bildschirms

{**BEDIENFELDAUS**}
Unterdrückt während der Makroausführung die erneute Anzeige des Bedienfeldes

{**BEDIENFELDEIN**}
Zeigt das Bedienfeld während der Makroausführung wieder an und macht den Befehl {BEDIENFELDEIN} wieder rückgängig

{**BEIFEHLER** *Sprungort;<Fehlermeldungsart>*}
Bei einem Fehler wird die Ausführung ab dem *Sprungort* weitergeführt und eventuell die *Fehlerart* ausgegeben

{**BERECHNE** *Ort;<Bedingung>;<Iteration>*}
Berechnet die Formeln in einem angegebenen Bereich Zeile für Zeile neu

{BERECHNESPALTEN *Ort;<Bedingung>;<Iteration>*}
Berechnet die Formeln in einem angegebenen Bereich Spalte für Spalte neu

{BREAKAUS}
Schaltet die *Breaktaste* während der Makroausführung aus

{BREAKEIN}
Schaltet die *Breaktaste* während der Makroausführung ein und macht den Befehl {BREAKAUS} rückgängig

{DATEIUMFANG *Ort*}
Bestimmt die Anzahl der Bytes in der gerade geöffneten Datei

{DEFINITION *Ort1:Typ1;Ort2:Typ2..*}
Gibt Zellen an, die Argumente in einem Unterprogramm-Aufruf speichern

{EINTRAG *Ort*}
Hält die Ausführung eines Makros vorübergehend an und speichert ein einzelnes Zeichen, das in eine bestimmte Zelle eingegeben wurde

{ERÖFFNE *Dateiname;Zugriffsmodus*}
Öffnet eine Datei zum Lesen oder Schreiben (oder beides)

{FENSTERAUS}
Unterdrückt die erneute Anzeige des Bildschirms während einer Makroausführung

{FENSTEREIN}
Zeigt während der Makroausführung den Bildschirm erneut an und macht den Befehl {FENSTERAUS} rückgängig

{FÜR *Arbeitsort;Start-Nummer;Stop-Nummer;Schritt-Nummer;Startort*}
Zählschleife ab *Start-Nummer* bis *Stop-Nummer* in einer Schrittweite (*Schritt-Nummer*), beginnend ab *Startort*

{FÜRBREAK}
Macht die Ausführung der aktuellen FÜR-Schleife rückgängig

{GRAFIKAUS} *
Löschen der Grafik

{GRAFIKEIN} *
Anzeigen der Grafik

{HOLADRESSE *Ort***}**
Sprung zu einem *Ort*

{HOLPOS *Ort***}**
Zeigt in einer geöffneten Datei die aktuelle Position des Dateizeigers in einem angegebenen *Ort* an

{INHALT *Zielort;Quellort;<Breite-Zahl>;<Format-Zahl>***}**
Setzt den Inhalt einer Zelle als Label in eine andere Zelle

{KOORDAUS} *
Ausschalten der Arbeitsblatt-Koordinaten

{KOORDEIN} *
Einschalten der Arbeitsblatt-Koordinaten

{LABELEINTRAG *Aufforderungszeichenfolge;Ort***}**
Die Makroausführung wird angehalten, um eine Laberleingabe abzuwarten, die in *Ort* gespeichert wird

{LEER *<Ort>***}**
Löscht den Inhalt einer angegebenen Zelle oder eines angegebenen Bereichs

{LIES *Bytezähler;Ort***}**
Liest ein Zeichen aus einer Datei in eine angegebene Zelle

{LIESZL *Ort***}**
Kopiert eine Zeile mit Zeichen aus der gerade geöffneten Datei in einen bestimmten *Ort*

{MASKE *Eingabe-Ort;[Aufruf-Tabelle];[Einfügen-Liste];[Ausschließen-Liste]}* *
Makro wird unterbrochen zur Dateneingabe

{MENÜAUFRUF *Ort***}**
Ruft ein Unterprogramm in einem vom Benutzer definierten Menü auf

{MENÜSPRUNG *Ort***}**
Erstellt ein individuelles Menü mit den entsprechenden Auswahlmöglichkeiten

{RESTART}
Löscht ein Unterprogramm

{SCHLIESSE}
Schließt eine Datei, die mit einem {ERÖFFNE}-Befehl geöffnet wurde

{SCHREIBE *Zeichenfolge***}**
Kopiert Zeichen in eine geöffnete Datei

{SCHREIBEZL *Zeichenfolge***}**
Fügt zu einer Zeichenfolge eine Zeilenvorschub-Folge hinzu und schreibt sie in die Datei

{SEI *Ort;Zahl***}**
{SEI *Ort;Zeichenfolge***}**
Speichert eine *Zahl* oder eine *Zeichenfolge* in einer angebenen Zelle

{SETZE *Ort;Spaltennummer;Zeilennummer;Zahl***}**
{SETZE *Ort;Spaltennummer;Zeilennummer;Zeichenfolge***}**
Speichert eine *Zahl* oder eine *Zeichenfolge* in einer Zelle des angegebenen Bereiches ab

{SETZEPOS *Datei-Position***}**
Setzt den Dateizeiger in der gerade geöffneten Datei an eine neue *Position*

{SPRUNG *Ort***}**
Springt zu einem bestimmten Ort

{STOP}
Beendet die Makroanweisung.

{SYSTEM *Befehl***}** *
Unterbricht das Makro zur Eingabe eines Betriebssystem-Befehls

{TASTE *Ort***}**
Prüft während der Makroausführung, ob ein Zeichen eingegeben wurde

{TON *<Zahl>***}**
Löst ein akustisches Signal aus

{WARTEN *<Zeitseriennummer>***}**
Wartet eine Zeitlang, bevor die weiteren Makroausführungen bearbeitet werden

{WENN *logischer Ausdruck*}
Wenn der logische Ausdruck von null verschieden ist, dann folgt die Anweisung direkt hinter diesem Befehl; sonst wird die nächste Anweisung bearbeitet.

{ZAHLENEINTRAG *Aufforderungszeichenfolge;Ort*}
Fordert den Benutzer zu einer Zahleneingabe auf, die als Zahl in *Ort* gespeichert wird

{ZURÜCK}
Rücksprung aus dem Unterprogramm

/X-Makrobefehle

/**XC***Ort~*
Ruft ein Unterprogramm auf

/**XG***Ort~*
Springt zu einem bestimmten *Ort*

/XI*Bedingung~*
Bedingter Sprungbefehl

/**XL***Meldung~Ort~*
Zeigt eine *Meldung* im Bedienfeld an und fordert eine Benutzereingabe als Label an

/**XM***Ort~*
Erstellt ein vom Benutzer definiertes Menü

/**XN***Meldung~Ort~*
Zeigt eine *Meldung* im Bedienfeld an und fordert eine Benutzereingabe als Zahl an

/XQ
Beendet die Makroausführung

/XR
Rücksprung aus dem Unterprogramm

Sachwortverzeichnis

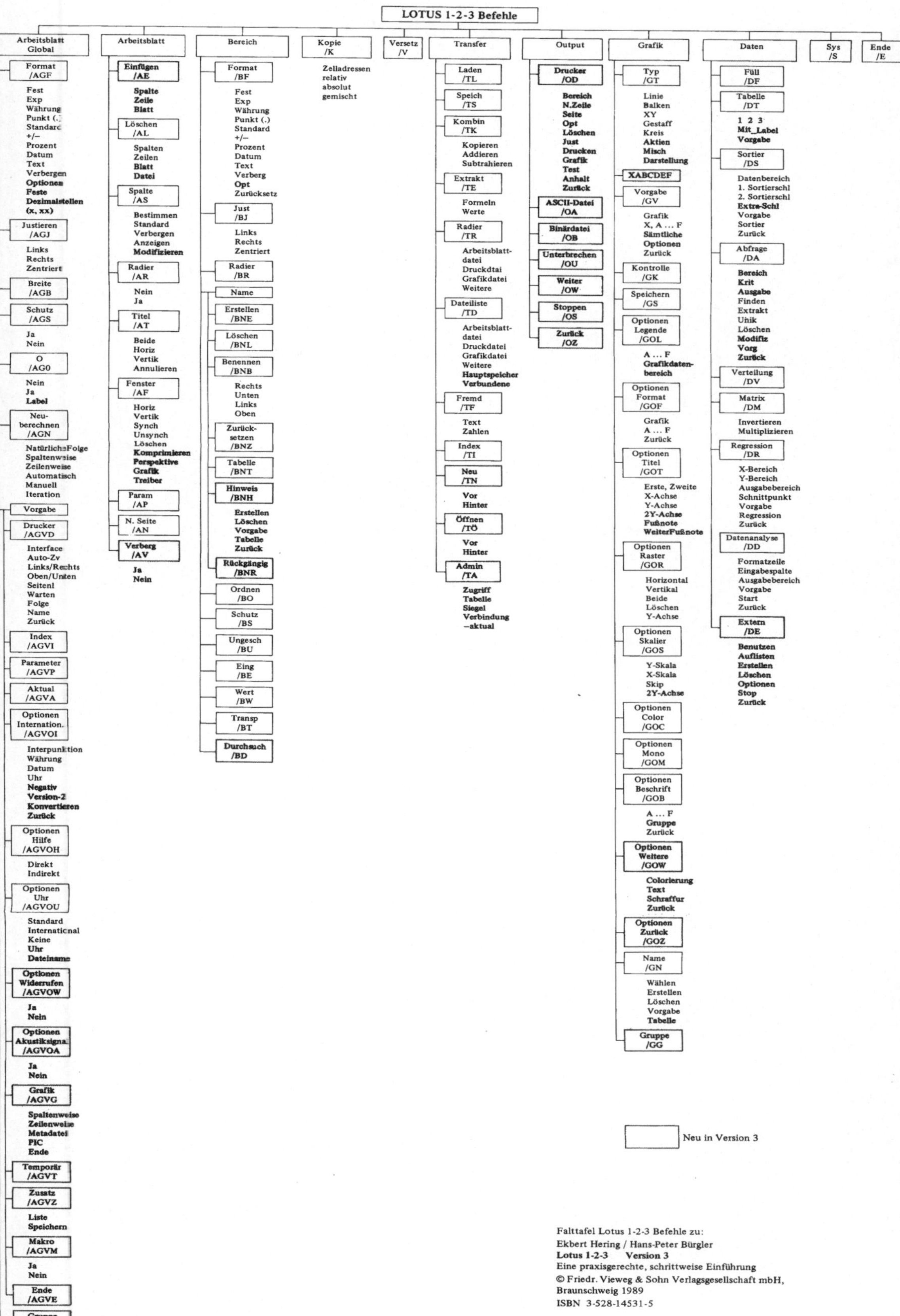

Falttafel Lotus 1-2-3 Befehle zu:
Ekbert Hering / Hans-Peter Bürgler
Lotus 1-2-3 Version 3
Eine praxisgerechte, schrittweise Einführung
© Friedr. Vieweg & Sohn Verlagsgesellschaft mbH, Braunschweig 1989
ISBN 3-528-14531-5